SIMONE DE BEAUVOIR

Tout Compte Fait

清算已毕
波伏瓦自传

[法]西蒙娜·德·波伏瓦 著
台学青 译

深圳出版社

果麦文化 出品

给西尔薇

自 序

我的随笔《老年》出版后，一些评论家和读者指责我没有更多地谈到自己的老年。在我看来，这种好奇并非出于真正的兴趣，而更像是一种残忍。不过这倒提醒了我要把自传完成。越接近生命的终点，越能看清人生这桩奇怪事情的全貌，我会在本书的开始谈到这一点。再者，距我上一部自传完成已经过去了十年，我又有些话要说了。

此前的几部自传，我都是按时间顺序叙事的。我了解这种写法的缺点。读者会有一种印象，似乎读到的全是些开场白之类无关紧要的内容，而精华永远在后面，在更后面的地方，于是一页页读下去，但核心内容始终没有出现，最后无果而终。我的故事被安置在一个个句子里，似乎变成了已完成的事情，虽然它并未完成。在传记中，我的人生被分割成碎片，变成一连串凝固的瞬间，但实际上，每个瞬间都包含着过往、当下和未来，三者密不可分。我可以在书里写：那时我准备出发去美洲。实际上这个旧计划早被我抛在脑后，我对它不再有任何热情。再者，每个时代都留有旧时光的影子，我的成年阶段有我青年和少年的影子，战争年代保留着战前的痕迹。按照时间的线性顺序写作，我无法把这些不同时期的相互纠缠表达出来。我没能在三重维度下记录那些过去的时光，只能把它们毫无生气地展示出来，把它们困在永恒的现在时中，显得单调而扁平，与先前和后来的时光都互不相干。

可我别无选择。生活对我而言是一项目标指向清晰明确的事业，要记录它的原貌，唯有忠实遵循它自身的进程。今天的情形有所不同，我自然不准备老调重弹。自1962年以来，世事诸多变化，我也颇有些前所未有的经历。然而任何公共事件或个人经历都没有真正改变我的状态：我没有变。我仍然对一些计划极其关切，但它们不再有一个明确而统一的宗旨。我不再觉得自己在向着某个目标前进，只是不可避免地滑向我的坟墓。那么，我已无须再把时间作为写作的主线，但仍会适当考虑年代的先后，不过，我将主要根据几个主题来组织我的回忆。

目 录

第一章　我何以成为我　001
当然，生活在很多方面也改变了我，但透过所有的变化，我依然认得出最初的自己。

第二章　创造自己　134
我保持描述世界和自己人生的欲望，不想放弃文学时而还会给我的那种令人兴奋的感觉：写作的过程就是在想象中创造自己。

第三章　依然好奇　161
如今的我是否比过去懂得更多一点了？知识更新得那么快，尽管我从未停止学习，无知仍在增长。

第四章　探索世界　250
当我穿街走巷、混迹人群，一个城市和那里的居民就活了起来，这种圆满是词语所不能给我的。

第五章　交流访学　　　　　　　　　　299
　　　　　我们碰到的所有人对我们作品感兴趣的程度都让我吃惊：这位拉着萨特的手，激动得眼泛泪花；那位热情地跟我讨论《第二性》。

第六章　国际观察　　　　　　　　　　334
　　　　　直到1966年，我们每年夏天都去待上几个星期……那里的万千风景、古老而丰富的文化吸引着我们。

第七章　时代风云　　　　　　　　　　400
　　　　　我最感兴趣的两个问题，一是女性的地位、二是年轻人的态度。

第八章　别无他求　　　　　　　　　　500
　　　　　我想用最直接的方式向他人传达我对生活的感悟，让自己在他人心中存在——这个目的我差不多达到了。

第一章

我何以成为我

每天早上,睁开眼睛之前,我就能知道,我躺在自己的床上,在自己的房间里。但如果下午我在工作间睡着了,有时会在醒来之际感到孩童似的惊愕:我为什么是我呢?什么样的偶然,使我出现在此时、此地、此生,而不是另一生?这些疑问,让我像刚刚意识到自我的孩子一样,惊诧莫名。以旁观者的眼光审视,我的出生已经是一件难以置信的事情。某颗卵子和某颗精子结合,我父母的相遇,他们的出生以及他们所有祖先的出生,这些事情发生的概率低于十亿分之一。因为目前的科学完全不能预测的一个偶然,我生为女子。而后,我经历过的每一个时刻,看起来都存在一千种不同的可能:我可能生病,中断学业,从未遇到萨特,不一而足。我被抛到人世,只得遵从此间的规则,忍受此间的坎坷,受制于他人的意志,顺从时局和历史的潮流,我确实有理由把自己的生活视为一场偶然,但我同时又没有理由这样想，这让我头晕目眩。假如我从未出生，也就不会有任何问题。因此，必须基于"我存在"这个事实来思考一切。诚然，过去的我完全可以变成今天另外一个我，那么思索自身的，也将是另外那个我。某人若说"是我"，就没有能共存的其他自我。主体与个人历史之间的这个巧合并不能消除我的疑惑。我的生活之于我，如此熟悉又遥远，它定义了我，而我又在它之外。如此怪异，这究竟是怎么回事呢？

它正如爱因斯坦的宇宙一样，既无限又有限。人生是无限的，它跨越时空，直到世界的本源及它的边缘。此时此刻的我，既是世间一切的结果，也体现了整个宇宙的状态。好的传记作家都懂得，要想让读者了解他的主人公，就得先说明传主生活的时代、他的文化背景和他所属的社会，并且尽可能远地追溯他的先祖血脉。然而所有这些信息的总和，相对于生命中每一个元素与整体之间形成的无限多样的关系，又是微不足道的。视角不同，每个元素的意义也迥异。"我出生在巴黎"这个事实，在巴黎人、外省人和外国人的眼中，代表的意义是不一样的。它表面的单纯在成千上万个人的眼中被分解，因为他们与这座城市各有不同的关系。

然而，每个生命也是一个完整的现实，它有一个内在的中心，一个"我"作为始终如一的身份认定。它有一定的长度，有开始，有结束，在一些特定的地点发生，保持着同样的本源，有一个恒定的过去，由这个过去出发指向的未来的可能性也是有限的。我们可以抓住一个物件，给出它的轮廓，但我们无法对人生这样做。因为用萨特的话来说，人生是一个"被拆分的整体",因此它并不存在。但我们可以对人生发出一些疑问：人生是怎样安排的？时机、必要、偶然、主体的自觉选择和主观能动,在其中分别起了多大的作用？

讲述自己的人生有助于我对它进行思考。"哦,讲讲吧!"罗伯-格里耶笔下的一个人物这样说。诚然,叙事是在与真实经历相异的范畴内展开的,但总归要参照真实经历,令人瞥见事实的某些轮廓。事实是无限的,叙事却是由数量来决定的,只要有耐心,就能数清楚用了多少词汇,但这些词汇指向的信息也是无限的。当我写下"我出生在巴黎",读者能够理解这句话,我无须向他解释巴黎在历史上的地位以及在地球上的位置。人们又说,叙述就是用外延固化的句子取代流动的、模糊的经验。实际上,词语指向的画面是变化着的、模糊的,所传达的信息也不是清晰确定的。总之,我无意引导读者在白日梦中回到我的过去,而是要通过某些观点和概念检视我的人生。有一个概念能充当我的叙事主线：幸运。它的含义非常清晰。我不知道,回顾往昔时发现的那些自己曾经有可能选择而实际没有选择的道路会把我引向何方。能确定的是,我对自己的命运非常满意,从不希望它是任何其他样子。推动我完成命运的因素,在我看来皆是幸运。

第一个幸运,自然是我的出生。我已经说过,思考那些把我扔到这世上的偶然因素是徒劳的,我就从既成事实说起吧! 我1908年1月9日出生,父亲是乔治·德·波伏瓦,母亲名叫弗朗索瓦兹。这件事情怪异到让我眩晕,用旁人的眼光来看则完全平淡无奇。成婚时她二十岁,他三十岁,一年后诞下一个孩子,两位资产阶级的年轻人循规蹈矩，顺从阶层和时代的道德风尚。这个孩子的人生已经确定：法国人，有产阶层，天主教徒，只有性别无法预知。考虑到我的父母生活富裕，我很可能不会夭折，而且身体健康。未来是既定的：悉心的照料，一个家庭，或亲近或疏远，有个保姆，叫路易丝，巴黎的公寓，到利穆赞度假，第二个孩子的到来，这几乎是一定的。

人生甫一开始，我的出身就使我成为特权阶层的一员，保障了我比农民或工人的女儿有更多的机遇。另一个幸运我无法确切地讲述，那就是我的婴儿时期。

今天所有的儿科专家都强调人生最初两年在人格形成中的重要作用。正常来说，八个月大的婴儿就会通过哭泣与喊叫与周围的世界沟通。婴儿觉察到这样做是有效的，于是把这些行为当作交流的符号，与成人发展成互动的关系。假如婴儿被憎恨、被抛弃、受到挫折，互动便不会产生，在此种情况下，婴儿或者死去，或者变得自闭或精神分裂。即使情况没有那么糟糕，冷漠、忽视、缺乏刺激也会引发孩子的不安全感，使其趋向自我封闭。萨特曾经以福楼拜为例，说明一个孩子即使得到了良好的照顾，假如他感受不到温情，只是被操纵、被填鸭式地满足，而没有与人建立对话，他就会形成被动的人格。我显然没有这样的遭遇。我不记得自己是怎样断奶、怎样学习保持清洁，当时又是怎样反应的。但我母亲是个年轻快活的女子，为自己头胎顺利生产感到骄傲，她与我的关系充满了柔情与热爱。一大家人簇拥在我的摇篮边，我带着信任感拥抱这世界，大人们带着讨好的微笑忍受我的一切任性行为，这使我确信自己有驾驭他们的能力。被这种乐观所鼓舞,我从人生一开端就养成了要强的个性,它驱使我在各个方面都追求极致:无论是欲望、拒绝、行动还是思想。人之所以会提出要求,是因为打定主意要从别人或自己那里得到想要的东西,而如果没有诉求,就不会得到。人之初的生命体验给了我这种极端的性格,我对此十分感激。遇到挫折时令我浑身发抖的狂暴怒气是从哪儿来的呢?在以前的回忆录里,我只能勉为其难地给出解释,直到今天,我也不能把这件事解释得更好。但我仍然认为,愤怒于我是有益的。我的人生开端是成功的。自然,光这样是不够的,人生不是简单地等同于一个原始细胞的发展,它随时有可能被中断、被破坏、被摧残、被引入歧途。不过,一个幸福的开始会激励主体从环境中汲取最好的养分。他假如是不幸福的,就会陷入恶性循环,错过机遇,封闭自我,拒绝交流,在孤独与沮丧中沉寂。把我的命运与妹妹的命运相比较,就颇能说明问题。她的人生道路要艰难得多,因为她要克服早年生活给她造成的困扰。两岁半的我,在照片上是一副胸有成竹的模样,而同样年龄的她则一脸惊慌。由于是家里最小的孩子,她就不如第一个孩子引起那么多惊奇和有趣的反应。她不是个男孩,这让人失望,大家自然给不了她更多的微笑和关注。她经常惴惴不安,甚至焦虑,都说她比我更喜欢抚摸,需要从别人那里得到安全感。大家还说她"爱抱怨",这使她的性格更加阴郁。她常常哭泣,而且似乎无缘无故。她花了很长时间才摆脱童年生活的阴影。

我的童年无忧无虑,虽有些小小的障碍,但父母之间琴瑟和鸣强化了我从摇篮时代就培养出的安全感。另一方面,周围的人对我的定义与我内在的人格之间大体上没有冲突。儿童是一个异化的个体。世界、时间、所处的空间、使用的语言，皆来自成人。在孩子的眼里，事物都归半人半神们拥有，且带着他们的印记，因此它们不是简单的器具，而是某种象征，背后隐藏着深邃而神秘的事实，这才是童年的美妙所在。十九世纪，资产阶级赋予童年诗意的假象，这实属故弄玄虚，儿童跟诗意毫无关系。但如果他足够幸运，有条件探索和观察世界，就会发现让他心醉神迷的那种怪异感。而作为代价，他的形象和存在都来自他人，他认为这至关重要，而自我反倒无关紧要了。然而，他同时又是主体，这样一来，他既处于宇宙的中心，又把自己定义为相对于大人而存在。他发现自己能被看见，并能通过很多种不同的方式感受到这一点。有些孩子没有过真正的童年，一个五岁的擦鞋小童与他的客人之间，是佣工和雇主的关系，而不是儿童与大人的关系。即使他把收益交给父母，在他摆弄鞋刷的时候，他是一个独立自主的个体，通过刷鞋活动来定义自己，而无须借助他人作为中介。还有些孩童，特别是那些多子女、贫穷的家庭里的孩童，由于备受忽视，只能朦胧地体验到意识这回事。他们最多会像印度的穷孩子那样，长成野蛮少年，在世上自生自灭。一个被粗暴地对待、被利用、被恐吓的孩子，是没有可能对自我进行反思并重建的。然而，正如我刚才指出的，在我们的社会中，大多数孩子都是在被异化的同时又保持自主，即使是异化程度最高的孩子，也认为自己至关重要，会如醍醐灌顶般体验到自我的存在。一旦发现自己的角色讨喜，就会急切地迎合他人，把自己变成善于搞笑的模仿者。在《文字生涯》(Les Mots)中，萨特描写过自己童年的拙劣表演。[1]但他有时会意识到，他的存在其实与这些装腔作势完全无关，他发觉自己生命赤裸裸的真相，在惊慌失措之下，对着从内心的镜中看到的自我大做鬼脸。他在阅读和写作这些独立自主的活动中找到救赎。其他孩童，如我妹妹，如童年的福楼拜，别人强加给他们一个糟糕的自我形象，他们要么屈从，要么反抗。除了暗自怨恨或勃然大怒，还有很多折中的方式。薇奥莱塔·勒杜克小时候经常生病，她感到自己对母亲而言是个负担，该受指责：她觉得自己是罪魁祸首。在这方面我也很幸运。有时，我会因为自己被当作孩子而生气，因为我觉得自己已经长大成人。总的来说，我喜欢自己的角色。快到七岁时，我的愤怒停止了，开始扮演乖乖女。越来越多的活动使得我能把自己打造成个性独立的人。

在人生最初几年，对于自己对父母及路易丝的情感，我的自由意志是认可的，因为这是我自己真实的体验。这对我来说是如此顺理成章，让我无可抗拒，而表现这种情感的行为是他人授意的，用来回应召唤，满足期待。这一时期唯一由我自己创造的东西，是我与妹妹的关系。我父母的家庭模式使得他们必须尽快生养第二个孩子，结果这孩子又是个女孩[2]。如果是个男孩，事情对我来说会不同吗？我无从知晓，但我知道，那肯定不会给我带来什么好处，只会让我消沉沮丧。有

---

1 "我的真理、个性、名字取决于成年人，我通过他们的眼睛看待自己。"——原注（本书脚注除特别注明外均为译注）

2 孩子的性别由父亲的精子决定。精子有两类，就每个具体情况来看，使卵子受孕的那一颗是哪一类，似乎完全是偶然的结果。——原注

个年龄相近的妹妹，我认为这是我的幸运之一，她帮助我确立了自己的地位。我发明了一种混合着威权与温柔的方式，来处理我与她的关系。我主动教她读书、写字、算数，设计了我们之间的游戏和互动。自然，我对她的态度与我自身的人格相符。幸福、自信、开放，我没有任何理由不满腔热情地迎接这个我对之没有丝毫嫉妒的小妹妹。我生性活跃、霸道，迫切地想通过有效的行动摆脱童年的被动性，她给了我梦寐以求的机会。因此，我可以说这是一种发明，因为成年人教我如何与他们相处，而妹妹起初对我没有任何要求，面对她，我没有任何先例可循，只能凭感觉行事。

接下来的岁月里，我的自由意志就体现在以诚意和始终如一的热忱去承担分派给我的命运。我态度恭顺，满腔热情，立刻就成为德西尔学校最优秀的女生。因为家境已经不太宽裕，父母更注重精神文化生活，很少消费享乐，尽管我父亲的天性中有此倾向。他们为我提供的主要休闲活动是阅读，这项娱乐花费甚少。我对书籍如痴如醉。我爱我的父亲，而我父亲爱书，他也使得我母亲对书籍有一种宗教般的崇敬。他们满足了我的好奇心，这好奇心在我人生最初的记忆里就已萌动，之后从未沉寂。它究竟是从何而来？弗洛伊德认为，性本能是好奇心的本源。而我以为，我对那些"不道德的事情"的兴趣，只不过是天生求知欲的一部分。

每个孩子都有探索世界的本能，这或许无须解释。真正值得研究的是为什么在某些情况下，孩子的激情会被摧折。我知道很多原因：身体虚弱、精神萎靡、因被忽视而缺乏刺激、生活刻板乏味、过度孤独、过早承担劳累的工作、各色各样的忧虑和执念、情感失衡。一个内心不幸的孩子会过度为自己忧虑，无力关注外界。我妹妹心态开放，但她没有我对知识的渴求。扎扎活泼聪颖，但她与家庭的关系很复杂，长大后经历了一些幼稚的爱情，后来又对此念念不忘，这使她不能像我那样心无旁骛。我呢，可以说直到十一二岁，都没有遇到过任何困扰，因此可以全心全意地投入我的调查研究。我并不早熟，快十二岁那年，我还在梅里涅克跟妹妹和表妹玩买东西的游戏。那时我很喜欢看些小孩子的书，但即使在那些书里，我也瞥见了自己最感兴趣的东西：人类境况与人际关系的种种可能性。机械引不起我的兴趣，我不想知道物件都是怎么制造出来的，又是如何运转的。我喜欢历史——厌烦是后来的事——因为能了解到古人的风俗，甚至喜欢史前历史及古生物学。我也喜欢宇宙学、地理学，曾狼吞虎咽地读游记。学英语后，我又欣喜地发现了英语文学，了解了另一个国家。我想再次抓住过往，从天上的星辰到大地的中心，探索我周围的这个世界。

如果说，偶然意味着两套因果系统在没有既定结局的引导下发生有意义的相遇，它也并没有干预我生命最初的十年，除了我父母给我生了个妹妹而不是弟弟。表哥雅克虽然在我心中激起了近乎崇拜的尊敬，但在我的童年生活中并未扮演重要的角色。对我来说，第一个重要的偶然事件，是我快十岁那年，扎扎出现在德西尔学校。我们两人都必须上天主教学校，但德西尔并非我们唯一的选择，再说我们也可能不在同一个班上。如果那样，我们很可能永远不会认识，因为我父母与马碧尔家没有任何共同的关系。我的童年也就不会沐浴在伟大友谊的光芒中，因为其他同学在我心中激起的感情都平淡无奇。

与偶然无关的，是我从这场相遇中得益的方式。我性格开放随和，本来就与某些同学交好，还有一个"最好的朋友"，我与她相处愉快，但也仅限于此了。我立刻觉察到了扎扎的价值，想办法与她亲近：我在课堂上坐在她旁边，只跟她一个人说话。童年时代养成的习惯帮了我的忙：虽然我不如她潇洒活泼，崇拜她身上所有与我不同的地方，但我并没有因为羞涩而变得笨拙，而是成功地引起了她的注意。我不记得是我自己说服了母亲请扎扎到家里来，还是马碧尔太太先对我发出邀请。总之是我一手培育了这份友谊，扎扎欣然接受，完全没有想到我在其中花了多少心思。

如果没有扎扎，我的成年生活是否会有所不同？这我很难说得清。我从扎扎那里尝到了爱的欢乐、思想交流的乐趣和情投意合的愉悦。她让我不再扮演乖孩子的角色，教我学会独立和不敬，而且是以一种肤浅和表面的方式，完全没有参与我青少年时期经历的思想冲突：我从未把她与我身上正在形成的一切扯到一起，甚至小心翼翼地不让她知道我在读禁书、在怀疑道德与宗教。我长期向她隐瞒我不再相信上帝这一事实。友谊让我们对外面发生的事情毫不关心。我是因为她才去学的数学，我觉得那挺有趣，但也仅限于此，并无下文。她父亲建议我父母送我去圣玛丽中学，我在那里认识了加利亚克和朗贝尔小姐。加利亚克对我来说只是场白日梦，朗贝尔小姐则鼓励我学哲学，这决定了我一生的走向。不管怎么说，我是肯定会选择这条路的，因为那正是我内心的志向。通过扎扎我认识了斯黛芬，并间接地认识了费尔南德，他们给我带来了很多，但并没有什么真正重要的东西。

我在扎扎身边体会到的幸福能否长久影响我的人生？我不知道。从十六岁起，家庭就激起我逃离的欲望，让我愤怒，心生怨恨。但我是通过扎扎周围的人，才看清了资产阶级是多么令人憎恨。无论如何，我总有一天会与它分道扬镳的，但如果没有扎扎，我心中也许不会体验到虚假的唯灵论、令人窒息的循规蹈矩、傲慢和压迫性的暴政，也不会为之流泪。扎扎最终被她的阶层杀死，这令我震惊，难以忘记。再说，没有扎扎，我的少年和青年时代会多么孤独沉闷！除了读书，与她交往是我唯一愉快的生活体验。在敌意面前，我本来习惯用僵硬的骄傲来保护自己，对扎扎的崇拜拯救了我。没有她，我也许会在二十岁时变成一个充满戒备、闷闷不乐的姑娘，不懂得接纳友谊和爱情，而接纳是激发友谊和爱情的唯一正确的方式。我无法想象二十岁的自己会是另外一副什么样的面孔，也同样无法想象我的童年没有扎扎又会如何。

为什么她的人生会搁浅、早亡？也许她想活着，想去爱、去写作呢？她的不幸来自哪里？我想，首先是因为婴儿时期，姐姐更受父亲宠爱，她对慈爱却常常无暇顾及她的母亲感情深厚，她看起来洒脱，其实有颗容易受伤、缺乏自信的心：她生前留下的最后一句话"我是个垃圾"就表明了这一点。她遇到了自己无法克服的冲突和矛盾，她被撕碎了：十五岁时爱上表弟，后来又爱上普拉戴尔，这些感情都与她对母亲的爱相冲突。由于天性脆弱，这些冲突给了她致命的打击。

十二三岁时，我有过一个改变人生走向的机会。我父亲不满于德西尔学校教学内容贫乏，打算把我们送去一所中学：那儿能学到更多的东西，学费还更低。假如我与父亲形成统一战线，母亲也许会同意他的主意。两条道路摆在我面前。但正如在大多数情况下一样，我自己似乎无法做出选择，而是决定选择了我。我不愿与扎扎分开，另外，我也留恋过去，留恋所有的同学，还有我度过那么多日子的教室。我在熟悉的环境里感到自信，而想到要面对陌生的世界，我就感到惊恐。我喜欢课程轻松些，这样就有很多娱乐的时间。我知道中学的课程安排紧张得多，于是我毫不犹豫地支持母亲的抗议。

我父亲只好妥协。他一向把我们的教育交给母亲料理，提出转学的建议在他已经是个意外的干涉了。如果没有扎扎，如果父亲又用一些更有力的理由，比如节省开销或其他，说服我去了那所中学，后来的事情又会怎么发展呢？开始，我会不适应，手忙脚乱，成绩平平，自尊心受到伤害，但我后来的学习经历证明，我是有能力适应变化的，肯定会迎头赶上。中学的竞争比较激烈，我可能不会像在德西尔学校那么突出，但同时也会有很多别的机遇：聪明的教师、思想开放的同学。我不用像遮盖污点一样掩饰我的思想变化。我会更容易、更快地达到目标。如果选了另一条路，今天回顾往事，我也许会惊恐地自问："假如当初留在德西尔学校，我岂不是不会有任何机会了吗？"

留在德西尔学校并不是我有意识的选择，而是此前所有的人生经验替我做出了这样的决定。那些年我的自由体现在别处：青春期经历的那些艰难而激动人心的一切，最终把我变成了现在的我。父母之间的思想分歧把我推向了叛逆和质疑，我认为这是我的幸运。我决定从此只忠于自己，某些禁忌对我不复存在。我坚定了学习和写作的决心，承认自己不再相信上帝。我在后面会专门谈到我的无神论思想，不过先要强调的是，马丁神甫的拙劣在我思想变化的过程中并没起什么重要作用，只让我疏远了他本人，并没有疏远宗教。我对宗教的信仰仍然持续了一段时间，但我学会了思考，信仰渐渐失去了最初的天真，变成了一种似是而非的妥协。很多人都接受了这种状态，人云亦云，而我太过诚实，不肯将就。

出生时，我的人生道路就确定了。我在前面讲过，1919年父母变成了"新穷人"，生活偏离了原来的轨道，我走上了另外一条道路，一条更适合我的路。这也是我的幸运之一。生活的窘迫也直接让我吃了些苦头，特别是由于双亲的阴郁心情。但如果不是这样，我从德西尔学校毕业后，想继续学业只会更不容易。

我不得不做一些决定，然而再次感觉自己并没有刻意选择，只是自然而然走上了过往经历指给我的道路。我从小就想成为教师，当人们建议我当图书管理员的时候，我拒绝了：与典籍相伴的严格生活为我不喜。父亲想为我谋一个公务员的位子，但我说服了他，让我去担任教职。我花了一年时间，搞明白自己想从事的专业既不是数学，也不是文学，而是哲学。我说服朗贝尔小姐赞同我的选择，通过她又说服了我父母。接下来，申请哪些证书、论文做什么题目，都是根据实际情况决定的，这些细节都没那么重要，在1929年就参加教师资格会考倒是个关键的决定，但也是当时的境况促使我做出了这个选择：我有参加会考的资格，在家里又待得烦闷，一心想尽快了结这件事。

就这样，在童年、少年直至青年的岁月里，我从未以做重大决定的方式行使我的自由，只是坚持了最初的那个心愿，不断地重整旗鼓，变得愈加坚定，那就是：了解并表达。它被分解成一些小小的计划和对待世界、对待人们的种种态度，但一切同源，都有着相同的意义。我参加了一些社团组织，刻意接近雅克并与他建立了友谊，还与一些索邦大学的同学交往，偷偷地出入蒙帕纳斯的酒吧，与斯黛芬愈加亲密，又享受着赫尔博的友谊。我从不消极等待，而是主动去生活。我的探索时常把我引入死胡同，但也让我收获良多，得到滋养。这种人生态度增加了我走向那场决定性相遇的概率。

从少年到成年，我不断有新的发现，我的生活是一场精彩的冒险。然而像所有生命一样，我的人生也有重复和乏味的时候，在德西尔学校的那几年尤其如此。我几乎每天都去学校，步行或搭地铁，重复一样的线路，每天见同样的老师和同学。所有的礼拜天都一模一样，每年的暑假跟上一年也没有任何区别。中学会考后，这种机械的节奏被打破了。圣玛丽中学、天主教学院，特别是索邦大学给了我全新的体验。我发现了国家图书馆，与一些陌生的面孔熟悉起来。但我继续住在父母的家里，受制于他们的生活节奏，直到取得教师资格，才摆脱旧的生活环境。

这二十年来，我的生命在两个层面上继续着它的进程。我的身体发生了变化，另一方面，我从来没有停止过学习。时间的流逝对我而言是一种积极的积累，我记忆力很好，生活中积累的东西很少遗忘。然而，即使从出生到成熟一直不断进步，每个人的生命中都会出现一种节奏减缓的现象。八旬老翁托尔斯泰写道，自己与五岁稚龄似乎只有一步之遥，然而一个人从出生到长至五岁，中间却仿佛隔了无穷无尽的空间。这个看似矛盾的现象实则意味深长。幼儿变成会说话的人，这简直让人惊叹莫名。接下来，掌握语言以及理性的思维，学会阅读、书写，得到知识，都是了不起的成就，但令人赞叹的程度稍逊。再之后，进步一直在持续，但节奏就慢下来了。在学校教育阶段，高中比初中学到的知识多，大学又比高中学到得多，但这些知识在一个人整体的塑造上并没有那么重要。（不过，在这个降速过程中，有一个年份对我倒是有着特殊的意义，那就是我离开德西尔学校那年。那年我通过雅克，醍醐灌顶般发现了当代文学。）

　　随着渐渐长大，我与成年人的关系，还有他们对待我的方式，都发生了变化。这些变化对我产生了影响，我得重新适应他们对待我的方式。母亲不再抱我坐在她腿上，她开始以郑重其事的态度对我，这让我觉得很受尊重，我于是扮起乖乖女来。十二岁时，在扎扎的影响下，同时也由于年龄的关系，我变得倔强、叛逆和不安分。姑娘们严厉的反应在我内心激起了反叛：我抛弃了她们的道德以及保障道德的那个上帝。我痛苦地感到了她们及我父母眼中的我与真实的我之间的距离。后来，大学生活初期，我模模糊糊理解了萨特口中的必要性：自由之外的宿命。我原本由着自己的性子成了一个热情开朗的女大学生，觉得人人也都乐见这样的我，但那时我发现自己变成了魔鬼。在家里，我变得自闭、阴郁，充满敌意。幸亏有同伴和朋友们的帮助，使我重新变得开朗了一些。

整个童年和青春期，我的生活意义都很明确：踏入成人世界。这就是我的目标和动力。二十岁时，生活的内容本不该是为四十岁做准备。然而，周围的人和我都以为，儿童和少年时代的责任，就是把自己打造成未来的我。（所以《端方淑女》有一种我后面的几部自传没有的内在严密性，像新手写的小说一样，从头到尾都遵循严格的时间顺序。）我感到自己的人生是一个提升的过程。当然，没有失去就没有得到，正如人们所说的，要实现自我，就要牺牲其他可能性。孩子头脑中和身体里进行的工程，会妨害日后人们想打造的东西。他培养起某些兴趣，同时就摒弃了其他爱好：于我而言，对知识的渴求扼杀了我追求其他东西的欲望。充分享受某样东西，就会失去它带来的新鲜感。孩子们的退化意味着他们不愿长大。我失去了母亲的爱抚以及人之初的无忧无虑和随心所欲，世界的神秘也不再让我惊叹欣喜。未来有时令我恐惧：会不会终有一天，我不得不像母亲一样，过着灰色单调的人生？妹妹与我会形同陌路吗？我们会再也不去梅里涅克吗？不过我的生活大体上是相当积极的，青春期我唯一恐惧的事情无非死亡。成长让我喜悦，我不断进步，后来又想逃离家庭。对我来说，长大意味着成熟，也意味着自由。即使在最阴郁的日子里，乐观的精神也使我始终对未来抱有信心。我相信幸运之星会保佑我，未来发生在我身上的必然是好事。

很多少年儿童像期盼释放一样渴望长大，也有些孩子却感到害怕。扎扎的成长就比我艰难得多。想到要与母亲分离她就难过，童年的魔力让她觉得少年时代乏味沉闷，在未来等着她的理性婚姻又使她心生惧怕。一个工人的儿子很难接受自己也变成工人，那意味着他被判了无期徒刑，除了重复同样的人生，什么都不能做。很多年轻人用各种方式抗拒成熟：叛逆、犯罪、流浪、吸毒、暴力，挑战死亡甚至自杀。至于我，一心想找份合适的工作养活自己，这念头让我兴奋，特别是作为天生就要依附于人的女性。

假如我的家庭是另一种情形，又会发生什么呢？我设想过很多可能性。第一种，我父母虽然破了产，假如他们的实际情形并没有那么糟糕；假如我母亲没那么粗鲁和专横，她的缺乏智慧就不会让我那么难堪，怨恨就不会那样磨掉我对她的温情，我也会更容易忍受父亲的疏远。而父亲，即便不参与我与母亲的冲突，假如他对我还是那么关注，那也会对我大有裨益；假如他明确地站在我一边，替我争取到一些自由，我的生活会轻松很多。假如他们两个表现得更友好一些，我仍然会反对他们的生活方式与思维方式，我在家里仍然会或多或少感到窒息，会觉得孤单，但不会感到被抛弃、被流放、被背叛。我的命运虽然不会因此改变，但至少我不会徒劳伤感。那是我人生唯一有缺憾的一段时光。青春期的危机是我自己主动造成的，我从中获益良多：我用对真理的爱，摆脱了确定性带来的安全感，而真理给了我应得的奖赏。十七岁到二十岁，父母的态度深深地伤害了我，我没有从中得到任何有益的东西。

假如父母当初保住了家产，我们就会过得宽裕些，他们的心情也不会变得那么阴沉。但我当时已经十一二岁了，秉性已定。我母亲为人又拘谨又专横，她不可能给我们安排什么娱乐活动，更不会允许我们自己寻开心。我可能会愈发沉迷于各种游戏和运动。在拉格里耶[1]时,我之所以狂热地喜欢槌球,是因为那时生活中没有任何其他类似的娱乐。也许我和妹妹能少玩一些我们的幻想游戏,但我会一样地专注学习和阅读。就算我穿得更体面,人更自信,我还是会一样地讨厌那种假模假式的社交活动。所以,有钱与否不会给我的童年和少年时光带来多大改变。就算不需要工作谋生,我也肯定会争取到继续学业的机会。

唯有在一件事,一件重要的事上,我的生活也许会改变走向:假如我像普通有钱人家的孩子一样生活宽裕,穿戴得漂亮些,雅克可能更容易对我感兴趣;他曾经动过跟我结婚的念头,那我的贫穷或许就不会是个障碍。也许他不会嫌我贫穷?这我从不奢望,除非他不是他。这个假设没有意义。不过根据我对他的了解,如果我有嫁妆,他会很乐意娶我为妻。如果他在我认识萨特之前向我求婚,我会怎么回答呢?往日很难重新设想,因为要考虑所有的变量。父亲假如对生活心满意足,就不会在我身上看到他失败的影子,也不会对我置若罔闻;而我就算被母亲搞得心烦,也不至于把家庭当成地狱,把雅克当作救星。我会把他当作普通朋友,清醒地看到他的所有缺点。当我设想与他共同生活的时候,这想法有时会让我惧怕。对他的求婚我会迟疑不决。不过,假如他跟我谈到爱和激情,我们之间产生的身体吸引无疑会让我接受他。

然后呢?雅克会少喝点酒,会更理智地打理他的生意吗?我觉得

---

[1] 位于利穆赞,波伏瓦姑丈的产业,波伏瓦一家度假的地方。

自己填不满他内心的空虚，而他也没有能力接受我能给他的东西。我很快就会发现他情感贫乏，他在思想上不能满足我，但我仍会执着于他，执着于我们会有的孩子。我会像其他少妇一样体验到被撕裂的痛苦，被爱情和母性所困，却无法忘怀往日的梦想。

我能确定的是，我一定会走出困境。人生最初的十八年时光塑造了我，我不会背叛那一切。无法想象我会抛弃自己的抱负和自己的希望，抛弃那些为我的生命赋予意义的东西。总有一天我会拒绝一潭死水的资产阶级生活。无论是不是离开雅克，我都会重拾学业，我会写作，最终与他渐行渐远。我必定得克服诸多障碍，逆境与顺境都会令我受益。对少女时代的我来说，未来的可能性不止一个，然而今天已是妇人的我却无法想象自己会有不同的人生。

雅克对我的人生究竟有多重要呢？远不及扎扎。我在文学和现代艺术上的启蒙肯定是会在索邦大学那几年完成的，雅克带我领略了"酒吧的诗意"，那虽然使我得到了有益的放松，对我却没什么重要意义。雅克给我的痛苦多于快乐。在我的青春期，他其实代表了幻想。在那之前我很少耽于幻想：我有扎扎、书籍、大自然和我自己的计划，这些对我来说足够了。到了十八岁，因为在家庭中不快乐，对自己不自信，我开始幻想，但不是幻想变成另外一个人，而是跟另外一个人过一种我向往的生活：像加利亚克那种舒适的生活，或是雅克那种激动人心的生活。这幻想持续了很长时间，而我其实从未真正相信过。我对雅克的感情是虚浮夸大的，对扎扎的感情才是真实的。雅克虽然古怪有趣，实际无甚出色，扎扎却是个不同寻常的女孩。

说到扎扎、雅克以及其他很多人，我发现自己在与他们的关系上非常无知：我以为他们是透明的，从未想到他们也有隐藏的一面。扎扎不在时，我进到她的房间会感到兴奋，猜想她私密的生活会是什么样子，但同时又觉得自己知晓她的底细。我想象力贫乏，缺乏经验，也没有洞察力，像儿童一样轻信，从不琢磨他们的沉默意味着什么。当我听说了扎扎少年时期的风流韵事、雅克的秘密情人，当费尔南德透露他跟斯黛芬睡了，我震惊得如堕云雾。然而，扎扎如果没有热恋她的表弟后来又爱情受挫，就不会是后来我喜欢的那个她。我以为对自己的生活了如指掌，实际上却始终没有看清楚。

对我所处的社会和政治背景我更是一无所知。我的故事是一个典型的、家庭拮据的有产者阶层姑娘的故事。我可以消费国家和时代能提供的、父母财力允许范围内的商品。我的学习和阅读内容取决于社会。对于社会，我起初仅能通过父母、后来能以较直接的方式有所了解，但始终无兴趣。我对社会的漠不关心与时局有关：战后的和平安定使我可以漠视社会事件。在索邦大学，同学们强迫我多少关注社会政治，我因此了解了殖民主义的无耻行为。斯黛芬使我接受了国际主义和反军国主义思想。我彻底明确了长期以来感觉到的对狂热的右倾思潮、种族主义、资产阶级价值观以及所有蒙昧主义的厌恶。革命的想法吸引着我。我日益靠近左派：以普遍主义的名义，任何有良知的知识分子，都一心想着取消阶级。然而对当时的我来说，个人的冒险比全人类的冒险意义更重大。我没有意识到，前者在多大程度上取决于后者，而我对后者仍然所知甚少。

假如没有认识萨特,我会如何发展?我会更早还是更晚摆脱个人主义、理想主义和唯灵论的困扰呢?我不知道。事实是我遇见了他,那是我人生中最重要的事件。

我很难确定那在多大程度上是一种偶然。遇到他不完全是个意外。由于决心要上大学,我已经给自己创造了最大的机会,来促成这样一场相遇:十五岁时,我就梦想自己的理想伴侣一定要是个知识分子,与我一样渴望了解世界。另外,自从进了索邦大学,我就眼观六路耳听八方,时刻留意在我的同学中找到那个我与之最契合的人。我的开朗待人为我赢得了很多朋友,先是赫尔博,通过他我又认识了萨特。

不过,如果他早一年通过教师资格考试,如果我晚一年参加考试,我们会彼此错过吗?也不一定。赫尔博会为我们牵线搭桥。我们甚至常常设想,就算1929年没有相遇,我们相识也是迟早的事,因为我们后来都加入的年轻左翼教师联盟是个小圈子。我肯定会写作,与一些作家交往,会看到萨特的书,进而希望结识他。由于反纳粹知识分子团结一致,我的愿望在1943年到1945年之间肯定会实现。我们之间必定会建立某种联系,也许与现在不同,但必定非常密切。

如果说我们的相遇部分是出于偶然,后来把两人生命连在一起的那个契约则是我们主动选择的:这种选择不是简单的决定,而是一项长期的事业。我的选择首先体现在:我决定留在巴黎两年,先不去担任教职。我接受了萨特的朋友们,走进了他的世界,并非像某些人说的因为我是个女人,而是因为那是我向往已久的世界。他也接受了我的朋友圈子,与扎扎很合得来,但不久之后,我的旧友里就只剩下我妹妹、斯黛芬和费尔南德了。萨特的朋友比我多，他们之间的关系有些是出于情感，有些是由于观点一致。

我警觉地经营着我们的关系，避免让它褪色。我掂量着，我和他身上哪些东西可以接受，哪些应该杜绝，免得损害我们的关系。我本该同意让他去日本，虽然不情愿，也不至于感到绝望，两年之后我们肯定会像彼此承诺的那样重新在一起。那期间我做的一个重要的决定，就是去马赛，而不是跟他结婚。在其他所有问题上，我的决定都符合自己内心的愿望，除了这件事。我很不想离开萨特，然而考虑到未来，我选择了当时对我来说最难的那条路。那也是唯一一次我感到自己的决定使我避开了某种危险，给我的生活来了一记有益的当头棒喝。

如果我接受了，又会发生什么？这个假设毫无意义。我一向懂得尊重别人的选择，我知道萨特不想缔结婚姻，我不能一厢情愿。我曾经在一些小事上强迫过他（他也对我做过同样的事），但永远不能想象自己在重大问题上逼他就范。如果万一——出于我想象不出来的原因——我们不得不缔结婚姻，我知道我们也一定能想出办法，维护两人的自由。

自由：在接下来的十年里我享有了多少自由？偶然和时机又在哪些问题上起了作用？

我顺应时势采取了行动：先申请离巴黎较近的职位，于是被派去了鲁昂，离在勒阿弗尔教书的萨特不远。接着我又顺理成章地申请并得到了在巴黎的职位。萨特想去柏林待一年，我完全同意。其他人都建议他去里昂教文科预备班时，我们两人一致觉得他去拉昂教哲学更好，因为从那里回巴黎更快。

这一时期我的命运与大多数人相同：我过着重复的日子。我的日常生活与别人一样重复乏味，有时令我难以忍受。但我比较幸运。在令人又向往又惧怕的退休来临之前，大多数人都无望摆脱这枯燥的日常生活。对他们来说，唯一新鲜的，是孩子的出生和成长，而这点新鲜感也会在日复一日的乏味中湮灭。我却有很多消遣：读书、交友、旅行、继续发现新事物。我保持着对世界的关注。我与萨特的关系充满活力，我不必禁足于家庭之内，也没有禁锢在过去的经历中。我的眼睛盯着美好的未来：我会成为作家。我的自由主要发挥在练习写作的过程中。这可不像我考取哲学教师资格那样，是按部就班的提升过程，写作的路上充满了犹豫，不断尝试、后退，才能得到些微进步。

偶然把很多人带到我的生命中。科莱特·奥黛丽有可能跟我不在同一所中学，奥尔迦、比安卡、丽莎有可能不是我的学生。鉴于我对人一向充满兴趣，如果某个同事或学生都没引起过我的注意，那必定是不正常的。不过，我也可能不会认识这些人，而认识其他一些人，他们也会或多或少地丰富我的人生，给我的生活带来不一样的色彩。我认识了他们而不是别人，这属于偶然，不过这个偶然对我无所谓好坏，因为我生命的主调已经确定了。

我的自由体现在经营这些友谊的方式上。我特别想知道，在我和奥尔迦错综复杂的关系里，我的自由起了多大作用。

是我主动邀请她一起出门的。我被她对我的依恋打动，又受到萨特的鼓励，便说服她父母允许她回到鲁昂，而他们本打算把她留在卡昂。我没能按计划帮她拿到哲学学士学位;我向她的懒惰让步了,束手无策。萨特说过,惰性实践[1]要经得住各种要求。一份友谊不仅仅是当时当刻的感受,它会变成过去,变成停滞的现实,我们不得不忍受它,而它会要求得到延续。我不可能与奥尔迦翻脸,也没法天天对她指手画脚。后来我又遇到了其他无解的局面。"在所有问题上与萨特保持一致,这对我实在太重要了。我只能以他的眼光而不是别人的眼光来看待奥尔迦。"[2]这种必要性源于我,我一再做这样的选择,而这选择又与其他选择相悖,所以在我们的三人世界里,我感到了被撕裂的痛苦。我无法自拔,又感到不自在。奥尔迦与博斯特交往才解决了我们的困境。自那时起,我们的友谊提出的任何要求我就都可以满足了,我在友谊中享有了充分的自由,而不再是限制。

就在这时,发生了一件险些让我一命呜呼的事情:我病了。这可一点都不意外,我劳累过度,又没有及时好好休养。这次生病也是逃避:我们的三人世界虽说已经寿终正寝,但矛盾依然存在,有时关系十分紧张,我正好躲开这些。医生们没能让我药到病除,这很正常,因为当时还没有抗生素。我能活下来却实属偶然,至少医生们是这样认为的,他们觉得我康复的机会只有百分之五十。

---

[1] 惰性实践,萨特用语。指人与自然界之间产生的辩证关系,指行动不得不再超出物质,物质又否定了人的努力。这种辩证法使人愈来愈失去自由的自发性,受制于物质的必然性,人与物形成一种被动的无力的统一,最后物质的工具支配了人。

[2] 见《岁月的力量》。——原注

这十年来，我有一种掌控自己生活的感觉。其实这么说也不完全错，只不过我跟以前一样受制于社会。我消费社会供给的商品，接受社会分配给我的薪水，社会留给我自己做决定的余地微乎其微。在工作方面，当时中学教师的职位相当舒适，我有一定的决策权，但是课程设置、上课时间以及学生数量则不取决于我。至于文化生活，我可以在规定好的资源中选择我喜欢的书籍、电影或展览。还有，我常常以为的标新立异，只不过是遵循了某种模式而已：无论是参加冬季运动还是去希腊度假，都只是步成千上万法国小资的后尘。可是，当我以审视的眼光发现，自己也不过是群体中的一员时，不由得心生悲哀。某天，在鲁昂，斯黛芬说了句"这些法国人吃得可真好啊"，后来费尔南德又说"卑鄙的法国人"，我并不觉得这些话与我有关。正如小时候我不愿意被归类为孩子——我就是我，我现在也不接受自己被当作法国人中的一员：我还是我。

一个国家的境况是由其历史以及世界历史决定的，因此我的生活状态取决于很多事件，可我拒绝关注这些。我大概知道发生了哪些事情，但心不在焉。如果要真实记录我的生活，我在《岁月的力量》一书中就应该更好地写出我有多么无知。了解一个人，不能只看他得到或知道什么，同样也要看他错过或忽略了什么，有时候后者更能反映一个人的特性。路易十六和末代沙皇在日记里写下"今日无事"的时候，革命已如火如荼，这比任何言行都更好地揭示了他们的真实状况。我说过，从1929年到1939年，法国左派集体政治失明。我很容易陷入同样的境地，因为历史的压力还没有让我感到不安。我也宁愿失明：我想让自己相信,任何事情都不能动摇我的幸福,永远不能。我觉得人民战线不可忽视,它带来了希望,而不是威胁。西班牙内战激动人心,可我不认为这直接关系到我。我滥用了我的自由,选择对自己身在其中的现实视而不见。

现实在1939年扑面而来。我意识到生活变成了受难,无法再欣然接受生活的赠予:战争撕碎了我,把我和萨特分开,我与妹妹也天各一方;我的恐惧变成绝望,然后变成愤怒和厌恶,心里偶尔燃起希望的火苗。每一天、每时每刻,我都体会到时局如何主宰着我的生活,它们甚至成了我生活的内容。由于新闻审查,大多数事件我都不知情:我的生活中被阴影笼罩的那一面从未像战争期间那样晦暗不明。但我怀着满腔热忱想了解、理解那一切,不再把它们排除在我的命运之外。

我剩下的自由非常有限。1939年冬天,我想办法去了趟布吕马特探望萨特,那也只是效仿大多数女人的行为而已。1940年6月,我离开了巴黎,因为我任教的中学被迫迁到南特,比安卡的父亲邀我搭他的汽车去,我顺理成章地答应了。后来恰好有个机会,让我很快又从拉普厄兹回到了巴黎,这次回来也是偶然。我在占领期间的态度是由我过去的经历、我的价值观和信念所决定的。我在政治上的选择始终表达了我在生活中已经形成的观念,问题在于在前所未有的情势下,采取哪些行为来最忠实地体现这些观念,但后来这经常变成一个难题。到了1940年,已经不能再有任何模棱两可的思想:我必须憎恨纳粹与通敌。我也努力试着渡过难关,不让自己被摧垮。多亏了萨特的一个狱友,我不再为他的命运担忧。于是我打定主意,赌自己会有幸福的未来。我去黑格尔的书里找答案,试图理解历史的进程,我对一切可能的娱乐活动来者不拒,并且主动找乐。我还写完了《女宾》,接着写了《他人之血》。我没想明白的是如何用实际行动反对纳粹。是萨特从集中营出来后主动采取了行动:第一件事——成立"社会主义与自由"小组——起先让我吃惊,不过他说服了我,我最终加入了小组,接着也参与了他组织的政治活动。我适应了物质匮乏的生活,把自己的担忧当作癖好。1944年7月,我们迫于局势离开了巴黎,之后又克服种种困难,自愿回到了首都,去参加那个盛大节日:解放。

我们在战争后期结交的朋友则绝非偶然。贾科梅蒂是我们通过丽莎认识的,否则莱利斯也会介绍我们认识他。说到莱利斯,我们两个都喜欢他的书,萨特又与他在全国作家委员会共事过。他还介绍我们认识了萨拉克鲁、巴塔耶、兰布尔、拉康、莱博维茨、格诺,这些人都是知识界抵抗组织成员。萨特曾为加缪写过一篇文章,在一次《苍蝇》的演出现场,加缪过来自报家门。热内知道我们喜欢《鲜花圣母》这本小说,所以在花神咖啡馆见到萨特时就过来攀谈。假如我没有认识萨特,会与这些作家相识吗?很有可能。那时我肯定已经出版了一本书,我会加入作家委员会,说不定就会在那里认识萨特。

1945年,生活重回正轨,需要我做抉择的事情很少。我做的最重要的决定,就是不去大学教书,不接受任何谋生的差使,专心投入写作。我不再需要寻找机遇。我的客观身份——作家、《现代》编辑部成员、女萨特主义者——给我带来了大把机遇,我只需决定接受还是推辞就够了。就这样,我应邀去了葡萄牙、突尼斯、瑞士和荷兰。去意大利的旅行倒是颇费了些周折,尽管条件不利,我还是努力促成了此事。去美洲的旅行是苏波为我们安排的,当然我或多或少也请求过他。接着,萨特和我一起计划了某些旅行,还有一些是别人一请再请的,特别是1960年的古巴和巴西之行以及1962年的苏联之行。我们多次去拉普厄兹,一是应勒梅尔太太邀请,二是我们自己也想去。去南部的几次行程都是我根据萨特的喜好安排的。我不再住旅馆,而是搬进了拉布歇尔街的一个房间,获得龚古尔奖后,又搬到蒙帕纳斯公墓附近的一个小公寓。1951年我买了车,学会了驾驶:这一举动也无甚特别之处,战后汽车工业复苏,很多法国人都想拥有自己的车。

随着生活天地的扩大,我交往的人越来越多,得到的机遇也越来越多,"偶然"在我的生活中所起的作用被压缩到很少的事情上,所发生的一切都是我过往历史的延续或反动。然而,1947年,我的确是在完全偶然的情况下遇到奥尔格伦的,没有什么比这次相遇的可能性更小了。萨特在美国结识理查德·怀特是很正常的事,怀特介绍我认识了纽约的一些知识分子,这也很正常,可他并没有提到住在芝加哥的奥尔格伦。是内莉·本森在她家请我吃饭时建议我去见他的,而我差一点就拒绝她的邀请,在芝加哥的奥尔格伦差一点就没接我的电话。尽管我们彼此投缘,但如果萨特没有让我在美国多待一阵,我很可能不会再见奥尔格伦。而即便如此,如果我当时不是很有心情谈个恋爱,我们之间还是什么都不会发生,我也就不会给他打电话,接受他的邀约去芝加哥。再说,我确实想跟他发生点什么:我们情投意合,彼此中意,都觉得对方符合自己的期许。但我又想把这段关系限定在某个范围之内，这几乎注定了它将是短命的。关于这段感情给我带来的一切，我在《事物的力量》一书中已经讲过了。

在我与朗兹曼的关系里，偶然的成分就少得多了。他本来不一定加入《现代》编辑部，不过，考虑到他的年龄、思想观点和政治主张，他早晚会是那里的一员。那时我正处于感情空窗期，想发生点什么：我喜欢朗兹曼，他也喜欢我，这点喜欢自然而然发展成了更深的情感。由于年龄的差异和其他原因，这段感情几年后无疾而终，变成了深厚的友情。这件事的结局也是注定的。

从那时起，我就知道，世界的进程构成了我生活的肌理，我密切关注着时局的变化。由于缺乏必要的信息，我对时事依然相当无知：不知道1945年塞提夫大屠杀的规模，直到1954年，我都对阿尔及利亚的真实状况一无所知，也不了解苏联和其他人民民主国家究竟发生了什么。尽管对局势看得并不清晰，我们也不得不表明立场，这就难免举棋不定，做出错误选择。在与共产党和社会主义国家的关系上，我跟着萨特摇摆不定。有时候我们不得不对某些证据确凿的丑闻充耳不闻：苏联的劳改营、哈耶克和斯兰斯基的审判以及布达佩斯事件。对资本主义、帝国主义和殖民主义，我们的态度则很明确：必须用笔讨伐，如有可能还应以行动与之做斗争。我从思想上赞同这场斗争，但没参加什么实际的行动。我无法忍受乏味的会议和各种委员会，但还是出席了1955年赫尔辛基的代表大会。同年我写了一本关于中国的书，介绍中国的革命，我在中国待了两个月。我签名支持了一些宣言，参加了几次集会，在阿尔及利亚战争期间做了些小事，反对戴高乐主义。在后两件事情上,我的信念与1940年反对纳粹时一样坚定明确,不容置疑。但如何把信念转换成实际行动呢?我向弗朗西斯·让松这样的斗士以及从事斗争的组织请教。虽然我最后只是执行他们的指令,但请求他们给予指示,却是我主动的选择。

我的自由主要体现在文学创作上。写作虽是基于个人经验,但毕竟是一种创造的行为。在《事物的力量》中,我已经讲过自己1962年之前的创作活动,在此不再重复。

回顾自己生活的基本轨迹时,我发现其中有鲜明的延续性。我在巴黎出生、生活,即便是在马赛和鲁昂的那几年,巴黎也是我的根。我搬过几次家,但几乎始终在同一区域:如今我就住在离第一个住处五分钟的地方。从我少年到现在,巴黎的面貌发生了变化,但很多地方还是熟悉的旧日风光:卢森堡公园、索邦大学、国家图书馆、蒙帕纳斯大街、圣日耳曼广场。我不再跑到咖啡馆写东西了,但还遵循着同样的节奏,用同样的方法在工作。我也不再长时间徒步,现在开车到处溜达。我的生活依然如故:阅读、看电影、听唱片、看画展。

然而在有件事情上,这种延续性大多数时间都是断裂的:那就是我与萨特共同的朋友。有些朋友是被死亡夺走的;我也曾经讲过,有些朋友渐行渐远,有些突然断交,同时新的友谊也不断产生。大多数情况下——比如和加缪的友谊——事情在我看来洞若观火。唯独有件事让我费解,就是和帕尼艾的关系。有好几年他是萨特最好的朋友,两人志趣相投,隔三岔五见面。他们之间从未有过任何明显的冲突,后来怎么会日渐疏远,彻底断了来往呢?他们俩年轻时是有分歧的，但只是一些观点和态度的不同，不涉及任何具体事务。一旦分歧表现为选择，选择就成了惰性实践，并提出新的要求，所以也就不难理解，为什么起初道路几乎重合的人很快就分道扬镳。有趣的是，帕尼艾嗜古，萨特激进，他们是两种类型的小资产阶级知识分子。当帕尼艾表现出他的保守和反动，萨特却发现了并热衷于阶级斗争，双方不再有调和的可能。不过，我们本来也可以看在往日友情的份上，给予彼此宽容：和勒梅尔太太之间的关系就这样维持了很长时间。与帕尼艾我们也曾尝试过。"你们有写作，我有我的幸福小家，这样也不错。"他当时是这样说的。不过我们后来发现，这并不是他的真心话，否则他对萨特就不会有那么多怨气了。1960年，他的两位同事普永和潘戈因为在《121宣言》上签字被停职，他拒绝支持他们。那时我们已许久不与他来往了。

我的生活中也有些关系维系多年，牢不可破。两个因素保障了我人生的一致性：萨特始终在我生活中占有一席之地；我始终忠实于最初的计划——了解这个世界和写作。我想通过这个计划达成什么目的呢？跟所有人一样，我试图回归自己的本质。为了做到这点，我借鉴了某些貌似成功的体验。了解世界，正如我以孩童般的眼睛凝视世界，把我的意识赋予世界，带它脱离过去的虚空和缺席造成的黑暗。当我欣赏眼前的物件以致忘形，当我沉醉于身体或情感的狂喜，当我为美好的往事或对未来的预感而兴奋，我都感到自己在本来无法相通的自在和自为之间建立起了联系。我也想化身为有形的书籍，就像我喜爱过的书一样，我的书也将为他人而存在，但它们永远都会带着一个烙印，那就是我。

对存在的一切探索都注定失败，但我们大可坦然接受这一失败。放弃成为上帝的徒劳幻想，生存本身足以慰藉人心。知识并不意味着拥有，但我仍然孜孜不倦地学习。我希望参与一项永恒的事业，化身为其中的一部分，但我首先想让同代人听到我的声音。我与他们的关系——合作、斗争、对话——在我看来是一生中最重要的事情。

整体来说，我的命运相当顺遂。我经历过恐惧和叛逆，但从未遭受压迫、流放或身体残疾。二十一岁之前，我从未目睹生活中重要的人死亡，也未忍受孤独。在人生之初就得到的种种机会，不仅使我拥有幸福的人生，也使我学会欣然接受生活。我了解自己的缺陷和不足，也懂得如何调整和适应。如果世界上发生的事撕扯折磨我，我会希望改变世界，而不是改变我在世界上的位置。

"人生下来时带着无数可能，死亡时却只有一个自己。"瓦莱里大致是这样说的。柏格森也强调说，在成就自我的同时，每个人都丧失了大多数其他的可能性。我自己的人生体验却大相径庭。没错，十二岁时我对古生物学、天文学、历史学以及所有新学科都兴趣盎然，但它们是一个宏大计划的一部分，那就是揭示世界的真相，我对此孜孜以求。幼年时，写作的念头照亮了我的未来。那时我尚未定型，却并没有太多可能。恰恰相反，让我好奇的是，三岁的我是如何被驯服并在十岁的我身上继续生存，十岁的我又是如何在二十岁的我身上生存，以此类推。当然，生活在很多方面也改变了我，但透过所有的变化，我依然认得出最初的自己。

我的例子充分说明，童年对人的一生起了决定性的作用。童年给了我良好的人生开端。幸运的是，没有任何意外事故打断我后来的人生发展；另一桩幸事是，机会对我特别眷顾，让我在人生道路上遇到了萨特。我的自由体现在坚持最初的理想，随着具体情况不断变化，我的自由发明了各种方法，使我能忠实于最初的理想。这些方法有时体现为我自己的某个决定，但我每次都觉得自己是顺势而为，在重大事情上我从来不需要深思熟虑。我的整个生活就是在实现最初的理想，这种理想又是我生活其中的世界的产物和表现。所以，我可以在讲述自己人生的时候，谈论许多看似与我无关的事情。

如今我走到了人生的哪一步呢？最近的这十年带给了我什么新东西？这就是我要尝试总结的内容。

*

回望《事物的力量》完成后的这十年，第一件让我感叹的事情是我觉得自己并未老去。从1958年到1962年，我意识到自己跨过了一条分界线。如今它已经在我身后了，我接受现实。或许疾病或伤残还会让我再跨过另一条界线，我知晓未来所包含的威胁，但并不因此感到困扰。目前来看，时光似乎在我身上凝固了：在我眼中，六十三岁和五十三岁并无很大不同；而在五十三岁时，我为自己与四十三岁相比的变化恐慌不已。如今我已经很少在意自己的身材外貌，只是为了表示对周围人的尊重才修饰打扮。简言之，我感到自己进入了老年阶段。

跟所有人一样，我无法从内心体验衰老，年龄本来就是一件无法体会的事情。由于身体健康，我身上没有任何衰老的迹象。可我六十三岁了，这个事实在我眼中很是陌生。

自1962年以来，我的生活几乎没有变化，起决定作用的依然是同一个过去，我的现在和未来都取决于它。过去是一个既定的基点，我根据它来规划人生，同时也必须超越它。它决定了我的生理机制、我使用的文化工具、我所知的和所不知的、我的品位、我的兴趣、我与他人的关系、我的义务以及我的工作。惰性实践对我个人历史的这种重新抓取，在多大程度上构成一种限制和约束，又给我的自由意志留下了多少空间？

我在前面说了：惰性实践自有其要求。情人之间常常有这样的对话："我不能这样对他。""你是说你不愿这样做吧。"通常情况下，第一个人说的才对。人不能总想事事如愿，那等于背叛自己。所以那些生活已经定型的人常常是在违心地活着，梦想逃离家庭，逃离早已索然无味的职业。当人们竭力想与过去决裂，而现实又严格禁止他这样做，他往往会觉得除了自杀别无出路。莱利斯就是这样，就像他在《原纤维》一书中所说的那样：既不能背叛终身伴侣，又不能放弃刚刚给他打开新世界大门的女人。为了安抚亲人们，只能做出让他们心碎的举动，这看起来或许荒谬，但荒谬却是唯一的解决方案。在无计可施的情况下，用盲目的暴力行为摧毁理智，这实在是一种极端的逃脱方式。这种极端行为不多见，常见的是在屈从和反抗中忍受旧日契约的重压。至于我自己，可以说从来不会落到此等境地。我一向厌恶无所事事,几乎总是能摆脱乏味的苦差事。"生活没有暂停":这是1968年"五月风暴"中对我影响最深的口号,我从童年起就选择了这样的信条,并将其贯彻一生。我今天的生活在很大程度上是往日的延续,但这完全出于我的自愿。比如,十五年来我一直住在同一个地方。搬家确实会给我带来麻烦,从这个角度来说我是有惰性的。可我也想象不出有其他公寓更适合我,这里充满了回忆,这是它无可比拟的魅力。我愿意在此终老。

过去占据着我,回忆包围着我,但我并不比以前更怀旧。我一向喜欢与萨特、我妹妹或朋友们一起谈论共同的经历。有些属于我的私人回忆尤其珍贵,尽管内容老套,仍能在我心中激起强烈的情感。体验到经久不衰的情感是一种幸运:往日的激情时刻并非幻觉,它们许诺给我的未来已经成真,依然有往日的价值。一个经常决裂的人,似乎不会这样温情脉脉地回忆往昔。如果我与某人保持着与以往相同的关系,或者与以往略有不同但仍然密切的关系,那我们共同经历的一切都会不断充实着脑海中往日的画面,让回忆弥足珍贵,永不褪色。另外,每当我认出从前喜爱的场所,回忆过去也会让我很开心。后面讲到旅行经历的时候,我会解释这些回忆对我有多重要。

我既非过去的奴隶,也不痴迷于它,对它没有足够清晰的认识,因此不能估量周围发生的变化,也无法敏锐捕捉到时间的流逝。当我重访一个许久没去过的国家,看到与过去明显不同的地方,我会觉得似乎是舞台突然更换了布景,而不是真正的变化。在相反的情况下,如果我一天天目睹发展进程的每个时刻,我又会完全适应变化,从而对之视若无睹。从我和萨特的房间窗口，可以看见十年前还没有的高楼大厦拔地而起。开工的时候，那些建筑并没有改变窗外的风景，而房子完工的时候，我早已忘了那些高楼是新建的。

在这一点上，历史同样令人失望。现在慢慢站稳脚跟的同时，过去就沉入了遗忘的黑夜。我们被驱赶着奔向未来，很少有闲情逸致回望过去。不过，我曾经有一次不得不回顾过去。年轻的律师们为了练习辩论，每年都会在法院郑重其事地参加一次模拟法庭。1967年4月，他们选择了《阿尔托纳的隐居者》[1]的主角弗朗茨作为审判对象。该把这个实施酷刑的人无罪释放呢，还是判他死刑，或者处以较轻的刑罚？有几个人讲得非常好。检察官发言，对酷刑进行了异常严厉的控诉：对实施酷刑的人无须同情，必诛之而后快。几年前，在同一个法院，本·萨多克接受审判。因为有证人揭露了酷刑的惨无人道，在场的律师们非常气愤。如今人们已经忘了那些恐怖的事情，开始当众谴责那些暴行了。阿尔及利亚的独立被归功于戴高乐主义，然而戴高乐穷兵黩武整整三年，并且包庇那些实施酷刑的人。阿尔及利亚战争的历史被湮没在沉默中，而在我看来，正是由于这种沉默，这段记忆才充满愤怒地重新浮出水面。

让我彻底意识到自己年龄的是我眼中年龄比例尺的变化。但这件事不涉及我亲近的人。在对空间的真实感知上——理型论[2]已经证明

---

1 萨特的戏剧作品。
2 理型论，西方哲学对于本体论与知识论的一种观点，由柏拉图提出。

了这一点——透视是不起作用的：远远看我的女友，她并不显得更矮小，隔着二十米她的身高仍然是一米六。同理，岁月流逝，她还是原来的她。对时间的感知与空间相同——这也是众所周知的——只有在不寻常的情境下，普鲁斯特才会发觉他的祖母已经变成了老妪。如果是关系疏远的人或陌生人，那又是另外一种情形了；我在心里会赋予他们一个年龄，但我在人生的不同阶段对同一个年龄的感知是不同的。我只举一个例子来说明我对四十岁女人的看法。

小时候，我大致按代际划分成年人：我父母那一代——大人们；我祖父母那一代——上年纪的人们；还有一类是相当令人厌恶的老家伙们，我把他们等同于病人和残疾人。四十岁在我看来已经相当老了。二十岁时，我眼中的四十岁女人充满传奇色彩：她已有人生经历，有自己鲜明的个性。我梦想自己有朝一日也能变成这样的女人，阅历丰富，多少受过一些伤害。可是，到了那个年纪如果还闹风流韵事或者打情骂俏，在当年的我看来就颇为不妥了。二十五岁时，我有一次参加阿特里艾剧院的一个晚会，那些"保养有方"的徐娘在我眼中都是"老女人"。直到三十五岁，每当比我年长的女人在我面前隐晦地提到夫妻闺中事，我还会觉得震惊。当时我认为，到了一定年龄，清心寡欲方为得体。

四十岁时，我与奥尔格伦同游，沿密西西比河顺流而下，我觉得自己非常年轻；四十四岁认识朗兹曼时，我觉得自己一点都不老。过了五十岁我才觉得——我前面已经说过了——自己跨过了一条分界线。四十岁对我来说是成熟年龄的开始，一个仍然充满希望的年龄，我后来理解了为什么科莱特笔下的某个女主角会惆怅地说："我已经不再是四十岁了，不会再对着凋谢的玫瑰伤感。"[1]还有一天，我与一位四十五岁的女子聊天，她清新活泼，与从前（二十年前）我第一次见她时一样年轻。正如从山顶俯视，看不见地面上的高低起伏，如今在我的眼中，年龄的差异缩小甚至消失了。我把人们分为年轻人，然后到五十岁都算成年人，再随后是老人，还有高龄老人，我离后者的距离已经不是很远了。

另一个衰老的信号更加显而易见，也是我一直在抵抗的，那就是我与未来的关系。老年人接受采访的时候，即便表现出一定的乐观，也总会提到衰老的坏处。让我吃惊的是，他们从不谈未来的萎缩，莱利斯在《原纤维》中对此有精辟的表述。有些人确实感受不到这一点，我的女友奥尔迦就说过："我永远生活在当下，而当下即永恒。我从来不相信未来。所以无论是二十岁还是五十岁，对我来说几乎是一回事。"还有一些人，生活对他们来说是个重担，未来越短暂，生活就越轻松。我的情况则不同：我始终面向未来，兴高采烈地去迎接明天的我。我急切而贪婪，预感到自己每一次开疆拓土都会给将来留下永不磨灭的回忆。现在，我还有勇气制订一些短期计划——旅行、阅读、会面——但曾经推我前行的强大激情停止了。用夏多布里昂的话说，就是我的人生接近尾声了，我不能再用太大的步伐行动了。我如今把"三十年前""四十年前"挂在嘴上，再也不提"三十年以后"了。

---

[1] 我凭记忆引用。——原注

这短暂的未来已有定论。我感到自己人生的作品已到了完结篇，即便再多写上两三卷，也不会改变整体的样貌了。

然而时至今日，我的世界仍然在不停地扩大。在谈到战后经历时，我注意过这个现象，而今它愈加显著。外界事件对我个人生活的影响降低了，我的生活按既定轨道运行，偶然的成分几乎为零。新认识的人大多是因为喜爱我的作品而给我写信：我与他们之间建立的关系，是由我的回应所产生的反作用力而产生的。随着活动范围越来越广，我的生活成了许多不同轨迹的交会之处：这就是为什么一段时间以来，我生活中的巧合越来越多。J.-B. 彭塔利斯说过，小说的无聊之处在于，总是同一群人在故事里不停地相遇。此言甚是。我发现现实生活几乎也一样。我交好的一位四十岁的女子，嫁给了我从前在勒梅尔太太那里认识的一位先生，当年他十六岁。薇奥莱塔·勒杜克偶尔跟丽莎以前交往的两个男同性恋朋友之一约会。类似的例子不胜枚举。出现这种情况，是因为我以各种方式认识的人越来越多，也因为我所属的那个知识分子圈子很小。

我的生活日复一日循着同样的节奏，我做着同样性质的事情，与同样的人来往，然而我完全没有停滞的感觉，重复只是我生活的底色，新的内容层出不穷。我每天都在阅读，但读的书是新的；我每天都在写作，但写作中遇到的问题是无法预料的。我怀着迫切的心情关注着时事的发展，这些事从未重复，如今已成了我个人生活的一部分。

变老的好处之一，是我可以完整地观察到一些人的人生轨迹，见证他们出人意料的发展道路。我怎么也想不到，花神咖啡馆那个"勾魂"的姑娘,美丽而又一脸迷茫,时间会把她变成一个出色的女企业家;还有另一个姑娘,懒散而又有点野性,日后居然会成为法国最好的卡夫卡专家;还有英俊的尼克,长大后会拍出那么美的电影。我想象不出,那么不拘一格,看上去又对荣誉满不在乎的波朗,日后会披上法兰西学术院院士的礼服。我也万万想不到,写出《希望》的人愿意在技术官僚统治并与佛朗哥交好的法国政府里当个部长。这些人的人生轨迹让我吃惊,显然是因为我只看到了他们的外表,而不了解他们人生的底色。我对他们的童年一无所知,而童年是了解一切的钥匙。

我的朋友们则完全是另一回事。我对他们足够了解,知道他们的过去、他们的根、他们与世界的关系以及他们人生的种种可能性。他们生活中发生的事情或多或少在我预料之中,在我眼中,他们也不会因之而改变。说实话,我必须后退一步才能看清楚他们。而我对亲近的人通常是不这么做的,我们的关系透明而默契。要让我以外人的眼光审视他们,看透他们复杂的内心,除非是我们的关系在一段时间内受到某种损害,让他们表现得高于、低于或不同于我对他们的预期。不过这种距离总是用不了多久就会消失。

自然,朋友们都在成长,不管是顺应时势,还是迎接前所未有的挑战。他们也会动摇,会经历危机和破裂,会承担新的责任。萨特、莱利斯、热内、贾科梅蒂还有很多其他人无不如此。但这些都不妨碍他们始终忠于自己,在我眼里他们从未改变。

我注意到,所谓的性格呈现出极大的稳定性:性格就是对类似事件反应的总和。岁月会改变一个人的境况,也随之改变他的行为方式。我见过一些胆怯多疑的女孩变成了优雅自信的少妇。我看到疾病与疲劳把贾科梅蒂的情绪变坏,我目睹了丽莎和卡米耶令人扼腕的堕落。但通常情况下,一个男人或女人成熟之后,他们的性格是与自我相符的。甚至在他们自己以为变了的时候,其实还是在重复以前的自己。格尔茨在《叛徒》中批评自己爱抱怨,其实他依旧在抱怨。

事实上,虽然嘴上不承认,但其实任何人都不愿变成自己之外的样子。毕竟对所有生命来说,生存就意味着让自己存在。人有时会批评自己的行为,但不见得就会改弦更张。阿米艾尔在《他的日记》中不停地感叹自己懒惰,宣称自己要克服懒惰,然而行为却一如既往。其实他是选择了要做一个躺在自己的懒惰上呻吟的懒汉。这并不是说每个人都爱自己。我说过,一个人在童年时没有得到应有的爱,学会用父母的眼光看待自己,那么他会在内心整合出一个令人厌恶的自我形象,终生无法摆脱。但这种自我厌恶来自他的主体,于是他一边痛苦,一边认同。在这种本体认同下,某些人骄傲地承认自己有一些在我看来难以承认的性格缺点:"我看重钱,我不会浪费它……""看到认识的人有烦心事我感到好玩……""我可不像那些歇斯底里的人一样,非得要知道真相。"我立即会认为:这是个吝啬鬼;这人真坏;这女人自欺欺人。但他们会否认这些定义。几乎不可能说服别人承认那些在我们看来显而易见的缺点,如果他们认为那不是缺点,那是因为他们的价值观与我们不同,所以把我们的批评只当耳旁风。费尔南德·毕加索说:"如果街上的人不冲我起哄,我就会觉得自己的帽子不够帅。"别人以为冲他起哄是侮辱他,他只觉得那是在夸他优雅。

我也有这种对自己的认可。有个精通笔迹学的朋友在研究了我的字后,给我描述的人格肖像让我相当自鸣得意。她说:"您觉得满意,是因为您自己选择了成为现在的您。其实我们也可以从负面理解。"确实,我专注工作、善始善终的特点可以被描述为自觉、有毅力或坚韧不拔,但其中也有一意孤行、固执己见的成分。我的求知欲来自开放的心态还是肤浅的好奇心?至于我,我是毫不犹豫地接受自己的。如果我觉得别人的评论说得"像我",我只觉得有趣。我一度用研究普罗旺斯风景一样的方法研究音乐,我自己心里意识到了这一点,可这并不妨碍我的狂热。我对别人的评价也适用于我自己:我是很难被伤害的。假如别人的批评和指责说得不对,我会置若罔闻;假如说得对,我甘之如饴。随便他们把我当成女知识分子或女权主义者,我都不在乎:我就是我,我对自己负责。

妄想狂的含义之一,是拒绝放弃主体的位置:我们或多或少都有这个问题,殊不知在他人的世界里,我们的存在是惰性的。不过,有时候会发生一些事摧毁我对自己的熟悉感。身边的人告诉我,我说过一些话,做过一些事,而我自己却没意识到。我在毫无觉察的情况下做出了那些举动,这种情形让我困惑。有时候他们指责我做了某件事情,我心里清楚,但并不认为那有什么不妥。或者他们指出,我有自己没注意到的某个特点,比如有个女友对我说:"您更喜欢被事情搞得手忙脚乱,而不是井井有条地掌控局势。您似乎认为这是理所当然的,其实不然。"然而在我自己看来,我思考、感觉、行动的方式确实由不得我自己。我没法承认,这只是我自己的想法。

有时我发现以客观的眼光审视自己非常有意思，有些心理测验向我揭示了我没有看到的事实。我做过罗夏墨迹测试。心理专家把结果告诉我的时候，我忍不住胡思乱想，觉得自己刚见了一个占卜师，等着她把真相都告诉我。她告诉我的事情并不新鲜，可我就这样不由自主地向她暴露了自己。同时作为测试者和被测试者，以他人的眼光研究自己，这让我觉得惊奇。另一件让我印象深刻的事，是读某人记录的与我谈话的文章。尽管每个细节都是对的，可他的观点替代了我的观点，这仍让我迷惑。他曾有张面孔，而我没有；后来他失去了那张面孔，而我却拥有了一张面孔。我说的话，都是根据他的理解被记录下来的。我知道每次与别人对话都会是这种结果。一般而言，我不关心自己在别人心目中的形象：它们都自相矛盾，毫无一致性，我从不为此浪费时间。但面对有血有肉的真实听众时，我会感到些许惊慌，我感到自己被这些陌生的意识变成了一个物件，可不知道是什么物件，这让我不由得感到一阵惶恐。

建立自己的形象，这件事徒劳无益且不可能做到，我对此不感兴趣。我所希望的，是弄明白自己在世界上的位置。我是个女人，法国籍，作家，1972年我六十四岁，这些意味着什么呢？要想知道答案，须得先搞明白，我当下所处的时刻在历史的长河中代表着什么。是大战前夕，还是天翻地覆的大变革前夜？今天的年青一代能否看见真正的社会主义的到来？技术官僚的胜利将延续资本主义社会，或者会有一种全新的、不同于我能想象到的任何形式的社会形式？这些问题都没有答案。我认为自己生活于其中的时代意义不明，这使得我个人生活的意义也晦暗难解。

年轻时我想象自己的生活将会是一个异常成功的人类生存案例。[1]如今我早已知道,事实并非如此。我没有经历过大多数人的命运:剥削、压迫、苦难。我是个幸运儿。跟其他幸运儿相比,我谁也不羡慕,我知道很多幸运儿也绝不会羡慕我。曾经很长时间,我对过去的时代有一种优越感。每次读某个旧时代作家的传记,他的阅读内容总让我感到难堪:他读的那些科学、历史、心理学著作都那么过时!这部分归咎于他自己。不管怎样,这方面的落后总归让他在我眼里贬值了。现在我要反思自己。尽管没有同代人对未来的那种狂热向往,我也承认,后人与我相比有巨大的优势。他们会了解我的时代,而我的时代不了解他们。他们会懂得我所不知的诸多事物。我读的书、我对世界的看法,在他们看来陈旧过时。除了几部经得起时间考验的伟大著作之外,他们将对我从中汲取养分的精神食粮嗤之以鼻。

尽管如此,当年在克尔索街上看赛马的斯丹达尔也没有任何理由羡慕今日漫步在同一条街道的游客,这条街道已变得平庸丑陋。历史上的任何时代都是唯一的,不存在统一的标准与其他时代对比。不同命运的人类之间不必相互质疑。未来自然丰富多彩,我之今日也并不贫乏。

然而这样一来,我的位置不再是绝对的了。我永远失去了把自己

---

[1] "我模模糊糊地感到,一旦某个物件参与了我的故事,它就被特殊的光照亮了。一个国家在我亲眼见到之前,仿佛不会被任何人看见。"见《岁月的力量》第369页。——原注

置于宇宙中心的幼稚幻想。

我还有其他幻想。目前我一心想再现我的人生，复苏被遗忘的记忆，重新去读、去看，补充不完整的知识，填补空白，澄清晦暗不明的问题，整合散乱的信息。仿佛会有那么一个时刻，我的人生经验须得完整呈现，仿佛这件事非常重要。有些原始人认为，他们死后会永远保持死亡来袭时的样子，无论老幼、健壮或衰弱。我这样做，似乎认为自己的人生会在坟墓中继续，它会是我在生命的最后岁月里重新整合好的样子。然而我非常清楚，"我无法带走我的生命"。我的死亡将是彻底的。

我不再像从前那样忧心忡忡。年轻时强烈的死亡焦虑烟消云散。我已放弃与死亡对抗。弗洛伊德这样描写身体的痛苦："如果这（指身体上的痛苦）是某人有意为之，可以说此人卑鄙至极。"这个说法也适用于死亡：天堂的虚幻消解了愤怒。我的愤怒从此只针对人类造的恶。但如今我的末日临近了。我脚下延伸着一条路，它来自我背后的黑夜，又将没入前方的黑夜：我已走过多于四分之三的路程，剩下的路程很短了。通常这画面是静止的，有时候，我仿佛站在自动传送带上被迅速拉向深渊。我上次看见棺材下葬——那次是芒西夫人——我瞬间清醒地意识到：很快就轮到我了。夜里我不再做那种安慰性的噩梦，梦里有个声音在我死后说："我死了。"但我偶尔会在莫名的焦虑中惊醒，虚空感深入骨髓。

虚无：如果这个念头不再困扰我，我会不习惯的。人们劝我："为什么要害怕呢？我们出生之前也是虚无。"这个类比似是而非。我的过去某种程度上被知识照亮，而未来却将被黑暗吞噬；不仅如此，更重要的是因为让人厌恶的不是虚无，而是自己的消失。存在——意识和超验——与生物学意义上的生命之间的联系始终令我困惑不已，然而把两者分割开来却更加荒谬。存在永不停歇地把自己抛向自己的运动所创造的未来，对存在来说，抗拒生命的熄灭简直是耻辱。如果是存在主动造成的死亡——如英勇就义或自杀——耻辱在某种意义上就不复存在。然而在我看来，没有任何事情比身体康健时被迫赴死更可怕了。衰老和疾病在削弱生命力的同时，往往也能帮我们接受死亡的来临。

有时我感到惊奇：今天我的躯体和明日我的尸体之间的不同，要远远大于我二十岁的身体与现在这个仍然活着的、有温度的身体之间的不同。可是，我与二十岁之间隔了四十四年的岁月，而我与坟墓之间的距离显然要短得多。

每当想到死后我的尸身依然存在，我就感到自己与身体之间的关系非常怪异。

我觉察到自己对死亡近乎漠不关心。是因为我觉得末日尚远，还是我不再像以前那般留恋生命？我觉得这都不是真正的原因。如果我十五二十年后才去世，那么死的将是一个非常老迈的女人。一个八旬老妪的死没法触动我，我也不想在她身上继续存活。这场离世唯一让我难过的是我的死亡会给某些人造成痛苦，主要是我最关心他们幸福的那些人。

我与他人的关系——爱恋、友谊——占据了我生活中最重要的位置,很多关系都经受了时间的考验。我与萨特及我妹妹始终亲密如一,与奥尔迦、博斯特、朗兹曼、比安卡、薇奥莱塔·勒杜克常常走动,与普永、格尔茨、吉赛尔·阿里米、吉吉、海伦·怀特以及其他一些人见面虽少,但每隔一段时间就会相聚。还有一些朋友,因为各忙各的事,逐渐变得疏离,如米歇尔·莱利斯和让·热内,但这并没有降低他们对我的重要性,我始终关注着他们的活动。

在这方面也一样,持久稳定不意味着停滞:虽然见的是旧相识,但与他们分享的是世界上无穷无尽的新鲜事。我们一起思考共同关心的问题,交流各自收集到的信息。由于思想基础、计划、价值观和目标一致,观点的分歧就有了意义:每个分歧都彰显了我们所讨论内容(事件、电影或书籍)的一个不同侧面。对于那些与我不同阵营的人,只要主要观点一致,我都能从与他们的谈话中有所获益。我就是这样在苏联结交了莱娜,在日本与登水子结下了友情。[1]虽然对世界有着相同的期待,但她们观察世界的角度与我不同:通过她们的眼睛看世界,这丰盈了我的心灵。不过,我认为,与观点大相径庭的人交谈就大可不必了,相同的词语对他们和对我有不同的意义,交谈也不会让我们走到一起。总之,我不想在不相干的人身上浪费时间,宁愿把时间留给亲朋好友。我在他们的生活中倾注了心血,对他们的计划、成功与失败我都能感同身受。我怀着极大的兴趣阅读他们发表的文章和

---

1 参见本书后半部分苏联及日本旅行见闻。——原注

出版的书籍，参与他们的际遇。某种意义上，我的人生包含了他们的人生，并由此变得更加丰富了。

萨特的生活始终与我的生活密不可分。他现在住在离我家步行五分钟的地方，就在拉斯帕伊大道。从他位于十一层的书房往外看去，整个巴黎尽收眼底，蒙帕纳斯公墓近在咫尺。我每天下午都去他家工作，在夜幕降临时面对着日落美景心醉神迷。晚间我们在我的小公寓度过。他自1962年以来的活动尽人皆知，我就不再赘述了，我只讲一件事：诺贝尔奖风波。

1964年初秋，经常与萨特交流的意大利哲学家帕切写信给他，索要萨特将在诺贝尔奖颁奖仪式上用的演讲稿。萨特要得诺贝尔奖了吗？别人告诉我们，是的。萨特打算拒绝领奖，我支持他。几个中年朋友建议他接受，但当我去问一些学生的意见时，他们立刻跳了起来：如果萨特接受这个头衔，青年们会多失望啊！

萨特心意已决。他鄙视这种"荣誉"，不打算去斯德哥尔摩被人当猴耍。那些院士都是些什么人，又有什么资格评选他？他们的选择明显有政治色彩：还从来没有共产党员得过奖。如果萨特是共产党员，他可能会接受，因为那说明瑞典科学院很公正，然而他不是，给他这个奖并不意味着认可他的政治立场，而是表示既往不咎。他可不想被招安。于是他给瑞典科学院写信，彬彬有礼地请他们不要硬塞给他什么奖，否则他只能拒绝。

瑞典科学院置若罔闻。有一天，我们在我家附近的一个酒吧用午餐，一个显然在等着我们的记者告诉了我们萨特得奖的消息。萨特决定通过一个瑞典记者表明自己拒绝领奖的态度，他是在《法兰西信使》杂志社经克洛德·伽利玛介绍认识那位记者的。这份宣言后来由萨特的出版社派代表去斯德哥尔摩宣读，并被多家报纸转载。萨特说，他一向不接受官方授予的荣誉，因为作家不能变成体制的一部分；再者，诺贝尔奖也不该"只颁给西方作家或东方的叛徒"[1]。

在瑞典科学院收到这份宣言之前，萨特不想接受媒体采访。五点钟的时候，他来找我，他母亲——她就住在萨特家附近——打电话告诉我们一大群记者在萨特住的楼前等他。部分记者猜到他躲到我家里来了，于是跑来按我家的门铃，直闹到凌晨两点。为了摆脱纠缠，萨特最后只好露面，让记者们拍照，但只说了寥寥数语。

早上醒来，我看见街上聚集了很多摄影记者，还有一辆电视台的车。萨特一出门就被围住了，记者和摄像师跟着他直到住处。走到公寓门前，他终于开口对记者们说："我不想被埋葬。"下午，他的邻居肉铺老板娘满怀同情地对我说："可怜的萨特先生！两年前是秘密军事组织，现在又来了个诺贝尔！他们怎么就不让他安生！"

媒体自然指责萨特刻意做戏博人眼球。他们暗示，萨特之所以拒绝领奖，一是因为加缪在他之前得了奖，二是怕我嫉妒。他真是得腰缠万贯，才能把两千六百万法郎视若粪土。有些来信更是让他莫名其妙，写信人让他去领奖，然后拿出一部分或全部奖金分给他们，甚

---

[1] 萨特说："诺贝尔奖颁给了帕斯捷尔纳克，而不是肖洛霍夫。"这句话被我们苏联的朋友们彻底误解了，他们以为萨特放弃了"自由派"阵营，转投"斯大林派"了。——原注

至让他另外再添上点,好让他们拿去保护动物,拯救一种树,买商业基金,整修农庄或者去旅行。他们都拥护资本主义的原则;大发横财他们不反对,像莫里亚克那样用全部奖金给自己建个浴室他们也不反对,可萨特拒绝接受这笔钱,他们就忍无可忍了。

在那之前不久,萨特发表了《文字生涯》,这本书他写了很长时间,最初名叫《无家可归的让》。他的书对我来说都不是新书,我从它们的草稿就开始读了,但两三年后,我总能从中找到新意。这本书在我看来既熟悉又陌生。书中的童年和纠缠其中的人物我早已了解。我所不知道的——也是作者本人在写此书之前不知道的——是他与往日时光的距离。他在书中谈论自己,时而用过去时,时而用现在时,而过去和现在又是同步的。通过创造一种语言,他构建了成年人与儿童的关系,这也是此书的独特性和价值所在。阅读这本书使我见证了偶然的故事如何变成永恒的文字。我看到,想象中的角色——吸血鬼——操纵着作者的手,取代了有血有肉的人物。《家庭白痴》这本书,我不知道自己反反复复读了多少遍,还大段大段地拿来评论,并与萨特讨论。1971年夏天,我在罗马又把它重读了一遍,从第一页到最后一页,一口气读了好几个小时。萨特任何其他的书似乎都没让我读得如此惬意。这是本悬疑小说,是警方的一份调查报告,最终解开了一个谜题:福楼拜是怎样成为福楼拜的?作者以前所未有的自由的方式,兴高采烈地探索了他感兴趣的领域:童年经验和时代背景给一个人带来了什么,一个人的言论与他生活经历的关系,语言、艺术和喜剧又是什么?罗列出这本书探讨的主题就得整整几页纸。这本书既与他的《辩证理性批判》一样严肃扎实，又畅快淋漓、趣味十足。萨特显然是带着玩耍的态度写作本书的，读者要是能领会，就能分享作者的乐趣。

我妹妹已不在巴黎居住。她丈夫进了斯特拉斯堡的欧洲议会，他们在阿尔萨斯乡下买了一处古老的农庄，把它布置成一个舒适漂亮的家。她从早到晚都把自己关在画室里作画，寒冷的冬日也不例外。她既不愿受写实的限制，也不接受抽象的乏味，而是在形式创新与尊重现实之间找到了越来越睿智的平衡。我没有看过她在海牙和东京的那几次大获成功的展览，但我很欣赏她1963年在巴黎展出的以威尼斯为主题的画作，尤其喜欢她记录1968年"五月风暴"的狂欢和悲剧的作品。多年来，她创作了一些出色的版画，其中为《破碎的女人》一书所作的插图尤为出色，她曾把那些作品与一些细腻的水彩画一起展出，新近还发明了一项绝妙的技术——在有机玻璃和聚酯纤维上作画，但并没放弃油画。她能同时做这么多事，是因为她几乎从不休假。夏天在意大利特来比诺的家中，她在一间洒满阳光的宽敞画室里工作。我们时不时在巴黎碰面，我偶尔去她家观赏她的近作，顺便去看她花园里的玫瑰。

我交往最久的朋友是斯黛芬，我们长期分隔两地，最后断了联系。令我异常喜悦的是，这份友谊后来恢复了。

斯黛芬和费尔南德在战争初期去了美国，定居在纽约。费尔南德继续作画，她则尝试过很多工作。1947年的某天，我按响了他们家的门铃，那时我们已许久没见。费尔南德给我开门，他没什么变化。我走进房间的时候，斯黛芬激动万分，结果从躺着的长沙发上掉了下来。

那次到访，我与他们共度了好几个小时。1948年和1950年我们又有过几次短暂的会面，那时我途经纽约去往芝加哥。后来他们去了佛蒙特州的一座小城教书。斯黛芬和我都不太善于通过写信保持联系，我们便渐渐地不通音信了。1965年，她去奥地利探望母亲，途中在巴黎逗留，当时我去了苏联，她很不讲理地抱怨了我一通。妹妹替我辩护，可斯黛芬赌气说："既然人家对你不感兴趣了，又何必强求呢。"

但《破碎的女人》出版后，我还是签名题赠了一本寄给她。她回信感谢我，告诉我她1969年春天会来巴黎。

我们在电话里约定在我家会面：她住在小叔子家，离我家不到一百米。我惴惴不安地等着门铃响。我会见到记忆里二十岁时那个熟悉的斯黛芬吗？也许她变老了？也许她变成了另外一个人？那她又会是什么样的人呢？

我拉开门，门口站着一位上了年纪的妇人，身材矮小，拄着拐杖。可我立刻认出了斯黛芬的蓝眼睛、粉红面颊、鼻子、颧骨和笑嘻嘻的大嘴巴。我激动地说："您一点儿没变！"她双眼满是泪水，我们彼此拥抱。"您可真高啊！"她对我说。她的身体变佝偻了，比我要矮一个头。她用手比画着从额头到腰部，说："从这儿到这儿，我才二十岁。"然后又指着从腰到脚的部分说，"可是从这儿到这儿，我得有一百岁。"她患了严重的关节炎，走路离不开拐杖。她觉得我脸上的神情跟以前不一样了。

我们谈到了费尔南德，还有她引为骄傲的儿子以及她的工作。当教师二十年了，她喜欢这个职业。学生们对她又敬又爱，她则努力启发他们的政治觉悟。"我喜欢年轻人。"她满腔热忱地说。她很开心住在小叔子家,因为他有三个儿子,从二十到三十岁,三兄弟都是极"左"人士。她乐此不疲地听他们讲在"五月风暴"时的经历。

那之后我经常与她见面,有时单独去,有时和萨特一起。我们在拉斯帕伊大道慢悠悠地散步,在附近的小酒馆午餐,聊得还是那样投机,仿佛从来没分开过:我们观点一致,品位相投。她对一切都感兴趣,我赞赏她的活力和勇气。腿疾让她吃尽了苦头,但她仍然乐呵呵的。她打定主意不退休,所以又接受了人家在费城给她的一份工作。休假的时候她就去帕特尼,费尔南德喜欢那儿的宁静。不过她想跟年轻人保持交往,也希望利用大城市提供的资源。

她实现了自己的人生计划,并从中获得了符合预期的满足感。很少有人能像她那样全身心地投入生活,无惧衰老:她永远对世界兴趣盎然,永远能找到有价值的东西,永远有自己的目标,直到生命的尽头。我想我们大概很少有机会再见面了。我是个特别不愿意失去过去的人,找回青年时代的这段友谊对我来说弥足珍贵。

我修改本书校样期间,薇奥莱塔·勒杜克在福孔去世了。但我仍然把她放在在世友人的章节里,因为最近十年,我们俩的生活颇多交集。

我曾经讲过,1955年,小说《灾难》的失败使她一蹶不振。不久,她开始受到她自己在《错乱》中描写的迫害妄想狂的折磨。她在街上看见一些奇怪的东西,觉得是某个恶意组织为了嘲弄她故意抛撒的:

绳子头、报纸碎片、狗屎、蓝色高卢牌香烟的烟盒。她在门上加了锁，可还是有人在夜里潜入：早上起来，她发现自己的皮草外套变短了，墙上多了个污点，有张照片被折了角。工作的时候，她听见脑袋上方有咔咔的声音，有个密探躲在那里，正在读她的手稿。她在报纸上和电台里，总能发现有人在恶意影射她的作品。我试着让她恢复理智，可她并不想从现实中归纳出合理的解释。人们嘲笑她，想害她，可她不知道是谁，他们又为了什么迫害她，只能模模糊糊地猜到一些。后来她开始激烈地应对她自以为受到的攻击，这令我非常担心：在地铁里，她对推搡她或用奇怪的眼神看她的人破口大骂。我说服她去看了精神分析专家，医生认为她无药可救。1957年11月的一个下午，我正在波拿巴街萨特的住处写东西，电话响了，来电的是玛德莱娜·贾斯坦，薇奥莱塔的一个朋友，她在雅可布街和波拿巴街交会处开了家古董店。薇奥莱塔在她那里，情况很糟糕，她让我去一下。我赶紧去了。原来，玛德莱娜开车经过萨特住的楼下时，瞥见薇奥莱塔背靠墙站着，脸色苍白，眼睛紧盯着某处。她赶紧下车过去，手刚碰到薇奥莱塔的肩膀，后者就惊叫着跌坐在地上。玛德莱娜让她上了车，把她带到自己那里。我见到薇奥莱塔时她正在哭泣，含混不清地告诉我，她在萨特家门前等他，想当面抱怨他在《现代》杂志上写的关于她的话：萨特谈丁托列托的时候提到了丑陋，这明摆着是说她。那之后她又发作了两三次，严重得终于让她自己也害怕了，她同意接受治疗。我听从精神科医生的建议，把她送进了凡尔赛的一家医院。那里的医生不顾我的坚决反对，给她进行了一系列电击治疗。后来她又去勒萨沃若医生在野狼谷[1]主持的疗养院接受了睡眠治疗。她与医生夫妇相处得很好,常常在疗养院漂亮的花园里散步。她又能正常生活了。我一度觉得她病得太严重了,康复无望。她的一个老朋友吓得跟她断绝了来往,但她身上有一种很坚韧的东西,对生活的热爱使她最终战胜了病魔。

她永远没能摆脱她的偏执妄想,她眼中的世界始终充满了各种象征和符号,它们来自看不见的迫害者。但她不会再让自己被击垮,她又开始写作了。她的勇气常让我感叹不已。她在书里描写了自己如何精心料理家务:花上几个小时擦洗房间,去市场精挑细选地采购,慢悠悠地准备一日三餐。她伏案写作一写就是几个小时,用她纤细倾斜的字体写满了一本本的方格笔记本。夏天,她在沃克吕兹省的福孔镇租了栋美丽而又破败的老房子。每天一早她就去林子里,把随身带着的篮子挂在树枝上,篮子里是她简单的午餐,然后开始写作,直到夜幕降临。人们如果知道,填满一张白纸要付出多大的努力,一行行地堆砌句子又是多么让人紧张,中间还时不时被失望袭扰,就会明白这需要多么惊人的毅力。何况薇奥莱塔·勒杜克还背负着以往失败的重担。

她要写下自己的生活。我们在巴黎见面的时候,我阅读她的手稿,与她一起讨论。1964年她完成了《私生女》,大获成功。我给她写了前言,说到书里我喜欢的东西:作者大无畏的真诚、她的极度敏锐以及她把现实和梦幻融为一体的艺术。成功使她的生活变了样,她本来一直过着孤独清贫的生活,如今一朝致富,朋友如云。有些是真朋友,有

---

[1] 原为夏多布里昂的产业。——原注

些或多或少是为名利而来。她被新生活弄得飘飘然,但又时常觉得恼火。她主要交了一些同性恋朋友,兴致勃勃地跟着他们去逛异装癖酒吧:阿瑟夫人酒吧、演武场酒吧。有人向她大献殷勤,她先是很受用,接着又怀疑自己受到了玩弄,对他们大发雷霆。奢侈的生活令她着迷。有些身家不菲的男人,多半为了附庸风雅,对她表示青睐,激活了她对自己传奇般的父亲的幻想:她对他们的优雅举止着了迷,同时又觉察到他们的缺陷,她的理性和道德感使她不由自主地排斥那些人的矫揉造作。针对这一点,我就讲一件特别典型的事。著名电影制片人拉乌尔·列维请薇奥莱塔去乡间豪宅赴宴,出席的有雕塑家恺撒、一些作家和艺术家,还有拉乌尔的一些私人朋友,一共三十几人。大家在宽敞的餐厅里喝着开胃酒,突然间,只剩下十几位客人围坐在一盘西班牙什锦饭周围,主人和他最亲密的朋友们跑到厨房去用餐了。这时薇奥莱塔·勒杜克站起身来,把餐巾塞到腰带里,做成女仆围裙的样子,端起那盘什锦饭,走到背对着她的拉乌尔身边,夸张地模仿仆人的口气说:"先生要来点什锦饭吗?先生对服务还满意吗?"拉乌尔惊跳起来:"您在干吗?要玩仆人游戏的话,我也会。"接着他尴尬地解释道:"这是个误会。下次我不请这么多人,您也来厨房用餐。"她不止一次让自己从巴黎纸醉金迷的旋涡里挣脱出来,恢复了自己的骄傲。她在我面前为自己的肤浅感到不好意思,可我理解她,清苦了那么多年,时髦的餐厅和夜店让她觉得新鲜有趣。她热衷修饰打扮,给《风尚》杂志写文章评论当红的设计师。她有了新的穿衣喜好:金色假发,超短裙,最时髦的外套。她风情万种,可走在街上的时候,人们之所以回头看她，是因为她脸上暴露的年龄和她年轻的背影形成骇人的对比。

金钱给她带来了苦恼：她在书里写了自己是多么看重金钱。她不希望自己刚赚的钱在出版商手里睡大觉，可如果一次支取太多，税务部门就会从中拿走一大部分，这件事让她很恼火。她接受朋友的建议，采取了折中的办法。虽然置办了一些衣服，又去旅行了几次，她仍然相当节俭：她可不想再回去过《私生女》出版前的那种穷日子。她继续住在廉价住宅楼里的一个小"角落"。她唯一重要的开销是为了实现长久以来的梦想：在大地上有一个属于自己的地方。她买下了在福孔的度假屋，叫人重新修整了一番。与工头和泥瓦匠艰难交涉，对她来说并不是一件容易的事。有时候她又觉得这房子有些不祥，不过最后总算跟房子融洽相处了，她爱上了窗外的景象，旺图山镶嵌在窗框里，像一幅视野开阔的风景画。她热爱自己的花园，叫人在那里种了很多稀有的灌木和花，亲自侍弄它们。刚开始，村里的人对她的短裤、项链、大草帽和妆容很不习惯，后来也见怪不怪了。她在村里交了几个真诚的朋友。

即使社交频繁的日子里，她也从来不忘写作。她又写了《穿小狐裘的女人》。与《老姑娘与死亡》一样，这部长篇小说以孤独为主题。她还继续写她的自传《错乱》。读这本书于我是相当特别的体验。薇奥莱塔·勒杜克讲的事情我都知道，我往往还参与其中，甚至扮演了重要角色。作为客体在书里出现，这令我震惊，我明明是以主体的身份有意识地经历了那些事情。

厌倦了出游、饮宴和巴黎的种种喧嚣纷扰，薇奥莱塔·勒杜克在福孔待的时间越来越长。从1969年起，她彻底在那里定居，回归了童年喜爱的一切，她热爱书籍、音乐、绘画、建筑。不过最后几年，她几乎对文学和艺术失去了兴趣，主要关注现实世界：人、事物、天空微妙的变化和土地的气味。"我全心热爱的是什么？是乡村、树木、森林。我的位置在乡间，在它们中间。"她在《私生女》里这样写道。

薇奥莱塔·勒杜克对待现实的态度与她想象中的生活（充满幻想和执念）之间存在着有趣的反差。她惧怕死亡，哪怕一点轻微不适或一个小小的寒战，她就立刻觉得自己奄奄一息。可是，曾有两次她因为可怕的疾病需要做手术时，她的态度却镇定得令人诧异。第一次术后，人家告诉她刚刚切除的肿瘤是良性的，她相信了。我得知真相后吓坏了：我怕病复发，她会受不了打击。不久之后，她又被切除了一只乳房，她安之若素。"外科大夫说是癌，不过一点儿都不严重。"她对我说。我去探望她那天，她正为一件事烦恼，照镜子的时候，她发现自己灰白的头发显出火焰般的红色，头皮也是如此。这现象在福孔时发生过一次了，她没法解释这是为什么。我说那是个幻觉，她不同意。"为什么不叫护士来看看呢？"她想了想，然后笑了："我觉得我的潜意识实际上不相信这件事。"

我觉得潜意识这个词意味深长，它表明薇奥莱塔看上去脆弱不堪，实际上很坚强。她的潜意识绝对乐观，它不相信衰老、死亡以及她自己制造的疯狂幻觉。1972年春，她住进阿维尼翁医院的时候，相信自己只是肝上有点毛病。出院后她写信告诉我她是多么高兴能回家，她的病一点都不严重。不久，我接到电话说她陷入了昏迷，医生们无计可施，就让她去了。她到死也没有恢复意识，没有痛苦，似乎也没有焦虑。遵照她生前的愿望，人们把她安葬在村里的墓地里。

她在福孔写完了自传。我估计不久后书中的某些段落就可以与读者见面。这是我所期待的，因为她这样一个人，不能把她的书和那个有血有肉的作者分开。她拿自己的人生当写作素材，她的作品就是她生命的意义。

关于薇奥莱塔·勒杜克能说的还有很多，我在《私生女》的前言里已经说了很多，在此就不再重复了。

我在《事物的力量》中提到，1960年前后我交了些新朋友。这些友谊都变坚固了。那个曾在我面前自我介绍为"典型的不合时宜者"的马赛小伙子，在阿尔及利亚战争期间不惜以身涉险，帮助阿拉伯民族解放阵线，后来当了文学老师，先后在外省、瓜德罗普和柬埔寨任教，这些经历都被他写进书里。[1]他络腮胡子，头发浓密，总是渴望去新地方，投入地迎接生活中的一切，保持着始终如一的叛逆精神。被派到巴黎附近的一所中学教书时，他把自由作为最重要的内容教给学生，这使他必然与校方有些冲突。夏天，他就在草坪上上课。他不记考勤，不遵守教学大纲，鼓励质疑。1972年2月，他被停职，校方没有给出任何具体理由。3月2日，《世界报》为他写了一篇文章，题为《学生拥护，家长指责：记戈内斯中学一位不同寻常的老师》。他对学

---

[1] 《生活终将开始》，Cl.库尔舍著，伽利玛出版社。——原注

生非常关心，在校园里赁屋居住，允许学生随时出入他的房间、听他的唱片、互相或与他讨论问题。家长们当然指责他们是聚众吸毒、滥交，阿尔芒家长联合会要求让他停职。有位家长对《世界报》记者说："先生，我不知道您是否见过他本人，他跟牧羊人似的穿着大袍子，打扮就不像老师。"他穿的是从阿富汗带回来的一件白色长袍。

我的加拿大女友玛德莱娜·戈贝叶放弃了戏剧。她在加拿大一所大学教书，也做一些电视文学节目，还做了不少报道和采访，刊登在加拿大的报纸上。她常来法国，目前在此暂居，在准备关于米歇尔·莱利斯的论文。

我也继续与雅克琳娜·奥尔蒙见面。她对马里发生的事情很失望，返回瑞士居住。她把自己的幻想写成了一本小说[1]，接着又开始写第二本，素材是她在非洲的经历。后来她又去尼日尔教书，但并不喜欢那里的生活。某天早上，我收到了她在瑞士出版的第二本书。编辑在书里留了张字条，说她几天前去世了。消息很突然，但我并不是很吃惊。我觉得自己知道她是怎么样离世又是为什么离世的。

阿尔及利亚战争接近尾声的时候，一位叫戴妮丝·布雷班的社工给我写信，表示一定要见我，我拒绝了她，她并不气馁。"我跟丽莎一样固执。"她说。她指的是我在《岁月的力量》中写的以前的一个学生，在书里那个学生叫这个名字。后来我明白她并非闲得无聊对我好奇，而是在帮阿尔及利亚民族阵线，想就这个问题咨询我。她那间小

---

1 《过境》，伽利玛出版社。——原注

小的公寓经常充当阿尔及利亚人的藏身之处，这使她冒着失去工作的危险，而她并无其他经济来源。我们就这样交往起来，她与我年龄相仿，生活很艰难。她父母都是农民，因为幼年生活艰辛，所以对六个孩子也很苛刻。大女儿十八岁结婚逃离了家庭，儿子去西班牙上了前线，在那里战死了。家里把戴妮丝送去桑里斯上学。她成绩优异，到十四岁时，她的女老师表示愿意掏钱送她去读师范。父母拒绝了，先让她回农场干活，后来让她去做各种工作：进修车行、工厂，后来去了一位老婆有残疾的药剂师家干活。因为整天把残疾人沉重的身体搬来搬去，十八岁的戴妮丝患上了肾错位。（多年后她做了手术治疗。）尽管把工钱悉数交给父母，他们还是一言不合就打她。她的肺部受损，不得不去疗养院待了一年。从疗养院出来时她二十一岁了，来到巴黎碰运气，先在一户人家当家庭教师，干了七年，这期间补习了法语、文学和历史，阅读了大量书籍。她进了救世军，晚上去高级餐馆和夜总会组织募捐。因为年轻漂亮，她总能募到很多钱，在福凯餐厅，她甚至可以进高级包间。"救世军的小姑娘来了。"熟悉她的人都这么说。警察署署长夏裴、加比·莫雷、玛丽·贝尔、萨夏·吉特利等人都会慷慨解囊，让·卡班和莱姆就不那么大方。见这些人物很有趣，可她最终发现，穷人并不能从募捐中得益，她因此离开了救世军。二战初期，她加入了全国救济会，继续学习，希望成为社会工作者。"农民的女儿！您永远不可能成功。"一位女教官轻蔑地说。可她还是参加了1948年的考试。那场考试共五百名考生，她以第四名的成绩被录取，她写的关于战时社会工作的论文得了最高分。她自豪地告诉我，她的论文被卫生部部长当众宣读，这是对她受到的所有蔑视最好的回击。她无比热爱自己的职业，常常超时工作，用自己的钱救济穷苦人。在她工作的辖区，她常有机会目睹阿尔及利亚人在条件恶劣的破屋子里艰难生活，见到他们受到各种迫害，她决定站在他们一边。如前文所说，我们就是那时相遇的。多亏了她，我才近距离了解了人间的苦难和艰辛。如果没有她，我只能远远地观望这一切。

我很喜欢克莱尔·艾切雷利写的《爱丽丝或真实的生活》，那是朗兹曼强烈推荐我读的。书里不仅描写了一般小说很少涉猎的工人生活，还讲述了一个美丽悲伤的爱情故事：故事发生在1957年，深染种族主义恶疾的巴黎，男女主人公分别是阿尔及利亚人和法国人。我如愿见到了作者：她有美丽的黑发和绿色眼睛，还有动人的嗓音和迷人的气质，我立刻喜欢上了她。她父亲是波尔多的码头工人，1942年被德国人枪杀。她跟着祖父生活，祖父是吉卜赛人，靠贩卖老马给斗牛比赛的组织者为生。她直到九岁还不识字。作为国家抚养的孤儿，她成了教会学校的免费生。她进步很快，迅速赶上了功课，以优异的表现读完了中学。因为受够了中产阶级出身的同学们对她的轻蔑，她拒绝参加会考。二十二岁时她结了婚，生了一个孩子，三年后离婚。她来到巴黎，进了雪铁龙汽车厂做工，后来又去了滚珠轴承厂，最后做了家政服务员，她觉得比当工人轻松多了。雇用她的夫妇让她做一些办公室文员的工作。我认识她时她是一家旅行社的雇员，她用四年的时间写成了《爱丽丝或真实的生活》。从十四岁起她就醉心写作。她的幸运之处，是在"筋疲力尽"的打工岁月之前，已经读完了中学。

我为《新观察家》采访了她，不久之后她就得了费米娜奖，终于能置办几套像样的衣服——她本来只有一件毛线套衫，并从租住的贫民窟里搬了出来。现在她住在十三区一栋新建的高楼里，在二十一层，从窗口能俯瞰左拉笔下的巴黎：老旧的住宅和工厂，还有货栈和奥斯特里茨车站。塞纳河流淌在远方，万塞纳动物园的大石头也依稀可见。她说，住在这么高的地方感到离大地很远，连鸟鸣的声音都传不到耳边。她跟两个孩子一起生活：一个是她与前夫生的，一个是阿尔及利亚人的，在小说里那个阿尔及利亚人叫阿莱兹基。

成功引来了别人的诋毁：有人说她编造自己的生活，说阿莱兹基死后，她嫁了一个阿尔及利亚高官，日子过得很滋润。事实是，她跟一个阿尔及利亚人签了一份法国不承认的婚姻合同，而且她从未靠他养活，正相反，几个月之后她就离开了他。

得费米娜奖之后，她又换了几份不同的工作，写了第二本小说《关于克莱芒丝》，讲的是西班牙流亡人士的故事。我在报纸上分析了小说的优点。克莱芒丝与爱丽丝是同类人，既温柔又冷酷，既开放又保守。她人生悲哀的底色偶尔被脆弱而短暂的欢乐照亮，阴郁中透着一点希望。这本小说与第一本一样引人入胜，可惜不如第一本受欢迎。

我经常因为喜欢一部作品，就产生认识作者的愿望。我饶有兴趣地与阿尔伯特·科恩、阿图尔·伦敦聊天，听帕比翁说话。《流氓的荣光》面世后，我特别喜欢这本书，于是认识了埃尼并时常与他见面。我不赞同他对小农的热爱以及他嗜古的口味。他的剧本[1]只抨击左派人士，这让我感到遗憾。不过我欣赏他的活力和自在的风格，而且我们交谈时往往能达成共识。

与斯黛芬重逢之前，我已与她的儿子提托认识多年。我们是老相识了。1931年，他降生那天，我和他父亲及几个朋友一起待在丁香园咖啡馆，斯黛芬在旁边的妇产医院生产。我看着他长成了爱笑爱闹的小男孩，又随父母移居了美国。五十年代提托与妻子住在巴黎，她是法国人，他们有个女儿。我介绍朋友给他认识，开车带他兜风，我很喜欢他。回到美国后他做了记者，后来去南美旅行，还把见闻写成了一本书。他时不时给《现代》写文章。我听说他离了婚，又娶了一个西班牙流亡者的女儿，去伯克利教书了。他在政治上很活跃，组织了一个反对越战的委员会，时常上电视演讲，揭露美军的罪行，呼吁撤军。他参加了罗素法庭的第一次越战调查，来回都在巴黎停留，我们是那时才成为真正的好朋友的。回到伯克利后，他与"黑豹党"成员们一起斗争，他们与卡迈克尔运动的理念不同，接受白人参加。他与"气象人"[2]们也来往密切。

在一次种族主义引发的事件之后，他与学生们占领了学校的行政办公楼。学校认为他是个危险的煽动分子，把他驱逐出校。校方这种

1　《尤金妮·科普罗尼姆》例外，作品兴高采烈地攻击了西方文化。——原注
2　名称取自鲍勃·迪伦的一首歌。——原注
　　"气象人"（Weatherman）是二十世纪六十年代美国激进学生组织。

史无前例的做法激起了很多人的抗议，媒体一时沸沸扬扬。他变卖了全部家产，彻底投身革命。他妻子不愿意冒再次流亡的危险，就离开了他。他没跟我讲过他参加革命斗争的细节，我只知道，由于参加了芝加哥反越战大游行，他坐了牢，每天都被人用橡胶棍长时间殴打。出狱后他重新投入了斗争。萨特和我是通过他才认识为安吉拉·戴维斯和杰克逊辩护的律师们：他在狱中多次见过安吉拉·戴维斯。因为"黑豹党"目前暂时放慢了行动的节奏，他决定拿出一点时间来做些自己的工作。凭着以前出过的几本书，他拿到了一项资助，可以去伦敦生活一段时间。他时常去英国，不过定居巴黎，我们因此常常见面。

我继续收到很多来信，大多数情况下我会回复。遇到有趣的来信，我会与对方建立通信联系，但通常我不会这么做，因为没有时间。出于同样的原因，我也不接待登门拜访的人，除非对方有站得住脚的理由。说实话，我理解不了有些读者的执拗，他们非要见我"五分钟"时间。作家经年累月地伏案写作，就为了以最好的方式表达他认为最重要的东西：在一个小时的谈话中，他能提供的内容还不如他写的一本书丰富。如果对方想要点"私人"建议，我是没有能力提供的，因为我并不了解提出要求的人。我也很吃惊自己这样的态度会引发怨恨。"好吧，您对我不感兴趣。"说这话的人语气非常不快，然而他对我而言只是电话那头的一个声音而已。"您不欠我本人什么，可是我们每个人都要为大家着想。"有个年轻女士给我写信时这样说。也许吧！可是"大家"就是很多人，太多了，我得有所选择。我会见那些以我的书为主题写论文的法国或外国学生，回答他们提出的具体问题。

我也接待各国的活动分子，他们往往为了某项社会或政治事业请求我的支持。有时我也会与这些人建立密切的联系：从1971年起，我接触了一些妇女解放运动的成员，与其中一些人时常见面。

我尤其喜欢与年轻人在一起。感谢他们让我避免了成年人心甘情愿接受的堕落和异化。我觉得他们的不妥协、激进与追求令人欣慰，他们眼神的清澈让我心旷神怡：在他们眼中，一切都是新的，没有什么是理所当然的。我只觉得政客的演讲令人昏昏欲睡，他们却能发现其中的错误和不当，或嘲笑一番，或义愤填膺。他们仍然会为蠢举吃惊，为丑闻愤怒，迫切希望改变生活，因为这事关他们自身的未来。每次有机会参与他们的行动，我都很欣慰。十多年前，因为恰好有时间，我与几个年轻的女读者建立了联系。其中有些不知所终，另一些，我则一直关注着她们的个人发展。当年的中学生上了大学，当年的大学生当了老师。她们都是社会的反叛者，各自都明确自己的政治立场，尽管有些分歧，但我们的主要观点是一致的。

在这些友谊中，有一份在我生活中占据了重要的位置。1962年我曾经认为，我的人生中不会再有什么重要际遇了，除非是巨大的不幸，然而我错了：上天又给了我一份极大的幸运。

1960年春，有个预科一年级的学生写信给我要求见面；她的来信很简短，却让我确信她是真诚地喜爱哲学，喜欢我的书。我回信告诉她，开学后与她联系。我那时娱乐活动比现在多很多，到了11月才给西尔薇·勒庞写信约她会面。我带她去离家不远的餐厅吃饭。她非常紧张，一直神经质地扭着手指，不敢正眼看我，怯生生地小声回答我的问题。我们聊了她的学习,最后我终于让她承认,她7月得了优秀奖。她在预科班很开心,因为与同学相处融洽。

后来我又见过她。不过,有两年时间,我们的交流都很简短,间隔时间很长。她不再那么怕我了,也不再斜着眼看我,在我面前开始微笑,甚至大笑了:她有张讨人喜欢的脸,跟她在一起很愉快。她看上去没什么个人问题。我问起她与父母的关系时,她闪烁其词。她父母在雷恩,送她到巴黎来准备考大学,其他就没什么可说的了。她谈论更多的是她读过的中学,她的老师、同学们,上课的内容,她的成绩:她讲得很生动,从她的学校生活经历中能看出她对世界的态度。我喜欢她,感到与她心意相通。

出人意料的事发生了,我在信箱里发现她母亲写来的一封长信。她说自己偶然发现了西尔薇的日记,那里面有一句话,说我以为她打女儿。她向我保证,从来没动过女儿一个手指头,接着列举了她跟她丈夫为了让西尔薇受高等教育所做的牺牲。这事非常可疑,她信里编派我的那些话,我从来都没说过,也完全不符合我的说话习惯。我礼貌而冷淡地回了封简短的信,告诉她西尔薇从不跟我谈自己的家庭。我犹豫是否要告诉西尔薇这件事,但我与她不够亲密,不好贸然行事,怕她因此跟母亲对立:我对她们母女的关系一无所知,于是决定缄口不言。

一学年结束了,西尔薇去摩洛哥的一个女友家度夏,这期间没有给我写信。回来后,她等了一个月才给我打电话。我们见面时,她激烈地指责我背叛了她。她母亲给她看了我的信,读了其中的几句,然后吹嘘说跟我有交情,但实际上我很干脆地拒绝了她。我向西尔薇解释,可她还是很生气:她母亲这样插手她的私人友谊已经很多次了,她把怨恨转到了我身上。于是我明白了,她与父母的关系不像她说的那样风平浪静。

我重新取得她的信任后,她给我讲了些自己童年的事情。她早年是相当幸福的。母亲寄希望于女儿,想让孩子实现自己年轻时未竟的梦想。她很小就被送到城里的剧院去学习钢琴、歌唱和舞蹈。西尔薇从小就登台演出。她给我看过她八九岁时的演出照片:白纱裙,头上插着白玫瑰,脸上化了妆,脚上穿着舞鞋,微笑着踮脚站着。我能认出她的脸,但没法相信照片上浓妆艳抹、有点矫揉造作的小姑娘就是坐在我身边的这个严肃拘谨的女学生。她是蝴蝶夫人弥留之际抱在怀里的小姑娘,也是欢迎瑞普·凡·温克尔归来的合唱队一员。她喜欢舞台上的世界,为自己的表演感到自豪。上低年级时,她的学业未受影响,她年年获得全奖。

但后来她的成绩开始下降,母亲不得已让她放弃了舞台。她有更多的时间学习了,法语课成绩她升到了第一名,其他的科目却相当差。父母毫不掩饰自己的不满。她与父母的关系紧张起来,她变得沉默寡言,不与他们交流。母亲恨西尔薇放弃了演出,让她的梦想变成泡影,她变得越发专断、嫉妒、易怒。西尔薇给我讲这些事时多少有些不情愿,这是个很不愉快的话题,我也没再勉强。

我们的小小不和最后以和解结束,这使我们的关系更亲密了一些。但我直到1963年秋天才真正对西尔薇产生了依恋。《事物的力量》

出版后，大多数人都没有读懂书的后记，但西尔薇准确而全面地理解了它。她虽然年轻，却在我母亲弥留期间和去世后给了我很大的安慰。我们的见面频繁了起来，谈话更自在，谈的时间也更长了。

她考入巴黎女子高等师范学校后，住在儒尔当街。她很喜欢那里。她可不是个考试机器，她学得很轻松，游刃有余。她跟几个被校方当成刺头的同学很要好，经常结伴出门，喝红酒，捉弄那些"老古板"和"反动分子"，挑战当局。虽然经常因为不守纪律而受训斥，但她们都成绩优异，所以威信仍然很高。

西尔薇会给我讲她的那些"恶作剧"。她对我无话不谈：她的消遣、阅读、交友以及她生活中发生的一切。她关注一切人和事，能敏锐地捕捉到微妙之处，兴致勃勃地给我讲述她的感受。我觉得她非常有趣，她让我很开心。每次跟她分享我的体验，我都有所收获。她参加教师资格考试那一年，我常带她去看电影、看戏、参观画展。那年的春天和初夏，我们常常开车出去，游玩很长时间。然而我对她仍然缺乏了解，她依然有一点神秘感，有时候又会做出让我吃惊的举动。

有一次，我们在索洛涅游玩了一整天，吃过晚饭后在公园里的旅馆过夜。我很早就上床了，睡得正香的时候突然被惊醒，有人在用手碰我的肩膀。我睁眼看见西尔薇站在我床边，兴奋地说："穿上衣服，快来看！太美了！"我揉着惺忪的睡眼，不知出了什么事。她把我拉到窗边。无比澄澈的天空上，一轮巨大的圆月散发着清辉，青草和鲜花的芬芳——那是童年的味道——从地上升腾而起；外面的草坪上，一群年轻人拨弄着吉他轻声吟唱。"我从来没见过这样的月亮！"西尔薇说。

是的，夜色迷人，音乐也动听，可我一点也不想穿衣下楼。西尔薇沮丧地说："唉，我真不该叫醒您。"其实她那样做是对的，让我发现了她个性中我一直不了解的一点：她也有激情，也会冲动，可她一向的低调内敛掩盖了这些，晚餐时喝的那几杯红酒让她打破了拘束。我回去睡了，她下楼回到了院子里，在那里不亦乐乎，干脆就在车里过了一夜。

另一天晚上，又发生了类似的情形，她让我越发吃惊了。我们开了很长时间的车，到了晚上，在巴黎附近的一家旅馆放下行李后去吃晚饭。不记得是说到什么话题，我笑着对她说："您可真是疯了！"我其实在说反话，因为我觉得没人比她更理智、更温和了。晚饭后来吃得很沉闷，我以为是长时间在野外开车把她累坏了。第二天早上，我敲门叫她一起吃早饭时，发现她从头到脚穿戴整齐，戴着墨镜。我夸她起得真早。可是过了一会儿她告诉我说，她整夜没合眼，气得一直在哭：原来我觉得她是个傻瓜，带她出来是拿她当小丑取乐。我费了不少时间才让她明白是她自己误会了。为什么她会把一个毫无恶意的玩笑想得这么坏呢？最后她终于说了实话。疯子、傻瓜、病态、不正常、扭曲的人：整个少年时期她天天被人用这些词咒骂。这种话从我嘴里说出来，她不能忍受。我不明白她父母为什么这样说她，于是她把所有的事都告诉了我。

我前面说过，她读初三的时候与父母的关系已经很差了。那年她与一个同学交上了朋友，那是个老师的女儿，优等生。她们互相交换笔记本，在里面记录每天的生活，满腔热忱地倾诉感情。本子落到了她父母手上，悲剧就这么发生了。他们指责西尔薇"病态狂热"，说她

"不正常"；她的朋友丹妮的父母得知此事，也对自己的女儿大喊大叫：他们的女儿才华横溢，怎么能迷恋上一个成绩那么差的孩子！他们去找老师和校长抱怨。学校决定，假期结束后要采取措施。

那年夏天，西尔薇的生活成了地狱。丹妮几乎每天都给她写很长的信，但都被西尔薇的母亲拆开看了，还带着讥讽或恼怒把有些段落挑出来念，并且禁止西尔薇回信。她只得绞尽脑汁，偶尔找机会写上寥寥数语塞到信箱里。得益于她的朋友，西尔薇的文化知识水平提高了。她如饥似渴地阅读能找到的一切东西，一年前喜爱的游戏和玩耍如今让她感到无聊。母亲要求她整天待在海滩上，一看见她埋头读书就生气。母女之间经常爆发激烈的冲突。每到周六，父亲来找她们的时候，总是站在妻子一边。西尔薇饱受侮辱，孤独无助，变成坏孩子的感觉让她惶恐不已。她陷入了绝望，这痛苦的记忆永生难忘。

开学后，为了把她与好友分开，人们强迫她留级，虽然她的成绩完全可以读高一。她受了莫大的侮辱，愤怒地吼叫了一整夜，决定用实际行动回应父母、学校和丹妮的家庭对她的伤害。她暗自拼命学习，不久就在所有科目上都成了全班第一。可是她并没得到优秀奖——班上没有一个学生得奖，理由是她留级了。新的不公又增添了她的愤怒。两家大人看得很紧，她每次跟丹妮在一起都不能超过一刻钟，她彻底绝望了。

第二年，丹妮去了巴黎，两人就此失去了联系。西尔薇满怀怒火继续埋头苦读，后来年年都得优秀奖。我终于明白了，为什么我们刚认识时，她跟我说了那么多关于她学业的事情，而且是用一种令人纳闷的口吻：在整个中学时代，那是她唯一的救命稻草。她埋头学习不是因为顺从，要当好学生，而是因为愤怒，是为了挑战，阴郁的怒火是她的动力。家里的气氛没有改善。在外人面前，父母以她为荣；在家里，她的倔强让父母恼火。父母想干涉她的生活，她无法接受。他们想"收拾"她，她又桀骜不驯。他们不止一次威胁要把她送进教养院。冲突越来越激烈。她母亲有一次在气头上撕了她最喜爱的几本书，她接下来半个月都没有跟母亲说话。这个故事引起了我的共鸣。但我与父母发生冲突时年纪比她大，当父母的恶意让我痛苦时，我减少了对他们的依赖，而且我父母没有表现得那么粗暴。

我越了解西尔薇，越觉得与她意气相投。跟我一样，她也是个知识分子，对生活无比热爱。在其他诸多方面她都很像我：尽管年龄相差三十三岁，她与我有着相同的品质和怪癖。她有个很稀有的天赋：善于倾听。她的反应、微笑和沉默都令人产生一种想倾诉甚至谈论自己的欲望。我也养成了每天向她汇报生活内容的习惯，还事无巨细地给她讲我过去的经历。没有人比她更懂得我，也没有人比我更欣赏她。我喜欢她的激情与愤怒、她的严肃、她的开怀、她对平庸的惧怕和她不计后果的慷慨。

她在学业上的能力已经得到证明，所以成绩优异不再是西尔薇的目标。不过她喜欢学习新东西，理解新事物，她的思维既活跃又严密；她以优异的成绩通过了教师资格考试，并获得了留校进修一年的机会，随后被派往外省教书。她先是在勒芒，后来去了鲁昂，在我工作过的中学教书。她在鲁昂的时候就住在火车站旁的旅馆，我在那里住过两年；早上她去大都会酒吧喝咖啡，这让我恍惚觉得我在她身上转世了一样。现在，她在巴黎郊区的一所学校工作。

于是我们每天都能见面。在我的生活里她无处不在，反之亦然。我介绍她认识了我周围的人。我们读一样的书，一起去看同样的演出，开车出门长途旅行。我们的生活水乳交融，我甚至忘了自己的年龄：她把我带入了她的未来，就连当下也找回了曾经失去的维度。

*

在前几卷中，我提到过一些在我生命中或多或少扮演过重要角色的人，其中有几位是最近几年离世的。下面我要讲讲她们的结局，把其中几位的肖像补充完整。

在我的青年时代，美丽、独立、野心勃勃、勤奋写作的卡米耶，让我又崇拜又艳羡。然而真正的她与那个让我着迷的人完全不同。她的魅力毋庸置疑。奥尔迦为她痴迷，马可对她的感情之深令人吃惊。与她那么不同的勒梅尔太太，在她位于纳瓦蓝路的工作室过了一晚上后也心花怒放。有个才华横溢的记者深深地爱着她，那人比她年轻，对她一往情深，两人分手后还爱了她多年。杜兰狂热地崇拜她，认为她是个天才，对她言听计从。他培养了她的趣味，把自己戏剧方面的知识教给了她。她成功地改编了《尤利乌斯·恺撒》《普鲁托》和《行动者》。她在学校里教的课大多很有意思，可是学生们不喜欢她，因为她对他们的态度专横而傲慢。他们嘲笑她的穿着打扮和矫揉造作的说话腔调。不过，当她初试身手把《可惜她是个婊子》搬上舞台时，大家都承认了她的导演天才。萨特和我都喜欢跟她在一起，虽然每次她装出一副单纯的样子，大谈特谈"路西法"和那些保护她的"灵魂"时，我们都不胜其烦；而且我们觉得她跟"弗里德里希"和"阿尔布莱切"[1]的把戏矫揉造作，居然逃难的时候都要把它们装在箱子里。不过，她不装神弄鬼的时候，是个很出色的观察者和叙述者；她的恶搞和模仿让我们十分开心。

她把纳瓦蓝路上的工作室装饰得清新舒适，拉图尔-奥弗涅路上的那间漂亮公寓也被她收拾得很令人愉快，她与杜兰住在那里。她喜欢排场，每次我们见面她都搞得像节日。在巴黎、鲁昂、图卢兹，在她费罗勒的漂亮房子里，我们一起度过了很多快乐时光。我们觉得她是个勤奋的创作者，尽管她的作品《影子》失败了，我们依然相信她的实力。我们曾看见她在笔记本上写着艾米莉·勃朗特的一句话："上帝，请让我的记忆永不褪色。"这深深地打动了我们。

我们的关系在沦陷初期就冷淡了下来。卡米耶投入了纳粹阵营，毫不犹豫地支持对犹太人的迫害。她把自己写的《鬼怪故事集》拿给我们看，那本书又空洞又幼稚，我们没有向任何出版社推荐。她很生我们的气：为什么我们对穆卢吉写的东西感兴趣而不喜欢她的作品呢？我们对《于尔桑公主》没那么直言不讳，可她肯定感觉到了，我们并没有被这部某评论家称为"豪华烂剧"的作品打动。公演那天晚

---

1 两个玩偶，卡米耶用尼采和丢勒的名字给它们命名。——原注

上，剧院里冷冷清清；演到一半时，旋转舞台卡住了，只好跳过一场戏，观众居然都没有觉察。杜兰在大幕后面哭了。剧作恶评如潮，我们看明白了，卡米耶永远不会成为作家。在图卢兹时，她曾说过要把自己的经历写成小说，如今她再也不提了。她又说要写剧本，可主题都浅薄幼稚得可怕。她提到要写一场海难，说那象征着旧价值体系的没落，天神们将宣布新的价值观，她想让萨特来确定新的价值观。在《功利的爱》中，她想表明，拜金和野心能产生真正的爱。该剧的男主角是彼得大帝，女主角就是乔装打扮的卡米耶。我们目瞪口呆。卡米耶是个成年人，阅历丰富，爱讥讽，还有点玩世不恭，谈论起别人或其他事情的时候也很现实。作为读者，她是聪慧的，能中肯地评价她喜爱的作者，嘲笑起文学垃圾来更是才思敏捷，但她怎么会满足于这些孩子气的主意，又怎么会表现得这样缺乏批判精神呢？

也许是自恋让她盲目。我们以为她在勤奋写作，其实她浑浑噩噩：她假装在工作，实际上什么也没写。她的言谈和写出来的东西差距之大也让我们诧异。其中肯定有问题。是什么问题呢？

她是因为作品失败才开始酗酒的吗？一开始，她酗酒的事让我们听了就想笑。有一次，在阿特里艾剧院的舞台上，她失态了，胡说八道。在费罗勒的一次沉闷的晚餐上，她不停地溜出去，找齐娜大口大口地喝红酒。她兴高采烈地告诉我们："我喝得不行了。我躲在一把大扇子后面，在草地上大口大口地吐，一边想：这很西班牙范儿。"可是，《于尔桑公主》演出失败后，我们不再觉得她的出格行为好笑了。杜兰千方百计制止她。她把酒藏在剧院里，他就找出来把它们偷偷拿走。他们开始吵架,她喝醉了就对所有的男演员和学生抛媚眼。杜兰最后把她送进了疗养院戒酒。

疗效没持续多久,她又开始喝酒撒泼。杜兰已经没有自己的剧场了。他去德国巡演,卡米耶跟着他一起,搞得全剧团的人都讨厌她。她自己给我们讲过一件事:某天晚上,剧团下榻莱茵河边的一家旅馆,演员们聚在露台上唱歌嬉笑,她从自己房间的阳台上冲他们喊叫,让他们住口,不要打扰她静坐。她还说,在一场对杜兰十分重要的正式宴会上,她喝得酩酊大醉,然后开始胡言乱语。还有一天晚上,她发作得很厉害,直接把用来支付全剧团工资的一捆钞票扔进了火里。她解释说,她喝酒是因为担心杜兰的病,一想到他会死她就害怕。但她动辄为杜兰的工作、为钱或者随便什么借口就大吵大闹,把他的生活搅得像地狱。杜兰曾经签署文件,立卡米耶为自己所有遗产的继承人。现在他修改了赠与条件,指定了一名遗嘱执行人,让他监护卡米耶。如今他不无悲伤地管她叫"我可怜的孩子"。

她几乎从不去医院探望杜兰,他去世时她也不在身边。下葬那天,死者的朋友没有一个去接她,她不请自来,现场没人理她。1950年2月,一些朋友和学生在阿特里艾剧院举办纪念杜兰的活动。我告诉他们,葬礼结束后,我们到了卡米耶家,发现她醉醺醺地在哭泣,面部浮肿,旁边的阿丽亚娜·博格一脸沮丧。葬礼上卡米耶从头哭到尾,但没有一个人看她,没有一个人跟她握手。我觉得这么排斥她未必是怀念杜兰的最佳方式。

卡米耶看上去恢复了理智。她在自己房间里给杜兰布置了一个小祭坛，摆了些照片、鲜花，还有一个骷髅头，里面插了一朵假玫瑰。她说自己遇到困难的时候，都是杜兰给她出主意。3月她写信给我们说："最近这几周，我度过了人生中最特别，或许也是最美好的时光。我人生的整个轮廓和意义显现了出来，大局已定（并不是说已经完成，我的意思是我仿佛开了天眼，看清了自己的余生）。我严肃、平静地走着自己人生的路，心中怀着一份欢乐和某种淘气的感觉（我不太喜欢'淘气'这个字眼，但我觉得它有一种神秘的内涵和力量，这使它显得不一样）。"

如果萨特没向她伸出援手，她肯定一筹莫展。她把萨特的帮助看成一笔奖金，好让她完成作品。为了对得起这笔奖金，她经常跟我们谈她的写作计划：《功利的爱》和另一个剧本，写卢丹[1]的巫师的；一部多卷本"叙事诗集"，记述她父母的生平和她自己的生活；尤其要写一本关于杜兰的书——他的生平、作品和思想。她想申请一笔钱把与杜兰住过的宽敞公寓改造成"夏尔·杜兰博物馆"。她手上有很多杜兰的遗物：华丽的戏服、布景模型以及他手写的导演台本。我们不觉得她在认真写作，因为她频繁往来于巴黎和费罗勒，她醉鬼的名声在后者尽人皆知：她常跟邮递员一起豪饮，还花很多时间收拾东西。我们常去看她。她看电影、看戏、观展、听音乐会、读书，除了她觉得必须谈自己作品的时候，她的谈吐还是相当有趣的。

她现在完全是一个人住了。齐娜很久之前就结了婚，跟她干汽车

---

[1] 法国中西部小镇。

修理的丈夫一直住在拉图尔-奥弗涅路，后来搬去了美丽城[1]，齐娜就在自己家和卡米耶的家之间跑来跑去。卡米耶发酒疯的时候，越来越频繁地殴打她。有一天，齐娜眼圈黑黑地来给我们开门。她最后也离开了卡米耶。

卡米耶一度与一个年轻姑娘交好，叫她"科西嘉女孩"，那女孩有点爱卡米耶，不过两人的关系迅速破裂了，卡米耶重返孤独，跟我们说自己过得还好。1951年7月她来信写道："我的心情与去年此时大相径庭。我差不多掌握了维系平衡的方法，也彻底适应了无可回避的孤独，尽管有时并不容易。我是说存在的孤独，而不是本质的孤独，多亏了你们两位，我在世上并不觉得孤单；再说……还有那些'灵魂'，它们现在不再受任何困扰，并且从来没有这样有效过。另外还有我所谓的'半个活人'，也就是弗里德里希和阿尔布莱切，以及妮尔[2]。我跟前两位大声交谈，跟妮尔几乎天天吵架……她嫉妒得要死……什么都跟以前的生活不一样了，我说的是真正的生活，不是跟父母在一起那段生活——我六七岁时的生活，还有在那之前，当然也有在那之后的生活，但我更想实实在在地生活（别忘了我九岁时就有了情人），而不是像现在这样……你们或许会以为我重返童年了，我指的是这个词不好的那一面。我觉得还不至于如此，我只不过一向有点'愚钝'，如果一切正常，我到死也不会有什么改变了。"又过了一段时

---

[1] 巴黎街区。
[2] 她的母狗。——原注

间，还是那年的夏天，她又寄来了一封很乐观的信：她接受了隐居的想法。她身体状况不错，感觉精神方面有了很大改善，还专门提到自己"近乎完美地适应了孤独"。

那孤独大概还是相当难耐的。三年后，卡米耶信任的一位医生说服她再次进疗养院接受戒酒治疗。萨特去探视的时候，她告诉他自己在那里过得有多开心：护士们照料她，她饶有兴趣地观察隔壁病房的病友们，远远地注视着一个老人临终的场面，甚至病房的女护工们端着盆子来来往往都让她觉得好玩。

她很快重蹈覆辙，对我们说，她床头的小桌子上总是放着一瓶红酒，早上一睁眼，她就得先灌下一大杯，否则就会呕吐，连起床的力气都没有。我们会面的时候她尽量让自己保持清醒，但我们常常觉得她刚刚发作过，要费很大的劲才能和她正常交谈。她在1956年的一封信里写道："有时候我确实无法做某些事情，甚至都不应该尝试，这就是我不得不承认的事实……那天晚上，我无论如何都想见到你们，结果只在你们面前展示了我不好的一面，以及自上次见面以来我所做、所为、所想中负面的部分，这让我好痛心。我让你们看到的是一条干枯的水道，然而真实的我是一条轻快的溪流，障碍和石块并不能让它改道，只会让它变成欢乐的瀑布。那天我只来得及提到最重要的事情（比如我的书），而那还是偶然说到的。"

卡米耶一向不善于交流，一般都是她先迅速地提几个问题，我们简短地回答后，她就开始自说自话。在她还阅读、了解时事和跟别人见面的时候，她长篇大论的内容还是相当丰富的。然而长期自闭的生活不可能没有恶果，人的头脑会生锈，思想会变狭隘：除了自己的健康，卡米耶几乎不关心其他任何事情了。她花几个小时的时间跟我们唠叨她糖尿病的症状，告诉我们她又接受了什么治疗。为了证明她对得起萨特的帮助，她也没忘向我们汇报她写作的进展：她在整理"叙事诗集"的旧稿。关于她要写的介绍杜兰的文章，她灵机一动，有了个绝妙的主意：用大量的照片代替文字。她自己肯定也知道这些话有多牵强。跟我们会面让她疲倦，她越发不想见我们了。

　　有一天，我们在家里等她，听到街上有人迈着沉重迟疑的脚步，一会儿走近，一会儿又走远：是卡米耶，她花了一刻钟才找到我家的门。她步子踉跄，话也说不清楚，平常那么讲究，可是上楼用洗手间的时候连门都不关，我们听见她小便时发出很大的声响。后来从拉斯帕伊大道走去蒙帕纳斯大街吃饭的时候，她瘫坐在路边的长椅上，萨特只好去叫出租车。吃饭的时候她强打精神，举止总算基本正常。我们见面的障碍越来越多，她自己也不想再见任何人了。我的《岁月的力量》出版后，一个年轻时爱慕过她的图卢兹医生给我来信，想要她的地址。卡米耶见了他一次，后面就一直躲着不肯再见。她时不时去齐娜家，齐娜喝起酒来也是毫无节制，后来得了很重的病，在医院挣扎了几个月后去世了。那是1964年，当时卡米耶在我们家待了一晚上，齐娜的死对她打击很大，过后她写信对我们说，她的心情"不能仅用悲伤形容"。痛苦折磨着她，她经历了"残酷"的一个月。

　　她不再请我们上门，我们也不再带她出去吃饭。她披散着一头已经变成红棕色的长发，穿着鲜艳夺目的旧衣服，引得人人注目。我们就待在我的小公寓聊天,她在那儿比较自在。她不止一次告诉我们,她的贞洁观念给自己带来了多大的困扰。某日她喝多了,出门想给自己找个男人。找了一个带回家,她又觉得恶心,立刻把人家赶走了。过了没多久,她又碰上了那个男人,对方扇了她一耳光,把她打倒在地。

门房太太负责她大部分的日常采购,给她打扫卫生。公寓的大多数空间都荒废了,她平日只待在自己的卧室和圆形的客厅。我很多年都没去过那里。直到1967年6月的一天,她先给我写信,后又打电话让我去一趟。我记错了门牌号,按响了对面租户的门铃。女邻居神情古怪地看着我,对我说:"您得用力敲门。她的门铃坏了,再说了,她经常听不见。"

我就去敲门,没有反应;再用力地擂,还是没用。我把门房太太找来,她拼命地砸门,依然无济于事。我们又从花园里朝百叶窗垂着的窗子扔小石子,依然无果。我只好回去给她打电话。"喔!我还以为咱们约的是在您家里呢!"卡米耶信誓旦旦地说。这说辞站不住脚,因为她明明在自己家等我。她说她把门打开。我终于进了她的家,餐厅和客厅里的景象令人难以置信:我仿佛脱离了现实,穿越到了奇幻故事的场景中。其实没过几年,屋内的装饰布置看上去却像一个世纪以前的东西,仿佛一个鲜嫩欲滴的小姑娘,不过几年工夫就变成了百岁老妪。卡米耶当年精心设计的装饰变成了脏污的旧货。发黄的镜面、灰扑扑的墙壁和地板上,到处都盖着厚厚的灰尘。家具和各种摆设上搭着薄纱、平纹布和乱七八糟的闪光织物,这景象让人疑心墙角都挂着蜘蛛网。"请坐吧。"一个声音对我说。我挪开沙发上摊着的纸张和烂布，坐了下来。隔壁房间的门半开着，我能瞥见一只床脚。我听到奇怪的吵嚷似的声音，沉重的脚步声，然后又有咕咕哝哝的声音，好像一个身体倒下发出的沉闷声响。又过了一会儿，卡米耶在餐厅门口出现了，嘴上胡乱涂了口红，抹到上唇的上面和下唇的下面。她穿着黑缎睡袍，上身敞着胸，露出玫红色的棉质胸衣，红棕色的头发用方巾包着。她不停地吸吮着自己的下嘴唇，嘴里吐出一些含混不清的话。我听明白她说的是"杜兰之友"协会、杜兰纪念展览；她还提到她再也不去费罗勒了，因为那里的房子被高价抵押出去了。说着说着，她的话清楚一些了，也有了条理。她开始谈论《美丽的形象》和怀特·司各特。可是没过多久她显出了疲态，上半身往后倒下去了——看来她是要睡着了。我起身离开，走到门口时，她又开口说，她真想有一头白发，因为经常有男人被她的背影吸引而尾随她——实际上她胖得要命——可一看见她的脸，他们都露出掩盖不住的失望。跟我握手告别前，她又带着点淘气的神情问我："您觉得我穿超短裙怎么样？"

1967年秋天，我从哥本哈根一回来，就发现家里有卡米耶留的一张字条，是十天前写的。上面说她被法院威胁查封财产，需要她在四天内交一小笔钱就能避免。我本来完全可以借给她钱，然而我在丹麦。第二天她又打电话给我，让我联系她的"小门房太太"，C夫人。C夫人告诉我，卡米耶很久没付房租也没有交税了，法院已经查封了她的财产，事情的经过很骇人。卡米耶让执达员等了二十多分钟，四肢着地爬进了客厅，身上裹着令人作呕的脏袍子，浑身酒气。她在地上滚着，又哭又叫。查封完毕后，C夫人帮她躺回到床上。她以前从没进过卡米耶的卧室，发现房间里堆满了空酒瓶子，还有很多乱糟糟的纸张，这很容易引发火灾，因为卡米耶用电暖器取暖。污黑的床垫上连床单都没有，垃圾桶里扔着吃剩的食物，能看到蛆虫在蠕动。卡米耶不许别人碰任何东西。她每天早上九点就开始喝酒，一个电话，杂货店的老板娘就把酒送到她家里，还都是很贵的酒。查封之后她就不吃东西了。C夫人把吃的放到餐厅的桌子上，叫卡米耶吃东西。第二天她再来时，食物原封未动。夜里有时听到卡米耶唱歌。"我跟其他房客什么都没说，"门房太太对我说，"人心险恶，他们肯定都在看笑话。这不是什么别的事，是不幸。她败落了。"她很喜欢卡米耶，她脑子清楚的时候那么有教养、有文化，跟她说话的时候又那么亲切有礼。我说得送她进医院，并让C夫人好好劝她，然后打电话给卡米耶，告诉她萨特会替她付医疗费用。她固执地拒绝了，她什么人也不想见，尤其是医生。她拒绝离开自己的房间。

萨特给C夫人寄了些钱，让她去把卡米耶欠的债还上，同时继续照顾她。C夫人每天都给我打电话报告情况。卡米耶连着四天每天都能吃点东西，然后情况又恶化了：她每天都喝掉六瓶红酒。C夫人对她说："您这样是自杀！""为什么不能自杀呢？反正我没法活下去了。"卡米耶答道。她整日卧床不起，大小便在吃饭的盘子里解决。我建议门房太太报告卫生部门，请他们把卡米耶送到医院去。"不，我愿意继续照料她。"门房太太说，然而三天后她放弃了。卡米耶开始大小便失禁，房间里到处都是排泄物，连头发里都是。她躺在地板上，没吃完的牡蛎在旁边。那天早上，她还有点力气要C夫人给她买鱼子酱,但被一口拒绝。C夫人叫了救护车。医生没有进卡米耶的房间,觉得一地垃圾,无处下脚。护士们感叹说:"真没见过这样的!这哪是个女人啊,这是一堆大粪。"卡米耶处在半昏迷状态,乖乖地被抬走了。她身上长了褥疮,睡袍都粘在皮肤上了,只好剪开。在拉里布瓦西埃医院,人们给她理了发,把她放到浴缸里洗澡。她像个被流放的人一样瘦骨嶙峋,唯有肚子鼓得像个球一样。

第二天我去医院探望。值班的住院医师不在。女看护告诉我,卡米耶因糖尿病在接受观察。我让看护问她愿不愿见我,她说愿意,于是看护远远地给我指了一个病房,里面有八张病床,但我没看见卡米耶。我排除了几个病人:年轻人、白发的老人都不是,剩下的只有一个棕色短发的女人,面孔浮肿变形。我走近一些,听到她在跟护士讲话,我认出了卡米耶的声音。她穿着统一的粗布病号服,手腕极度纤瘦,脸肿得厉害。她为自己的发型感到抱歉:"他们把我的头发剪掉了,我实在没力气梳头。"我问她是否得到了应有的照料,她说:"我简直是在受苦刑!我想要什么都没有。""您想要什么呢?""牛奶,只有牛奶能让我有点精神。护士们都很粗暴,他们说我是大粪。""怎么会这样呢?""他们就是这么没教养。"她很庄严地回答我,然后告诉我,她的手有时候会痉挛,如果端着杯子没法把它递给护士,护士就会很凶地骂她。我建议她转到私人诊所,她想了想说:"不,我还是喜欢待在这里。"我问她睡眠怎么样,她说:"我整天都在睡,跟昏迷了一样。"她想让门房太太给她送被子和袜子来。"不要太贵的,圣皮埃尔市场买的就行。"她没有抱怨自己被强行从家里带走这件事。看来她丝毫没意识到自己面临的危险。

接下来的好几天，门房太太都给我通报消息。她去看卡米耶，替她采购东西。她的状况稳定了。12月11日到12日的夜里，凌晨四点钟，我被电话吵醒。是拉里布瓦西埃医院，卡米耶刚刚去世了。11日早上，她想要一瓶勃艮第葡萄酒，被拒绝了，夜里她就窒息了。医院给她做了人工呼吸，但没有抢救过来。她的葬礼在四天之后举行，到场的只有五个人：杜兰的遗嘱执行人、"杜兰之友"协会的秘书长、C夫人、萨特和我。只有C夫人的眼圈红了。

C夫人清理了卡米耶的公寓，搬出去四百五十个空酒瓶，并在腐烂的床垫下面找到两套特别漂亮的戏服，也都已经烂掉了。杜兰其他的纪念物品后来都被阿瑟纳尔图书馆收购了。

她把卡米耶留下的文件纸张交给了我。东西很少，没有她写作的任何痕迹，连一页草稿都没有，我并不吃惊。但萨特给她写的那些信呢？只剩下寥寥几封。杜兰的信又去哪儿了呢？我找到一些我不认识的人的来信，还有卡米耶回信的草稿。极少数人建议与她会面，都被她拒绝了，理由是要"神秘地隐居"，要写她的"作品"和关于杜兰的"巨著"。就在临死的前一天，她还收到了一封信：她在费罗勒的房子已被多次抵押，最后被村里的农民买走了。

卡米耶的遗物里有一本像是日记的东西。那是一堆拆散的淡紫色透明活页纸，规格不一，上面用绿色、紫色或红色墨水杂乱无章地写满了笔迹粗大的文字。因为有很多删改、涂抹，文字简直无法阅读。这是她从1960年直到去世所做的笔记。卡米耶起初崇拜堕落天使路西法，后来转为信仰几位不知用什么奇怪的标准选择的圣人。她觉得人们太不重视圣徒团契了，只知道过亡灵节，而忽视了万圣节。她在每一页的上方都写着日期和她当天纪念的圣人。她用大写字母写着"祈祷"，记下每一天过得一般还是很好。除了圣徒，她也祈求圣父和耶稣的佑护，还经常提到"灵魂们"。她写道："这肯定会让妈妈很开心。"她觉得自己得到了"启示"，被一股内心的力量"驱使"着，赶在杂货铺关门前去买东西，或在烤鸡刚刚出炉的那一刻到了烤肉店。食物和健康是她主要关心的两件事，她记录自己每顿饭吃了什么，喝了多少杯矿泉水，用了什么药，睡得怎么样。有两三次她提到了读的书：怀特·司各特、米什莱；还提到音乐：在广播里听到了柏辽兹的音乐。她几乎从来不提自己豪饮，但偶尔会记下自己刚刚经历了"狂风暴雨"或"黑暗时刻"。有时候她也会意识到自己的生活环境有多么污浊不堪。1964年，她提到自己清洁了"床头设施"：为了"工作"的需要。另一天，她让门房太太清理了所有的垃圾桶。她写道，垃圾桶的内容表明，她刚刚经历了一段"黑暗时光"。清理它们仿佛使她得到了"赦免"。

我没想到这些文字如此幼稚无聊，今天想起来还感到惊讶。我们以前在她的文字里感受到的那种空虚彻底吞噬了她：酒精和孤独击垮了她，她的人生最终在虚空中沉沦。这种先天的人格缺陷该怎么解释？显然只能从童年找答案。她曾经在我们面前把自己的童年描绘得像个传奇，然而真相究竟如何，我们并不知晓。少了童年这把钥匙，卡米耶的整个人生故事和她最后几年的沉沦，成了我永远解不开的谜。

布尔拉死后，丽莎无法再忍受法国的生活。战后她交往了一个美国兵，一个风度翩翩的好莱坞助理导演，打算嫁给他。他原本无心成家，可她怀孕了，并说服他办好了手续，让她得以去美国与他团聚。1946年她到了美国，不久后生了个女儿。1947年我在他们加利福尼亚的别墅小住，发觉他们的夫妻关系并不融洽。他们经济上相当拮据，她以此为由去超市偷东西，这让她丈夫非常恼怒。打理家务和照顾孩子让她筋疲力尽，她变得不修边幅，在家里穿得像个邋遢鬼一样晃来晃去。她在好莱坞也像当年在巴黎一样我行我素，杰克带她去参加派对的时候，她故意穿得不伦不类，脚上蹬着大头鞋或散步的便鞋。她猛烈攻击一些有名的制片人和功成名就的导演，批判他们、跟他们唱反调或对他们冷嘲热讽。碰上冷餐会，她就偷偷地把香肠和三明治塞满随身带的一个大袋子。有一回袋子开了，她自己哈哈大笑，杰克却沉着脸。有时候她也偷些笔、手表、胸针之类的东西。杰克让她不要再搞这些把戏，她置若罔闻。他是个有教养、很自制的人，对她一向殷勤体贴，但有时也流露出厌烦的情绪。她指责他对好莱坞的俗气过于顺从，又太把自己当回事。她有时会突如其来地爱意汹涌，紧紧抱住杰克，把他捧到天上，说自己多么爱他；有时又为一点儿小事抱怨不休，冷着脸，尖酸刻薄地指责他。她甚至会对他动手。回法国不久我就收到她的来信，信上说有一天杰克去参加活动，回家比预计的时间晚了一点，她就把一桶水浇到他头上。她很后悔，觉得自己的这个举动太"老套"。

因此，1949年9月，我得知他们的关系彻底恶化时，并不感到非常意外：

我要给您写一封非常伤感的信。我如何陷于这样的绝望，说来话长。简言之，我觉得和杰克的关系已经奄奄一息了……我万念俱灰，思之心痛……他告诉我说，他娶我的时候沮丧至极，他挺喜欢我，所以不忍心拒绝，但他一心只盼着结婚申请不被受理……从一开始，我们的共同生活就蒙上了物质匮乏的阴影……我始终感到，杰克从心底里深深地厌恶我。

自您走后，我们经历了一段非常糟糕的日子。生活变得狭窄而空虚，孩子正处于让人无法忍受的年龄，我唯一的快乐，就是晚上见到杰克，爱他。我经常感到万念俱灰，这种低谷表现为对杰克的反感和仇恨，为一点无谓的琐事就爆发……杰克嫌我是个悍妇，可他从来没用爱和温情帮助我不做悍妇……

丽莎总认为别人没给她足够的帮助，对她没有足够的付出，唯有布尔拉没有受过这种指责；不过，假如他们的关系一直持续下去，结果又会是什么样呢？

跟杰克的关系反正是不行了。10月，她又来信说："我们的关系基本是在苟延残喘了。我跟他在一起只不过是权宜之计，免得在这个国家彻底孤独。杰克前一段时间过得很糟糕，跟我说了他多么鄙视我，跟我一起生活有多么不堪忍受。'也许我不得不跟你一起生活，可我并不是非爱你不可。'[1] 留住杰克还是失去他，如今我已经无所谓了。"

---

[1] 原文为英语。

她决定去大学听课。凭着天赋,她立刻就表现得非常优秀。比起电影界,学术界对她要友好得多。她迷上了一对同性伴侣,英语文学教授威利和大学生伯纳德。她想分享他们的生活,因此跟踪、窥视他们。有一天,她躲在他们房间的壁橱里,偷窥了他们一夜。他们乐坏了,特别是威利,成了她的好朋友。她连着几天把杰克甩在一边,跑去住在他们家里。她在给我的信里长篇大论,热情洋溢地谈起威利。

她每周听十小时的课。从1950年开始,她每周在大学教十小时法语。她交了一些朋友,杰克对他们不以为意,正像她对杰克的朋友不以为意一样。她又回来跟杰克住在一起,但不觉得他们的关系还能维持多久。对女儿玛丽,她的态度很纠结。每封信的开头,她都对孩子的可爱大加赞叹,还无比同情我那些没有做过母亲的女友。在最后一页,她抱怨教育孩子是多么劳累、多么烦心,并指责玛丽专横地对待她。说起威利,她的满腔热情常常变成尖酸奚落:他令她失望了。她非要跟他睡觉,不是为了满足身体的欲望,而是为了征服他。她打着存在主义的旗号劝他道,同性性取向不是本质,他只有跟女人发生关系才能证明自己的自由。威利不为所动,于是她生气了,对他大喊大叫,甚至动手打他。

1950年夏天,我在奥尔格伦家遇到她,我们聊了她的问题。她与杰克之间的裂痕在扩大。到了11月,她离开了他。"这几个星期真的是我人生中最惨淡的时刻,如果不算布尔拉被捕之后的那段时间……回到洛杉矶后,我又跟杰克过了两周,然后就自愿跟他分手了。我决定一个人过。我租了一间无比糟糕的小公寓。算了!洛杉矶就是个死气沉沉的地方。威利吓坏了，以为我是为了他离开杰克的，所以跟我分手了……到了晚上，我绝望地紧咬牙关，等着风暴过去。杰克时不时来看我，可这比我完全不见他更让人沮丧。"

杰克给了她一点儿钱，可是他自己也很拮据。威利也来看她了，不过是为了诉说伯纳德如何折磨他。她的生活里全是苦涩。她交了个新朋友，一个叫贝提的物理学家，她很喜欢他，可是他不想被拖入稳定的关系。贝提虽然被她吸引，但同时也惧怕她。她心里清楚是因为什么。她在给我的信里非常清醒地说到这件事："我更好地掌握了对付别人的手段，不再打碎他们的眼镜或者挥舞拳头恐吓他们。我的暴政变得巧妙了，但还是暴政。"

幸亏有贝提，她的不幸感才稍微减轻了一点。她用英语写了篇很漂亮的短篇小说，只是找不到地方发表。小说讲的是她与女儿的关系。杰克宣布想跟她离婚，她慌了："我完全躲在自己的小天地里，没法跟任何人交流。我一方面似乎觉得自己不能爱任何人，另一方面又不想爱任何人。我太怕让自己担风险了。这可能受我跟杰克的经历的影响吧。不，原因应该更久远，杰克为了一些不可思议的原因要求我开始走离婚程序的时候，我真切地感到自己在这个世界上是孤独的，我差点崩溃了。我所做的一切都没有意义了。这三年的时光变得那么荒谬，纯属浪费时间，我连丈夫都没有了，当个法语老师又能给我什么慰藉呢？"

她辛苦谋生。"早上在一家幼儿园工作，下午在大学上课和做家教，晚上和礼拜天都在杂货店打工。我一周工作五十五个小时，只够糊口，空闲的时候还得照顾邻居太太的两个孩子，因为我上班时她替我照顾玛丽。再这样下去，我觉得自己要疯掉了。"

多亏了贝提，这样的生活没有继续下去。他对丽莎的爱战胜了对她的恐惧。丽莎写信给我："原则上来说，是我向贝提献殷勤，这其实让他很开心，虽然他承认自己不想被生吞活剥。不过他对我很有信心，觉得我会是个伟大的作家。我呢，我觉得他会是个伟大的物理学家。于是我们各得其所，皆大欢喜。"不久后她就搬到他家去了。1954年夏天，她从巴黎回去之后，写信给我说，贝提在乡下买了座非常棒的房子，在山坡上，还带花园。她看起来心满意足。然而在杳无音信的一年之后，她给我写了一封让我目瞪口呆的信：

"我的膝盖要完蛋了，我已经无法站立，关节处剧痛难忍。两个膝盖都做了手术，从每条大腿各取出一块十二厘米长的骨头，移植到胫骨上。我的髌骨也做了修复手术。手术持续了五个小时，我出来的时候从脚趾到胯部都包在石膏里，就这么过了两个半月……终于出院回家后，我又在石膏里待了一个月。虽然用了麻醉药，我最多只能连续睡两个小时，就被剧烈的头痛和腿疼惊醒……跟杰克办完离婚手续，两个小时后，我就裹在石膏板里，坐在轮椅上嫁给了贝提。目前我已经痊愈了，今天头一次骑了自行车。"

她恢复了健康，决定去学法律，要当个律师。她幸福吗？她每封信的开头总是兴高采烈地讲她的生活：贝提是个天使，花园美轮美奂，接着怒气冲冲地指责玛丽，说玛丽搞得她的日子简直过不下去。她还抱怨自己的现状：她成了个美国主妇，这可不是她当初的追求。

在与我的关系上,她在友情和怨恨之间摇摆不定。她的来信都很亲热,只不过里面总夹杂着几句让人不爽的话。我得龚古尔奖的时候,她开玩笑地批评我不给年轻人留机会。我没有当回事。但是,得知她针对我说了些既令人不快又不符合事实的话后,我就不再给她写信了。有好几年,我对她的生活几乎一无所知,只听说她生了个男孩。我从共同的朋友那里了解到她的一些情况。据说她对儿子宠爱得无以复加,可是对玛丽却粗暴无情、反复无常,结果那姑娘患上了神经官能症。心理医生建议让玛丽远离母亲,丽莎同意了,玛丽被交给父亲抚养。不久之后我在巴黎遇见了他们:玛丽成了一个优雅漂亮的姑娘,看上去完全找回了内心的安宁。

1960年底,我在巴黎见到威利。他告诉我,丽莎后来想再生个孩子,临盆的时候痉挛难产,婴儿窒息死了。医生禁止丽莎再怀孕,这对她无异于雪上加霜。没过多久,她写信给我,给我讲了婴儿的死。她还写道:"我有种奇怪的血液病,因为缺乏某种东西,某种蛋白质,所以我不能活很久。除此之外,我们很幸福。"她给我寄了张她和小儿子的照片。她美丽依旧,但是脸上没有了那种混合着温柔与暴戾的东西,那本来是她的魅力所在。她的脸美国化了,完全生硬了。我简短地回了她一封友好的信,之后我们的联系又中断了。

不久我得知丽莎患上了哮喘,花粉尤其会引起她的不适。她叫人把院子里所有的植物都拔掉,整个山坡铺上了水泥。在室内,除了木头和石头,其他材质的东西她都不能忍受。屋子里什么都没有,光秃秃的,显得荒凉冰冷。她在房间里堆了数量令人咋舌的各种物件:打字机、圆珠笔、铅笔、手表。然而她的哮喘日益严重,她认为自己不适应洛杉矶的空气,那里确实多尘霾。贝提同意跟她一起搬到旧金山。在那里,为了不让儿子麦克孤独,她收养了一个小姑娘。她的哮喘有所好转,但还是经常生病,据说跟癫痫有关,所以她要么痉挛,要么头疼发作剧烈。

据一个认识她的心理专家说,她的哮喘、痉挛和偏头痛明显有身心疾病的特征。童年经历、无国籍者的身份和布尔拉之死都给她留下了伤痕,与杰克的分手又给了她新的打击。贝提忠诚的爱不足以医治她所有的伤痛。她想要幸福,也想给他幸福,然而不幸的种子已经悄悄埋在她的身体里。

1967年4月初的一天,我收到丽莎的电报,说她已到巴黎。她让我给斯克利浦旅馆打电话,我照做了。我没有听出她的声音,那明明是个低沉的男人声音。我问她感冒了吗,她吃惊地回答,没有。她来巴黎是陪丈夫去莫斯科参加学术会议。我们约好第二天一起吃午饭。

第二天,临近下午一点,我惴惴不安地望着空荡荡的街道。疾病和衰老究竟把丽莎变成了什么模样?我们之间还能够沟通吗?我等着一个陌生的面孔来为我重现旧日时光,这感觉颇为怪异。我在窗口张望了很长时间,一辆出租车才姗姗来迟,停在离我的大楼几米远的地方。一个女人下了车,她戴着玳瑁框的眼镜,穿着蓝得刺眼的长裙,脚上是长筒靴子,毛巾布的罩衫下露出粗壮的臂膀。她手上拿着一把发刷,一边走路一边装腔作势地刷着暗金色的头发。一个小个子男人,手上拎着几个布袋子,肩膀上斜挂着相机,踩着小碎步跟在她后面:

一定是她丈夫了。接着,有人在门厅里大喊:"海狸!海狸!"是丽莎的粗嗓门。我打开门。她抱住我,一通感叹和大笑。她很像我在电影里见过的那些四十多岁、喝酒喝得变了形、神经分分的美国妇人。靴子和长裙勉强遮盖住她肿胀得吓人的腿和膝盖。"我是故意迟到的,就想看看您会说什么。"她挑衅地说。接着,她兴致勃勃地嚷嚷着从袋子里掏礼物:一枚特别难看的小胸针;一个圆形的大挂钟,一年换一次电池,无须上发条;一扎小卡片和自贴纸,她激情澎湃地给我介绍它们的不同用途;还有一套图片,上面全是用男人或女人的名字命名的钟表。她给我展示的时候止不住放声大笑,而我不禁难过地想,疾病彻底把她弄傻了。

"钟表本来是我送给贝提的生日礼物,"她说,"他非要把它留下,我们就争执起来,所以才迟到了。"我闻言尴尬,很想把贝提的礼物还给他。她反对,说他可以回旧金山再去买个表。他点头同意了,到目前为止他还没有开口说过话。

她环顾四周。"您现在怎么样?忙什么呢?""还是老本行:写作。""怎么会这样呢?"她一脸同情。我说出了她唯一能理解的理由:"因为能赚到钱。""好吧,这倒是个理由。"她表示赞同道。

贝提拎着丽莎的包,丽莎手上拿着发刷,我们去餐馆吃饭。她点了蜗牛,故意做出贪吃的样子,边吃边夸张地感叹着:"真是太——美味了!"她简直像在故意丑化自己年轻时的样子。她的表情和动作都那么夸张,身体仿佛不受控制:她突如其来地把身体甩来甩去,前仰后合。

她吃得很少。"我不能喝酒,不能抽烟,也不能多吃东西。再说那一个又那么爱嫉妒，我真是什么乐子也没有了。"她笑着说道。因为身体丑陋，她卖弄风情的样子越发令人无法直视。不过她滔滔不绝地说了很多话，几乎都关于她的孩子。她特别宠爱儿子，为了他好，不让他做独生子。可她收养了莉莉后，麦克嫉妒得发疯：他开始不听话、打碎东西，把丽莎喜欢的东西扔到垃圾桶，放火烧窗帘。她没能驯服他，就把他送去军校寄读。"一开始贝提不同意。他说：'不行，你可不能把对玛丽的那一套再拿出来！'后来他理解了。"她说着，给了丈夫一个微笑，而他没有任何反应。我想，他一定打定了主意，必须"理解"许多事情。她温情脉脉地说起莉莉："小女孩真是太有趣了！"接着她就抱怨，整整十八个月，她从早到晚跟在孩子屁股后面，教她什么能做，什么不能做。我问她有没有读什么有意思的书，她大惊小怪地说："读书？您想什么呢！我连报纸都没读过！您可能不知道驯服一个孩子有多费时间精力。"莉莉与麦克一样，开始报复这种过度的关注，她打碎物件、乱扔东西、放火。"不过现在她很乖了。"丽莎说，她给我看孩子的照片，那是个可爱的小姑娘，只不过眼神里透出"被驯服的野兽的迷乱"。她又给我讲她的母狗，一个体型很大的家伙，她特别喜欢。她得意地告诉我："我教它学会了在马桶上方便，就跟人一样。这可不容易，不过我把它驯服了。"这种对"驯服"的兴趣是丽莎新养成的爱好，我只觉得可怕。

丽莎说得太多了，我和贝提连咖啡都喝完了，她还没吃完她的奶油草莓。"我打包带走。"她说。我反对：我们可以再多待一会儿。可她非要在街上边走边吃，她又开始滑稽地模仿自己年轻时的习惯了。

大量的药物蚀空了她的内心，她机械地复制自己年轻时的做派，想掩盖自己的空虚。一个小时后，她坐进了出租车，抱怨说剧烈的头疼又发作了。听说她回到旅馆就躺下了。

从莫斯科回来时，她穿了一条灰色的粗布裙子，又短又难看，还装饰着蓝色绒球。她对我说："其实我没什么好抱怨的，情况可能更糟糕，至少我现在还能走路。"她对旅行很满意，但其实什么都没看见，因为她几乎一直待在酒店房间里。她把一个大塑料袋里的东西都倒在地上，给了我一些莫斯科某旅馆的信封。然后，她伴着夸张的手势，嗓门很大地给我讲起她在旧金山的日子：那是彻底的孤独，她一个人也不认识。她都差点没法来旅行，因为不知道能把莉莉托付给谁照料：贝提的母亲在最后一刻才同意照看小姑娘。跟我告别前，丽莎问我道："说实话，咱们俩是为什么事生气了呢？""因为您说过的一些话。""噢！这完全有可能！我喝了酒就胡说八道。"我知道她从不喝酒，不过我没说破。

回到美国她就给我写信。信封上有拼贴画和彩画，她以前就喜欢做这些好玩的东西。信的内容很有趣，她在准备律师资格证的最后一门考试，最近正研究遗嘱。"从遗嘱来看，人类是个奇怪的物种。"她总结道。她能继续学业，说明她的脑力损伤得没有像我以为的那么严重。在巴黎的时候，疲劳和激动可能加重了她的症状。

一年后的某天，一大早就有人拼命按我家的门铃。我没有立刻认出那个头戴圆顶帽、斜挎方盒子的小个子男人是谁，他看起来像个要去垂钓的渔夫。他身后跟着丽莎，她一边高声表达着见到朋友的喜悦，一边扑到我怀里。她一件件拆开包装，把精美的礼物拿出来：一块电子腕表，一支最新款的派克笔，还有几件给萨特的格子衬衫。贝提要去普瓦提埃开学术会议，他们要先去一趟意大利。我们约定了下次见面的时间。

丽莎在巴黎逗留的十天里，我们见了三四次。她不像上次来时浮肿得那么厉害，看起来也没有那么不适应。不过，我见她时她刚刚经受了连续四十八小时剧烈头疼的折磨。她周身散发着一股药店难闻的味道。只要一感到疲倦，她就立刻全身冒汗、双腿颤抖，得马上吞下一颗主要成分是乙醚的药片。她说起话来还是指手画脚，穿衣品位还是差得吓人。她的头发里缠着一条绿发带，穿着白底绿点的连衣裙，罩着橙色的绒面外套。她对贝提的态度变得不那么亲切了。在我家里，丽莎有时让他坐在自己腿上，逗弄着奉承他，他默默忍受着，表情有点僵硬。有时她还会当面对他出言不逊，甚至说些侮辱性的言语，他仍然一声不吭。不过有一次，丽莎又愤愤不平地把他指责了一通后，他咕哝道："我又怎么了？"她声称贝提有时候会冲她发火，甚至打她，她为了自卫去学了空手道，他也学了。说着，他们就在大街上带着装腔作势的活泼劲儿摆出了格斗的架势，让我看得很尴尬。丽莎比以前更不讲究体面了。在餐厅吃完饭，她从口袋里掏出一个防水的袋子，要把她没吃完的炖菜都带走。她对我说："那边都这么做。一般都说是带回去喂狗的，但谁也不是傻子啊。"我劝住了她，她最后只带走了些水果。饭后他们跟我告别，去老佛爷百货商场给莉莉买熊，给丽莎买拖把，美国卖的她用得不顺手。直到走的前一天，她还是没买到梦想中的拖把,他们打算第二天早上坐飞机之前再去找找。

丽莎对我的态度比以前有所改善。她导师的太太喜欢我的书,她受了影响。她热情地赞扬了《破碎的女人》,说她和贝提把书高声通读了一遍。贝提在大街上为我们拍合影。丽莎把我举起来,让我在空中打转。她乐得放声大笑:"可怜的海狸,看看她窘成什么样了!"我们主要谈了她的健康问题,顺便说了几句她母亲的事。她曾把母亲接去美国,老人在那里过得很不开心,因为一个英文字也不认识。母女俩就此反目,丽莎认为这全是母亲的错。老太太后来得了癌症,在医院里病死了,到死母女俩都未曾相见。

丽莎从威尼斯给我寄了张明信片,文字的内容闷闷不乐。她觉得无聊透顶,对贝提的表现也不满意。她让他一个人回了美国,自己又在巴黎逗留了几日。整个夏天我们都没有通信,到了12月底,我收到了贝提的来信:"我要告诉您一件可怕的事情。"我当时猜想:他们离婚了。接着我看到了后面一行字:"丽莎死了。"周一她得了流感,卧床不起。周四,贝提建议请个护士来家里,这样他带孩子外出散步的时候能有人照看她。丽莎拒绝了。贝提从外面回来,进她房间看时,丽莎已经去了,其他的细节我一无所知。

一个月后,我收到一个包裹,寄件人的信息显示的是丽莎的名字和地址。我盯着这件仿佛从冥界来的礼物,一时呆住了。这是美国流行的一种圣诞水果蛋糕,要提前很长时间预订。她是在病倒的前两日寄给我的。

从1960年起，贾科梅蒂的健康就出了问题。他被剧烈的胃疼折磨，并为此忧心忡忡。他的医生和朋友P大夫让他放心，说那只是简单的胃炎，贾科梅蒂仍然很担心。他工作起来越发拼命，过度的劳累终于把他压垮了，他经常在工作间里晕倒，一方面不满意自己还没能"根除雕塑"，另一方面担心自己的健康。他变得远不如以前开朗，也不怎么关注外界了。我们见面时的气氛没有了往日的热烈，他显得疏远了许多。

1963年初，专家告诉贾科梅蒂他患了胃溃疡，需要手术。手术很顺利，几天后我们在诊所见到了他。他表情轻松，感到自己从此摆脱了病痛，急切地盼着重返创作。

不久，他的妻子安妮特来找萨特。她觉得萨特在很多方面与贾科梅蒂很像，他比任何人都更能回答在她心里盘旋已久的那个问题：该不该跟她丈夫说实话，告诉他得的是癌症？她曾经向外科医生吐露心事，后者冷冰冰地问她："是利益问题吗？您想让他安排后事？""不，完全不是。""您信教吗？""一点不信。""那为什么要让他知道？"她谈了自己的理由。医生发起火来，坚持说，对癌症患者来说，没有什么比知道真相更能危及精神状态的了。就算安妮特说了实话，他和P大夫也会否认的。她想听听萨特的意见。萨特回答说："我是让海狸向我保证了，不隐瞒任何事情。"在他看来，假如一个人真诚地度过了一生，从不自欺欺人，那么他就有权直面自己的死亡，完全清醒地安排自己剩下的时光。再说了，这也不是向贾科梅蒂宣布什么立即执行的判决，也许他已经痊愈了呢。在他这个年纪，癌症发展是很慢的。

谈着谈着，我们又提起了一个相反的例子：帕尼耶的妻子。医生当时断定："她活不过一年。"我们赞成帕尼耶保守秘密。她没什么后事好安排，身体虚弱不堪，每天卧床不起，头脑昏昏沉沉，何必让她战战兢兢地等死呢？于是她始终怀着自己快要康复的希望，平静地去世了。帕尼耶知道自己骗她是为了她好。但他心里很痛苦，他们两人始终坦诚相待，如今却被谎言隔开了。

安妮特的心情也大致如此。萨特最终说服了她。她走的时候，基本上打定了主意要把真相告诉丈夫。

可她没有立刻就说。我们又跟贾科梅蒂吃了两三次饭，他看上去什么都不知道。我们觉得很不安，几乎到了羞愧的地步：我们知道他的一大秘密，而他自己却蒙在鼓里。我们觉得不切实际的幻想有损他的尊严。安妮特痛苦万分。我们在演戏，这无异于背叛。

他们动身去了斯坦帕[1]。一天晚上，我们接到贾科梅蒂从瑞士打来的电话：他感谢萨特给安妮特的建议。原来他刚刚得知了真相。他的外科医生让他把一封信交给在瑞士给他治疗的意大利医生。那位医生做了件极其愚蠢的事，他让贾科梅蒂替他翻译信件的内容，因为他的法语不好。外科医生在信里说，病人得的是癌症，但手术非常成功，病人毫不知情。大家一时都哑口无言。等到安妮特和贾科梅蒂单独在一起的时候，两人说起话来都遮遮掩掩：他不知道她是否早已知情，也不知道她是否正确理解了医生的信；而她则不确定他是否完全看

---

1 位于瑞士，贾科梅蒂的出生地。

懂了信。两人最后还是开诚布公，互相说了实话。在电话里，贾科梅蒂的语气听上去无比欣慰。在那之前，他对自己的病真的毫不知情吗？看来并非如此。他心怀疑虑，却只得独自面对，如今他不再是孤身一人。从怀疑到确定需要时日，从隔阂到达成谅解则更为不易。他心情舒畅了许多。他们回到法国后，我们的交谈恢复了往日的轻松愉快。

不过，他几乎要跟P大夫绝交了。不仅是因为P大夫撒了谎，更因为他承认，几年之前他就在贾科梅蒂的X光片上发现了可疑的斑点。

"我选择缄口不言，因为我不想让你从此觉得自己是个病人。"他解释道。[1]

1964年1月，贾科梅蒂的母亲生病去世。他深受打击。他对母亲的感情很深。多年前，当母亲把自己床头上方挂着的他父亲的一幅画取下来，换成了他的作品时，贾科梅蒂心中无比喜悦。1958年，他给母亲画了一幅肖像，作品洋溢着柔情，非常动人。

那一年我们很少见他。7月，我们从苏联回来，奥尔迦告诉我，贾科梅蒂因为萨特在《文字生涯》中说的关于他的一段话而生气了，这让我大感意外。在蒙帕纳斯的一个酒吧里，奥尔迦听见他对他朋友洛塔尔说："我很高兴萨特7月才回来，到时候我就走了。我秋天才会见到他，这样我就有时间把这事给忘了。"他看上去很阴郁，奥尔迦补充道。她问他工作进展如何，他沉着脸回答："还得十年呢！"因为第

---

[1] 后来他对自己的沉默悔恨不已，那可能让贾科梅蒂付出了生命的代价。贾科梅蒂死后不久他也去世了。——原注

二年在纽约将有一个他的作品大展,洛塔尔问他是否会去,他咕哝着说:"明年吗?喔,如果是明天就好了。"接着他又加上一句,"就算是明天,我也不会去纽约。"

10月,他跟萨特言归于好。"我没有生气,只是有点儿不知所措。"他说。萨特在《文字生涯》中转述了贾科梅蒂讲的一件事:有一次他在意大利广场被车撞了,脑海中瞬间闪过一个念头:"总算出事了。"萨特在书里评论说:"我欣赏这种坦然接受一切的态度。喜欢意外的人就应该是这样。"然而,事情实际上并非如此。贾科梅蒂那时要去苏黎世,但又不情愿离开自己爱的一个女人。那天,他刚从她家出来,在协和塔广场被车撞倒。躺在救护车上,他暗自庆幸,多亏这个意外,他可以留在巴黎了。萨特居然把这个故事讲得如此走样,简直都不是萨特。"可我只是原样转述了您的话呀。"萨特反驳道。如果贾科梅蒂的反应真的像他今天说的那样轻描淡写,我们根本也不会在意。说实话,如果真是那样,他又何必告诉我们呢?两种说法南辕北辙,原因显然在他,不过我们最后也没有把这件事弄清楚。总而言之,他对这么一件事耿耿于怀,我们很是意外。不过当时他确实热衷于回忆往事,他一向喜欢讲他的童年和少年,如今更是对此津津乐道。

1965年,在伦敦、纽约及哥本哈根附近举办了他的作品大展。一向厌恶旅行的他,带着安妮特出席了这三次展览。不过——这是后来安妮特跟我们讲的——他日夜被焦虑折磨,一点点小事就让他惶惶不安。在横渡大西洋的客轮上,有一天早上,她走进他的客舱,发现他坐在铺位上,两眼发直。"如果你愿意,你就待在这儿,不过别说话。"

他对她说。这可不像他的作风。他就那样沉思了许久。在纽约拍的那些照片上,他看起来老了很多,表情也变严厉了。他后期以好友洛塔尔为模特创作的那些半身像透着可怕的气息,其实这不是偶然的:雕像满是惊恐的大眼睛里,投射的是作者内心的狂乱。

那年秋天,他的医生发现他的心脏劳累过度,建议他提前去瑞士疗养。他手术后每年都去那家疗养院休养一段时间。他一个人去了。安妮特随后接到电报赶过去,他已经卧床不起。癌细胞扩散到肺部了,他的情况很糟。她发现他变化很大,似乎自从病倒卧床的那一刻起,他的身体就已经放弃了抵抗。他是否知道自己时日无多?他开始总结自己的一生。"我的创作,是的,我是成功的。"他用耳语般的声音说道。这句话让朋友们颇感欣慰,从前他们总见他自我怀疑。他在半昏迷状态中弥留了两天,1966年1月1日,他咽下了最后一口气。

我并未感到特别伤感。他死前沉溺于执念和回忆,我们早已失去他了。他得到了他能希冀的所有荣耀。我认为他的创作生涯画上了完美的句号。他后来努力尝试的或许是件自相矛盾的事:提炼出人类面孔的一般意义和抽象意义,同时又要呈现每张脸的独特性。

1968年,橘园美术馆举办了一场大型的贾科梅蒂作品展。展厅大门的上方,用大字写着他的名字和生卒年月。我久久凝视着它们,心里有一种不真实的感觉。他在最恰当的时刻变成了历史的一部分,如今他像多那太罗一样遥远,一样受人景仰:我的生命仿佛也随之被抛向了遥远的时间深处。展厅布置得不是很好:最先看到的是他成熟时期的作品,接着回溯到超现实主义时期,然后再回到成熟时期。在我看来，他的油画和素描作品随着年龄日臻成熟。至于雕塑，他最好的时期是在战后，也就是1945年到1952年。在那之后，也有些作品很成功，但总的说来他的艺术探索一无所获。他最后一件作品，他的朋友洛塔尔的半身像，倒是异乎寻常地令人震撼。公众对他的作品摸不着头脑，对他们来说，贾科梅蒂既不够现代，又不够传统，不足以吸引他们。不过，在圣保尔-德旺斯[1]的梅格基金会美术馆看过他作品的人，几乎都成了他的热烈崇拜者。那些关于行走的人的大型雕塑作品，放在那个环境里，充分地表现出了作品的含义。如今很多博物馆都收藏了贾科梅蒂的雕塑和绘画作品，每次见到它们，总让我心潮起伏。

自从塑料炸药在她公寓大楼的门廊下爆炸，芒西夫人就搬离了公寓。当第二次爆炸把大楼彻底摧毁的时候，她早已不在那里居住。她住进了拉斯帕伊大道的一家旅馆里。这次更换住所对她来说不算坏事。在波拿巴路的时候，她要爬六层楼梯，尽管有用人帮忙，家务还是让她感到劳累。住旅馆使她彻底摆脱了劳作，她把自己的家具、小摆设和喜欢的书都搬了过去。她也喜欢跟年轻的清洁女工们待在一起。萨特不再跟她一起住了，但他就住在旁边的一间小公寓，经常去看她。她过了三四年安稳舒心的日子：接待朋友、读书、看电视，她特别喜欢听音乐。她出身音乐世家，弹得一手好钢琴，天生一副美妙的嗓音，一度想当个歌唱家。她在绘画方面品位很差，读书也只读通俗

---

[1] 法国阿尔卑斯省的一个市镇。

书籍，但却热爱音乐，而且有很好的鉴赏力。现代音乐也难不住她，我是在她那儿头一次从电台里听到了贝尔格的《沃采克》。天气好的时候，她就在街区散步，乘出租车去杜伊勒里公园。晚上躺在床上，她喜欢回忆自己的童年和青年时代。"我从来不觉得烦闷。"她说。她的装扮时尚精致，几乎总是穿藏青色的衣服，高跟鞋衬托出她的一双美腿。都八十岁了，她的背影依旧挺拔优雅，因为白发被帽子遮住，她在街上有时还会被男人尾随。

孩提时代，她备受施魏策尔夫人的压制，尽管夫人后来变成了一个迷人的老妇人，但曾经是一个严厉而自私的母亲。在少女时代的照片上，小安娜-玛丽神情茫然。她的婚姻十分无趣，而且很快就守了寡，又回到父母的屋檐下生活。她准备参加考试，当劳动监察员，她想要独立。不过她还是嫁给了一个追求她很久的工程师，觉得自己是为了儿子好。这次婚姻依然很无趣。"我结过两次婚，当过两次母亲，可我还是个处女。"她以前老爱这样说。"乔叔叔"是个专断的人，对人对己都很严苛，严格尊崇资产阶级的道德。对自己的继子无可挑剔，无奈继子与他的思想观念没有任何一致之处，长大后频繁与他发生冲突。读了《一个领袖的童年》的开头，他就把《墙》[1]寄回给萨特。他更不可能见我。芒西夫人感激他以前供养自己和儿子，对他百依百顺、忠心耿耿，总认为他有理，可又很怀念从前跟儿子的亲密无间，努力跟他保持亲近。她好几次瞒着丈夫请我们去茶馆喝茶。战争期间，我

---

[1] 萨特的中短篇小说集，收有《一个领袖的童年》。

也会单独与她见面。不过，直到她生命的最后几年，我们才彼此产生了真正的依恋。她嘴上不说，心里却不赞同我的生活方式。我不在意她的偏见，可她表面上的柔弱却让我不自在。她说话爱用支离破碎的短句子，滥用"小"这个字眼，好显得委婉。比如在茶馆里，她问女招待："小卫生间在哪里啊？"她的语调有些哀怨，总抱怨自己被小病小痛折磨，即使开心也不承认。生命在她眼中就是一连串令人厌倦的义务。对任何问题她都不敢发表意见：她丈夫人虽不在，却继续控制着她的思想。

但我很欣赏她在丈夫死于突发心脏病时表现出来的低调和淡定。萨特那时在美国，她没有通知他继父的死讯，不想让他为此缩短旅程。她热切地想跟儿子一起住，萨特回来后就同意了。她在圣日耳曼德普雷广场附近找了一间公寓，把最好的房间给萨特做书房，自己留了一间客厅，还有一间小厅权作卧室。帮她料理家务的阿尔萨斯老妇欧也妮睡在最里面的房间里。"这就像我第三次结婚。"芒西夫人兴高采烈地说。

然而共同生活没有如她所期待的那样令她开心。她深受亡夫观点的影响，与儿子常有分歧。他虽然不说，她却深感烦恼。如果萨特偶尔跟她唱反调，她会立刻勃然大怒，不过就像老话说的"灶上的牛奶"[1]一样，她的脾气来得快去得也快。有时候她主动挑起争执，对文坛的看法比我们要功利一些：她梦想举办盛大的招待会，由她主持，

---

[1] 指牛奶煮沸了会瞬间溢出来。

并希望萨特去追求荣誉和名声。1945年,她写了封申请信,要求授予萨特荣誉军团勋章。有一天,家里来了个年轻男子,自称是美国一所大学的学生,说他妹妹和同学们特别崇拜萨特,因此他许诺从法国替她们带偶像的照片回去。芒西夫人感到十分受用,于是给了那人萨特的很多照片,从婴儿、童年到少年:照片随后被印在《周六晚报》的最后一版,给一篇充满恶意的文章配图。她为自己的蠢行感到羞愧难当,那天晚上在我们面前哭了。萨特安慰她,可他后来劝她不要跟媒体接触的话还是白说了,她好几次跟记者信口开河。她意识到自己太不谨慎,把这归罪于萨特,指责他没有把心里的不满直接说出来。

跟从前对丈夫一样,她对儿子也忠心耿耿,坚信儿子离不了她。她关心他的生活,也想让他听从自己的建议。她是个尊崇等级观念的人,服从现有的秩序,信奉公认的价值观。儿子的言行让她不安。像很多在意他人看法的女子一样,她生活在忧虑当中。当有人在报纸上攻击萨特时,她会感到烦恼。每次他开讲座,或者他的哪部作品要上演,她都惊慌失措。排练时经常发生一些激烈的事件,她一听到风声就焦虑得无以复加。她生怕萨特得罪剧院老板,得罪导演或观众。到了公演的那天,要是她无意间听到负面批评,或者发现掌声不够热烈,她简直像在受酷刑折磨。在很多其他情形下,她会一遍遍地问我们:"一切都好吗?"我们总是回答说很好,一般这也是事实。她总怀疑我们"背地里搞鬼",自己跑去跟这个那个打听。萨特的政治态度尤其让她觉得遗憾且危险。

这些误解和分歧随着时光流逝慢慢消解,最后消失了。她最终接受了儿子的观点。这不仅是出于对儿子的顺从,通过反抗年轻时折磨她的那些偏见,以及丈夫强加给她的观念,她终于向一切摧残过她的东西复了仇。大概到了1962年,她觉得自己完全解放了:"直到现在,我八十四岁了,才真正摆脱我母亲。"她告诉我们。在小事上那么谨小慎微的她,在阿尔及利亚战争问题上坚定地站在儿子一边,平静地应对以她住的公寓楼为目标的两次爆炸袭击,接受它们带来的后果。

《文字生涯》的出版令她欢欣鼓舞。萨特在书里描绘的施魏策尔先生的形象让她震惊,她也认不出他描写的那个小男孩就是自己的儿子。"他完全没弄明白自己的童年。"她对一个女友感叹。但萨特描写她的方式,包括对当年母子关系的讲述,都使她深受感动。她预想萨特在下一部作品里肯定要讲到继父,那肯定会让她读了不舒服。他迟迟不动笔,她猜他是要等到自己过世后才会写。她很清楚,她的再嫁打破了母子之间的某种东西。她常常向我解释,有哪些原因促使她再嫁。我向她保证说萨特都理解,然而她仍很担忧。

她有了一项新的消遣:补充《文字生涯》欠缺的内容。她打算写下自己的故事以及她所了解的萨特的童年。她奋笔疾书了好几个月,对我们说:"真有意思,我一直以为我的家庭很和睦。我仿佛又看到了家里人,我父母、我和兄弟们,晚上聚在一盏灯下,可我现在意识到,其实我们互相都没有交谈。每个人都是孤独的。"

她的身体一直有点羸弱。随着年龄增长,她的病痛多了起来:风湿、头痛、高血压,心脏也很脆弱。从前她经常哼哼唧唧,现在却尽量不抱怨了。不过,有一次她还是向萨特承认说:"如果让我老是像昨天那么难受，我宁可立即死了算了。"她昨天疼得掉眼泪。她的生活因此变得无趣了许多。医生不许她坏天气出门，就算风和日丽，她也怕自己在街上晕倒。她拒绝别人陪她散步，一是自尊，二是不愿成为别人的负担。她只好把自己圈在屋子里，阅读和看电视让她双眼疲倦，时常头痛。音乐也让她情绪激动，她的心脏承受不住，好几次她险些心脏病发作。我们去看她的时候她总是开开心心的，圣诞节和元旦她陪我们喝香槟，开怀大笑。不过，当她读到《低调年代》里关于主人公母亲的幸福晚年的段落，她对我说："我跟她可完全不一样。我觉得，晚年一点都不开心。"她经常想到死，把自己的一些首饰和小玩意送了人。"我宁愿活着的时候给你们。"她说。她并不想死，因为儿子是她愿意活下去的理由，但我觉得她也不惧怕死。

1968年，她的眩晕发作越发频繁，有时候会晕倒在房间里。著名的心脏专家M大夫和社区医生密切关注着她的状况。他们想方设法控制她的血压，减轻她的痛苦，无奈收效不大。

12月25日，我们一起喝了香槟。次年1月2日周四，我去看她的时候，她说自己前一天病了，两天前呕吐过。周五晚间，我正在萨特家写东西，门铃响了，来的是旅馆的经理，他说芒西夫人的情况很糟。萨特连忙赶了过去。他叫了救护车。芒西夫人心梗发作了，痛苦不堪。心脏病专家嘱咐过萨特，一旦有事就去费尔南-维达尔医院找他治疗。当时他不在巴黎，但芒西夫人仍然在医院得到了很好的治疗，她的痛楚消失了。第二天萨特去看她，她已经不难受了，人很高兴，意识清楚，略微有些兴奋，也许是药物的作用。

星期天，一走进她的病房，我就被吓了一跳：她没戴假牙，披头散发，看上去一下子老了十岁。她忘了有些词怎么说，就用另外的词替代。"我要是在这里待两米，那就真要病倒了。"她很苦恼，"我成老糊涂了。"其实她头脑很清晰，记忆力也没问题。她还提到了一年前发生的一件事。看来她是要康复了。

接下来的几天，她恢复了正常说话的能力，但开始出现了谵妄症状。周二那天，她同病房的女病人早上七点钟消失了，下午才回来。周三，芒西夫人告诉萨特说，那个女人在"出售尸体"。她前一天去科西嘉了，在那里买了一具美国人的尸体，下午把它带了回来。"也许他们看上我的尸体了。"她说，又问萨特是不是该报警。第二天我们去探视，发现她满脸倦容。她说夜里胳膊疼，因为女病友打开了窗子，搞得她着凉了。我们觉得这个解释不可信。"这地方不适合老年人待。"她又说。每天早上六点钟开始，医生们就来给她做各种治疗，又是打针，又是吃药：这让人筋疲力尽……"把我扔在这里两个月，我就再也出不去了。"她又用怪怪的语气说，"我可没想到这事会是这样。"她说的这事指的是结局，是死亡吗？抑或她只是有点失望，没有像M大夫许诺的那样有一间单独的病房？住院的经历让她感到新奇有趣，她从没在诊所或医院住过。探视快结束的时候，她开始语无伦次。当时到处都在谈论登月，她对我们说："如果你们要去的话，可别告诉我，我会担心的。"这话一半是玩笑，一半也是委婉地问我们是不是会去旅行。可她的语气是一本正经的。我们明白她想睡觉了。那一天，我感到她时日无多了。

周五早上，萨特接到电话，他母亲被送到了拉里布瓦西埃医院。她得了急性尿毒症，那里的设备能更好地为她提供治疗。她一到那里就偏瘫了，这是心梗的常见症状。她前一天抱怨的胳膊疼，很可能就是血液循环障碍引起的。萨特到的时候，她躺在一间很大的复苏抢救室的小隔间里，不省人事，全身绑着维持心脏跳动的仪器，手臂上挂着点滴。

芒西夫人被转回了费尔南-维达尔医院，安置在单独的病房里。几台仪器维持着她的生命，她已经处于深度昏迷状态，右半身瘫痪了，下唇有点喎斜。她的样子没有变，但已经完全是一张垂死者的脸：双目紧闭，鼻子插着导管。她就这样躺了两个星期。我有两次见她眼睛半睁着，但我不觉得她能看见我们。有那么两回，我不在的时候，她把那只能动的手从被单下面伸出来，抓住萨特的手腕，紧紧握着。她尝试对他微笑，可嘴巴已经不听使唤。她已经示意他出去了。她无疑是认出了他，然而她是隔了多遥远的距离，又是从怎样黑夜一般的深渊里认出他来的？

每次到医院，我们询问她的病情时，护士们总是回答："不比昨天更糟。"可她的记录卡上一直写着"昏迷"。1月30日，周四，护士打电话告诉我："她不太好。"但她们却对萨特说："情况没有变化。"然而两种说法并不矛盾。等我们到了医院门口，一个眼圈通红的女人，萨特的远亲，冲他跑过来："我刚见了您母亲，走得很平静。""走了？"萨特跳起来。"是的，就在半小时前，她走得很安详。您想看她的话就赶紧吧，马上要把她送到拉里布瓦西埃医院去。"幸好她告诉我们这些,我们在楼道里没碰到任何人。打开病房的门,我们看见芒西夫人全身苍白,嘴巴微张着,但样子不再扭曲了,她恢复了生前的面容。护士告诉我们,她不知不觉就"过去"了。第二天,萨特又在拉里布瓦西埃医院见到了她。他震惊地发现,她脸上带着一副凶狠强硬的表情。他感到母亲也许原本是个富有激情、顽强、拥有狂暴力量的人,生活的重压把她变得温吞平庸,却没有摧毁她。葬礼那天早上我见了她最后一面:五官轮廓还是原来的她,只是已不再有任何表情。

她生前常说:"我不想进教堂。"她有点算是自然神论者,但不属于任何宗教派别,也不相信永生。我们从医院直接把她送到墓地,家人和朋友们都等在那里。第二天我们去旅馆清理她的房间。东西很少,因为从原先的公寓搬走时,她把自己的东西差不多都处理掉了。萨特把电视机和大多数衣服留给了清洁女工,我们把想留着或送人的东西都收拾进箱子。前后不过一个小时,一个生命最后的痕迹就被抹去了。

芒西夫人半身不遂的第二天,M大夫对萨特说:"作为医生,我必须让您母亲活得尽可能久。但如果我是她儿子,我会情愿她死。"这意味着,即使她躲过死亡,也会大小便失禁、瘫在床上不能动。她一向惧怕这种下场,甚于怕死。我母亲临终前也经受了可怕的折磨,结果只是多活了几天。这种不计代价抢救危重病人的残忍道义是从何而来?医生们打着尊重生命的旗号,自认为有权让一个个活生生的人经受各种折磨和摧残,这就是他们所谓的恪守职责。然而他们为什么不反思"职责"这个词的含义呢?一位年老的女笔友最近给我来信说:"虽然我病重,瘫痪在床,医生们坚持要让我活着。可是夫人,为什呀？为什么要这样？我不是主张把老人都杀掉，可那些愿意死的老人们，就让他们死了吧！人们有恋爱自由，就应该有死亡的自由。"说得对，为什么？为什么要这样做？我问了很多医生这个问题，没有一个人的回答让我满意。

在芒西夫人生命的最后几年，她思想的变化拉近了我们之间的距离。相反，勒梅尔太太的态度却让我渐渐疏远了她。我们在政治上的不同见解以前似乎无足轻重，但在阿尔及利亚战争期间，分歧变得越来越大。我们发现彼此对世界的看法针锋相对，无法再求得一致。1962年夏天，在一次无聊的晚餐上，勒梅尔太太的态度很不友好，自那以后，我很久不曾见她。一天晚上，我突然感到后悔，于是给她打了电话，去她瓦凡街的寓所拜访她。那所房子属于我生命中已经结束的一段时光，处处透着阴郁：它属于已经死去、被埋葬的过去，没有当下的位置。勒梅尔太太很热情，我试着跟她聊萨特，聊我自己，询问她的情况。谈话有一搭没一搭，她对我的生活不感兴趣，也极少谈她自己的生活。告别时，我们互相承诺要再次见面，然而彼此都知道不会再见了。两年后，雅克琳娜打电话告诉我，她母亲刚刚去世了：一年前勒梅尔太太摔断了腿，从此就艰难度日。雅克琳娜尽管伤心，却相信母亲死时心里没有憾事。她的死讯对我几乎没什么触动。

1971年春，听到帕尼耶的死讯，我也无动于衷。他退休后只活了几个月，我们那时已与他断了来往。他为了一些看上去很无聊的原因与萨特反目，并走上了与我们截然相反的道路。他很高调地反对《121宣言》，而且我们也听说，他每次提到我们都是谴责多于赞扬。他的生活方式也早已让我们形同路人。

说实话，这些年来，周围人的离世只有一次在我心里掀起波澜，那就是伊夫琳的死，然而我不想谈论此事。

为什么我能如此平静地接受这些死亡呢？我想到的第一个原因是生物学范畴的。每个生命自有其程序，这取决于物种、遗传因素和个体差异。萨特在《福楼拜传》中揭示了这个概念适用于所有人类生命：有些人在程序未完成之前就死于意外；有些人的人生程序已经完成，却依然活着，只是在人世间已无事可做。我上面刚讲的这几个人里，离世的那几位，在我看来都属于第二种情况：卡米耶、丽莎堕落了，芒西夫人和勒梅尔太太年事已高，贾科梅蒂则是被疾病极大地改变了。然而，这个解释还是不能让我满意：杜兰在1949年去世时，已经完成了他的人生使命；我与他一向只是泛泛之交，他的死却让我颇为震动。"我过去的一部分轰然倒塌，我感到自己也踏上了死亡之路。"我当时这样写道。我的死亡程序许久之前就已开启，我也习惯了看着往日离我而去。我顺从了自己的死亡，于是也接受了别人的死亡。当然，假如我极为珍视的那几个人死了，那肯定会打破我的冷漠，他们将在我的生命中留下巨大的空洞。这件事即便只是想想，都让我无法接受。

*

在讲我这几年的生活之前,我要先谈谈一个先前从未提起的话题:我的梦。做梦是最令我愉快的消遣之一。我喜欢它的出其不意,还有它的不费吹灰之力。它们在我的历史中栖身,在我的过去里绽放,却不会延续到未来:我会把它们忘掉。它们降临的时候,并不受制于我的经验,也就是说它们不会随我衰老。它们突然出现,又分崩离析,从不堆积,永远是一副年轻模样。每天早上,我努力重新整合眼皮后面散落的碎片,它们闪闪发光,但稍纵即逝。我试着重新入睡,却只能辗转反侧。我的睡眠如何,睡眠中会充斥什么样的幻象,完全取决于我脸颊感觉到的是枕头的寒气,还是它温吞吞的暖意。然而有时我会猛然惊醒,被一下子从那个奇幻童稚的世界里拉了出来,在那里,所有的欲望都能得到满足,所有的恐惧都可以被承认,没有任何压抑。我瞬间冲进一个满是实际需求的世界,被过去驱使着去完成各种活动。有时这两个世界的过渡让我感到严重不适,心脏怦怦跳动。

在1969年到1971年之间,我记下了我做过的一些梦。我不会讲很多,也不打算对它们做弗洛伊德式的解析。释梦成为整个治疗的一部分时,分析师才能抓住梦的深层含义。我在这里只描述我的几个梦,并总结我的梦里常见的几个主题吧!

我在梦中经常从一处走到另一处。风景非常优美,但路上有障碍,我不知道自己能否到达目的地。散步令人很愉悦,我感到兴高采烈,又有些微微的焦虑。这是我1969年11月记录的一个梦。我跟萨特在以色列，我们走在绿意葱茏、地形高低起伏的野外，风景更像是在瑞士。我们把行李放在村子里的旅馆里，我们会回去拿。从一个不高的山坡上，能看见那家旅馆，还有缆车通向那里。我们走大路，穿小道，继续行进，突然被一座房子挡住了去路。我梦里经常出现这种情景：我进了屋子，徒劳地到处找出口。我知道自己没有权利待在那里，因此惊慌失措，有时候还有人在后面追我。那天夜里，我找到了一扇门，通向一个院子，我们就从那里出去，继续赶路。梦在这里戛然而止。

我的梦经常受政治事件的影响。1969年11月7日，我梦见自己在家里，那是我跟萨特同住的一间公寓（实际上我从没见过那样的公寓）。我收到一份蓝色电报，上面用黑墨水手写着：已得到关于舞蹈的确切而可怕的情报。我一头雾水。再看那行字时，"舞蹈"变成了"希腊"。公寓里有很多人，我得收拾行李，扔掉一包衣服。我正忙着，公寓里渐渐挤满了人：一个显然曾经是纳粹的德国人，一些希腊人，还有一个年轻姑娘，长得不漂亮，但人很和善，她与萨特攀谈起来。后来她走了，他趴在窗台上跟她道别，我也趴在窗台上。下面的广场上聚集了一群人，还有警车。人们突然打起来了，四散逃跑，警察手里拿着警棍追赶。公寓里又来了很多人，我又看见了那姑娘。我对希腊人说，让他们待在那里。我自己进了房间，开始写东西。我在房间里待了很久，后来穿着睡衣去浴室，姑娘在那里挂了一件比基尼和胸罩，都印着花。我又看见萨特，心里很担心：他的牙痛更厉害了[1]，没法说话。

---

[1] 萨特前一天确实牙痛。——原注

纳粹从另一间房出来，想跟萨特聊天，被他拒绝了。所有人都走了。我醒来半小时后，眼前突然清晰地浮现了梦中的蓝色电报。

我是个很少社交的人，却常做热衷社交的梦：我跟一群可爱的人在一起，大家都对我很友善。11月9日，我梦见自己跟一群朋友在一起，有让·马雷和科克托，我们之间非常亲密。11月11日，梦开始的时候，我也是跟一些令人愉快的人在一起，心里洋溢着幸福感。我要跟萨特开车出门。我合上一只行李箱，要把它放到车里，这有点费劲，因为一条蓝色绣花半裙（以前在希腊买的）从箱子里露出来，有一半都散落在车座上。我终于关好了箱子，然后又跟萨特在一起了。我们在步行，没有行李。我们在一座陡峭的小山丘脚下，山是棕红色的，山顶一面白旗在飘扬。山看上去没法攀登，不过我找到了一条岩石里开凿的路，我们轻轻松松地爬了上去。从山顶俯瞰，沙漠美景一览无余。但穿过一条很短的隧道后[1]，我们到了一个风景完全不同的所在，看着像瑞士或德国，下方有很多带阳台的小旅馆，一层层建在高低不同的地方。我们走了下去，在一张餐桌旁坐下来。但人们拒绝给我们拿吃的，只让我们喝水。

11月17日，我梦里跟一群朋友在一起。我们要去野餐，买了很贵的吃食。我们穿过花木繁盛的花园，孩子们在玩耍。我们打算在一处草坪落脚，有人告诉我们，那里禁止停留五分钟以上。我心里模模糊糊

---

[1] 克里米亚海滨有一种景观，天然形成的隘口两边风景截然不同，一边是白色的海岸，干枯荒凉，另一边的风景则开阔起伏，比较柔美。——原注

地想：我们是在苏联吗？[1]于是我们想去餐厅吃饭，可是又觉得已经花了太多钱。接下来的场景转换我记不清了，我独自一人坐出租车，去某地取东西。过程很长，很累人。终于回到自己家门前，我困得要死，却发现忘记带钥匙了，也许是丢了。我必须再次上路，这让我感到很绝望。一个漂亮的年轻女子，不是西尔薇，穿着皮草大衣，自告奋勇陪我一起走。我们看见一辆出租车，停在一大片空地上，我感到很欣慰。

随后几天我又做了很多梦，梦里跟很亲近的人在一起。萨特经常也在，我们经常在散步。有一回，一个身形肥胖的坏人攻击我的朋友们，我把一把刀捅到他喉咙里。我昏过去了，同时心里想："我杀了人！怎么会这样！"醒过来后，我焦虑地揣测，自己是会被祝贺还是被起诉？结果什么也没发生，我很失望。

我感到奇怪的是，衣着问题在我的梦里经常显得很重要，而实际生活中我对此并不在意。我做了不少这类的梦，这里只讲其中的一个，它因为有思考和批判的意味而尤为特别。我准备去鲁昂上课，脑子里突然出现了记忆真空：我忘了我的学生、学校的名字以及我要讲的内容，也不知道衣橱里有什么衣服。我看到镜子里的自己，身穿黄夹克和苏格兰短裙，这些衣服我都不认识。我害怕起来，让人往鲁昂打电话，说我不能来了，我需要医生。我身边簇拥着很多人，可我仍感到自己脑子里有个空洞，没法回忆起自己的衣橱里有什么。我对医生说："我完全不明白怎么回事，除非我是在睡觉。"接着我又说："但这

---

[1] 我们在苏联经常遇到这类禁令。——原注

不可能。做梦的时候应该什么都在不停地变才对，可你们大家都一直在，很长时间了啊。"

我做了很多郊游的梦，又愉快又混乱，或者跟萨特一起，或者跟一群朋友一起，最开心的一个梦是在伦敦和英国乡村。下面这个梦比较焦虑，是12月18日做的。我跟一些朋友一起，有我妹妹还有一对作家夫妇。我感到很幸福，突然必须离开，事情很紧急。梦里的情形虽然不像流放那么悲伤，但也令人非常难过。我把衣服扔到一个蓝色大行李箱里，箱子还是太小，因为"那边"气候寒冷，需要很多衣物。我的作家女友[1]送给我一只巨大的箱子，原先是她丈夫的。箱子是透明的，琥珀色的。我把衣橱里面的东西都拿了出来，有几条羊毛裙子，是我确实有的，还有我实际上早就不穿了的羊毛套衫。我妹妹说："可你又不是马上就走。"我回答说："是的，我马上就得走。"我泪如雨下。

12月10日，我梦见自己跟两个人吃早饭，其中一个是我妹妹，虽然那人并不像她。那是个年纪很小的姑娘，鼻子和右臂是些烧焦的树枝。[2]她看上去并不担心，可我心里想："她永远都嫁不出去了。这些烧伤的疤痕太丑了。"

另一个我常做的梦（我在现实生活中出车祸之前就开始做这类梦），是我开着车，突然发现不知道刹车在哪里，哪里都找不到它。我

---

1 不确定是谁。我大致认为是艾尔莎·特里奥莱，不过她从来都不是我的朋友。——原注
2 回顾这个梦，我想到母亲临死时给我的印象：一根干枯的葡萄藤。——原注

焦急地想，怎么才能把车停下来。通常的结果是，我慢慢地撞向一堵墙，一阵恐慌之后，从车里出来，安然无恙。12月底，我梦见自己上了一辆车，车上没有方向盘，只有一个车把，还在右手边。我坐在左边的位子上，车发动了，我从左边试着控制车把，可是很费劲，而且我理所当然找不到刹车。最后，有人从右车门上了车，控制了局面。另一次，我梦里的车是个沙发，我按扶手来控制方向。它快速地滑行着，不停地转弯，像滑雪一样，我也没办法让它停下来。

1970年开始我不再记录跟朋友一起旅行的梦，这样的梦太多了。我怎么也收拾不好行李，很怕错过火车，可最后还是及时赶到。我找到了朋友们，跟他们一起感到很开心。5月我记了两个噩梦。得知我们的埃及朋友鲁夫提·艾尔-科里三天后要被捕，我和萨特去了开罗，与鲁夫提和他妻子一起漫步，气氛很紧张，周围人头攒动，令人窒息，满是尘土的货摊上有一些掏空内脏、填满稻草的动物，摔下来分解成碎片，其中有一头河马。空气中危机四伏。

另一个梦里，我看见母亲（一个年轻窈窕的身影，没有面孔）站在宽阔明亮的河水边，我必须过河才能到她身边。我想到了奥尔格伦家花园前面的小湖，可河边没有船，我没法渡河。那其实是个峡湾，绕行非常艰难，除了游泳别无他法，但有溺水的危险。我必须去警告母亲，有个巨大的危险正在向她迫近。

6月，我梦见雷恩街上出现了一派令人惊讶的景象，从蒙帕纳斯车站到圣日耳曼德普雷，马路和人行道都铺上了豪华的红毯。天空黑沉沉的，一派悲怆气氛。我对自己说："好美啊！我得写在日记里。"接着我又想:"这没用,不会有下文的。"突然我意识到现在是沦陷时期。萨特是自由身,但几乎被判了死刑。

9月,我又在梦中见到一番异象。我有好几个月离开巴黎,远离萨特,去了一个陌生的城市里。我无事可做,于是研究地图,想找个地方去旅行。我查看着一条宽阔的大道,突然有个声音对我说:"等一下!"道路两旁的楼宇正面亮了起来,开始放映一些场景,画面色彩鲜亮,连起来显然是一部电影。我似乎对自己说:"没必要离开。我这不是有事做了嘛!"有一个人(我后来知道他有权说话,因为他是抵抗运动的负责人)向我建议:"留下吧,我们会给您一份工作(把别针或别的什么东西刷成蓝色)当幌子,这样您有充裕的时间看戏。"那场戏是长期上演的,足够看一辈子。接着又发生了一些警察断案的情节,曲折而混乱。最后我又在一辆车上,跟一个陌生人在一起。车子撞上了隔离带,我感到头部被撞了一下,闭上了眼睛。等我再睁开眼,已经不在车子里了,我独自一人,眼前一幅奇异画面:那是梦开头的那条大街,但覆盖着皑皑白雪。整个世界都盖在白雪下面。在这白茫茫的大地之上,有一些高出来的灰色的东西,也许是一些人。天空弥漫着灰色的烟尘,一架机器向地面俯冲而来。我不动声色地看着这寂静无声的末日景象。(醒来后我想起电影《招供》中的场面:警察把斯兰斯基[1]和其他被绞死的人的骨灰撒在白雪覆盖的原野上。)

1971年秋我又记录了很多梦。下面是10月20日的梦境。我和萨

---

[1] 曾任捷克斯洛伐克共产党总书记。

特在撒哈拉沙漠一座不知名的城市里,日暮时分,我们正步行离开,去一处绿洲过夜。绿洲的名字我不知道,但我在心里管它叫瓦尔格拉。在一条土色的宽阔大路上,我们超过了一男一女。他们穿得花花绿绿,一前一后地走着。我问他们,这条路是不是通向瓦尔格拉。"不,这条路哪儿也去不了。"我们返回刚离开的小城,打算在那里过夜。我猛然意识到我们不知道自己身在何处,是图古特吗?不。我跟萨特要《蓝色指南》,他带着点嘲笑的表情回答说,书被他寄到巴黎去了。我意识到他对这趟旅行不感兴趣,感到很无助。他跟一些我不认识的人聊着天,然后就消失了。我在城里游荡,碰到很多游客,可没人知道城市的名字。我发现城市叫麦斯波里斯,但它的地理位置在哪里呢?我在一个文件夹里找到了些地图,都是法国地图。墙上挂着一些箭,还有些神秘的名字,我觉着像是土耳其或瑞典名字。我哭了起来,瞥见蔚蓝的天空和烈日下,有一些壮美绝伦的建筑,全是红色的,非洲风格。我仍然哭着。为什么萨特没有跟我在一起?突然,我又回到了他身边,我们在车上,一些很友善的游客带我们去兜风。可我只想离开他们,跟萨特一起踏上计划好的旅程。车子经过一家旅馆,萨特说他饿了,下了车,我们在车里等他。突然我生起气来,也下了车,进了一家巨大的旅馆,走过不计其数的餐厅去找他。那地方像座宫殿,同时也是一家家庭膳宿旅馆。最后,我在一个角落里找到了他,他坐在那里,面前摆了一个盘子。"我也要吃饭。"我说。有令人垂涎的冷盘,还有一个漂亮的栗子蛋糕。"我吃好了,我已经吃完了。"萨特有点不快地对我说。我们回到车里。梦就在这时结束了。

11月6日，我跟一些朋友在一个令人愉快的地方——那就是后来的罗马。我在睡觉，萨特在隔壁房间睡觉。一扇对着走廊的门开了，一个很小的女孩用吻叫醒了我。我想起来，这事是前一天晚上和普永一家一起决定的。我起了床，穿上晨衣，这时丽莎来了。她很年轻，一副说一不二的样子。她把小女孩赶走了，在沙发里坐了下来。我让她离开，我要梳洗，还要去把萨特叫醒。她拒绝了，我觉得她似乎有点歇斯底里。我不知道这个场面是怎么结束的。后来发现自己穿好了衣服在外面，心里想着萨特在哪里（他不再跟我在同一所房子里了）。我知道他在哪里，而且离这儿不远，只是想不起来。我决定走下旅馆的楼梯，在下面看见了他家的门，还有两扇小窗户。我想跟他一起吃早饭，但已经十一点多了，他已经吃过了。丽莎还在到处找我。突然我又在一群朋友中间，我们在一个平台上，下面风景很美。我在罗马，可我忘了旅馆的地址，只记得名叫马德里旅馆。我走进一座豪华大楼，那是家旅行社，我希望他们能给我指点一二，但没人回答我的问题。外面有些出租车，是很老式的那种，车上都有人，都拉着游客。司机们也都不回答我。我决定步行上路，穿过一条山谷，觉得山谷那边就能找到罗马和我的旅馆。天气晴好，风和日丽，我悠闲自得，心想，就这么漫步一早上也不错。我问丽莎（她变得一点都不像她了）愿不愿意跟我一起，她干巴巴地回答："太晚了。"这时我向右走了几步，推开一道门，进了一间医院大厅，里面挤满了病人和婴儿。我发现一个女护士怀里抱着个婴儿，长着成人的大脑袋，细小的身体。我出去了，一条小路向下通向山谷，我沿着小路跑起来，一路雀跃，心里充满节日般的欢乐。

我路过一个地方，那里矗立着很多美丽的巴洛克建筑的废墟，见了它们，我心生欢喜，但并没有停留。我现在知道我旅馆的地址了，它就在密涅瓦旅馆旁边。我还没到那里，梦就结束了。

第二天我又做梦了。我在一间会议大厅里，那地方像阶梯教室似的，听众挺多。我看见一个失去联系许久的女人，但不知道是谁，我心里很激动，眼角有点发红，那女人很关心，表示担忧。一个男人走进来，坐在阶梯的最上面。他戴着眼镜和帽子，面目模糊。有人告诉我：那是索尔仁尼琴。他旁边坐着一个人，虽然胡子灰白，其实相当年轻，那是翻译。听众对索尔仁尼琴说，我们对他的作品很熟悉，我们都爱他。他通过翻译提问道："我父亲之死是谁的错？"每个人都举手说："是我的错，我们都有责任。"他接着问："我是在苏联的哪个地区出生的？"我有点随机地回答："在北方。"答案是正确的。这时我离开了，我母亲在我们雷恩街五层的老公寓（我经常梦见这间公寓）等我吃晚饭。我在一个叫维尔农布勒（我没搞清楚这个名字与西尔薇教书的郊区有什么联系）的村子里，那里离巴黎大约一百公里。我不知道自己是怎么去的，也不知道怎么从那里回来。我看见一些车，公共汽车，但都停在停车场里，停止运营了。我走进一座火车站，所有的窗口都关着，没有火车。我只好走路，指望能拦到出租车，结果碰到一辆小汽车，它把我带到了出发点。我漫无目的地游荡着，走进了一个墓地，在那里见到了奇异的景象，很像电影里常见而我觉得很假的那种梦境。地上摆着很多棺材，覆盖着黑布。棺材的每一侧都有很多穿黑衣、戴着大礼帽的男人，他们排着队组成人墙。远处的人则在列队行进，他们也戴着大礼帽，有些戴着骷髅头。场面非常美，动人心魄。我几乎立刻搞明白了，戴骷髅头的不是人，是些石雕。一个修女站在一座墓的旁边，她问我是否愿意陪她去雷恩，我可以第二天从那里乘火车去巴黎，我拒绝了：我当天晚上就得回巴黎。我一点不担心回不去，我不着急。她表示赞同，这村子这么美，值得逗留半日。我离开了墓地，去别处走走，看见一座长满青草的小山上有座高塔，有点像基索（法国诺曼底）的碉楼。我向那里走去……

两天以后我又做了个旅行的梦。我陪一对夫妇朋友（我不知他们是谁）去火车站，站里空空荡荡，没有火车。我们在月台上等着，心里不抱什么希望。突然车来了，女人很着急地上了车，男人跑开了，然后带着行李箱回来，差点误车。他与女人在一个奇怪的两个位子的车厢里安顿下来。我并没上车，却发现自己身在车厢过道。火车开了。我略有不快地想着："算了，我下一站下车就是。"列车从鲁昂开往巴黎，但中途会停车。我欣赏着车窗外的美景：干旱，金黄，像撒哈拉沙漠。我自得其乐。停靠的第一站，我下了车，也没跟朋友打招呼，我在路上已经把他们忘了。当时是晚上八点十分，车站空无一人，城市有个俄国名字。我是不是得在这里过夜呢？我向一个女人打听列车时刻，她什么也不知道。站前广场一派昏暗，这里有旅馆吗？晚上怎么过呢？我连本书都没有，时间太晚了，也没法买。我身上有钱，一万旧法郎，钱的样子是一张粉色的纸，有点像最近传唤我去见调查法官的那张传票。我不明白，其实我可以一直坐到巴黎，为什么我没有那样做。不过被困在那个地方我也无所谓，我在来的地方也没什么急事要做……

两个晚上后，我梦到与萨特和一些朋友走进一间很大的酒吧。邻桌在举行宴会：是一些前纳粹，他们开始辱骂我们。后来他们住嘴了，我们就吃饭。突然我们就到了外面，被一群充满敌意的法西斯分子包围。西尔薇应该紧急派飞机来广场上接我们，我们焦急地等着，可是飞机一直不来。马厄也在，我正在跟他讲话，突然发现萨特不见了。他被那群法西斯团团围住，其中一人揪住他外套的领子，像是要把他勒死。我吼叫着冲过去，那人松开了他。"他们连杀人都不会。"萨特说。我拉住他的胳膊跑起来，跑得他脚不沾地。我们从一群警察面前跑过，他们带着嘲弄的神色，但并不恶毒，因为他们也不愿萨特被杀。我来到一条街，两旁都是昏暗的咖啡馆，让我想到穹顶咖啡馆、吉约姆·泰勒咖啡馆，然而还是很不一样。我走进其中一家，里面几乎没人，点着蜡烛。我把萨特留在一个包间里，跑回去找西尔薇和马厄。他们都不见了。我心想："马厄这么有名，我很容易就能找到他。"我问了几个人，他们给我的答复都含含糊糊。我回去找萨特，可是周围的环境变了，我找不到原来的地方。眼前是宽广的大道，很多建筑，还有新楼房，可能是勒阿弗尔。最后有人指给我吉约姆·泰勒咖啡馆的方向。我还没到那里就醒了。

几天后，我梦见自己准备跟西尔薇一起，骑别人借给我的一辆摩托去旅行。她在一家修车行，我在旁边的加油站，要把车加满油才好上路。（我要开摩托带着她，我想到要整夜赶路就有点担心，但西尔薇觉得这很自然，而且好玩。）临走之前，我们得先收拾行李。行李要轻便，因为我们住在一个高地上，得沿一条陡峭的小路步行把行李拿下来。我把杂物放在一个纸盒子里,衣服装在箱子里,有一件奶白色的套裙,带点红色,有个地方开线了,但我想到了巴黎我母亲会替我缝好的。我要休息一下,就去外面躺在一张折叠帆布椅子上。周围有其他人,也都躺在帆布椅上。我边看书边吃三明治,一个穿蓝色夏装的女人懒洋洋地躺在我旁边,说:"这国家没什么可看的[1],除了……"接下来她说了一串我没听过的名字。我觉得她很蠢,心想:格林达纳呢?塞维利亚呢?我站起来想离开,她不快地问我:"我打扰您了?""没有,我该走了。"我回到自己的行李箱前。

几天后我做了个梦,梦里有很多我熟悉的主题,有一段还变成了噩梦。开始是我跟萨特在讨论问题,我常梦见这个场景。他正在服药,可是药吃完了,他就喝一种暗黄的不知是什么的东西替代。我提醒他,要尽早去看医生。他说他已经烦了,再也不会去看医生了。我激烈地指责他,说他会得最可怕的病。他没有反驳。我哭了起来(我费了点劲才让自己哭出来,整个场面都有点不真实的感觉)。他还是一言不发。我指责他一意孤行,让我感到无望。我就不会对他这样。他还是无动于衷的样子。

突然我跟另外一个人在一起,那人既是我妹妹也是西尔薇。我们在一座豪华大楼的前厅里,可能是在西班牙。有几个朋友跟我们一起,我们预订了三个房间,行李已经送上去了,可我们不知道房间在

---

[1] 在意大利时,我很吃惊地听到一些法国人抱怨:"帕尔默没什么可看的。""总的来说,西西里没什么可看的。"——原注

哪。前台排了很长的队,有个满脸皱纹、和蔼可亲的老清洁女工在说话,说的是当地语言,跟她说话的那个雇员把钥匙递给她,她给我们打开了一间位于一楼的套房。在第一个房间里,我看见一件我不认识的行李;第二个房间里,有个大胡子男人躺在床上睡觉,我不小心碰了他光着的脚。他是个画家,被父母送到此地,以便重新开始人生。可是我们的房间在哪里呢?大厅里人声鼎沸,没人再理会我们。接着我跟我妹妹、西尔薇和很多人一起在车站的月台上,我们在等一列地铁,或者是郊区列车。我很生气,觉得该坐另外一条线路,其实这条线路更短,但从来运行不顺畅。我们在一间小屋子里等着,行李也放在那里。通知火车来了,人们蜂拥而上。我们也上了车,可是行李忘拿了。我们跑回小屋,我妹妹找到了一个很贵的手袋,可其他行李都丢了。"没关系,行李会随后送到的。"她说。火车开走了,我们没有赶上。我们在站台上溜达。一些女人在一条隧道里扫雪。几节火车头过去了,接着是运货的车厢、几辆小火车,甚至还有一群牛。我问一个工作人员下一班车什么时候到:凌晨一点。我泄气了。我们走出了车站。夜幕降临在这个外省小城里,天气温暖。也许我们离巴黎很近,我们能否坐出租车回去?然而不行,巴黎还远着呢!有人说要告诉我们一个好餐厅,我们可以去吃晚饭。这时,梦戛然而止。我感觉到一阵近乎焦虑的不安。

几天后,我做了个极不寻常的梦。我在一户特别有钱的人家,在一个宽大的种了树的露台上,下面有条河:是塞纳河,因为远处能看见巴黎。我跟一个蠢笨的年轻姑娘在散步,我与她同年。我对她说,这个园子让我想起拉格里耶城堡,不过为了不显得太炫耀,我又说,这个园子更漂亮,因为它就守在巴黎的门户位置。我问她在巴黎开不开心,她回答说,对一个"女人"来说,最重要的是附近要有幼儿园。她让我厌烦,因为她说自己的时候总是用"女人"这个词。我们走进她的家,是一座名副其实的宫殿。她指给我她的房间,里面挂着紫色丝绒的帷幕,铺着灰色地毯。陈设非常漂亮,可宽敞的金色客厅在我看来十分无聊。我忽然意识到自己是在跟一个已婚妇女打交道,她还有个孩子。一些人在客厅里走来走去,库舍突然出现了,他留着大胡子,头发浓密,穿着白色长袍,就是前一天他参加支持堕胎游行时穿的那件。我见到他很高兴。一张桌子上有满满一盘生鸡蛋,都剥掉了蛋壳。有人拿起一把叉子,插到蛋白里。我喊道:"别这样!"那都是些胚胎,如果被碰坏,就会变成残疾孩子。这个梦显然是受了我跟那次游行有关的谈话的影响。

另外一个梦里,我跟西尔薇一起追着火车跑。我们要去伦敦找萨特,然后一起去旅行,我很怕赶不上火车。

我常做坠落的梦。我突然发现自己在脚手架、墙或梯子的顶端,马上就要掉下去。"这次是真的了,我要死了。"我心想。然后,在千钧一发之际我得救了,死里逃生。我害怕,但又不是真的害怕。最近一次,我梦见自己在一个外国城市里,非常美,周围是悬崖,悬崖中间有块大石头和一些建筑物。那里正在举办节庆活动,同时也是游行。我跟几个朋友在那里散步,有点迷路,接着就与萨特和其他很多人一起,在一个广场中间宽阔的平台上。那里在举行集会或某种政治仪式。突然,我发觉自己在边缘,离地面三十米。我躺在床单上,好像在床上一样,感到自己要掉下去了。有一些柱子,互相间隔越来越远,我试着抱住其中的一根,爬行着往后退,稍有不慎就万劫不复。这时,一个穿白裙子的女人(她穿的也许是婚纱)旋转着摔下去,砸在地上。我对自己说:"那是我母亲。"但说这话的人并不真是我,其实是我代表的一个人物。我渐渐远离了边缘,站了起来,找到了萨特和同志们,我告诉他们说:"我母亲刚刚死了。"我心里波澜不惊,好像在演戏。有人喊着:"受够这些混账的美国人了!"我向城中心走去,似乎是要利用这个事故发起暴动。接着我到了火车站,游行的人都要坐火车回家。我的行李不在身边,旅馆的一个清洁女工应该给我送过来,可我不知道她是谁,心里着急。萨特说:"我们有的是时间,火车三点半才开呢。"可是现在几点了?有人叫我,递给我火车票,我的名字写在上面。可行李呢?是已经被装上火车了,人们没通知我吗?我是不是先上车,不管它们呢?这时我醒了过来。

最近我梦见自己在意大利,跟很多人在一起。我在一个广场上和一个年轻的意大利工人跳舞,他一身绿衣服,上身是高领套头衫;我心里想,这是个才华横溢的诗人,像兰波一样。但我立刻又纠正自己:可不能把所有年轻诗人都当成兰波。"这人有点精神病,"一个人说,"有点像德夏内尔[1]。"我回答道:"但他比德夏内尔有趣得多。"人们散去了,但过了一会儿又重新聚拢来。我在一个房间里,跟两三个比较

---

[1] 法国政治家、文学家,患有精神疾病。

亲密的人在一起。我决定换条裙子，便从衣架上取下一条羊毛裙——我确实有那么条裙子——我想穿它，但又怕不合礼仪，就在衣服里翻来翻去。"算了，就这样吧。"我想。于是我套上一件上下连体的衣服，也是中规中矩的。这时我又站在广场的讲台上了，我刚穿进去一只袖子，就来了很多辆车：是犯人的母亲们来向我们的委员会求助。自己只能半裸着接待她们，这让我很恼火。

我经常重复做一个相当焦虑的梦。我在一个外国城市或是一个陌生的城区，茫然无措地到处找厕所。我沿着阶梯爬上爬下，穿过走廊，终于找到了，可是门上着锁。我只好接着找。这回找到了，我走了进去，正要方便时，发现厕所里挤满了人，或者很多人走来走去。有时候我已经坐在马桶上了，人们突然出现，我或者无比尴尬，或者满不在乎。

几天前我梦见自己跟萨特和西尔薇一起在直升机上。或者不如说，萨特就是直升机，他飞得离地面很近，我们紧紧抓着他衣服下摆，从一座非常漂亮的湖上飞过，他把我们放在湖边，说："去看看岛。"我们沿着湖边，走到一个平台，从那里望去，整个湖面尽收眼底。湖心有座岛，上面有幢建筑，可能是个城堡。我们回来了，我还想继续飞，可萨特说他累了。他开始爬一座大山，我们跟着他。我们的脚踩进湿漉漉的黏土里。我知道后面还有情节，但忘记了。

1969年之前做的那些梦有的没有记录下来。我记得常常梦见自己在空中飞或在水里游泳。梦中游泳时我有点害怕，必须游过一片相当大的水面。我以为自己是在蹚水，突然发现脚够不到底了，生怕自己溺水。我努力让自己浮在水面上，终于到了对岸。关于飞行的梦都是极其愉快的。我从台阶上下来，通常是为了逃开某人的追赶，或只是为了快一点。我把手指放到旁边的扶手上，就那样旋转着从上到下。我的身子浮在空中，碰不到地面。有时我在街道上飞行，在道路的上空，有时是在乡间，心情极为舒畅。还有很多跟上面讲的梦类似的梦境。在陌生城市游荡，坐电梯，在街上步行，或者到处寻人而不见。我还会在地下室迷路，在隧道里窒息，没完没了地爬着楼梯。我经常追着火车跑，偶尔能追上，大多数情况下追不上。我梦见过非凡的美景，身心沉浸在巨大的欢乐中。我还跟萨特争吵过多次，情形比我上面讲过的还要严重。我想让他答应某件事，比如外出旅行必须带上我。他拒绝了，我哀求，甚至会晕厥过去，可他总是无动于衷。

我发现自己在睡梦中会有欣快感，清醒状态下从来没有这样的感觉，因为那需要彻底放松才行。在梦中感受到的担忧则从来没有真实生活中的焦虑那样强烈。我在梦里总能以这样那样的方式与忧虑保持距离，经常觉得自己在演心理剧，而不是真正在生活。

某些主题从我的梦里消失了。以前常做的噩梦之一，是嘴里的牙全掉了。这个梦我已经不再做了。我也不再梦见那些又像石头又有生命的物种，它们无声的痛苦令我无法忍受。我也不会再梦见自己死去了。在梦里，萨特有时就像现实生活中我的伴侣，有时又表现得铁石心肠，无论我如何指责、哀求、哭泣，甚至昏过去，他都无动于衷。之所以梦见自己晕过去，显然是因为我躺着。对萨特的态度给我带来的痛苦我有些漠然。他的态度有点绝情，又那么不真实，好像我是在做假设：假如他并不在乎我，我会做何反应？事情会怎么发展？在《她弥留之际》中我说过，母亲常常光顾我的梦境，父亲却从不出现。有时候我很依恋她，但更多的时候我很怕再次落入她的掌控。现在，我会梦到跟她约好在雷恩街我们的旧宅会面。我心里有些不快，而且我们从来都互相见不到面，要么我到不了那里，要么她不在。她出现的时候，一般离我很远，显得很年轻。至于我妹妹和朋友们，他们在我的梦里扮演的都是些阶段性、可以互换的角色。

幸福的主题经常出现：友人相聚，我心满意足，或在美景中徜徉。行路中遇到障碍然后克服的主题也很常见。失败也是常见的主题：赶不上火车，火车站里空荡荡的，或是丢失了行李。我不知道这些衣服、行李还有火车意味着什么。这些关于旅行的故事里必然包含我对死亡的预感，可我不会直接把二者联系起来。总的来说，我是怀着愉快的心情睡去，投入夜间的探险，晨起带着满心的遗憾与梦境说再见。

第二章
创造自己

写作一直是我生活中最重要的事。那么最近这些年来，我与文学的关系又是如何的呢？

1963年春天，我写完了《事物的力量》。秋天我休假回来不久，书就出版了。书得到了热烈的反响，读者众多。然而，某些评论还是让我困惑不已。

有评论说，我在写这本书的时候丝毫不顾及文字的美感，结果只能给读者一份粗糙的阅读材料。这种说法是完全错误的。我自然无权判定我本人作品的文学价值，但我绝没有刻意忽视它的文学性。我拒绝人们用"艺术品"来称呼我的自传，我解释过原因：我觉得这个字眼是消费者说的，用它谈论一个创作者的文字是极不妥当的。但这并不意味着我从此就打算以草率的态度写作。

某些理论家认为，对经验和经历的记录不能算文学创作，因为这类文字只具有工具的功能，而内容又是预制的。根据巴特提出的区分标准，这类文字的作者只能算"写手"，而不是作家。诚然，正如瓦莱里早就说过的那样，能称得上文学的文字，必须通过有技巧地运用语言来呈现意义，并产生新的话语。可是，为什么记录经验的愿望就会阻碍遣词造句上的建树呢？为了让思绪精确地通过文字符号表达出来，必须先依据严格的规则在符号与思想之间建立起确切无二的联系，正如化学分子式，水等于H_2O，一分不多，一分不少。词语是透明的，它的目标并非客观现实，而是一个观念。然而，当词语指代事物本身，词语和事物之间形成了复杂的关系，它们的组合就产生了不可预见的效果。雅各布森在他关于艺术现实主义的一篇文章[1]里提到，果戈理觉得莫斯科大公的贵重物品清单富有诗意，而对未来派艺术家库钦尼尔克来说，那跟洗衣女工的账本没什么区别。一件反映世界的作品不可能是简单的记录，因为世界自己不会说话。事实不能决定自己的表达方式，它们没有口述的能力，只有叙述者在表达的时候，才知道自己能说些什么。如果只满足于毫无新意的记录，文字就会被排除于文学之外；但如果他在文字中表达了自己的心声，结果就会不同。

无论是小说、自传、论文、历史著作或任何什么类型的写作，都是作家从自己独特的经验出发，试图与他人建立起联系。他的作品必须能表达他的生存状态，带着他个人的印记，体现他的风格、语气和文

---

[1] 发表于1921年，译文收录于《如是这般》1966年冬季号。——原注

字的节奏。没有任何一种体裁天然地具有优势或者处于劣势。总而言之，一部作品——假如成功的话——就是一个独特的世界，存在于想象当中。借助作品，作者本人也有了一层虚构的存在。萨特谈到这个过程时曾经说，每个作家身上都有个"吸血鬼"[1]。说话的我与实际经历中的我之间，每个句子与它呈现的经验之间都是有距离的。假如读者没有把这二者混为一谈，《事物的力量》也不会引起这样的误会，虽然在我看来，这误会并不比我刚刚解释过的错误所产生的误会更令人遗憾。

我本来希望这本书能冒犯读者。人们常常夸我在怒火中烧的时候显得很乐观。这次我纵容了自己的怒火，重提阿尔及利亚战争的恐怖。我想让读者难过，然而这没有奏效。1963年10月，那些酷刑和屠杀已经成了尘封往事，没有人再会为此感到良心不安。我确实冒犯了一些人，但完全是因为另一个原因：我不加掩饰地谈论老年。我不知道这个话题有多禁忌，也不知道我的真诚有多么不得体。评论家和某些笔友强加给我的指责使我大吃一惊。后来我在《老年》一文中批驳的那些老生常谈，就是当时人们劈头盖脸地拿来批评我的话：什么任何季节都有其魅力啦，五十岁就像绚烂的秋天，熟透的果实，金黄的枝叶啦！一位情感专栏记者宣称，只要好好做一次整容就能解决我所有的问题；另一个女记者给我举了一位与我同龄的女士的例子，说她随时愿意去尝试最时髦的酒吧、夜店和时装店。这种"巴黎式精气神"

---

[1] "鼠与人"。——原注

的秘密,在于她一直"低调地保持信仰"。连那些一向赞赏我的清醒态度的读者都对这些蠢话产生了共鸣,否则我不会在这儿提起。根据他们的说法,为了不辜负他们,我应该说我始终觉得自己很年轻,直到咽下最后一口气。

我试着理解他们的反应。他们很多人一方面把我当成偶像,另一方面又在我这里寻找自我认同。他们觉得,我应该永远泰然自若,应该能够证明,不是不可能从容面对所有人生考验,尤其是衰老。它不是偶然的事故,而是我们共同的命运。如果衰老令我惧怕,那说明它确实是可怕的,而这是他们不情愿承认的。然而事实是,除非早夭,所有人都会在生命中的某个时刻,意识到自己已经无可挽回地跨过了一道边界。对重病缠身或遭遇不测、失去亲人的人来说,这个时刻会来得早一些;对人生得意、事业顺利的人来说,它会来得很晚。我是在1958年到1962年间,猛然意识到自己的衰老已经是不争的事实。那些以法国名义犯下的罪行使我厌恶,我留恋地重温往昔的岁月,同时意识到,在很多方面我都应该与过去做最后的道别了。如果真正地爱过生活,如果仍然热爱生活,又谈何放弃。我不后悔说这样的话。我的错误在于,在勾勒未来的前景时,我倾注了近几年累积的厌恶,但未来远没有我预想的那么灰暗。

书的最后一句话被误读了。直到今天,它仍然会激起各种评论,或讥讽,或愤慨,或充满敌意,或痛心疾首。这在某种程度上是我的错,结尾部分的结构很糟糕。我简短地回顾了自己的一生,先谈对我最重要的那些内容:我与萨特的关系、文学、世事变迁;接着提到了自己的年龄,但最后的结论"我上当受骗了",并非仅仅与最后几页的内容有关,而是对我整个人生的总结。之所以产生这样的想法,不仅因为在镜子里看到了自己真实的面容,更因为自己一生都在满怀焦虑地对抗现实世界的恐怖。再想想自己少女时代的那些梦想,我感到自己被彻底捉弄了。阿兰说:"人们并没对我们承诺过什么。"这话不对。资产阶级文化本身就是承诺,它许诺了一个和谐世界,在那里我们可以毫无顾忌地享用世上的财富;它许诺了一堆可靠的价值观,融入了我们的生活,使之发出理想的光芒。要让自己从这美好前景的幻象中挣脱,绝非轻而易举。

我的失望也是本体论层面上的。萨特在《存在与虚无》中写道:"将来是不能达到的,它如同先前的将来一样滑向过去……在将来的每个路口等待这种自为的本体论方面的失望就因此而产生。即使我的现在就其内容来看,与我憧憬的将来是一致的,这也并非我曾憧憬过的现在,因为我当时憧憬的是作为未来的未来,即我存在的联结点。"[1]

我觉察到人类的不幸,生存的失败又夺去了我青年时代对永恒的信念:正是这些原因使我写下了那句话:"我上当受骗了。"

一次采访[2]时,弗朗西斯·让松问我,在写作时是否不由自主地进

---

[1] 我在《老年》中引用过这段文字,在此不得不再次引述,并重温马拉美相关诗句如下:"这悲伤的气息/就算没有遗憾,没有烦忧/也在采集梦幻的人心中盘旋。"——原注

[2] 采访实录见他为我写的书的结尾部分。——原注

行了"文学夸张"。我回答,在某种意义上确实如此。后来,这个问题引发了我对文学事实与经验事实之间关系的思考。既然语言不是对已存在文本的翻译,而是一种创造,来源于某种含义模糊的经验,那任何语言都永远只能是一种"说法"而已,还可能存在着其他说法。所以作家都讨厌"拘泥字眼"。这个说法非常形象:拘,意味着被束缚、钳制于文字里。它凝固了我的思想,而我的思考从不止息。至于"文学夸张",是在"上当受骗"一词后画了个句号。我不后悔这样写,但那不是"最后的话",因为我的生命在那之后仍在继续。我领悟到自己往日的幻想有多么虚幻,如今我用清醒的眼光看待现实,但幻想与现实的反差不再让我心生恐慌。

如前所述,最严重的误会,在于读者不了解有血有肉的作者本人和他通过写作创造出来的虚构人物之间有多大的距离。写作者超越了时间,在他笔下,当下就是永恒。他的断言都有着绝对、不可超越的意味。而活着的人却永远在变化,对他而言,所有的时刻都是短暂易逝的,他的情绪也是变化不定的。妄图依据偶然的瞬间,凭着他出于情势不得不说的话来定义他,是完全错误的。就因为我写了几句厌世的话,部分读者就把我当成了一个被年龄和挫折压垮的女人。更有甚者,一些心理专家根据书的结尾部分断定我得了抑郁症,非要给我提供帮助,可明明大家都知道,性格忧郁的作者往往能写出充满欢乐的书,反而有些风格阴郁的书,作者却是充满活力的人。在书的开头我重温了解放的欢乐,那部分大致是跟结尾同时写的。一个在精神上垮掉、陷于绝望的人是不会写任何东西的,只会躲到沉默中一言不发。

这番解释是说给被我搞糊涂了的善意的读者听的。但我深知,产生这些不实舆论的真正原因,是我的对手们有意散播,他们乐于把这几页文字归结为我人生的失败,我对自己生活的否定,尽管书里有那么多文字在反驳这一解释。我在本书的结尾会就这个问题申明我今日的立场。

当时我并没有心情顾及自己作品的命运。我母亲刚刚被送进医院,她的病情让我忧心忡忡。她下葬几天后,我忽然产生了非把这些写下来不可的欲望,甚至书的题目、题词和题献都一下子有了。我写了一整个冬天,几乎夜夜梦见母亲。我梦见她还活着,有时我为她的治愈欣喜若狂。不过大多数梦里我知道她时日无多,心里感到恐慌。

有个外科医生,我就不提他的名字了,当着我一个女友的面——他不知道她认识我——自称是他给我母亲动的手术,其实他根本就没靠近过她。他撒这个谎是为了说明,我之所以在母亲病床前待过几个小时,是为了收集写作素材。两三个评论家义愤填膺地指责我,居然敢在垂死的老妪床前"记笔记",这种文学观点完全属于过时的自然主义。我被某个事件或某种情景触动,日后把它们诉诸文字的时候,从来没想过要靠"记笔记"来实现。我也从没计划要写《她弥留之际》这么一本书。在我人生的艰难时刻,在纸上写一些句子,即便没人会读,这个举动总能带给我安慰,正如祈祷之于信徒。语言令我超越了个人生活,与全人类交流。然而,当时写下的文字虽能帮助我记住某些细节,我却并非必须借助它们才能回忆起自己经历的日日夜夜：那些记忆深深印刻在我心中，永不磨灭。如果我是个冷漠的看客，又怎么能感动那么多读者？

除了几个一贯的诋毁者，媒体对我赞誉有加。我收到了大量热情洋溢的来信。读者们在信中说，我的书虽然伤感，却能帮助他们承受亲人垂危的痛苦，无论那是正在发生的事，还是已变成伤痛的回忆。正是这些表示，那本书才对我如此重要。任何痛苦都有撕裂人心的力量，但真正无法忍受的是，承受痛苦的人感到自己与世界隔绝了。痛苦如果能被分担，至少不会再是孤独的放逐。作家们写一些可怖的、令人不快的经历，往往并非出于怪癖，也不是暴露狂或故意挑衅。他们借助词语的表现力，把个人经历普遍化，让读者从个体不幸的深渊中得到友爱的慰藉。战胜这份每个人都要面对并使我们互相变得陌生的孤独，在我看来这是文学的主要使命之一，文学正因此而变得不可替代。

那本书带有自传性质。写完它时我对自己保证，今后很长一段时间不再谈论自己。我开始构思一些与我自己的生活相去甚远的人物和主题。我想写部小说，里面的人物与我完全不同，但我想表现一个与我自己直接相关的主题：衰老。动笔之前，我饶有兴趣地为薇奥莱塔·勒杜克的《私生女》写了序。她的书我都很喜欢，尤其是这一本。我把她的作品都重读了一遍，力求准确理解并正确阐述它们的价值所在。除了一篇研究萨德的文章，我从未写过其他文学评论，我也不明白为什么。把自己投入别人的作品中，彻底地融入它，努力揭示它内在的一致性和丰富性，参透作者的意图，解析他的手法，这有如灵魂出窍，而任何陌生的体验都让我觉得新奇有趣。

萨特和我都不喜欢参加所谓的"文学活动"，但1964年秋天我们却参加了一次。我们很同情《光明》杂志，那是几个年轻的共产党员编的，他们想鼓动党内的知识分子"解冻"。主编布安想让我参加一场公开辩论会，辩论双方是一些介入派作家和新小说的拥趸。现场须购票入场，收入充作杂志经费。我接受了邀请，我和桑普兰是支持介入社会的一方，对方是克洛德·西蒙、伊夫·贝尔热和评论家让维尔。后来在一次聊天时布安向我透露说，西蒙和贝尔热参加辩论是为了"与萨特算账"，此前他们在发表于《快报》上的一篇访问记中已经这样做了。我说，既然这样，应该由萨特本人回应他们，如果他来参加辩论会我就来。萨特和布安都同意了。谁料从那儿开始剧情就诡异起来！如果萨特要发言，让维尔势必怯场，就会把位子让给阿克塞罗。阿克塞罗是个马克思主义理论家，写过文章评论萨特得诺贝尔奖一事，说萨特无论在希特勒还是斯大林治下都会心甘情愿地愉快地活着。因此，让我们俩跟他狭路相逢是不可能的。布安对我说："你们要么来，要么放弃。""我们放弃。"我回答道。布安不愿放弃原计划，就拒绝阿克塞罗参加活动。克洛德·西蒙勃然大怒，决定退出，而且在《快报》上对萨特破口大骂。他对新小说派作家施压，让他们抵制这次集会。不过，法耶和里卡多还是答应出席。

辩论会现场来了六千人，坐在保险大楼的阶梯报告厅和旁边几间安有扬声器的大厅里。德国电视台也来了，我们被射灯烤得几乎要窒息。观众对每个人都报以欢呼。布安主持，宣布辩论开始，接着桑普兰发言，谈了作家的责任。里卡多用矫揉造作又充满挑衅的语气，念了几页发言稿,引用了巴特关于"写手"和"作家"区别的说法,认为当今只有"新小说"的作者担得起后面这个称号。我当场做了回应,并谈了我对文学的一些看法。接下来法耶的发言显得漫不经心,贝尔热则怒火中烧。萨特最后一个发言,光看稿子的话,他的发言应该是最有意思的,但他被闷热和疲倦弄得无精打采,结果发言有些疲沓,讲的内容又略微晦涩。谁也说服不了谁,这些所谓的思想"交流"结果往往如此,每人各持保留意见。不过观众倒是满意了,《光明》杂志就这样又存在了一段时间。

整整一年我都在写我的小说,我写得很刻苦,但心里并没什么底。1965年10月休假回来,我重读了一遍手稿,觉得它面目可憎,感到自己也没有能力把它改得更好。有些冗长而索然无味的段落,小说的结构不允许我删掉,我也没有任何方案能把它们改得生动一些。我把书稿束之高阁,都没有给萨特看过。

我重新捡起了另外一项工作:写写这个技术官僚主义的社会。尽管我努力与之保持距离,但仍然通过报纸、杂志、广告、广播的联系,无时无刻不深陷其中。我的意图不在描述某些社会成员的个人经历,而是想记录如今人们所谓的"演说"。我翻阅发表演说的杂志和书籍,找到了一些论述和套话,其空洞无聊的程度令我瞠目。有时,这些说法预设的前提和推理逻辑又让我反感愤怒。仅研究那些"权威人士"的文章,我就收集了一套又好玩又骇人听闻的蠢话大全。

在这个我憎恶的世界里,没有人可以以我的名义说话。然而,要想把世界描述清楚,我必须与它保持一定的距离。我选择的见证者是个年轻女子,她与周围的人相处得足够融洽,对他们自然不会有什么批判,但她内心又相当诚实,这和谐与默契使她很不自在。我给了她一个新潮时髦的母亲和一个喜欢怀旧的父亲,这种矛盾造成了她的不确定感。托父亲的福,她对自己阶层公认的价值观产生了怀疑,诸如成功和金钱。她十岁女儿提的问题令她陷入了深刻的反思,她找不到答案,在黑暗中苦苦挣扎,不得解脱。我的难题在于用什么手法才能不着痕迹地让读者透过她生活的暗夜深处,看到这令她窒息的世界的丑陋。我此前的小说里,人物的观点都很鲜明,作品的含义都是通过人物的冲突得以阐明。在这本小说里我却要让寂静讲话,这对我来说是全新的课题。

最终我是否处理得当了呢? 1966年11月小说面世,很多读者给予了肯定。小说连续十二个星期进入畅销书单,共卖出十二万册。书得到了很多评论家、我几乎所有朋友以及我多数笔友的喜爱,尤其有些年轻读者当面或写信告诉我:"对,这就是我们的故事。我们就生活在这样的世界里。与洛朗丝一样,我们也觉得自己落入了陷阱,没有出路。"还有人祝贺我在写作技巧和风格上有了新突破。

另一些人,包括几位评论家却对我颇多指责:"这是弗朗索瓦兹·萨冈的世界,不是您的。西蒙娜·德·波伏瓦不该这么写。"就好像我作了弊,用一件名不副实的商品来应付他们。还有些读者感到失望,他们无法与书中的任何人物产生共鸣。某些共产党员批评说,我描写的那个阶层非常无聊,他们嫌书里没有"正面人物"。他们可能希望洛朗丝能通过清晰的"意识的觉醒"摒弃谬误,走向真理。

弗朗索瓦·努里希艾在为《美丽的形象》写的书评里，提出了一个看法，我后来才发现他有多么敏锐中肯。我在此提到的其他人又是怎么想的呢？他们很可能构成了我的大多数读者。部分读者只看到了情欲，觉得有趣或厌烦，但与己无关；另一些人批评我对资产阶级太过严厉：他们既没有那么蠢也没有那么坏。

说到蠢话，我让书中人物说的大多数句子都来自我们的技术官僚最尊崇的那些"思想者"，如路易·阿尔芒先生。至于道德上的卑劣，我已经淡化处理了，免得被人指责有偏见，特权阶层完全意识不到自己的自私、贪婪、不择手段与冷酷无情，因为那原本就是他们的天性。这些令人发指的表现，我在他们身上见得多了。人们很少给我相反的指责：对我那些讨厌的主人公太宽容。我没有借洛朗丝之口表达我对他们的厌恶之情，不过他们的言语和行动让人不得不讨厌，除非是他们的同类。

洛朗丝父亲这个人物经常导致误会，让人以为我欣赏他的生活方式，赞同他的观点。大错特错！我是以洛朗丝的视角写他，最初她盲目崇拜父亲，但是渐渐地，特别是他们从希腊回到巴黎后，她看清了现实。这位假哲人也对人类的不幸视而不见，他用文化为自己营造一种道德上的舒适，宁愿沉溺其中，罔视现实。他根本不像自己宣扬的那样，视财富和功名如云烟，也不在乎放弃原则。他与前妻的复婚，表现了传统资产阶级与新兴资产阶级的勾结：他们同属一个阶级。洛朗丝没有用语言表达自己的幻灭，却把它内化成躯体症状，于是她得了厌食症。

人们怎么能以为，我会赞同一个老自私鬼唠叨的那些所谓穷人的幸福、拮据生活之美的废话呢？第一个犯这个错误的是让-雅克·赛尔万-施莱博[1]，其他人不敢怀疑他的观点，于是随声附和。他的文章又备受推崇地被刊登在一份宣扬兰扎·戴尔·瓦斯托哲学的杂志上。一位熟悉我观点的大学教授很吃惊地告诉我，那篇文章成了中学会考的题目，被认为是阐述了我本人的观点，考生们被要求就它写一篇评论表示赞赏！

要求公众读懂文字背后的含义是有风险的，我却一再重申。最近我收到好几个四十多岁女人的私信，都是丈夫抛弃了她们另寻新欢。尽管性格不同，经历各异，她们却有个共同点：对发生的事情大惑不解，觉得丈夫的行为自相矛盾，荒谬至极，认为情敌配不上丈夫的爱。她们的世界崩塌了，不知道自己是谁。她们也在茫然中挣扎，尽管与洛朗丝方式不同，我产生了让世人看见她们的痛苦的念头。我的主人公是个讨人喜欢的女人，但情感方面有强烈的占有欲。她放弃了自己的事业，对丈夫的事业也提不起兴趣。他在智力上比她高出许多，对她早就没有了爱情，而是深深地迷恋上一个女律师，对方比他妻子心态开放，更有活力，与他也更亲密。他渐渐地摆脱了莫妮克，奔向新的生活。

我的目的不是按部就班地讲这个平淡无奇的故事，而是通过主人公的日记，展现她如何逃避现实。我遇到的困难比写《美丽的形象》时更大，因为洛朗丝尚在怯生生地寻找光明，莫妮克却在拼命逃避、

---

[1] 见《美国的挑战》。在这篇文章中，他指责我厚古薄今，而我并无这样的想法。——原注

自我欺骗、遗忘、犯各种错误。她不停地编造新的说法，遗漏各种事实，日记整页整页地自相矛盾。她在自己编织的黑暗中沉沦，直至失去了自我形象。我希望读者把它当成侦探小说来读，我在各处留下线索，作为揭开谜底的钥匙，读者要像抓住罪犯一样抓住莫妮克。任何句子单独看都没什么意义，每个细节都只有在日记中才有价值。真相从来不会被供出，只有靠得足够近去观察才能发现。

与《破碎的女人》同时发表的还有另外两部作品。在《独白》中，我也探讨了真相与谎言的关系：我从收到的来信里发现，某些原为掩盖真相写下的句子反而暴露了真相。写信人在控诉孩子忘恩负义、丈夫冷漠无情的同时，也勾勒出了自己的画像：一个过于强势的母亲，令人忍无可忍的悍妇。我选了一个极端的例子：一个女儿自杀的妇人，心里知道自己是罪魁祸首，被千夫所指。我试着表现她如何千方百计地用诡辩、占卜、逃避等手段来为自己开脱。为了达到这个目的，她扭曲现实到了产生妄想的地步。为了回应他人的指责，她仇恨全世界。我希望读者通过这篇充斥谎言的辩护词，看清她的真实面目。

在《懂事的年龄》中，我重新捡起了一度放弃的主题：衰老。巴歇拉尔说过一句批判老年学者思想贫乏的话，给我留下了深刻的印象：一个生气勃勃的人一旦变得衰老无力，他如何能忍受这样的生存？于是我设计了一对知识分子夫妇，一生琴瑟和鸣，老年却产生了分歧，因为每个人应对衰老压力的方式大相径庭。在一次与儿子的冲突中，夫妇之间爆发了危机，不过我感兴趣的其实是父母之间的关系。三本书中我对这本最不满意。我这次没有通过沉默来表现主题，而是用了以往的直白写法。

另外就作品的篇幅来说，题目太过宏大，我只能浅尝辄止。

这三个故事有共同的主题：孤独和失败。最后一本书中，失败被超越了，人物重新建立了对话，因为女主人公即使在危机中也保持了对真理的热爱。洛朗丝却在绝望中选择了自欺欺人，拒绝与他人交流，穆丽尔更是如此。或许洛朗丝终有一天会鼓起勇气直面现实，重新建立与他人的联系；然而对穆丽尔来说，除了发疯或自杀，我看不到别的出路。

小说在1968年1月底面世，与《美丽的形象》一样畅销；我收到了大量读者来信，写信的有作家、学生和教师，他们都完全领会了我的意图，祝贺我又一次完成了自我突破。不过整体来说，这本书比上一本引起的误解还要多，这次大多数评论令我感到心力交瘁。

很久以来妹妹跟我就有个想法，让她给我的新书做插图，不过我一直没出合适的短篇。篇名被用作书名的《破碎的女人》篇幅正合适，她灵感迸发，为它创作了几幅精美的版画。书还出了有我和妹妹两人签名的限量版，为了宣传这个版本，我同意小说在《她》杂志上连载，并配上妹妹的插图。结果我立刻被女读者的来信淹没了，她们有的已经"破碎"了，有的几乎破碎，还有的关系正在破碎中。她们都对女主人公产生了自我认同，觉得她集众多美德于一身，对她如此痴迷于一个根本配不上她的男人感到吃惊。这份一厢情愿表明她们与莫妮克一样盲目，无论是对待丈夫、第三者还是对她们自己。她们这种反应是建立在巨大的误会上面的。

还有一些读者，同样出于对小说过于简单的解读，认为作品毫无意义。大多数评论家写的书评都说明他们根本没好好读作品。贝纳尔·皮沃先生仅仅读了《她》杂志上的第一期连载，就忙不迭地在《费加罗文学专刊》上断言，既然《破碎的女人》刊登在女性杂志上，这就是一部风花雪月的言情小说，专门给无知少女看的。他的说法被广泛引述，然而我从来没写过比这更阴郁的故事了：整个下半部都是焦虑的呐喊，女主人公最后的疯狂比死还让人战栗。

批评者的轻率并不让我吃惊。我不解的是，这么一本薄薄的小书怎么能激起那么多仇恨。在法国广播公司直播的一场公开辩论会上，克莱尔·艾切雷利与皮沃激辩，为这本书代言，她差点拂袖而去，用气得发抖的声音冲对方说："您说的这些跟文学评论根本毫无关系！"因为皮沃用言语粗俗的笑话逗得观众哄堂大笑。康泰尔在一次与皮埃尔-亨利·西蒙讨论时猛烈攻击我，西蒙只是小心翼翼地反驳说，我自从写了《她弥留之际》之后，就不再提写文学作品的事了。我的另一个抨击者在电台上说："我在雷恩街上碰见西蒙娜·德·波伏瓦之后，就后悔写文章批评她了。她甩着胳膊，一副茫然的神气，无精打采。我们对老年人要有怜悯之心。再说伽利玛出版社还不是看在她年纪大了的份上，才继续出她的书嘛！"一分钟后，他忘了自己说过的话，跟同谋交换着心照不宣的眼神，说："她的小说很畅销。没错，是本畅销书！"我的出版商并没有赔本。尽管我知道马蒂厄·加雷多么憎恨女人，他的言辞之粗鄙还是让我惊愕："女士，没错，老了真是伤心！"他就在自己的专栏里这么写道。很多人感叹，说这本书跟《名士风流》和《第二性》相比是多么逊色。这是何等虚伪！他们曾经把《名士风流》

贬得一文不值，把《第二性》踩到泥潭里。他们之所以到今天还这么恨我，正是我在那两本书里表达了某些立场。

除了很少几次例外，我从不把评论家们的看法当回事，而更相信某几个要求很高的朋友的判断。不过让我感到遗憾的是，由于评论家的恶意中伤，一部分公众不想读我的书，另一部分读的时候带着先入为主的成见。我的观点让一些女性不安，她们巴不得相信那些恶意的评论，并由此生出优越感。"她非得等到六十岁才明白随便一个小女人都明白的事。"其中一位这样说。我没搞明白她指的是什么事。那些为妇女事业斗争的女性的反应则让我感动，她们很失望，因为我的书里没有一点斗志。"她背叛了我们。"她们说，还写信来责备我。《破碎的女人》完全可以从女权主义的角度解读：女主人公心甘情愿地依附别人，这是她不幸的根源。但我完全不认为自己必须写典范式的人物，在我看来，描写失败、错误、消极的信念，并没有背叛任何人。

我妹妹有一次接受电视采访，谈她的一个展览，对方向她提问："您为什么选了这本书做插图呢？这是您姐姐最平庸的作品。"她言辞激烈地为它辩护，说："有两类人喜欢这本书：一类是单纯的人，他们被莫妮克的悲剧打动；另一类是领会了作品意图的知识分子。不喜欢它的都是些半通不通的假学究，他们既没有足够的敏锐去理解它，又太自负，没有足够的天真去领会它。"她的话不完全符合实情，大家其实都抓住了我的意图，领会了失败主题。事实上，支持我的都是我最尊敬的人，攻击我的人却从没提出过什么站得住脚的理由。

与《美丽的形象》一样，人们提出的批评意见之一是："这不像是波伏瓦的东西,这不是她的写作领域,她讲的这些人物我们不感兴趣。"然而又有很多读者声称,所有的女性人物身上都有我的影子。《美丽的形象》里的洛朗丝厌恶生活到了得厌食症的地步,我也会这样。《懂事的年龄》里那个易怒的大学女教师也有可能是我。一个女性朋友对我说:"大家都这么认为啊,这写的就是您自己,还有萨特和他母亲。至于那个儿子,我们说不好他到底是谁。"《破碎的女人》更只能是我自己了。"必须亲身经历过才能写出这样的故事。可是她在《回忆录》里一点都没提啊。"有些人说。还有些人更夸张,有个女士来信问我,萨特是否真像某个文学俱乐部的女主席宣称的那样跟我分过手。我的朋友斯黛芬跟很多人解释,说我既不是四十岁,也从来没过女儿,我的生活跟莫妮克的没有一点相似之处。然而他们还是深信不疑,有一位就很不高兴地说:"那她为什么要把小说都写得像自传一样啊?""那是为了逼真。"斯黛芬解释道。

1966年春,有个叫斯泰纳的年轻人,托人请我为他刚完成的书《特雷布林卡》写序。我从未见过此人,不过《现代》上登过一篇精彩的报道,介绍了他当空降兵的经历。读过《特雷布林卡》的校样后,我被吸引住了。我差不多读过法国出版的所有关于死亡集中营的书,可这一本与众不同。斯泰纳依据不多的资料,主要是少数幸存者的亲身经历写成了这本书。他与自己的情绪和叙述内容保持距离,把自己当成一个技术员,用一种冷酷、残忍、幽默的风格,探讨了纳粹如何把八十万人一个一个杀死。使我特别感兴趣的是,事件在进行中脱离了控制、偏离了初衷，恰好验证了萨特的序列化理论[1]。无论是在犹太人聚居地还是在集中营，纳粹用马基雅维利式的手段把受害者序列化，让他们彼此为敌，陷入任人宰割的境地。当特雷布林卡的被流放者们付出了巨大的牺牲，争取最后一搏时，他们就凝成了力量，反抗爆发了。与斯泰纳见面时，我问他写作《特雷布林卡》时是否想到了《辩证理性批判》，他很意外，因为那本书他一个字都没读过，他只是记录事实而已。我预见他记录的事实不会让所有人喜闻乐见，他免不了会被某些人指责为反犹主义，所以在序言里为他辩解。我提醒公众，任何被流放的犹太人都无法抗拒德国人，尤其俄国犹太人，上了名单的共产党员和政治委员都被单独关押处决。尽管受过意识形态和军事上的训练，他们也只能接受自己的命运。虽然有我这些铺垫，斯泰纳最终还是被指责把犹太人描写成懦夫。一场批判他的运动爆发了。为了替自己辩解，他接受了些模棱两可的采访，结果又导致了新的误会。卢塞在《新天真汉》中猛烈地攻击他，说他写的根本不是纪实，是小说。我本人也受到了牵连。为了替《特雷布林卡》辩护，我与朗兹曼和马里安·斯特拉斯进行了一场谈话，内容刊登在《新观察家》杂志上。我强调，集中营幸存者——戴克斯、马丁·舍费和米谢莱——的证词以及历史学家维达尔-纳盖的研究，都保证了书中内容的真实性。我解释了为什么没有经历过战争的年青一代会觉得六百万犹太人不抵抗是个问

---

[1] 当很多人各自面对相同的情景、互相成为敌人时，序列化就产生了：群体恐慌或拥堵事件都是如此。——原注

题：许多犹太青年给我来信，告诉我多亏了斯泰纳，他们了解了此前一直晦暗难解的那个悲剧，从此能顺畅呼吸了。卢塞给《新观察家》写信回应，我也再次给予了反驳。许多人来信支持我，也有人为我给这本书作序感到惋惜，甚至要求我在即将出版的译文版中把序言拿掉，我拒绝了。尽管遭遇种种敌意，斯泰纳仍然获得了法国抵抗运动奖。

1967年5月我完成了三篇小说，汇集在《破碎的女人》名下出版。我琢磨接下来干点什么，几乎立刻有了个主意：以前用小说形式探讨衰老问题失败了，我可以就这个问题写一部随笔，研究老年人的状况，与《第二性》相呼应。萨特极力鼓励我试试。

我为什么对这个主题念念不忘？首先，我在《事物的力量》结尾处关于老年的言论激起那么强烈的抗议，令我震动。我很想把人们甩给我的那些陈词滥调扯得粉碎。正因为我了解当今大多数老年人的状况，那些言论才更让我觉得恶心，所以我首先想做的还是打破虚伪的神话。不过，我下决心动笔，是因为想了解老年人的普遍生存状况。那也是我自己的生存状况。作为女人，我想搞清楚女性的生存状况。接近老年时，我想弄明白老人的生存状况是如何定义的。

在系统研究女性问题之前，我阅读了大量书籍。我自己有丰富的体验，也找到了大量资料。可面对老年这个主题，我发现自己两手空空。我去了国家图书馆的书目室，查阅老年主题下最新的资料。先是找到了艾默生和法盖的随笔，后来又找到一些比较严肃的书籍，列了一个书目，稍后又找到了更多资料，几乎浏览了近年法国出版的所有关于老年学的论文与报刊。我还从芝加哥买了三本美国人写的研究这个问题的大部头。在这个探索过程中,书在头脑中渐渐成形,我动笔写作时,也在不同章节遇到了或多或少的困难。

有些评论把《老年》说成一部二手作品,这种说法完全不对。二手作品只是汇编前人就同一主题的论著。我的第一章,从生物学角度看老年,确实只概括了前人的研究,但全书剩下的部分完全是原创。当然,我也引用了其他书中的内容和一些资料,我不能凭想象杜撰,但我首先要选取恰当的素材,决定用何种方式使用它们,从中概括出全新的内容。比如有本讲原始社会老年人的书,我觉得写得一点儿都不好,所以只参考了很少内容。我用了克洛德·列维-斯特劳斯推荐的、非用不可的绝妙工具:法兰西研究院下属的比较人类学实验室。他的同事给我推荐了很多专著中研究老年人的段落,我一部不落地读了这些典籍,并试图找出每种文化中老年人生存状态与整个文明发展的联系。分析这些资料,经过思考得出结论,这项工作在我之前并无人做过。

关于历史上老年人的命运,我没有一本书可以抄袭,它们都无声无息地消逝了。能找到的很少一点文字也往往晦涩难解,矛盾百出,至少表面上是这样,还得知道去哪儿找才行。我投入了一场名副其实的寻宝活动。总的来说,我的搜索都有明确的目标,不用费很大气力就能找到问题的答案。有时候有意外之喜,冷不丁挖到一座金矿;也有的时候我指望从有些书里找到信息,结果却一无所获,那就只能去咨询专家,有几位给了我很有用的指点。

至于老年人的现状，我毫不费力就收集到了可观的资料。我对很多人做了访谈，他们的职业对了解老年人状况大有裨益。

论著的第二部分则完全是私人化的内容。

这类作品里最重要的部分是作者提出的问题。我只有根据自己的体验和思考才能决定探讨哪些问题：一个老人与他的自我形象、身体、过去、事业之间是怎样的关系？他对世界和周围人的态度是如何形成的？为了回答上述问题，我参阅了收到的老年人来信、他们的日记和回忆录，也参考了研究报告和统计数字，并亲自采访了一些人，也探究了自己的内心想法。解读这些数据，对它们进行透视，得出结论，这完全是一项全新的工作。我表达的一些想法和采取的一些立场，常常与公认的观点相悖。

该书于1970年1月底面世。在那之前不久，《老年人社会问题调查报告》刚刚出炉。报告指出，老年人的生活状况近十年内有所恶化，退休金可怜的涨幅赶不上物价的上涨。《法兰西晚报》头版刊登了这份报告的概述。老年问题突然被提上了议事日程。我的书恰好迎合了公众的关注，但我可是在两年前开始写的。

我希望书能被尽可能多的人读到，因此打破常规，接受了卢森堡电台的两次采访，结果很多缺乏关爱的老年人听了之后，纷纷给我写了感人的信。他们证实了我最悲观的结论：官方数字还是过于乐观、行政部门失职[1]、法规条款过于复杂，加上生活的不幸变故，让一

1　1970年底，老人科戈涅太太因数月未收到养老金自杀。——原注

大部分老年人陷入绝望。即使有经济能力买我的书的老人也为我勾勒了一幅幅黑色的画面：好几位要求有死亡的"自由"，即安乐死。他们说，既然不让我们有活着的能力，至少允许我们选择死亡吧！只有三四位生活优越的八旬老人告诉我，年老并不困扰他们。但这是极少数，我收到的多数来信都令人难过。

总的来说，书引起了热烈的反响。左派右派一致认为，当今社会给予老年人的待遇是无法接受的。不过，左派赞同我着重探讨问题的经济社会层面，而右派认为这主要是生物学及精神问题，社会在其中的角色是次要的。还有其他分歧，有人认为我在与西塞罗的《论老年》唱反调，有人却觉得我回到了西塞罗和塞内加的思想老路。我当然赞同第一种说法。我承认，一些条件优越的老人可能会享受衰老带来的好处，但大多数老人只会走下坡路。

给我最大鼓励的分享来自几位老年学家。专家们一般不喜欢别人随便引用他们的不堪经历，这几位却不一样，他们纷纷祝贺我挫败了"沉默的阴谋"，其中好几位自愿与我合作。

我没有任何帮手独立完成了这本厚厚的书，里面有些谬误[1]当属正常。三四位读者给我写信指出了一些错误，有些人未免语气尖刻。不过，在所有重要问题上，没有任何人要求过我做什么更正。

---

[1] 比如我把住在迪耶普的法国诗人西格涅与出生在莫代尼的意大利古董商混淆了。我说马里沃晚婚，实际上没有此事。德马科斯扮演年轻的尼禄时是五十岁而不是八十岁，只不过在儿时的我眼中他显得老态龙钟。——原注

一部关于母亲之死的纪实作品、两本小说、两篇序言、一本厚厚的随笔：1963年到1970年我真没少写，那篇没写完的小说就不提了。不过在某些时期，握笔的念头都让我恶心。完成《她弥留之际》之后我感到自己失去了写作能力，我是被一种不可抗拒的力量驱使着写下这个故事的；那之后我觉得文学百无一用：我与死亡擦肩而过，也感受到了死亡的寂静。《事物的力量》引起的误读也让我体会到无力感：词语背叛了我，我不再信任它们。后来我从这种厌恶中挣脱出来，因为有些新主题让我觉得不能不写，但我与写作的关系变得矛盾起来。写作对我仍是必需，不过有时候我觉得什么都不写也挺好，比如几次在罗马逗留，本来是可以写些东西的，但我没写。如果发生的事情让我应接不暇，我在焦虑或喜悦中也是什么都写不了的。如今即便能写，我有时也会给自己放假。

　　但时间一长，懒散的生活就让我觉得无聊，日子显得平淡无味。我感到自己无所事事，知道将来自己即便再写书，我作品的全貌也不会有什么改变：作品还是那部，只不过又多了一卷而已。我在《老年》中说的话在自己身上应验了：在人生末年，就算进步也令人失望。也许是在前进，但步履蹒跚，也没有大幅超越过去的希望。不过，我保持描述世界和自己人生的欲望，不想放弃文学时而还会给我的那种令人兴奋的感觉：写作的过程就是在想象中创造自己。

　　我继续负责我们的杂志《现代》，我自己没给杂志写文章，只是在上面刊登了我的两部作品：《她弥留之际》和《懂事的年龄》。我阅读了大量投稿，择优刊发，并定期参加会议，与编辑们讨论方针路线以及专刊选题。原则上半个月开一次会，由于彼此都是好友，我们工作时也能享受交谈的乐趣。

1962年，弗朗西斯·让松进了编委会，替代马塞尔·佩朱，杂志仍然按照原来的宗旨，但出版方换了。勒内·朱利亚尔去世后，接替他的是尼尔森，城市出版社社长，他一心想的是赚钱，《现代》引不起他的兴趣。克洛德·伽利玛建议我们再次跟他合作，他把孔岱街的公馆部分给我们使用，那里以前是博马舍的宅邸，现在是法兰西信使报的所在地。我们把杂志的秘书处搬去了那里。

我们一直想填补杂志社工作的一项空白。编辑委员会的成员太忙于工作，没有时间去做一桩费力不讨好的事：写文学、艺术或历史经济书籍的评论。我们想年轻人可能会有时间，也会乐于抓住这个自我表达的机会。1964年初秋，在我家里召开了一个会议，来的人挺多，三教九流都有，有草根小说家安妮·勒克莱克、乔治·佩雷克[1]；有诗人威尔泰和索特洛，他们正在合作写诗；有法律系教授尼克斯·普朗察，他正在写一部重要的政治经济学著作[2]；还有几个大学生，主要是哲学系的学生：雅尼娜·罗威、西尔薇·勒庞、多雷·佩雷兹、贝纳布、雷吉·德勃雷。很多人是阿尔都塞的弟子，他们并不想写我们需要

---

1 后来他们都出了书，她写了《北方的桥》，他写了《事物》，还有其他的作品。——原注
2 他随后出版了《法西斯与独裁》以及《政权与社会阶级》。——原注

的报告,却打算把《现代》变成他们发表见解的讲坛。第一次会议开得很莫名其妙:"我们得搞清楚彼此是出于什么共同点聚集在一起的",自认为是团体中的理论家的那几位提出了这样的问题。

问题悬而未决。但到了第二次会议时,与会者们——人数少了一些,雷吉·德勃雷和其他几位再也没有参加过——看起来已经打算接受我们的工作邀约。自那以后,小组成员每周开一次会,这次我与萨特参加,下次我们就不参加。他们给杂志供稿,写一些关于书籍、电影或展览的评论。小组假期解散,开学恢复。几位"理论家"在杂志上登了几篇重头文章,并筹划开一个讨论马克思主义的定期专栏,但专栏只出了一期,计划就流产了。他们自己之间以及与编辑部成员之间在意识形态上有严重的冲突。尽管对中国的"文化大革命"一无所知,他们却表示无条件支持。我们要求先了解情况再决定立场,他们认为这是不必要的顾虑。再说当时到了期末,他们都要准备考试,无暇顾及其他。1966年6月26日我们终止了合作,双方一致同意不再继续。

1967年,让松离开了《现代》编辑部,专心投入一家文化中心的筹备事项。我们没有增加新人接替他,编辑部只剩下八个成员,彼此之间并非一团和气。在第六十四和六十五期里,克拉维茨,后来又有其他人,要求"把索邦大学交给学生",并猛烈攻击说教式的教学,彭达利和潘戈却对这些文章充满敌意。他们没有公开表示反对,私下里却毫不掩饰地表示,杂志的某些立场令他们反感。当萨特发表《精神分析对话》并解释为什么他觉得这文章有意思时,他们公开表达了不同意见。编辑部其他成员都赞同萨特。对话是X医生的一个病人录的,该病人在结束了长达三年的漫长分析后，突然带着录音机出现在医生诊所，反客为主，要求医生回答他的问题，医生对着录音机显得惊慌失措。萨特对"病人"要求对等的态度表示赞赏。

彭达利在一篇短文中反驳说，他不认为桑西耶的那句口号"被分析者，起来！"[1]是对精神分析的彻底拒绝。潘戈则认为，"拿录音机的人""付诸行动"，并不意味着可以对精神分析进行质疑。两人的表态与他们捍卫说教式教学的立场是一致的。

关于此事的争论没有继续。但是——尤其在萨特和戈兹的推动下，杂志越来越明显倾向左派，彭达利和潘戈终于在1970年退出。那年四月号杂志头版刊登了戈兹的文章《摧毁大学》，这促使他们最后下了决心。"文章发表的位置、署名及言辞，相当于申明了《现代》杂志的集体立场。鉴于无法接受这些观点，我们非常遗憾地决定离开《现代》编辑委员会。"两人这样写道。他们的离开也使我们感到惋惜，然而我们在思想和政治上的分歧已无法凭友谊消除。编委会的规模再次缩小，但思想取得了统一，即便某些问题上我们的想法并不完全一致。我们继续报道与分析的工作。

---

[1] 桑西耶是巴黎第三大学的校区之一。该口号于1968年学潮中提出。

第三章
依然好奇

在孩提与少年时代,阅读不仅是我主要的消遣,也是我打开世界的一把钥匙。阅读宣告了我的未来:我在一些小说的女主人公身上预感到了自己的命运。在青春的苦闷日子里,阅读拯救了我,使我免于孤独。再之后,阅读帮我开阔眼界,增加阅历,更好地理解我作为人的处境以及我作为作家写作的意义。今天,我的人生接近尾声,事业大局已定,尽管我的生活还要持续,但再也没有一本书会让我恍然大悟,醍醐灌顶了。然而我仍然在读书,手不释卷:早上读得很多,下午写作之前,或写作累了的时候也读。偶尔晚上一个人,我也是读书度过。夏天去罗马休假时,我数小时埋首书本,没有别的事情比读书更让我觉得自然而然的了。然而我也扪心自问:既然书再也不会给我任何决定性的东西,我为什么仍这样执着于它呢?

读书是何等的快乐啊!这快乐从未褪色。这些小小的黑色符号依然让我心醉神迷,它们摇身一变就成了一个词,一会儿把我扔到世界上,一会儿把世界扔到我的四壁之内。连最索然无味的文字也能产生这样的奇迹。"J.F.,三十岁,打字速记员,有经验,寻每周三天工作。"我目不转睛盯着这则启事,而法国到处是打字机和失业女青年。我知道,我才是那个魔术师。假如我面对这几行印刷文字无动于衷,它们就是无声无息的。为了让它们活起来,我必须赋予它们一个意义,自由地决定它们的生命,留住过去,又超越过去,迎向未来。只不过在这个过程中我把自己隐去了,于是事情在我眼中变得神奇起来。有时我意识到自己在与作者合作,让自己正在阅读的这页文字具有生命力:我很乐意参与创造令我愉悦的事物。作家就没有这份愉悦了:当他重读自己的文字,他亲笔写下的句子却跟他捉迷藏。读者就比较幸运:他是主动的,同时书籍又会给他意外的满足感。同样的道理,绘画和音乐都会在我身上激起类似的快感,只不过这两种艺术的敏感信息起到了更加直接的作用。在那些领域,我无须经由把符号转化成含义的惊奇过程,而正是这个过程让刚开始学习拼读的小孩子大感不解,也是这个过程始终让我欣喜不已。当我拉上房间的窗帘,躺在沙发上,周围的一切都隐去了,我进入了忘我的境地,我的世界里唯一存在的,就是目光所至的那张白纸上的黑字。某些道家长老笔下的奇异冒险在我身上发生了:把了无生气的皮囊留在床榻上,他们的灵魂飞升云霄;他们在大地上旅行了几百年,越过一座座山峰,直至九霄云端。当他们重新回到肉身,时间只过了瞬息。于是我踏上了旅程,身子一动不动,神游天外,回到了以往的世纪。两三个小时后,回到这个我从未动窝的地方时，我也许已神游了几个世纪。没有任何其他体验能与此相比。由于影像的贫乏，白日梦是不连贯的，回忆提供的内容有限。有意识地重建过去，并不比创作带来的愉悦感更多。无论是自动浮现的还是努力想起来的，记忆永远只会告诉我已经知道的东西。我的梦境则更让我惊奇，可它们很快就烟消云散，能记住的内容也让人失望。只有阅读以极其经济的方式——只需一卷书在手——在我与事物之间建立起新鲜而持久的关系。

我往往因沉迷于阅读而忘我，但不同的情况也经常发生，夏天的时候，我在户外读书，思绪跟着书里的内容飞到很远的地方，可同时我又感到自己皮肤上沐浴的阳光，还有微风拂过。我闻到树木的清香，时不时瞥一眼湛蓝的天空；我心在别处，同时又在此地。在这样的时刻，我不知道哪个更重要：是我身处其中的四野，还是手中书里的故事？在火车上读书也是我喜欢的，我的目光几乎被动地看一眼窗外往后飞逝的风景，然后又回到被它赋予生命的文字：两种对我同样珍贵的乐趣就这样交替着，水乳交融地结合在一起。在很多情况下，我读书纯粹是为了阅读的乐趣，而不是为了学习什么：我有点像书呆子。有时候我读第一遍时太着急了，所以刚读完一本书，接着就开始从头到尾重读一遍。

不过我也不是什么都读。比如广告我就从来不读，除非是为了研究社会学课题或学习语言。那我今天选择阅读文字的标准是什么呢？

我读的书五花八门，从中得到的益处也各不相同。读某些书的时候，我仍把自己放在自我宇宙的中心位置，读这本书只是为了填补自我世界的空白。一本书读完，我获得了某些知识。与这类获取信息的阅读相对的，是交流式阅读。作者无意向我传授知识，而是通过他的作品这一独特的世界，向我传递他生命的体验。这种体验不能被简化为某种观念或概念，这对我没有教益。但在阅读的时候，我像是在过着别人的生活。我对人类状况、对世界及自己在其中的位置的了解，有可能发生深刻的变化。区分这两类书的标准很明确：知识性的阅读材料是我可以用自己的语言概括，并作为通用的知识传授给其他人的；而在文学作品中，一切在于文字，作者的体验通过文字的运用来表达，这样的作品无法用其他文字表达。所以，印在一本出色的小说护封上的那几行字，号称概括作品的内容，其实是一种曲解。因此，当作家被问及他正在进行的写作时总是很为难，他无法向别人解释一种从本质上与知识无关的东西。

我也会读一些既学不到知识也不用来与人交流、纯粹为了打发时间的书：读这些书完全为了娱乐，比如侦探小说、间谍小说或科幻作品。

我读了大量知识类书籍。我一向喜欢学习，好奇心强，同代人感兴趣的一切我都愿意了解。不幸的是，能力限制了我的好奇心，它只能在我以往投入的范围内发挥。科学的大门对我就是关闭的，还有些学科——语言学、政治经济学——一向使我讨厌。我只能接受自己的无知。即便我有能力涉猎的领域，我也没有读到所有的出版物。我的选择有一点偶然因素——别人会给我寄很多书，我从中挑选——不过，总的来说，我还是有所选择的。我的标准又是什么呢？

首先，一部作品吸引我，是因为它回答了我心里的问题。比如我准备旅行的时候，会对即将看到的国家有很多疑问，就去找书来了解它；研究老年问题的时候，我勇敢地查阅了很多学术报告，而一年前这类文字肯定会让我厌烦。但有时候新的对象出现也会激起研究它的愿望，每当有意料之外的事件发生，我也会想更好地了解和理解它。又或者，接触到我以前不了解或不关心的事实，新发现也会激发我的关注。

不管怎样，我试着了解这个时代。最近十年来，我读了大量研究苏联、美国、拉丁美洲、古巴、法国工人阶级、意大利无产阶级的文章。每当发生重大事件——六日战争、"68学潮"、捷克斯洛伐克被入侵、中国"文化大革命"——我都会去阅读我能找到的一切关于这些问题的材料。我对那些探讨我已经经历过的时代的书籍也很感兴趣。这十年间，出版了不少历史揭秘的书籍，研究佛朗哥治下的西班牙、希腊抵抗运动和游击队[1]的悲剧失败、第三帝国、法国民兵和盖世太保、犹太人灭绝、印度支那战争、阿尔及利亚战争……读这类书的时候，我似乎在回忆自己的过去。这些书更新并补充了我掌握的关于那些时代的信息，同时唤醒了我的焦虑和愤怒，激活了我的过去，使我在一段时间内免于时间的侵蚀。

对那些在离我更遥远的地方发生的事情，我也渴望了解真相。后文我会讲讲我在什么情况下读了朗登的《供词》，我在书里找到了

---

[1] 如研究出版社出的那本出色的《游击队员》。——原注

很多问题的答案。对苏联的劳改营我已经知道一些事情[1]，伊芙吉尼亚·甘斯布的《眩晕》又使我对很多方面有了更详尽的了解。这些回忆录在法国出版之前，就在苏联地下流传了很长时间。艾林布尔用很崇敬的口气多次跟我们提起过这本书。伊芙吉尼亚·甘斯布是那位在苏联赫赫有名的反形式主义的年轻作家阿克西诺夫的母亲，她在1937年被捕，那是个还不会对被审讯人施以酷刑的年代。她没签署任何供状，也没有被公开审判，然而仍然坐了两年牢，又在劳改营被关押了十七年。审讯时为了让她露出破绽，使用了朗登后来在书里描写的技巧："您认识某托洛茨基分子，却没揭发他。""我认识某教授，但不知道他是托派。""他是。所以签字吧，写：我认识托派某某。"伊芙吉尼亚·甘斯布是个出色的共产党员，她彻底失去了对斯大林的信任，却从未动摇过对共产主义的信仰。在最艰难的时刻，她英勇斗争，保全性命，帮助同志。凭着她的坚韧，也要感谢同志们的帮助，她经历严峻的考验活了下来。

我知道，战争期间，苏联的间谍网做出过重大贡献，但从来没对他们行动的具体细节产生什么疑问。吉尔·佩鲁的《红色交响乐队》就属于那些既刺激好奇心，又满足了好奇心的书。虽然它有时让我厌烦，但作者用生动的笔触描写了特雷贝尔和同伴们引人入胜的冒险生涯，有时滑稽可笑，但多数时候充满悲剧色彩。读的时候，我清楚地意识到自己作为读者在其中扮演的角色：是我让这些散落在欧洲各

---

[1] 我读过索尔仁尼琴的《伊万·杰尼索维奇的一天》及其他的书。——原注

地的人物聚集在一起，遭到重创的柏林间谍网（所有成员都遭受酷刑后被杀害）、巴黎的乐队以及布鲁塞尔的"钢琴家"[1]们。我与作者一起调查，对结果进行了概括。

针对这些不同的书，我对自己提出了一个问题：书中写的是一些可怕的、令人反感的事情，怎么还会给读者带来阅读的快乐呢？第一个原因，是这些事情已经沉入过去的深渊，这消解了它们带来的厌恶感。当报纸描写垂死的比亚法拉儿童或是美国人在越南的杀戮，读者在思想上不会感到任何乐趣，只会因无能为力而愤怒。即使事情已经过去，某些揭露性的文字还是会让人产生厌恶感甚至惊恐。我知道有些人为了避免心理不适，不看这类内容的文字，比如有个意大利共产党员，就拒绝翻开《供词》。我也曾在阅读描写身体受折磨的文字时感到不舒服，但悲惨的故事里往往出现英勇或令人动心的人物，就像在《游击队员》《眩晕》和《红色交响乐队》中一样，对他们的崇敬或同情对我来说是一种幸福。另外，对知识的渴求在我身上根深蒂固，对真相的任何揭露，即便是可怕的真相，也总能让我产生几乎是兴奋的感觉。

较近的过去会引导我回到更久远的过去。我喜欢看历史书籍，它们能帮我更好地了解法国、欧洲以及当今的世界。不过，这几年我几乎没看任何关于那些非常久远的时代的书，不过我很乐于了解世界其他地方的风土人情。我喜欢读民族学的报告和著作，最近法国出版了

---

[1] 用秘密发报机传递情报的间谍被称为"钢琴家"。——原注

不少这方面的书。我对专著类作品有特别的兴趣，正如在罗马的阿文提诺山，透过一个锁孔，能窥见一座花园，看到城市的全貌，我通过关注地球上的一个角落，了解到一整个国家及其与世界的关系。很多这类书引起了我浓厚的兴趣，如穆兰的《普罗德美[1]》、维里的《一个法国村庄》、杜威涅的《舍比卡[2]》，还有穆路德·马卡尔的《一个安纳托利村庄》，尤其是奥斯卡·列维斯那些出色的研究报告：《桑切斯的孩子们》《佩德罗·马丁内斯》和《生活》。

在读过的民族学著作中，我偏好那些能让我了解一个"未开化的"人如何从内心体验自己境况的作品。这类书凤毛麟角，以前出过的《霍皮族的太阳》异常精彩。最近几年我看过的有印第安人伊师的故事，他是自己族里唯一的幸存者；还有《约诺阿玛》，讲的是一个巴西白人女孩的故事，她十岁时被印第安人掳走，在他们中间度过了一生的大部分时光。

一般来说，我看重所有从新颖的角度表现人类状况的研究著作。年轻时我就迷上了精神病学，如今我极为关注那些"反精神病学派"打破"大禁闭"[3]圈子的努力。我读了萨斯、库柏和莱因的著作，还有《否定的制度》，巴扎利亚在书里记录了格利西亚的试验。甘迪斯那本言辞激烈的小册子《疯人院的墙》很合我的口味。我比以前更关心

---

1 法国乡村。

2 位于突尼斯西部的撒哈拉沙漠绿洲。

3 福柯语。十七世纪法国对精神病人的处置方法是把他们关到精神病院，剥夺个人自由。"反精神病学派"主要反对的是这种关禁闭式的治疗方法。

儿童问题，因为我年纪越长，就越发体会到生命的头几年对一个人的发展有多重要。贝特海姆的书《空荡荡的城堡》深深地吸引了我。弗洛伊德特别强调三到四岁这个时期的重要性。贝特海姆则指出，人在两岁时就大局已定，一个人所谓的天赋或缺陷，在他最初的二十四个月就确定了。[1]正常情况下，孩子在那个时期就应该理解对等的意义，否则无法融入社会。假如周围的环境让他无法完成这一步，他就会走向精神分裂、自闭，或变成所谓的"野孩子""狼孩"。作者列举的例子本身就引人入胜，引发对许多问题的思考，有助于了解很多事情。

我读过的最奇特的精神病学著作是路易斯·沃尔福森的《分裂与语言》。书里患精神分裂的美国青年用一种奇特的语言学方法对抗自己的母语英语——尤其是他母亲说的英语以及母亲让他吃的食物，因为他觉得那都是肮脏有毒的。他一生的故事也围绕这个执念展开：他与母亲的关系，与继父、生父的关系。他对自己的生活一方面认真到偏执的地步，另一方面怀着一种诙谐的疏离感，这个"精神分裂的语言学学生"（他是这样称呼自己的）的故事因此特别有趣。吉尔·德勒兹写的前言为这个独特的故事做了贴切的注解。

有一种题材的作品，因为兼具历史与心理学的特性而特别吸引我，那就是传记。就像专著一样，传记作品能让我通过一个特例瞥见世界的全貌。我对作家同行们的传记尤其感兴趣，潘特写的普鲁斯特传记虽然并没有增进我对传主的了解（读他的作品更有用），却让

---

[1] 1970年至1971年在以色列进行的一系列观察和实验证实了这一点。——原注

我知道了什么样的景致、哪些面孔和事件给予他灵感，我因此明白了他是如何进行创作的。这也是我最为好奇的一点：作家的日常生活与他借以表达自己的作品之间存在着怎样的联系？况且每人的情况都各不相同。这就是我在读作家传记时想弄明白的事情，无论是读拉努的莫泊桑传记、特鲁亚的果戈理传记、朱利安的达努齐奥传记，又或是巴克斯特的海明威传记，我或多或少总能找到些答案。

女人如何面对自己的女性身份带来的问题，这也是我极为关心的。我怀着极大的兴趣读了弗朗索瓦兹·德伯纳写的伊莎贝尔·埃伯哈特的故事，以及多米尼克·德桑蒂讲述的阿诺夫人的冒险。至于露·安德烈亚斯·莎乐美，尽管我只读了一本写得很笨拙的传记[1]，却对她有强烈的好感。

但我也会关注自己完全不了解的人物的命运。1970年冬，我就被奥利厄写的《塔列朗传》迷住了。塔列朗受限于他的时代，也反映了那个时代。他的个人经历比概括性的描述能让人更清楚地看到，一个大贵族在十八世纪末的社会中处于何等状况，以及当时频繁的政权更迭引发了什么样的反应。然而，塔列朗又不仅仅是时代的化身，他也是一个独特的个体。他的个例以惊人的方式显示了童年经历在一个人一生中起的重要作用：了解了他的童年，他的很多缺点都变得情有可原了。他的某些个性令我厌恶，比如唯利是图；也有些特点我很喜欢，比如他那犬儒式的智慧，他那些又粗俗又滑稽的俏皮话，对朋友、对情妇们的

---

[1] 《我的姐妹，我的妻子》，海因茨·弗里德里克·彼得斯著。——原注

忠诚。他与一位比他小四十岁的外甥女长年保持着彼此宽容的情感关系，我觉得这非常传奇，他与拿破仑的奇特关系也让我兴味盎然。

有些自传作品与他人写的传记几乎没有区别：作者与其说在与读者交流，不如说在提供资料。韩素音在她多达数卷的回忆录中，详细讲述了她经历过的历史事件，当然，书中也记录了这位出生在蒋介石时代的欧亚混血儿的奇特人生。该书内容引人入胜，却无助于读者走进她隐秘的内心世界。《蝴蝶》[1]这样的书不会让读者参与到作者的真实体验中，只是展示了苦役生活的某些方面。书里的故事虚虚实实，真假参半，不过文笔引人入胜，读来饶有趣味。

说实话，像我这样严格区分三种读物，实在有些武断。所有这些读物都是"有娱乐性的"，因为它们都吸引了我。读《红色交响乐队》或露·安德烈亚斯·莎乐美的生平时，我经常化身成为书中的人物，透过他们的眼睛看世界。另一方面，文学作品很少一点信息和资料都不包含。不过，到此为止我列举的书籍，其主要作用是丰富了我的知识，这也是我所追求并如愿以偿的。

当我寻求的是"交流"时，我的态度则有所不同：我会隐去自我，让别人占上风。正如方泰齐奥梦想的那样："如果我能变成路上那位先生多好！"在这种情形下，阅读就成了蒙田笔下所写的"并非交谈，而是沉浸于他人的内心独白"。自传、日记、书信都有助于这类交流，某些小说也是。参照现实的作品和基于想象的作品，对作者提出的问

---

[1] 亨利·夏里埃的自传体小说，讲述他的苦役生活。

题是不同的。然而无论哪种作品，读者的角色都是一样的，他们进入的这个世界必须足够连贯和有趣，这样才能吸引他在不同的元素、不同的时刻之间建立联系。至于这个世界是已经消失的、不存在的还是虚构的，都无关紧要。总之，读者与书中的世界接触，必须通过萨特所谓的"形成意象的知识"：词语在这里充当接触对象的模拟物，无论对象仍然存在、不复存在还是从未存在过。对我来说，于连·索黑尔的监狱不比奥斯卡·王尔德的更远也不更近。区别在别处：有的书不改变我作为主体的地位，有的书却使我抽离自己。我讨厌那些试图让我同时采取两种态度的书，所谓的纪实小说和传记小说，我从这两类书中无所获益，更没有任何交流可言。

在什么情形下，又在多大程度上，我能被某位作者的文字攫住，暂时化身为另外一个人？首先是当作者直抒胸臆时：回忆录、书信、私密日记；其次，当他在文字中重塑自己的世界时：那就是小说。

我已经说过对萨特和薇奥莱塔·勒杜克作品的特殊感情，在此不再赘述，尽管这些年来很少有书像《文字生涯》和《私生女》那样深深地吸引我。我对《原纤维》也特别喜欢，因为莱利斯的世界与我的世界相交很多。我们在同一城市生活，我认识许多他的朋友，知道他喜欢什么书，喜好什么音乐。我认识他本人，通过他的作品又对他愈加了解。我喜欢他作品中那种对生活、对世界、对自己全神贯注的关注以及与这一切保持距离的感觉。他那一本正经的精确中有着幽默的意味，幽默中又透出对精确的在意。他既无意粉饰自己的形象，也不打算把自己变成昆虫学家冷酷注视下的小虫子。他既默契又疏离，只是把一个人展示给我们,这个特别的人恰好是他自己。在《原纤维》里,镜子的折射不再像《家当》与《删除线》中那样指向无限;句子也没有那么长,那么华丽,含义却更加明确:与其他作品相比,文字表达的体验更加令人感到震撼。他描写忠诚之爱与激情之爱冲突的那几页深深打动了我,那种冲突几乎把他逼到了死境;他描写自己克服衰老困境的部分也很动人:他战胜了随年龄增长、未来残酷压缩而来的沮丧,重新找到了对生命与文学的热爱。

有时我会出于好感欣然让自己踏入完全不同的世界,我读弗洛伊德书信时就是这样。尽管我对他的某些理论,尤其关于女性的理论不敢苟同,但他仍是二十世纪我最欣赏的人物之一。我对他的了解来自琼斯写的传记。但他的书信才真正拉近了我与他的距离,让我得以窥见他的家庭生活、友谊和旅行。我参与了他思想的历险,目睹他凭着不可战胜的英勇气概,与他前进道路上的障碍斗争。尽管他书信中的用词十分克制低调,我仍能感受到,疾病、痛苦、失去亲人的哀伤和被抛弃感时常把他推到绝望的边缘,但凭着对亲人的爱,他忍受了苦难与衰老,他的忍耐中有一种英雄的气概。

我对葛兰西[1]的思想了解甚少,但我知道他的价值。我读了他最近被译成法语的一本传记,对他产生了亲近感,为他经受的磨难感到难过。他的狱中书信尤其使我悲伤,他被妻子抛弃,与骨肉分离,被周围的人误解,身体也遭受各种病痛,在苦涩的孤独中身陷囹圄,这

---

1 意大利思想家,意大利共产党创始人之一,二十世纪著名马克思主义理论家。

样的生活无异于缓慢的谋杀。

在读到杰克逊的书信集之前，我对他一无所知。热内在前言中不吝赞美之词，他所言不虚。那黑人小伙子在十八岁因犯罪被捕时，对政治和种族问题懵懵懂懂。后来他渐渐发现了问题，并在思想上有了意识。这十年间，他形成了自己的人格，有了自己的思想，并日臻成熟。他支持他的黑人兄弟"黑豹"们的反叛，并大声宣告自己的理由。在狱中，他反抗种族歧视。被指控谋杀狱警后，他与两名同案犯一起积极准备应诉，但他深知自己危在旦夕。在后期的信函中，他已经显示出一个领导人的学识、经验和才能。他的个人发展过程让我欣喜，也不无焦虑。我感到自己与他联系在一起，因为萨特和我要去为他出庭作证。我与他一同预感到了等着他的命运结局：他最终被杀了。

我对一个人的好感与赞同得到什么程度，才能让我凭几页文字就去关注他的命运？即便我对杰克逊没有对弗洛伊德、葛兰西那样的尊敬，他也能够激起我足够的好感，使我通过他的过去与现状，领会他的愿望与目标，为他的幸福欢欣，为他的悲伤扼腕。

我读奥斯卡·王尔德的书信集时也是如此。我喜爱他写的剧本、他的书和他洋溢着友情的书信。读第一卷时，他的肤浅无聊、唯美主义、装腔作势和自恋让我反感，但我也感到在思想上与他颇有相同之处。他谈论"艺术"和"艺术家"的方式极为夸张，但事实上，艺术与文学确实是他生存的意义所在。他的品位往往与我不谋而合：我们对某些书、某些绘画，还有对意大利的看法都很接近。我跟他一样反对墨守成规和清教徒主义。他很懂观察，善于领会，我欣赏他对人生幸福的敏锐捕捉,尽管他在其中掺杂了虚荣、奢华、金钱等我所不了解的乐趣。作为作家,他擅长为自己辩解,攻击别人。他言辞尖刻,伶牙俐齿,在私人生活上,我被他的慷慨善良、不计较、少怨念打动。他没有仇恨的能力,简直到了受虐狂的地步,但主要是心地非常善良,富有想象力,这使他跟与自己完全不同的人,比如加利福尼亚的煤矿工人,也能有热烈的互动。他的书信表现出杰出的写作才能,笔触引人入胜。他表面上的矛盾往往掩盖着真相。"生活不是小说;有些回忆像小说一样曲折,有些欲望像小说一样——仅此而已。我们生命中那些最强烈的狂喜,只不过是其他经历的影子,或是我们希望有朝一日能体验到的经历的影子。"这段话准确地表达了一个存在主义的观点:生命是不可表述的。

王尔德把昆斯伯里爵士告上法庭这件事使我困惑不解。可他一旦站在法庭上,就表现出令我赞叹的挑战社会的勇气,他用来回击指控的言辞又那般透着危险的优雅。我带着激动的心情重读了《狱中记》。王尔德在书里用了很不讨喜的方式清算与道格拉斯的恩怨,不过他那通尖酸的长篇大论实在是形势所迫。他不遗余力地控诉了仇恨的狭隘无益,而爱却是无尽的财富。他批评博西"肤浅"时,人们能感受到在他轻浮的面具下隐藏着深沉的情感。他在不幸中发觉了人类状况的真相,用自己的骄傲去承受,这是他从失败中得到的益处。他并不掩盖人生的可笑甚至滑稽之处。他沉到了最下流的境地,却也达到了真正的伟大。这场考验没有把他变得乖戾,他反而比以前更富有人性了。在狱中的岁月他也没有沉默,他为行政当局的残暴而愤慨,揭露了犯人们尤其是青少年受到的迫害。在写给《每日纪事报》的主编的信中，他抗议监狱开除了一名年轻看守，因为此人给"饿病"了的儿童犯人几片饼干。他说，这种残酷的做法并非故意作恶，而纯属愚蠢，是"完全缺乏想象力"的表现。他绝不顾影自怜，而是忙着同情一个被单独关在牢房里经受无尽恐怖的孩子，对另一个被捉弄和殴打推到疯狂边缘的少年，他同样有切肤之痛。谈到这些人的时候，他的语调是那么令人心碎，我们因为努力去体会他的感受，也不由得对他产生了敬意和友谊。

对博西的爱为他招来牢狱之灾，可他被释放后又立刻爱上了他，我们该为此感到吃惊吗？不顾妻子、朋友的反对，不计后果，他又与他生活在一起。我们从他写的那些信里，感受到他那摧枯拉朽的悲怆之情。他已经无法再写作了。为了从朋友们处弄到点钱，他玩各种可怜的把戏，撒谎时自己都不努力编得像一点。他抛弃了从前的名誉和伪装，不再有一点道德上的顾虑，不在乎基本的体面了。他很像李尔王，扔掉了自己身上无用的装饰，让人看到了一头赤裸的两脚兽，人不过如此。

我喜欢王尔德的作品，自然被他的人生故事吸引，那都是从他的私人信件里拼凑出来的。不过也有例外。我反对克莱蒙梭的政治观点，那个资产阶级的仆人自称"法国第一警察"，在著作中表现的哲学思想含糊而乏味。可我为什么对他《给一位女友的信》兴趣盎然呢？

到了八十二岁，他在政治上已经变得中立，不再有什么影响力，但凭着自己的观点，把未来看得相当清晰。不过他在信中对这些几乎只字不提，信里能看到的只是一位老人的日常生活，他曾经有过辉煌的历史，在强行"被退休"后，尽量用最好的方式来填满自己最后的岁月。他的信主要是在旺代的宅子里写的，那宅子叫"蓓蕾坝"。我见过它，孤零零地建在海边一处沙地上。他在那里种满了玫瑰和其他各色花卉。他的日常生活记录里打动我的，是那种清新感和对事物的至诚关注。他保持了与以往激荡岁月中同样积极的入世态度和对生活的同样热忱。他对自己同时代的优秀作家并不了解，但他理解了罗丹和莫奈的作品，并为之辩护：他是有眼光的。他对阳光和风很敏感，每天用新奇和喜悦的目光欣赏天空、云朵以及海里的波涛，用简单朴素的词语，他就能将这些描述得栩栩如生。他完全不像众多老年人那样麻木不仁，他与好友、姐妹们以及管家克罗蒂德都很亲密，对村民们也非常感兴趣。

不过，真正让这些书信焕发出光彩并有了价值的，是他与一个四十多岁的女人无疑是柏拉图式但却充满激情的关系。"我会帮您活下去，您帮我去死。"他们恋爱之初，他这样对她说。我深知一份来自年轻人的友谊会为一个日渐衰老的人带来多少幸福。我可以想象，B夫人那火辣辣的目光、开怀的笑声，如何让这位八旬老人激动。他们每天鱼雁往来，他把生活中最小的细节与她分享，但后来有点失望，觉得她太轻浮、漫不经心、喜欢抱怨。她过于频繁地"训斥"他，也许是出于担忧，她心里清楚他时日无多。总之，她始终陪伴在他身边，他宠爱她直到生命最后的时刻。虽然我对这个故事的两位主人公都相当陌生，却被他们不寻常的情感关系打动。假如我对二人没有起码的尊敬，我想我大概会对这故事无动于衷。两个卑鄙的人之间的关系必定是病态的。在《红色交响乐队》里,玛格丽特对肯特狂热的爱只能让我反感。

如果我与一位作者意见相左,就不会全心全意去读他的作品,阅读的结果也不会好。鲁宾新近编辑出版了乔治·桑的八卷书信集,加了大量的注解和参考内容,我被吸引住了:这些书信重现了一整个时代。由于刚刚参观过诺寒城堡和黑山谷[1],我在阅读时比往常有更多想象的空间。可是乔治·桑让我气恼,年轻时我欣赏她追求独立、如饥似渴地阅读和学习,喜欢她四处游荡的活力和果断的行事风格。在不得已缔结了一门愚蠢的婚姻后,她勇敢地出走巴黎,重起炉灶,过起自食其力的生活。

后来我又崇拜她充沛的精力和强大的创作力。但她给自己戴上一副道貌岸然的面具,这就让我恶心了。情人众多也好,移情别恋也好,撒谎也好,做了又如何呢?但不该摆出一副热爱真相的嘴脸,嚷嚷什么诽谤,非把自己当圣母。她号称对所有情人都是"母爱",一边跟帕杰罗上床,一边说什么两人像爱"自己的孩子"一样爱缪塞。然而母爱并非她所擅长,她自己的女儿就讨厌她,女儿的整个童年,她都极尽侮辱女儿之能事,管她叫"我的胖妞",拿她当个傻子;她用喋喋不休的唠叨扼杀女儿的一切想法,只给她一点"有条件的"爱,这让孩子恐慌不安,因为情感的安全对孩子而言极为重要。三十岁时,她就摆出一副被生活摧残却无私奉献不求回报的姿态,实际上她蛮横地让周

---

1 乔治·桑的故居和出生地。

围的人都围着她转。我最不能原谅她的，是她经常对自己的内心世界进行伪装，把自己的任何行为都树立成道德楷模。她的谎言如此彻头彻尾，连她1848年的表态在我看来都颇为可疑。[1]

我读阿内斯·尼恩的三卷日记时也带着复杂矛盾的感情。日记的某些段落确实打动了我，比如当她谈到米勒及其妻子琼，提到阿尔托，以相当细腻的笔触描写我邂逅过的一些人物，或老老实实地回顾自己的过往经历时。可有时她仿佛瞬间被拙劣的江湖骗子附体了一般，那时，她立刻失去了我的信任。她的唯美主义、自恋、自己编造出的那个狭隘世界，她的鬼话连篇以及对占星术的迷恋，这一切都让我尴尬。她对女性特质的看法简直让我汗毛倒竖，整个阅读过程中我都在欣赏与怀疑之间摇摆。

读一个你强烈反对其价值选择的作家的作品是会遇到问题的，要想让一段文字彰显含义，读者必须奉献自己的自由，让自己沉默，接纳别人的声音。如果作者的价值观太过虚伪，世界观太幼稚或太丑恶，我是无法做到这些的。我打开马尔罗的《反回忆录》时，是诚心诚意想好好拜读的。考虑到他在战前的表现，我好奇地想知道，他是如何定义后来的自己的。他对自己在阿尔及利亚战争期间的那些预言做何感想？"我们将把阿尔及利亚建设成另一个田纳西河谷……兄弟亲善的世界已建成。"当莫里亚克说戴高乐扔给他"一个部门让他去啃"的时候，他居然飘飘然觉得自己受到了吹捧，这又怎么解释呢？

---

[1] 书信集只收录了1848年之前的信件。——原注

当他为了飞利浦公司的利益，让人把几面墙刷白，画一下天花板，强迫目瞪口呆的希腊人接受声光表演，他以为自己大大地彰显了文化？我不指望他忏悔，但希望在书里找到答案，回答我的疑惑。

我大错特错了！我全然忘了，1945年以来，我之所以觉得马尔罗的立场要么可笑要么可气，是因为他对人、生活、思想以及文学的观点与我彻底南辕北辙。他在书里一上来就警告读者，他要把自己置于最高的层面：不是从个人的角度，而是立足于人类文明；无关具体的人，而是人类的地位与神祇。他不关心日常生死，只在意命运，换言之，他的书里没有我们的世界，人间的世界，只有一些玄之又玄的概念和观点。马尔罗自己也消失了。只有两三个章节例外——那是我唯一能读懂的部分，他自己大概当成不重要的逸闻来写的，其余部分他永远都是隐身的。"只与我有关的事又有什么要紧呢？"他说。凭着这股傲慢，定义自己的时候，他声称自己是个追求"社会正义"的人、教皇和独裁者。

莱利斯在《原纤维》结尾部分列举了他写作时始终努力遵循却不是总能做到的几个原则：不撒谎，不自夸，拒绝任何言过其实的说法，不出言轻率，不哗众取宠，不把文学当万金油，像一个懂得说话的人那样写作，以最大的严格和诚意对待文字。马尔罗的做法与这些训诫恰恰相反。今天，宣称兄弟亲善不是虚伪的粉饰，这是可耻的谎言，如果马尔罗还知道谎言和真相这两个词的含义。可他显然把二者混为一谈，词语对他来说只是些无意义的空话，可这不妨碍他使用它们表达思想。当他想出某个说法时，他自认为创造了一种思想。观察某个物件，然后老老实实说出他看到了什么，这对他来说过于简陋了：他不是去面对,而是逃避。这套把戏太显而易见了,很快就让人无法忍受,他永远得"想"[1]到点其他的什么。他想得到什么呢? 他从来不明说,其他东西又让他想到另外的东西,对这东西他也没什么想法。这是一层层叠加的空洞:什么都没说明白,所有问题都不停地被回避了。在开罗时,他想到了墨西哥、危地马拉还有安提瓜;在安提瓜的时候他想到了美丽的巴洛克城市诺特。站在毛泽东面前他想到了托洛茨基、中国皇帝和"军队将领们生锈的铁甲";看见长城他想到了弗泽莱;在德里他想到巴比伦花园、科尔特兹的士兵以及杭州的荷花;出席让·穆兰葬礼后,他写道:"我想起了米什莱写的雅尔纳克男爵与剑客拉夏特尼埃决斗的故事。"类似的联想我还能继续列出满满几页纸来。

博朗告诫人们,不要手捧鲜花进入文学的花园。马尔罗却披挂着花环与花冠走了进去,还把他号称要表现的东西藏在华丽繁复的辞藻下面。写他与尼赫鲁和毛泽东的会面,他也没有向我们描述任何一个人物。我们都知道,这种官方的会谈,即便是精心安排,又能有什么价值。而且马尔罗还没有倾听的能力,他只会说。如果是提问,他那份固执会让对方不得不按照他既定的框架回答。结果我们根本听不到对方真实的声音,听到的全是马尔罗强加给他的腔调。马尔罗也无意向读者提供什么信息,只是想把他们弄得晕头转向,让他们知道作者的知识多么渊博,见过多少世面,结识了多少名流。他夸张造作的风格只是为了掩盖内容的贫乏。在谈话时,这种把戏或许会给人留下卓越不凡

---

[1] 他自己用了"想"这个字眼。——原注

的印象；但如果是阅读，很容易就会发现，这些眼花缭乱的套路实际有多空洞，它们掩盖的是些无聊的套话。在《反回忆录》里，马尔罗从头到尾炒冷饭，写的都是他已经写滥的主题，比如现实主义艺术，还有些右派的老调调：赞成剥削，把特权阶层的价值观和信念当作普遍的人类状况。用这种论调满怀激情地谈论法国，可从来不提法国人。

忽视是最阴险的谎言。马尔罗人生中那些不太好解释的阶段，他做过的难以言说的事、说过的不好解释的话，他只字不提。他不可能不知道，戴高乐政府常常掩盖酷刑，致使成千上万的人在集中营里死去。我记得与米什莱谈到此事时[1]，他用尴尬的语气提到酷刑："我知道，我知道。这事是个烂疮。"马尔罗对此事同样清楚。从1959年起，对集中营的报道越来越多。[2]马尔罗无条件支持当局，毫不含糊地站在刽子手一边。在书的结尾，他用长篇大论思考了酷刑、集中营、摧残人的技术，好像跟受害者站在一起，这真是天大的谎言。跟许多法国人一样，在1940年到1945年受迫害的人中间，很多是他的朋友；1945年他本人被德国人关押，一度担心自己会受酷刑折磨。这些都没妨碍他与折磨阿尔及利亚人的施刑者们沆瀣一气。这本颠倒黑白的书以一个巨大的谎言收尾。

人们爱说："历史从不认罪。"但1962年以来，历史还是承认了一

---

1 我们当时谈到贾米拉·布巴查事件。——原注
2 1959年4月，罗达安大主教估计有一百五十万人被"集中关押"，并指出他们的处境极其可怕，一些右翼记者甚至将军都证实了他的话。——原注

些事情。马尔罗从未认识到这一点,他说谎成性,因此无须任何辩解。

我曾经说过:与回忆录、书信或私人日记一样,小说能把陌生的体验传达给我。我不打算把这十年间我读过的小说都讲一遍,我只通过几个例子,阐述我在一本小说中寻找什么,又能找到什么。

有本书对我来说是个全新的发现,那就是库珀·博伊斯的《沃尔夫·索伦特》。我以前对这个作者一无所知,最近几年才知道他。这部作品既描绘出一个社会的风貌,又记录了个人的冒险。此人正是作者的化身,他在许多方面与我迥异:他崇拜偶像,又相信万物有灵。可我还是进入了他的世界,一步步跟随他的脚步去探险。

故事发生的地点对我是陌生的,但又似乎在我脑海中激起模糊的记忆。我想象着英国的小村庄和开满鲜花的农舍,人们在那里饮茶、吃涂了蜂蜜的面包片,还有绿油油的草地、喧腾的河流、沉睡的池塘。我欣喜地找回了童年熟悉的简朴的房间、烛台、水槽和脸盆。在这片背景前,活动着一些性格样貌各异的人物,读者一开始摸不着头脑,在心里暗暗地琢磨,就像在生活中遇到有血有肉的陌生人时一样,心随着人物的命运起伏,经历他们的失败、幸运、希望与失望。每个人物都有些难言的秘密,几乎都与性有关;每人都为执念和烦恼所苦,都受到卑鄙的魔鬼的教唆。(这些内心隐秘的象征,是年轻秘书的悲剧故事,他投塘自杀,秘密从未被揭开。)尽管这些人的某些性格让沃尔夫·索伦特反感,他对他们仍然极其宽容,因为他惊恐地从他们身上看到,自己有着相同的烦忧。

索伦特是所有阴谋和事件发展的中心,其他人物都是通过他的视角展现的。他是个极度自私的人,却会牵挂一张偶然见到的悲伤的面孔,而且天生富有同情心,这使博伊斯成了一个伟大的作家。他某些方面有点像卢梭,他与我之间产生的第一个联系,来自他对乡村的热爱,那是我童年与少年时代熟知的情感,是土地的味道和天空的颜色为我揭示了自己的命运。我随着他度过那些孤独的漫步,醉心于路上看到的一枚石子,心心念念想着远方。他像卢梭一样沉浸于当下,拒绝技术带来的方便、实用和有组织的生活方式;他讨厌套话、秩序和成年人的行动主义:索伦特因为一时冲动,出言不逊攻击通行的价值观而被他任教的学校开除。他梦想着没有禁忌的生活,平时能自由娱乐,人们无拘无束地实现幻想,享受各自的性癖好:性贯穿他的整个世界。凭着自然给他的灵感,他摆脱了日常生活的枷锁,把那些完美的在场或完美缺席的时刻称为"神话",对他而言,那就是绝对的幸福。

贯穿全书的主线,也是索伦特最在意的事情,是寻找真实的自己;通过不间断的内心独白,他邀请读者参与了这次探索,其中有很多真诚的时刻,但也有停顿、逃避、自我欺骗。博伊斯的成就之一,是让我们了解了他隐藏的一面。

这场历险最终毁灭了他所有的神话。于是,在经历了一件极不寻常的事情后,他提出了一个关系到我们所有人的问题:"当生命幻象被摧毁,他们将如何继续生活下去?一旦失去那唯一的、无可比拟的生命源泉,他们将如何修补自己破碎的灵魂,才能浑浑噩噩地活下去?"这是走向衰老的作家面临的问题,他似乎曾通过写作达成生命的圆满,那是所有生命都向往的圆满,而今这幻觉不复存在,他必须从生存本身中——从与他人共存中——找出活着甚至继续写作的理由。三十六岁的沃尔夫·索伦特把自己从绝望中拯救出来,支撑他的是生命本身最具动物属性的价值所在。实际上,作者在五十三岁前后肯定是找到了其他"幻象",比如写作的喜悦:他的第一部书就是那时动笔的。他写《沃尔夫·索伦特》时已经五十七岁了。小说的魅力之一,是它丰富的风格,即便译成外文也不逊色,叙事的技巧也很纯熟。读此书仿佛一场愉快的漫步,不时为句子描绘的画面驻足,接着又不由自主地追随故事的发展。

　　这个例子说明,小说也可以是极佳的交流手段。在《沃尔夫·索伦特》出版数年后,博伊斯又写了《自传》,我在其中再次欣赏到了作家的技巧、个性以及他喜欢的大多数主题,不过他更加强调自己的独特性。我讨厌他自私、得意扬扬地执着于自己的"罪过",固执地把玩自己的怪癖,还有他风格里说不上是什么的志得意满的腔调。他固执地沉溺于自我设定的限制,写的那些游记无聊得可怕,有些奇怪的立场也削弱了作品的光彩,比如他绝口不提他家族中或周围所有女性,包括他母亲、妻子及女性朋友。

　　我喜欢阿尔伯特·科恩的《魂断日内瓦》则是出于完全不同的原因。对他而言,自然根本不存在,他感兴趣的是我们生活其中的社会。小说的女主人公是伟大爱情的化身,这是作家喜欢的主题之一,他在她身上投射了一道残酷的光芒。

1936年，柏林的街道上回响着纳粹的皮靴声。在国际联盟，锦衣玉食的官员们对着面前的卷宗打哈欠，对世界上发生的事情漠不关心。主人公索拉尔跟作者很像，也在国联工作，他用一种沮丧的嘲讽态度面对同僚们。作者描写的招待会场面让人看了又想笑又想哭，上下级、平级之间等级森严，人人都小心翼翼，挖空心思，没有一刻喘息。既然人人都将变成一具死尸，把荣誉、升迁、社会成就看得那么重岂不可笑？那不过是些无意义的浮华戏码。每个人都是缓刑中的死人，这个念头使科恩感到困扰。人显然难逃一死，但如果能享受当下的圆满——无论是在喜悦、行动还是反叛中——死亡就会后退一步。当下，未来的死尸确凿无疑是鲜活的生命。但鲜有人能做到这点。科恩主要通过国联官员阿德里安·杜姆这个人物表现了空洞的理想有多愚蠢。他用不留情面的细致笔触刻画了人物可笑的烦恼、可悲的快乐和无聊至极的惶恐。杜姆本质善良，本来可以是一个堂堂正正的人，却被体系夺去了人性。当不幸降临——深爱的妻子离开了他——科恩出于同情，参照自己失去母亲时的情形[1]，描写了杜姆的极度悲伤和令人同情的反应。

我很少读到比科恩描写阿德里安父母那几页更妙趣横生、更有报复意味的文字。他对"杜姆小老爹"有恻隐之心，老头百无一用，在妻子的淫威下过得很悲惨。他恨杜姆的母亲，讨厌她假惺惺的唯灵论和愚蠢的虚荣心。她为人严厉，有一股得意扬扬的粗俗劲儿，还很吝

---

[1] 科恩在《母亲之书》中讲过这段经历。——原注

啬。这个人物是中产阶级的典型形象，体现了他们的贪婪、自私、虚伪和种族主义，犹太人索拉尔感到自己受到了冒犯。

与这个乏味造作的社会相对的，是凯法利尼亚岛（希腊）上犹太人喧嚣、盲目、无忧无虑的生活。瓦勒洛一家的传统风俗让我厌烦，可只有通过他们，才能解释索拉尔这个人物。他与他们同根同源，只不过他被西方世界污染了，无可奈何，不能自拔。

作为小说主线的爱情故事就是在这样的背景下展开的。索拉尔爱慕阿丽亚娜，她是阿德里安的妻子，美丽、出身高贵、举止优雅，受不了自己阶层的平庸。他引诱了她，她抛弃一切跟他出走。科恩同时表现了爱情的光彩与不堪，就像硬币的两面。他用令人赞叹的笔触写出了情人等待相见的急迫难耐，见面的狂喜眩晕，在爱人的眼中看到自己面孔时的迷醉。这些喜悦、迷醉对每个人来说都是那么独一无二，令人心动，在科恩的笔下却是再俗套不过的平常事。阿丽亚娜投身激情，她的天真劲儿让索拉尔不免失笑，他心生温情的同时也暗暗恼火。至于他，对这段感情并非没有热情，只是内心总有怀疑在作梗。她并不能帮他脱离孤独。当他在国联请求各国答应收留德国犹太人时，他是孤独的；提议被拒绝后，他愤而匿名揭发自己入籍手续不合程序，被赶出日内瓦时，他是孤独的：他自愿成了一个贱民，承受模棱两可的卑鄙怀疑，在被反犹主义侵蚀的巴黎街巷里游荡，脸上戴着一个可笑的假鼻子，像悲剧英雄一般孤独着。

阿丽亚娜不明白，他们为什么在法国和意大利之间过着挥金如土的生活——他们很有钱——却又没有公民身份。因为与"社会"隔绝，他们只得用激情来弥补一切。阿丽亚娜为他搞了花样层出不穷的仪式，他们反倒没了真情流露的机会。索拉尔觉得，每个人都以为必须把自己理想的形象留给对方，这很可笑。装腔作势的讲究让他不胜其烦，接着又激怒了他，让他做出残忍的事情。他觉得自己的婚姻与犹太式婚姻完全相反，犹太式婚姻的基础是奉献、忘我、对人类苦难的认知和共同承担这种苦难、无惧丑陋与残疾。女佣玛丽埃特的婚姻便是如此，阿丽亚娜的造作在她眼里可笑至极。玛丽埃特想起自己与丈夫之间的自然相处方式，夫妇二人从不掩饰自己日常生活中粗鄙的一面。索拉尔为什么忍受阿丽亚娜的把戏，而不尝试跟她过更真实的生活？也许他生活的圈子和受的教育让他失去了真实的能力。这个掺了假的社会在他心里激起的敌意，反弹到阿丽亚娜和他自己身上。他继续浇灌着不食人间烟火的爱情，阿丽亚娜把两人禁闭在这爱情里。但空洞的情感很快衰退，为了留住它，只能借助于变态行为，如果要忠于自己，必然走向死亡。科恩又一次施展了大手笔，他勾勒出的这幅激情之爱的漫画，冷酷而哀婉。索拉尔对阿丽亚娜怀着深深的柔情。他有时粗暴地对待她，他自己也感到痛苦，她病倒了他又乐于照料她，她身体上的不堪一点都不让他恶心。他带着无尽的爱抱着她的尸首，然后像她一样了结了自己。

如果一本小说的主人公使我感到亲切，我就很容易被吸引住，维提亚·海瑟尔的《父母的时光》就是这样一本书。女主人公多丽丝完全有可能是我的朋友。这个左翼知识女性努力平衡与丈夫、孩子、工作、政治活动的关系，还要在这支离破碎的生活中保持自身的完整。

她与丈夫非常亲密，两人一起经历了对我来说至关重要的几个时代：二战之后和阿尔及利亚战争。读这本书仿佛与老友一起回忆往事。故事发生的地点也是我熟悉的：拉丁区、卢森堡公园、圣米歇尔大街的商店、塞纳河码头。我喜欢与作者一起在巴黎漫步，她像描绘风景一般描写这座城市：天空、树叶、墙上的白点、房屋的颜色。书里描写的家庭与我的家庭并不相像，却使我想起自己的童年：我的家庭也是个非常封闭的圈子，成人与孩子组成关系密切的共生体。

我说过如今我非常关注童年。维提亚·海瑟尔把这个问题写得非常好。她展示了成年人如何受制于他们的童年，他们又如何决定了孩子的童年。读者对书中的父母心生同情，他们在为孩子奉献的同时，努力保留自己的个人生活——有时会给孩子带来伤害，尽管并非出于本意；读者也会同情孩子，他们艰难地学习着人生，无论是顺从还是违背父母的意愿。维提亚·海瑟尔成功地让我们听到了人物的内心独白，罕有作家能写得这么好。她甚至通过用某些词语指代那些特定的东西——空、不可言说之物、那东西，把我们带入了一个男孩的神经症世界。我们共同体验他的焦虑、他缓慢瓦解的抵抗以及他的治愈。作者也成功地刻画出少年时代特有的惶恐，懂得在这个年龄段友情的分量和友谊破裂带来的忧伤，让我们回忆起年轻的心不知如何倾诉时的扭捏不安、生怕被看穿心思的恐慌，即便看透他们的人聪明而又温和。人物内心世界的状态通常反映在外部世界，作者常常透过描写天空的颜色来表达人物的精神状态。

小说里人物都个性鲜明，特别是多丽丝，她在丈夫的眼中是唯一的。然而她也像千千万万个母亲一样,每到开学季便急着逛商场给孩子买鞋。小说有社会学价值,可以当成二十世纪法国中产家庭的研究报告来读。不过那样也有点贬低它:它也有形而上学方面的意义,探讨的不仅是如何养育孩子——太多评论这样解读了,更是要问个为什么。多数父母都梦想着自己的孩子独一无二,后来都退而求其次了:把孩子培养成正常的人已经不易。孩子值得我们精心照料吗?生命的价值来自什么?正常又意味着什么?整个人类的状况都需要重新审视。

不过,要理解小说的丰富内涵,必须仔细阅读,领会字里行间的含义。清晰的文字并不能涵盖真实体验的所有内涵:情感、冲动、缄默。人物之间的关系很微妙,虽然说出的话有谎言的成分,但他们总能从中分辨出真话,并带着或多或少的善意用自己的方式诠释。人与人究竟是看不清彼此,还是能够相互理解,维提亚·海瑟尔在这个问题上没有倾向。不过她指出,交流的使命永远都不会完成,人们总是需要努力做到更好,而这个过程需要很多良好愿望和爱。

尽管我对克莱尔·艾切雷利不是那么了解,她的女主人公们也引起了我的好感。我已经说过她的小说里有我欣赏的东西。

读埃尼的《流氓的荣光》时,我不是对主要人物,而是对作者产生了好感。我与那个有点同性恋倾向的附庸风雅的公子哥没有任何共鸣,他在欧洲游历,毫无节制地买各种衣服、箱子、小玩意儿。与他一起重游那些我熟悉的地方——慕尼黑,包括其丑陋的街巷、黑尔戈兰岛——不足以解释我阅读的愉快。给我快感的是埃尼那巧妙的讥讽,他揭示了彻底用来追逐消费的一生是多么可悲。玛尼是个绝对懂得消费的消费者。他富有、兴趣广泛、品位高雅,会消费威士忌、丝巾、套头衫,但也会消费风景、逸闻、佳肴、文学、音乐、美男。他知道棕色羊毛外套与橘黄色套头衫的全部细微区别,能从一具年轻的躯体联想到大师的画作,从对某具身体的记忆里分辨出一幅画,恰如其分地吟诵合适的诗句,雕塑和柯诺尔家具都能引起他的沉思。他招人喜欢,因为他真诚地害怕所有丑陋,也就是粗俗和愚蠢的东西。但也因为他毫不讳言,自己用来消遣的所有娱乐有多么虚伪无聊:他无节制地享用物质和精神食粮,这种放纵带着灰烬的味道。最后,他用自己的轻浮放荡提出了一个要命的问题:人在世上究竟能做什么?我们为什么活着?"这是我的生命:我该拿它派何用场?请指引我:我无能为力。"埃尼替他的主人公选择了最容易的答案:有一天,他拿起了手枪。

我非常喜欢索尔仁尼琴最开始的几部作品:《伊万·杰尼索维奇的一天》和《玛特廖娜的家》。《第一圈》虽然也引起了我的兴趣,但我在书里没找到他的声音,许多段落流于空洞。不过《癌病房》[1]却立刻把我抓住了,书的内容对我不算新鲜,我对苏联人的生活已经有一定了解。不过我的了解都是抽象的,索尔仁尼琴却有亲身体验,并通过小说分享给了我。我与他一起厌恶,一起反叛,感受着他的悲悯、温

---

[1] 写于1963年到1967年,未在苏联出版。——原注

情、希望，随他一同追寻真理，在死亡面前也不动摇。

癌病房是个小宇宙，全面概括了苏联的社会、经济和政治状况。故事发生在1955年，"解冻"之初。病人们有体力劳动者、大学生、农民、前流放犯、一个高官。他们周围忙碌着医生、护士、女护理。他们组成的世界，除了名称，一切都与社会主义无关：工资与生活水平差异明显，妇女仍受男性压迫，医术高超的女外科医生冬索娃，社会地位相当于我国的大老板，回到家里照旧得承担所有的家务，而在苏联，家务活是非常繁重的。面对这样的社会现实，个体的应对态度大不相同：有人顽固地坚持斯大林主义，有人高高挂起，有人投机钻营。前流放犯科斯托格洛托夫则选择了背离，甚至对社会主义产生了怀疑。他身上有很多作者的影子。

这些人的共同点是疾病：他们都是癌症患者。开始大家都很乐观，因为每个人都以为自己与众不同。"我不可能得这种病。"体力劳动者波多耶夫说，高级干部罗萨诺夫也这样说。连理智、勇敢的女医生冬索娃刚知道自己得病的时候，也不愿相信。罗萨诺夫的乐观更是根深蒂固，他执着于自己的意识形态所决定的世界观。这是个顽固的斯大林主义者，善于为己牟利，习惯告密——他流放了大批无辜的人，有时为了方便，有时为了报复，有时纯粹使坏——他满脑袋自负的念头，内心对自己的特权地位深信不疑，以至于觉得自己的身体百毒不侵：癌症胆敢攻击他，简直大逆不道。他是小说的中心人物之一，索尔仁尼琴一方面给予他同情，因为他承受疾病的折磨，身体被死亡啃食；另一方面通过他抨击了斯大林主义里为他所痛恨的一切。罗萨诺夫吹嘘自己出身无产阶级，热爱人民，可他却受不了与老百姓接触。凭着特权，他与人民彻底隔绝开来。他相信任何问题都有个既定的答案，任何自由的思想都是颠覆性的。1937年到1938年是他的黄金时代，那时多亏他负责设计的"问卷"，社会气氛得到了净化。而当历史开始前行，被流放者返回家园，得到平反时，他颤抖了：他害怕被自己迫害过的某个人会发现他，报复他。裹着银色狐裘来医院看他的妻子跟他一样愤愤不平。女儿阿薇特也同样，尽管年轻，她跟父亲一样丧尽人性，完全认同家庭的意识形态。她为"可怕的"翻案义愤填膺，一边为住房、家具、穿着等物质的进步而高兴，另一边感叹世风日下，痛斥叶甫图申柯的诗。她想当个作家，作者通过她的嘴间接地讽刺了苏维埃官方文学。索尔仁尼琴很喜欢这个主题，在小说开头已经有所表现，他描写琼卡如饥似渴地阅读所有获斯大林文学奖的作品以及那些公认的"杰作"，却发现矛盾百出，大感不解。阿薇特对加入作协的作家享有的福利艳羡不已：他们有钱又受尊敬，工作又轻松，三个月就能攒出一部小说。只要有一点技巧——知道转弯，跟上时代——就能功成名就。当琼卡问她何为文学上的真诚时，她高高在上地解释说，主观上的真诚有可能与真理背道而驰，而真理就是应该实现的一切，就是明天会实现的一切。

索尔仁尼琴显然很喜欢批判罗萨诺夫的卑鄙、自私和冷酷，这是个主动作恶的人。与此对照的是，他对机会主义者们表现出绝大的宽容，甚至同情，因为这些人只是被动地承受。所以，邱鲁宾娜承认："我一辈子都在害怕。"科斯托格洛托夫扪心自问，被关到劳改营里是不是好过在恐惧和自弃中过一辈子。

劳改营，索尔仁尼琴又一次提到了它们。他写出了劳改犯与自由公民之间隔着的鸿沟。公民们为哀悼斯大林而哭泣的那天夜里，劳改犯们的欢乐抑制不住地爆发了，看守们都压不下去。科斯托格洛托夫即使在释放后，还由于曾经的经历被孤立。阿薇特说所有被判刑的人肯定有该被指责的地方，他听了自然不吃惊，但当他提起自己的过去，即便是善意的女人们——聪明的冬索娃、善良的佐伊——也不理解他。他与一位女护理倒是一开始就合得来，1935年，列宁格勒[1]四分之一的人口被清理，她与全家一起被流放。他们一见如故。

医院的日常就在这样的社会历史背景下发生，大多数医生是女性，作者对她们带着善意和同情。由于人手不够，她们的工作任务非常繁重，她们用高度的敬业精神和人文关怀应对一切。但很多病人跟她们起冲突，包括科斯托格洛托夫。他认为，不跟病人说实话是不把他们当自由人，不尊重他们，是压迫他们。可是，当他自己被逼得无计可施时，却不忍心让一个病友绝望。他知道那人必死无疑，而那人出院时，却以为自己痊愈了。他还指责医生们不知道自己在做什么，可医生们很清醒，并因此陷入两难：射线杀死肿瘤，却留下损伤和萎缩的隐患。但是，就因为后果无法预料，就该放弃治疗吗？冲突还有另一个原因。医生们要不计一切代价救治病人，但生命无论在什么条件下都

---

[1] 即圣彼得堡，俄罗斯第二大城市。1924年至1991年改称"列宁格勒"，1991年后恢复原名"圣彼得堡"。

值得活下去吗？科斯托格洛托夫问自己。是否该接受"保全性命，却以牺牲生命的价值、芬芳和激情为代价"？当他得知有些针剂能改善他的状况，同时却导致性无能时，他开始是拒绝的，但最终还是屈服了。在这些问题面前，作者没有倾向性。医生与病人的观点他都理解。他展示的是，他们处在壁垒的两边。当冬索娃得知自己得了癌症时，两个群体间的距离悲剧性地显现出来。于是，"一切都乱了套"。她与自己的身体、生活、死亡的关系被颠覆了。

大多数病人都怀着希望：医生的一句话，一个微笑，都让他们安心。他们梦想有神药，但有时感到死亡近在咫尺。只有罗萨诺夫拒绝考虑死亡，因为他没有能力拿出真诚面对自己。其实他的心被恐惧折磨，这从他的噩梦中就看得出来。可他抓住自己会痊愈的念头不放，觉得病友们的谈话不健康，老想打断他们。"干吗不许人思考啊？"科斯托格洛托夫反驳道。"小组又怎么样，死是他自己的事。"大家都明白，自己生命的意义受到了威胁。很多人，比如波多耶夫，以为知道自己为什么活着：为工作、赚钱。在癌症面前，这些理由都站不住脚。波多耶夫在托尔斯泰的书里找更好的理由："是什么让人活下去？"答案很让他满意：是爱。索尔仁尼琴借用了这个答案。世上最坏的病是恶意，用那个动物园游客的举动来象征：他把烟头扔到恒河猴的眼睛里，把它弄瞎了。幸福的世界建立在人与人之间的善意上。每个人都能享受生活之美：喜欢的工作、朋友、宠物、开花的杏树。"人的幸福不取决于生活水平，而取决于心与心之间的联系以及我们对生命的看法。"作者认为，苦行比奢华更适合人类的天性。

他的道德说教里有点我不喜欢的宗教感，我也不喜欢那种句式——显然他自己也不可能完全相信——"人总能幸福，只要他愿意"云云。不过，他建议人们"知足"，我是赞成的。我也欣赏他拒绝异化、粉饰和谎言的态度，因为那会让人失去人性。他认为越能投入地生活就越能帮助别人，生活得越好，我是完全赞同这些结论的。

在《德语课》里，伦茨[1]展示了特定视角下的纳粹主义：数百万德国人在半无知的状态下，通过每天的日常生活彻底践行着纳粹主义。故事始于1943年，到盟军胜利结束，发生在德国北部一个偏僻的小地方：一望无际的平原，多风，多沙丘，有一道海堤，海鸥，远处是大海。战争无处不在：空袭，广播里充斥的假消息，当局的走狗，被迫害的人们。伦茨通过一个孩子的双眼表现战争——也许是因为战后他自己也是个孩子，只比他的主人公西基稍稍年长。西基被关在青少年犯罪教养院里，人们要求二十岁的他写一篇文章阐述"责任的快乐"。看到"责任"这个字眼，父亲的面容瞬间浮现在他面前，他的思绪回到了十年前，开始回想过去。

他父亲耶普森是个警察，驻守离边境最近的哨所。不远处住着被高层认为是"腐化堕落"的艺术家纳森：当局开始想拉拢他，但被他拒绝了，于是他的画作被没收，有他的画展出的画廊都被关闭，但他继续作画。

---

[1] 与君特·格拉斯同时代的德国小说家，人们经常把二人相提并论。——原注

耶普森先是接到命令，没收他的全部新作品，接着又阻止他的一切活动。两人儿时曾是好友，纳森甚至还救过他的命，然而命令就是命令。"这完全不是我的原因，我什么也改变不了，"他对画家说，"这是命令，我只不过执行罢了。"他再次这样说。命令有时不是从外界接收的，而是他自己体会到的：他认为自己必须因一些小过失而鞭打西基。当他的长子——自残以躲避上前线，并从医院逃跑——躲到他那里时，他决定"做该做的事"，也就是把儿子交给警察。他不是个绝对的坏人，当拿起电话要打给宪兵时，他的脸色发灰。但除了盲目服从他所认为的法律，他不知道还有其他生活方式。他内心空虚，得过且过，能连续几天什么也不做，什么也不想，盯着墙壁发呆。他只有在接到具体任务时才觉得幸福：那会让他觉得自己有用，是个要人，他的举止变得威武有力，生命有了意义。他发现纳森在偷偷作画，就举报了他。"我只是尽我的责任。"他说。"您提到责任的时候，我感到恶心。"画家说，"所谓责任，我认为是一种盲目自大。所以人会去做责任并没有要求的事情。"确实，没人要求耶普森一刻不停地监视纳森，还用一些小事折磨他。乡亲们觉得他太过分，把这件事当成自己的私事了。从某种意义上，并非如此。纳森和他的画确实对他无足轻重，但他作为一个"永恒的执行者"，履行"责任"让他得以摆脱了麻木不仁的状态，给了他一种虚假的幻觉，以为自己对这世界很重要。

这个幻觉对他如此重要，以至于责任成了他的执念。战争结束了，纳森荣誉加身。耶普森被关了三个月后恢复了职务，他执拗地想毁掉纳森的画，跑到画家的木屋里搜查，在露天烧掉了他的速写本。西基抑制不住对父亲"不可动摇的良知"的厌恶,第一次反抗:"你没权这样做!"他对父亲呐喊。父亲打了他。"即使时代变了,也要履行责任!"他回应道。但他有些惊慌了,在他强硬的态度下,能感觉到绝望与惶恐。他心甘情愿接受的去人性化过程是不可逆转的,价值观的崩塌没有让他走向真相,而是把他推向了疯狂。他被无名的怒火攫住了,在西基藏纳森画的磨坊放了一把火。

西基只是在父亲的行为让他忍无可忍时才反抗,他已经习惯了服从,温驯地接受对他的惩罚。哥哥请他把自己藏起来时,他回答说:"父亲有权知道这件事。"他保守了秘密,只因为习惯了服从兄长。他什么都看在眼里,却从来不允许自己作判断:他只是描述看到的东西。他的眼神中没有人们通常认为的那种孩子的天真。他很有天赋,又是个早熟的孩子,画家都把他当真正的朋友。但西基是病态社会的产物,有轻微的神经症,他写的文字里有一些夸张的数字,精神分裂的人会有类似的想法:画家的房子有四百个窗户,客厅能容纳九百人,沙发长三十米,这种精确法有点强迫症的意思。他几乎从来不表达自己的感情,可透过这些看上去不动声色的句子,能猜到他心里沉默着的涌动情感。他的内心体验虽然从不表达,却促使他做出出人意料的举动:把被父亲撕碎的一幅画拼凑起来,把没收的画家的素描弄到手,把收集到的画藏在磨坊里。老房子被烧之后,他怕纳森的其他画再被烧掉,他便去画家的工作室和画廊里偷了一些他的画,偷偷藏起来。焦虑之下做出的举动,或许也是对规则的反抗,由于父亲的缘故,他对它无比痛恨。尽管画家对他一片善意,他最终还是进了教养院。

与耶普森苦苦挣扎其中的荒漠般的地狱相对照,作者也让我们看到了一些美好的东西:友谊、爱情和温柔。如果丑恶的狂热没有让它们湮灭,它们也会把世界照亮。西基和纳森经常沉浸在世界的美妙中,在画家那里,欣赏美的幸福往往与创造美的骄傲混在一起,不分彼此。毁灭那些能赋予人类生命以意义的财富,这就是耶普森与其同伙犯下的罪。

故事用简朴的风格写成,这其实需要高超的技巧。西基的现在和巧妙穿插着引出的过去互相映照。我们对孩子的关注投射在二十岁的在押犯身上,反之亦然。

伦茨还尝试了一件难度很大的事:描述画家的创作过程。想在小说里表现艺术家或作家创作的企图通常都是费力不讨好的。而在《德语课》里,当伦茨描写纳森作画的时候,我们仿佛在眼前看到了这一切,我们信任他的灵感,理解他的迟疑。对我们来说,那件作品是真实存在的。

这种简朴的、几乎不带感情色彩的风格效果明显,极其动人。作者从头到尾都是在记录事实,不做主观干预。除了画家的两三句话和西基的喊叫之外,并无一句评论强调耶普森的卑鄙。他的举动看上去全是常规做法,在某种意义上是正常的。他的言行没有引发灾难,却解释了灾难是如何发生的。阻止一个画家作画,这种行为看起来不过是小气而已,可当这警察宣称"这是命令,我只不过是执行命令"时,我们会明白,假如他接到的命令是处决成千上万的人,他也会说同样的话。希特勒主义之所以得逞,就是因为几百万个德国人或大声或小声地说了同样的话为自己开脱:"这完全不是我的原因,我什么也改变不了。"伦茨揭露了这种被动行为的虚伪。执行命令,必然意味着更进一步,中立就是同谋。与所有人一样,我常常思索,面对纳粹主义者、美国人在越南的屠杀,为什么全体人民、整个军队会认同这样的残忍?伦茨这部小说给出的不是什么新答案,而只是用鲜活的方式诠释了汉娜·阿伦特就艾希曼案谈到的"平庸之恶",给这种理论提供了丰富的内涵。

我几乎不读诗歌,虽然诗是个特别好的交流方式。年轻时诗歌曾对我大有裨益,我喜欢背诵一些诗句,至今脑子里还记得一些,也经常翻看波德莱尔、兰波和马拉美的诗集。看到二十岁时喜欢的诗人的作品,我满心欢喜:拉福格或圣-雷吉·雷吉。但不知道为什么,也许是我自己没做足够的努力,现在的诗歌引不起我的共鸣。也可能这里面有个恶性循环:因为我觉着自己不会喜欢,所以也就不努力去了解。我的想法大概不对,不过,有那么多其他作品吸引我去看,我也就不打算改主意了。

我经常打开一本书,不做他想,只为了消遣,尤其是度假时。以前我爱看科幻作品。想象我们的宇宙和生活条件会发生什么变化,或是去不同的时空,这是很有趣的事。不过最近几年没有一本这类小说让我满意。也许能提供想象的素材库有限,而存货已经用完了。我最近读到的作品都缺乏想象力,它们写的地方离我们太近或太相似,那里的生物又都是已经用过的模式。这些内容从来没能把我的思绪带到"他处"。

不过，我很容易被侦探小说、间谍小说或冒险小说吸引住。这又是为什么？在什么情况下会这样呢？

首先，我进入的那个虚构世界要足够合理才能让我驻足：有时它是真实世界的忠实模仿。在亚普利索那本引人入胜的《车中戴眼镜拿步枪的女人》里，惊险故事在巴黎到马赛的路上展开，我愉快地回忆起那条公路，这给书里曲折的情节增添了一些真实性。帕特丽夏·海史密斯的小说也是，作者一开始就创造了一种气氛、场景和人物，看起来很真实，让我很容易接受，接下来我就会带着信任感读下去。不过我发现，这个作者的小说中，我只喜欢有谋杀发生的故事，否则就会觉得她对那些主人公的精神分析很老套，引不起我的兴趣。除非她能制造出悬疑，我才会接着看下去：我想找到揭开谜底的钥匙，或知道一桩危机重重的事件的结果。只有这时，我才会把自己置身小说中的世界，同意玩这个游戏。如果一本侦探小说一开头就抓住了我——因为对话写得精彩，或者是谜出得好，或是有挑战、有赌注——那么接下来的情节尽可荒诞：只要故事编得好就够了，我就能假装相信它。因为急于知道谁是罪犯，抢劫是否成功，特工如何完成任务，我同意把中情局特工当作英雄。不过，要真正地吸引住我，我还得对主人公产生认同，并且愿意他有个好结局。读亚普利索的《车中戴眼镜拿步枪的女人》时就是这样，帕特丽夏·海史密斯那些让人牵挂的罪犯也很容易得到我的同情。我也常常认可那些勇敢或狡猾的侦探。如果作者想让我对一个警察产生兴趣，那就比较尴尬，我很难读得进去。

别人会说我浪费时间，不过我对时间可不吝啬。我喜欢玩跳棋、填字游戏或者解谜，那为什么就不能读"黑色系列"[1]或者意大利警匪小说呢？一般来说，我喜欢读又有趣又能长知识的书，不过也有例外。疲倦的时候我也会读本通俗易懂的书。如果我认真地去读一本书，就会完全投入其中，在书中忘了自己，而读侦探小说可以三心二意，可以让我记得自己是谁，在什么地方：某些时刻对我太珍贵了，我希望即便在做别的事情，也要意识到自己的存在。由于这类书提供的娱乐是轻松不费力的，我在读的时候必须很清闲才行。如果我有心事，它们就抓不住我的注意力。这些书得一口气读完才好，除了很少几次例外，如果我第二次打开一本没读完的书，我的兴趣就已经冷了下来，再也找不回原先的兴致。

我很少把注意力转向我从来没读过的老书。以前忽视它们，这足以让我觉得它们没价值：那为什么忽然要对它们发生兴趣呢？我不了解保尔–路易·库里埃的书，它就在我手边，可没有任何理由让我去翻开它。再说了，在巴黎的时候我可没时间走进一个我始终不关心，也与之没有任何联系的世界。离开巴黎度假的时候，我有时愿意做这种尝试。假如我要去国外旅行，需要尽快熟悉这个国家，我就会急切地想读相关的书籍。在日本的时候，我愉快地读了《源氏物语》，小说的英译本翻译得很出色，我还浏览了古崎润一郎的作品。休假的时候我

---

[1] 伽利玛出版社1945年开始出的侦探小说系列。

也会读一些不出名或被遗忘了的法国作家的作品。有一年,米什莱的《法国大革命史》让我读得津津有味;等他的《法国史》再版了,我会很乐意带一本去罗马度假。虽然以前读过塞维尼夫人的作品,我对她所知甚少:读了"七星文库"中她的三卷书信集后,我心满意足,对她终于有所了解。最近,在一个女性朋友的强烈推荐下,我读了巴尔贝·多莱维里[1]的作品,之前我几乎不知道他。

这里又要涉及我以前谈过的一个问题了:如果我反对某人的观点,我又怎能全神贯注地去读他的文字呢?我说过,大多数情况下我做不到。但巴尔贝·多莱维里凭着他的风格、激情、大胆和新颖的笔触深深地吸引了我。我不像他那样被过去的幽灵困扰,但它们有时也在我周围徘徊,所以我能理解有人为什么会感到魔鬼缠身。我能体会黄昏时袭来的焦虑,面对荒芜土地时的惆怅。当他描写柯坦登[2]的孤寂与雨雾,我的心潮随他起伏。他站在朱安党[3]人和教士一边,表现出那么坚定的信念,以至于引起了我的好奇心,让我在阅读期间不由得站在他的角度看问题。他的作品有些让我觉得虚弱无力,但一旦他跨上想象的骏马,跟着他在文字里疾驰就是乐事一桩。一个贵族青年爱上了已婚神甫的女儿,求爱被拒,为此他决定在她面前上演一场惊险事故。他把两匹野马套上马车,给它们灌了酒,它们一路狂奔,把路上的

---

1 法国作家。
2 法国诺曼底的一个半岛。
3 法国大革命时的保皇党。

所有东西都撞得七零八落，最后在姑娘家的台阶下粉身碎骨。[1]我永远都忘不了这场狂奔，比电影里最大胆的车手表演的特技都更传奇。

已经读过的老书，我一般就没兴趣再读。我目光匆匆扫过萨特书房里"七星文库"的那些书，就转身离开了。当然，我远没到对巴尔扎克、左拉、狄更斯、陀思妥耶夫斯基烂熟于心的地步，但我知道他们会把我带到一个已经变了味道的世界。即使我特别喜欢的作家，如司汤达和卡夫卡，我对再次翻开他们的作品也很犹豫。我知道自己还记得的内容少得可怜，但懒得去跟那些我如今已经没有能力联想到的东西再次相逢：我会渐渐想起眼前正在读的内容，或感到似曾相识，这样就失去了"阅读的乐趣"。自由地与作者合作，几乎等于是创造。不过，我非常愉快地重读了狄德罗写给索菲·沃朗的信。有两个作家我几乎百读不厌：普鲁斯特和写《忏悔录》的卢梭。我像斯万等待《万特伊奏鸣曲》里的短乐句[2]一样等着他们的某些句子出现，当它们跃然纸上的时候，那种美好的感受又奇妙又必不可少。有些诗歌也给我同样的快乐；我说过，我对诗歌几乎必须重读才能建立起联系。

有时候我会把读过的书彻底忘记，再看的时候跟新的一样，连一点模糊的记忆都没有。最近几年，我重读莱蒙托夫、贡加霍夫和谢德林的作品时就是如此。我以前读过圣西门的《回忆录》，而且很喜欢，最近又读了一遍，除了几个经常被引用的句子外，我什么也没记起来。

---

1 巴尔贝·多莱维里的小说《结婚的神甫》里的情节。
2 普鲁斯特的《追忆似水年华》中的人物和情节。

在头三卷里，我没想到会有那么多乏味的内容：战争太多了，家谱也太多了。文字的风格、句子的节奏、饶有趣味的风俗画、辛辣的逸闻趣事很让我喜欢，这倒不奇怪。但我被人物肖像的复杂结构惊住了，通常一上来就对人物唱赞歌，接着就开始批评，接着又是新的赞扬。这时候就得从头再看一遍，才能在这些不同的特点中找到平衡，最后终于明白，这些评语并非互相矛盾，而是相互映衬，把人物表现得特别生动鲜活。

重读一本书的时候，我往往会得出与第一次读相同的结论。有时我对书的理解会进一步，因为有些写得很好的书评为我提供了有用的钥匙。读了埃尔曼写的新近译成法语的乔伊斯传记，我明白了作品与作家的个人经历、与都柏林的某些地点及其周围的关系，某些段落有了更加丰富的内涵。也有的时候，一篇我本来觉得索然无味的文字，在我眼前出人意料地焕发出光彩，令我大惑不解。最近我就重新发现了《圣经》。我本以为长篇大论才能讲完的情节，实际浓缩在短短三行文字里，而内容却启发人们创作出了那么多的绘画、戏剧和诗歌，不由得惊叹于如此简短的故事能由人的想象力扩充成那么丰富的内容。一些我印象中平淡无奇的人物，言行出格得让我震惊，比如亚伯拉罕居然厚颜无耻地让妻子卖淫。我知道耶和华为人严厉易怒，没想到他那么斤斤计较。我记得希伯来人是个好战而自负的民族，可不知道他们曾经犯下那么大规模的屠杀罪行，这让我惊诧不已。简言之，我发现自己对这本童年时就熟悉的书所知甚少。

重读一本书也会让我失望。书里那些冗长、可疑的长篇大论被我的记忆概括成了动人的句子。或者相反，我凭着记住的几个字眼，演绎出了一些不存在的内容。第一次读一本书的时候，人们有时只记住了与自己的执念、幻想相呼应的字眼，而没有领会作者的意图，跟随他写作的脉络，我二十岁的时候就是这么读书的。今天，我会努力让自己客观一些。可事实经常证明我并没做到。我对读过的书的记忆都是不完整的、变形的，就像我对事实的记忆一样。

我的阅读活动不仅仅是把一本书的不同时刻连缀在一起，也是把不同的作品联系起来，因为它们互相纠正、补充和呼应。《德语课》有助于我理解《癌病房》里的高官，而且两本小说都可以用王尔德的那句话作为题词：恶意是因为"缺乏想象力"。这样我就把书里的世界与现实叠加，让它超越现实，照亮和丰富现实；书里的世界有时比现实更鲜明、更有光彩，对我而言，艾玛·包法利和德·夏尔吕先生[1]比我生活中遇到的很多人都更真实。对其他人来说，这些人物也是存在的，他们从不同的角度理解人物，但通过人物与我交流。人们常说文学是人际交流的园地，此言不虚。当我独自一人关在房间里，手捧一本书时，我感到与作者近在咫尺，并穿越时空，与所有读过它的人联系在一起。

*

阅读只能在我脑子里激起一些不确定的形象，梦里的形象很迷

---

[1] 分别是福楼拜和普鲁斯特小说中的人物。

人，但矛盾百出，稍纵即逝。电影呈现给我的形象是满满的感觉：就是一些感觉，类似缺席的现实。一般情况下，纪录片除外，这些影像组成了一个虚构的世界。导演讲述的是一个编造的故事，在一段时间里展开，像一支乐曲，不可逆转。如同阅读，是我的存在赋予了影片完整性和意义。但我的角色不如在阅读中那么活跃，在电影中，我无须诠释符号，只需承受瞬间得到的影像的影响。所以，看电影一般不如读书那么费力。只要我足够专心，快乐、焦虑、同情和厌恶的情绪就扑面而来。触动我的那些情绪有时能强烈到扰乱我的身体节律，一些令人哭泣的场面甚至能让观众晕倒，读书可不会产生这种结果（十四岁的柯莱特在读到左拉的书里对分娩的描写时晕厥了，不过这是个特例）。在电影院里比对着一本小说更容易哭泣，但如果一个导演想跟观众进行真正的交流，他就不会给观众造成身体上的困扰，因为那会让人神志模糊不清。相反，他会像一个好作家那样，请观众发挥自己的自由想象。

形象的力量在于，它会给我一种现实的幻觉，而我几乎被动地接受这幻觉。即便在最清闲的时候，我头脑中总是盘算着一些计划，心里萦绕着一些回忆，准备做一些事。可一旦走进电影院，我就放下了一切。当然，我对一部电影产生何种反应，这与我的过去有关，但那只是背景参照：我全部的计划就是观看眼前展开的场景。我把眼前所见都当作真实存在，而自己无法对它有任何干预。这种无能为力使银幕上的某些场面显得越发难以忍受，另一些场面又特别精彩。面对银幕，我像在梦中那样被彻底缴械，那些视觉形象抓住了我：电影就这样给每个人带来了梦幻一般的感觉。如果我被一部电影深深打动,那是因为它搅动了我内心深处未经整合的回忆,或激活了某些沉默的渴望。有些朋友跟我在任何领域都意见一致,但我们谈论同一部电影时却会有不同的看法,这是因为电影触动了他们心里、我心里,或我们心里隐秘或特别的什么东西。

我很注意看演员的脸。面孔是无法分析、无法归结为概念或用词语表现的,几乎没有一个作家知道怎么展现他的主人公的脸。普鲁斯特成功地形容了人物的脸,可那些脸的轮廓还是模糊的。在银幕上就不同了,角色的脸仿佛有血有肉一般真实。这是一种模棱两可的真实:这张脸既属于演员,又属于他扮演的人,二者之间的关系是不断变化的。如果演员契合他的角色,存在的就只有角色,我就愿意相信他的故事。相反,如果我透过动作和举止看出表演的痕迹,我就很难入戏。如果我对演员本人太熟悉,或者他的外形跟角色距离太大,就会发生这种情况。有些电影就败在选角上,而有些片子尽管有瑕疵,却仍然吸引了我,因为里面某个男人或女人的外表让我动心。有一种特殊情况,就是演员永远只扮演一个特定的人物:在银幕上,查理·卓别林和夏尔洛之间不再有任何距离。

电影会让我看到一些从未见过的乡村或城市景象,这丰富了我对世界的了解。电影也常常把我带回到曾经熟悉的所在:在银幕上看到自己曾偶然到访并很喜欢的地方,如伦敦的街巷、罗马的某个广场,看到它们在电影中成了艺术作品不可或缺的一部分,心里总是很愉快。电影还满足了我的一个孩子气的愿望,那就是既身在某处,我的存在又不会破坏那地方的孤寂:我想亲眼见证自己的缺席。当我从飞机上俯瞰蔚蓝大海中一个岩石嶙峋的小岛,这个梦想几近成真。看电影时我也会有类似的幻觉,我不属于在银幕上徐徐展开的这片土地,我的目光探寻着它,而它却荒芜如初。

我这样出其不意拜访的不仅是大自然,我也会偷偷溜进房子,见到隐秘的场面。我坐在恋人们热烈拥抱的床边,我走进一个房间,看到一个男人躲在里面,不想让人看见他被悲伤摧残的脸。我还有另一项特权:在同一场戏里看到原本分散的元素。各自走散的一群人我能一览无余。我能穿墙而过或在空中翱翔,因为我拥有超自然的能力。

跟书籍一样,电影带给我的东西也是五花八门的。它毕竟是娱乐,我对此常常并无其他的奢望,能让我笑就够了。最滑稽的书也只是让人发笑,因为大笑是一项集体行为。[1]电影放映厅里的观众彼此陌生,人挨人坐在一起,大笑的条件就产生了。想让我参与到这场歇斯底里的发作中去,还有一个条件,就是影片不能在我心里激起能形成障碍的反应:我刻意不看那些所谓的法国滑稽片,因为它们都很粗俗。

这几年我看了几部巴斯特·基顿的老电影,特别有趣:《摄影师》《船长二世》《疯狂的未婚妻》《龙套》,还有我最喜欢的《航海家》。喜剧色彩——萨特已经阐述过[2]——往往来自主体的内心体验

---

1 参见萨特的《家族的傻子》,第816—817页。——原注
2 参见萨特的《家族的傻子》,第816—817页。——原注

与客观物质条件之间的反差。巴斯特·基顿的脸一副深思熟虑、善于把控自己、自以为有效率的模样,可惜他的梦想屡屡碰壁。他以为自己巧夺天工,把机器搞定了,可各种物件和工具总是跟他捣乱。机器出人意料的反击,让他失去了他的外表坚持体现的那种人类尊严。基顿说,"设计笑料需要通过数学一般精确的计算",他的电影也确实带给人解题一般优雅的美学享受,就像精巧的小型机器,其中的机关都经过巧妙安排。哈里·兰登的片子里没那么多精巧的安排,但有很多有趣的地方,最近他的《流浪,流浪,流浪》和《强人》重新上映,我尤其被他的淳朴打动:他的娃娃脸和孩子气的举动。

另一桩乐事是把卓别林的《马戏团》和《摩登时代》又看了一遍,这两部电影魅力不减当年。尤其是后一部影片,我重新找到了我喜欢过的一切。电影重映时观众几乎都是年轻人,他们跟我一样喜欢,这让我非常欣慰。

有几部悬疑片我看得津津有味,大气都不敢出:《里奥追踪》,贝尔蒙多饰演乐呵呵的男主角;沃尔什的几部老片,如《谋杀公司》和《白热》,詹姆斯·卡格内伊在其中的表演堪称超越自我;还有些西部片,包括意大利人拍的《黄金三镖客》和詹姆斯·邦德电影,如《俄罗斯之恋》和《金手指》。我在电影院里看得津津有味的故事,写在纸上可能会让我觉得荒唐:讲邦德冒险的书我根本就没兴趣去看。电影的节奏比书快得多:一眼看明白的情节变成文字,就要用长篇大论去解释。但作家如果把故事写得太着急潦草,又显得没有说服力。银幕上的画面则要可信得多,视觉有证据的效果,给人无可辩驳的真实感,但故事又显得那么不真实,这两者之间的差距实在奇妙。导演如果懂得巧妙地利用这个差异,就能产生极好的效果。意大利西部片就幽默在这里,这也是肖恩·康纳利那些疯狂动作戏的魅力所在。不过,还是得会巧妙地应用这点才行,如果故事编得不合理,节奏太慢,或者演员演得太假,我对银幕上展示的东西就不认可。如果构思缺乏奇思妙想,不够大胆,我会因为乏味而看不下去。

意大利导演常常在喜剧里巧妙地把荒诞和现实结合在一起。《神甫的妻子》里有些很好笑的包袱,索菲亚·罗兰和马斯楚安尼在影片里有淋漓尽致的表演,影片严厉抨击了神甫的伪善和教会的虚伪。《嫉妒的悲剧》让人笑声不断,影片中的人物也都刻画得十分准确:一女两男,完全无力应对自己复杂的情感,无法承受接踵而至的灾难,社会给他们的支持又太少。莫妮卡·维蒂每次自杀未遂被送到医院,初看非常滑稽,实际上既残酷又悲哀。影片也展示了罗马小市民的生活:他们的日常环境、工作、娱乐和节庆。这是个与游客看到的罗马截然不同的罗马:奥斯提亚古城不是一片荒芜的废墟,而是一个乱糟糟的声色犬马之地。

有些野心勃勃的导演,试图把他们对世界的看法传达给我。如果做得成功,他们会丰富我的视角。帕索里尼的《美狄亚》就是个成功的例子,他回答了我心底萦绕的一个问题:在有些文化中,人们怎么会在文明高度发展的同时又容忍野蛮的人祭风俗呢?《美狄亚》并没有什么新内容,但通过长期大量的工作,出人意料的外景选择,还有女主角卡拉斯出色的表演,成功地再造了古代的神圣世界。一个俊美的青年被处死分尸，在我们眼前被吃掉。仪式充满庄重的美感，观众不会感到一点儿恐怖。美狄亚匆匆逃向大海的时候，把弟弟的头砍了，把他的尸身切成碎块，把还在颤抖的肉体抛撒在马车后，但她高贵的形象并未因此被玷污。但到了理性主义的希腊后，美狄亚就丧失了她的魔力，我觉得第二部分比较逊色。

打动我的影片还有《谋杀万岁》，阿拉巴尔在片中表现了佛朗哥治下的西班牙。我也喜欢他的戏剧，虽然没看过演出，但读过剧本，因此对他的电影处女作很好奇。表现梦境的那几场戏虽然有很多可圈可点之处，还是有些过于简单了。表现现实的部分反倒有噩梦般的黑色疯狂诗意，布景令人惊异，演员与角色契合得天衣无缝，画面却非常"有距离感"。这一切都通过一个天真的、被吓坏了的孩子的眼睛展现出来，把观众带入了一个肮脏野蛮的世界。他渐渐发现自己的母亲——那一袭黑衣的美丽女人——把父亲交给了法西斯分子：孩子怀着叛逆而仇恨的心慢慢死去。

小林正树的《切腹》旨在打破日本封建时代的传奇色彩。贵族不是什么英雄的种姓，而是唯利是图，对人民的苦难和武士阶层的贫困不闻不问。片中的大藩主冷酷得可怕：一位武士走投无路，来请求他的帮助——当时风俗如此，并宣布如果藩主不答应，他就当场切腹自杀。藩主异常残忍地判他切腹：武士已经把刀卖掉了，刀鞘里是一把木刀。有人为死者复仇，先出言辱骂了刽子手，接着一人与对方整个家族对阵，杀敌数名。影片用朴素而现实的手法表现了贫穷，与史诗般热烈、壮美的画面形成对照。

这几年巴黎上映了几部很美的匈牙利电影。扬索的《无望的人们》比任何一本书都更透彻地让我明白了匈牙利十九世纪人民起义的前因后果。他的《红军与白军》就不太打动我，那个片子更追求唯美。嘉博的《一万个太阳》让我了解了匈牙利土地改革，我在银幕上看到的土地、农庄和那些面孔，比印在纸上的任何文字都更好地让我了解了这段历史。

维斯康蒂的《纳粹狂魔》也想展现历史。尽管风格宏大，影片却没有打动我。不真实感如果应用不当，会让人发笑，破坏悲剧效果。虽然演员很有才华，我却觉得马丁这个人物不可信：他身上邪恶的东西太多了。屠杀之夜前的狂欢，满载黑人的船在黎明靠岸，这几场戏尽管精彩，却不符合历史事实。结尾那场巴洛克式的冰冷的葬礼，展现了完美的造型艺术。我觉得导演在片子里的存在感过于强烈了，我只是远远地看着表演，内心对影片没有信任感。

有一部电影无比真实，那就是科斯塔-加夫拉斯根据瓦西里科斯的小说改编的《焦点新闻》。伊夫·蒙当那张脸对我来说太熟悉了，有那么一瞬间我忘了他是朗布拉吉斯，不过很快我就入戏了。我在影片里看到的故事，我心里知道那是真实的。在银幕上看到用想象的方式再现的现实，而且那样忠实地保留了现实全部的悲剧色彩，真是一桩乐事。

我对再现历史事件的电影，以及揭示现实社会某些侧面的电影都很感兴趣。在《绿色的心》里，伦茨表现了一群年轻的无赖，故事虽是虚构的，人物却是真实的。我感觉到了他们长久的苦闷、彷徨、怨恨，在刻意的玩世不恭下面，是他们无法表达和承受的一些情感，我感同身受。

电影里很少出现无产阶级的形象。有几部意大利片子描写了他们的斗争，揭露了资产阶级的罪行，可惜我没看到。不过，1965年我看了两部出色的英国电影，主题是一个被剥削者的反抗。两部片子的剧本出自艾伦·西利托之手，他是皮革工的儿子，成为作家后始终保持着与自己出身阶层的紧密联系。演员们我都不认识，观影时我得以把他们完全等同于角色。《周六晚上和周日早上》讲一个年轻工人抗议自己生存条件的故事。他无法享受自己的周末，常常与同伴们出门找乐子，四处游荡，喝酒打架，可当工作被异化，娱乐也随着被异化。他拼命反抗也是徒劳，自由遥不可及，最后任由自己落入爱情的陷阱。观众能预感到，他很快会结婚、为人父，然后停止反抗。《孤独的长跑者》的男主角反抗不公正的剥削，在他看来，在工厂做工就是被压迫、被贬低。他抢了一家面包店，被关进教养所。这是一个出色的长跑运动员，教养所所长鼓励他努力训练：他们很快要与一所私立中学比赛，大家都想让他拿奖杯。他遥遥领先于对手，马上就要赢得比赛，忽然意识到，自己又陷入了被剥削的境地，他如果赢了，得益的是一家他厌恶的机构，于是他停住脚步，任由惊愕的对手超过自己。

在波·维德伯格的《阿达伦31年》中，阶级斗争表现得更为直接。这部瑞典影片拍得很美。故事发生在1931年夏天的瑞典：那是北欧的美丽夏天，绿树成荫，鲜花遍地，黑夜非常短暂。"如果今天是星期天，那该是一个多么美好的日子！"影片开始，镜头把我们带入了工人托马斯家，他如此感叹道。可这只是普通的一天，工人们的罢工已经持续了数周，他们要求提高薪酬。他们做工的工厂暂时关门了，不过这些人同时也是农民，住在乡间散落的房子里。托马斯的家就在其中的一座房子里，他与妻子同住，那是个非常美丽的女人，蓝色的眼睛熠熠生辉，微笑动人，但皮肤看着有点粗糙，双手干裂。他们有两个儿子，一个十七岁，一个十四岁，长着漂亮的脸蛋。托马斯也给人一种精力充沛、乐天的印象。孩子们在度假，男人们好像也在休假，在附近的湖边钓鱼、散步、聊天、玩纸牌，可家里几乎什么吃的都没有。也许他们的罢工会成功，有个家长作风严重的老板说了，他们要求的工资毕竟不是什么大数目，也许会让步。可是并没有，老板们决定雇用亚洲人。

情况至此发生了变化：悲剧在酝酿，加快了到来的步伐。工人们开始把矛头指向黄种人，骚扰他们，但还没有施暴，他们对这些人并无仇恨。但对盘剥他们的人，仇恨则是无疑的。他们高举着红旗，列队走在湖泊上方的沿峭壁的道路上，前去与老板谈判。但老板别墅周围的田野里埋伏着士兵——原来老板叫来了军队。士兵骑马抓捕示威者，示威者躲开了，继续唱着歌前进。这时响起了枪声，军官下令开枪："我们要开枪了，不过子弹的钱要你们付。"军官说。叫军队来就是准备好他们会开枪，甚至是怂恿他们开枪，托马斯的儿子是这样想的。他和他的同志们都不会再被蒙蔽，仇恨在工人们的心中产生。第二天，瑞典爆发了全国总罢工。政权被推翻了。

影片非常美，却没有一点唯美主义倾向，既令人震撼，又让人信服，没有丝毫说教。波·维德伯格最成功的一点，是揭示了公共生活与个人生活之间的联系。托马斯与妻子的爱情很美,可这爱情中夹杂着恐惧,害怕再怀上孩子他们养不起。托马斯的儿子与老板的女儿之间的感情也很动人——他们发现彼此身体吸引的那场戏,无比清新柔美,没有其他影片能与之相比。罢工是工人们日常生活的一部分,他们只是想把生活水平略微提高一点而已,但罢工随即带上了政治色彩,走向了暴力和死亡。阶级对抗暂时会被掩盖——就像此时此地,瑞典的这个夏天发生的一样——但它始终存在,任何微不足道的时机都会让它暴露在光天化日之下。影片真实地反映了资产阶级,没有丑化,也没有指责他们,他们都是些好父亲、好丈夫、有文化的人,然而,一旦面对他们剥削的阶级,他们就变成了强大的杀人者,或正在动手的杀人者。

同一个导演的作品中我还喜欢《乔·希尔》,部分原因是饰演英雄的演员特别出色。影片讲述了二十世纪初美国的工人起义,乔·希尔是起义的组织者。观众能感受到工人们受到的剥削之严酷、压迫之野蛮。但乔·希尔的斗争方式里也有很多欢乐与幽默的成分,比如他发起的行动,他发表的演讲和歌曲。他被以欲加之罪执行死刑的场面,有一种悲伤的美。不过,由于影片的故事跨了好几年,缺乏《阿达伦31年》那样的整体感,节奏过于强烈,逸事多,更重视唯美。

在法国发行的美国电影很多,我特别喜欢描写当代美国的片子。我随着《逍遥骑士》里的两位摩托车手在广阔的天地里奔驰:自然风光、友谊、愉快的邂逅、自由快活,岂不是美好生活?他们的长发和鲜艳的衣服招来那些成了机器的美国人的憎恨。那些人被异化了,满心怨怼,随时准备杀掉任何与他们不像的人:越南人、黑人、嬉皮士。两位旅行者被野蛮殴打，同伴被刺死，最后他们自己也命丧黄泉。

仇恨与暴力也是影片《乔·希尔》的主题。无论是有产者还是工人，虽然表面上过得都很安逸，却对质疑他们的人——黄种人、黑人、年轻人——怀着神经质的愤怒。故事的一开始，有产者偶然杀死了一个嬉皮士，无产者乔鼓励他承认事实：他们都是种族主义者和施暴者。他任由自己被拖入了一场对嬉皮团伙的谋杀，亲手杀死了自己的女儿。

《逃家》以轻松的方式探讨了代沟问题，影片是捷克导演福尔曼在美国拍摄的。影片也很残酷，因为其中的每个人物都陷入了无望的茫然，不管是被禁锢在父母角色里的成人，还是试图逃离父母却找不到自己在世界上的位置的孩子。内心干涸，头脑空虚，所有的人都被苦闷吞噬，但故事却时不时地让人发笑。喜剧色彩仍然是来自人物内心的自我期许与现实之间的反差。他们用煞有介事的浮夸风格谈论自己和自己的生活，可银幕上展示的现实可笑地反驳了他们的说法。影片巧妙地嘲弄了美国社会整整一个阶层的习惯、讲究、陈词滥调和夸张做作。他们心里偶尔产生一点真诚的情感，也立刻被自己无意识的惯性扼杀。影片的高潮是在典礼那场戏，父母们一本正经地抽起了大麻，借口是为了了解孩子们：他们一个个自命不凡，摆出一副有责任心的架势，实际上只是给自己找点乐子而已。

《五支歌》也展示了一幅美国生活画卷。主人公似乎天性孤僻，在他工作的石油公司里，他对同事一无所知，同事对他也一无所知。他对同居的娇小可人的女招待也不怎么关心，而她也搞不懂他。他回家看望曾经是著名音乐家、如今偏瘫的父亲，与家人也没有什么交流。他被嫂子吸引，却得不到她的欢心，因为她怀疑他是否有爱的能力。他终于走了，又孤单又绝望，两手空空，去北方寒冷的森林，也许会死在那里。他的孤独部分源于性格，与童年经历有关，但美国式的生活方式也是原因之一。孤独不仅是主人公的命运，也是其他人物的命运，特别是影片中搭车旅行的女精神病人，她被污染问题困扰，要逃到阿拉斯加的冰天雪地里去。要对抗孤独，可不像片中那个咬文嚼字的老学究说的那样，靠精神分析就行。孤独是美国文化的苦果。

影片的独到之处在于不同角色之间的关系。与人们以为的相反，电影艺术很适合表现人物的心理活动。我觉得罗西执导的《仆人》中男仆与年轻主人的关系非常有意思；《门房》里两兄弟之间、他们与门房之间的关系也饶有趣味；《佩屈莉亚》里女主角与她那位无望的追求者之间、《秘密仪式》里米娅·法罗与伊丽莎白·泰勒之间、《两个绅士》里年轻英国人与牙买加人之间、《慕德家一夜》里众多人物之间，还有《血腥星期天》里几位主人公之间的关系都颇有意味。如果是用书讲这些故事，就要先让读者熟悉故事里的人物以及他们的环境，而如果叙事的头绪过多，一些枝节和细节的分量就会显得很单薄。但在银幕上，人脸、环境和背景一切尽收眼底，观众的兴趣也是当场被激发的。一个手势、一句话、一种语调都意味深长，传递的信息比印在纸上的文字更丰富，也更迅速。

很多电影兼具了我上面有点随意总结的所有主题，或再现一个时代、一个社会，或讲述冒险经历，或展示人与人之间的情感。

《邦妮和克莱德》则展示了一个特定的历史时期：1929年，大萧条时期。这是个悬疑故事,也用格外清新的风格讲述了一个性无能的男青年与女主角之间艰难的爱情故事。《冬日的葬礼》在动人的音乐里和如画的风景中,展示了伊维萨岛上的前纳粹分子、抽大麻的嬉皮士、吸毒者群魔乱舞。片中的男青年满怀饥渴地想品尝生活的种种乐趣,他的欲望那样强烈,那样急切,从一开始就让人觉得他没有好下场。他爱上了一个风骚的女瘾君子,被她说服给自己注射了海洛因,就这样成了毒品的奴隶,最终命丧黄泉。随着剧情发展,他一步步地走向沉迷,这使影片带上了令人焦虑的悬疑色彩。

《蜜月杀手》表现了罪行中生理丑陋的一面:被害者们垂死的样子令人作呕,杀手们反复动手才了结了他们。两个杀手组成了一对恶魔般的伴侣。电影是想说明,魔鬼并非魔鬼,他是"我的同类""我的兄弟"。女主角的外表毫无吸引力:一堆巨大的肥肉,中间却有一张标致的脸。她淫荡贪吃、冷酷无情,还仇视犹太人,可观众还是会被她对雷死心塌地的爱恋、近乎天真的信任打动。她杀人——两次是因为嫉妒得发疯,一次是冷血得不把人当回事——可不觉得自己的生命比别人的更有价值。如果不能独自拥有雷,在一份绝对的合约中,她选择与他一起被处死,而不愿妥协。这份决绝让她显得比被雷引诱的那些可悲的正常女子都更胜一筹。那些女人卖弄风骚,贪财吝啬,对自己都言不由衷,让人厌恶。雷平庸、轻浮,对他那毫无美貌可言的伴侣有着一份柔情。我不知道1951年辛辛监狱[1]里死在电椅上的那两名罪犯

---

[1] 位于美国纽约。

是否跟片中这对伴侣相似，但这一对成功地引起了我们的同情，尽管电影不加掩饰地展现了他们可怕的罪行。

很少有导演拥有自己的银幕宇宙并且能打动我。最近十年来，我只对两位导演的作品有所感触：伯格曼和布努艾尔。伯格曼对女性的关注让我欣喜，女人对他来说不是物件，而是一些聪明敏感的人。他成功地表现了女性之间的关系：友谊、默契和仇恨。在他看来，女人唯一的弱点，就是不由自主地要迎合男人，而男人天性卑鄙。在《沉默》中我看到了那个熟悉的女性世界，那里有暴力，有情感的爆发和狂乱，我被深深吸引住了。不过伯格曼的神秘色彩和对邪恶的执念都让我觉得无聊。《安娜的情欲》里的风景很美，人物也很动人，痛苦地活在自我封闭的孤独世界里，但作者的立场过于明显。世间有邪恶，即人的残酷，他用杀羊、对无辜的人施暴的情节来表现。这个故事没有说服我。

布努艾尔呢，他的很多电影我都非常喜欢，但他对宗教题材的着迷让我厌烦。他的《银河》虽然画面很美，有几场戏也很感人，我却提不起兴趣。不过我喜欢《特里斯塔娜》，只有电影能表现残疾的年轻女人和年轻的花花公子之间那种奇特的关系。布努艾尔擅长揭露老实人以善的名义掩盖的东西，比如偏见和虚伪。他表现一些容光焕发的神甫品尝巧克力，只要让他们稍微多一点点沾沾自喜的神态，就足以让我们讨厌他们。老人、特里斯塔娜和小聋哑人的"恶习"反倒更真实，更有人性。

有一部电影我认为是杰作，我当时就这么说过，那就是1963年上映的《深渊》，尼科斯·帕帕塔基斯导演，对白作者是沃蒂埃。故事的原型是帕潘姐妹[1]，导演尽管反对感官刺激，还是在这部片子里把暴力表现到了极致。悲剧发生在一座孤零零的乡间宅子里，先生、太太和小姐过着锱铢必较的拮据日子，实际上已经是半破产状态。我们通过姐妹俩——贝尔热姐妹把角色诠释得很出色——仇恨的目光看到这家人的生活状态。她们走进厨房，仿佛是进了行刑室。帕帕塔基斯没有借助任何刻意的设计，只是简单地向我们展示了各种刀具、叉子、菜板、钩子和煤气炉，这些家用器具看起来却那么可怕。仇恨在增加，与此同时，两姐妹之间的爱却让人感受到"另一种"生活，一种可以有幸福、诗意和自由的生活。有一段时间，两姐妹残忍地迫害雇主一家，随意摆布他们，因为她们多年没有拿到工钱。她们最终被资产阶级联手制服，穿得像舞台上的女仆，乖乖地在客厅奉茶。得知要被赶出门外，且被分开时，两人勃然大怒，用熨斗把太太和小姐打死了。

据说帕帕塔基斯拍这个暴力反叛故事的时候想到了阿尔及利亚战争。1963年，他对战争还留着鲜明的记忆，这个个人悲剧故事里，其实暗含着反殖民斗争的线索。影片展现的正是法农描写的极端情景[2]，即被压迫者只有杀死压迫者才能自救：只能采取恐怖主义手段。先生和太太所谓的良知，在殖民者身上就是无知和麻木不仁，他们自以为

---

1 1933年震惊法国的凶案：当保姆的帕潘姐妹杀害了雇主。多部法国电影以此故事为原型。
2 见《全世界受苦的人》。——原注

被阿拉伯人容忍甚至爱戴,一旦发现对方怀着的是仇恨,只会大惊失色。小姐是"家长式慈爱"的化身,当年我们称之为"可敬的左派",他们声称给予殖民地人民他们所要求的一切。当她感到自己的高尚被蔑视,主动示好又被拒绝,于是挑起了悲剧。(影片的内涵极其丰富,小姐这个人物会让人想起今天某些大学的校长,跟她一样通情达理,满怀善意,甚至忍受了所有的羞辱,可最后还是叫了警察来殴打学生。)我们几个作家私下里看了影片后,一致把它推荐给广大观众[1]。

我一般不爱看纪录片。它们塞给我一堆没有任何背景的知识,而我并没有囫囵吞枣记住它们的愿望。最近几年只有一部纪录片引起了我的兴趣:一部介绍贝纳勒斯[2]的彩色影片。我一直对那里心向往之,银幕上的画面满足了我多年的好奇。

我也对那些剪辑现存的影像资料再现某个时代的片子感兴趣,所以《1936大转折》一上映我就去看了。影片再现了人民阵线的斗争历程,旁白常常惹我生气,但我从未那样强烈地感到找回了自己生活的记忆。某些事件是我亲身经历过的,不过大多数是通过读报或与人交谈了解到的。银幕让我看到了历史的全貌,画面带我穿越回了过去,看到了事件的不同侧面。

1　帕帕塔基斯后来又拍了《灾难的牧羊人》,据说片子很美,可是阴差阳错,我始终没有机会看。——原注
2　印度北部城市,印度教圣城。

《悲哀与怜悯》给我的是全然不同的印象。我在影片中没有找到记忆中占领时期的氛围，当年空气中弥漫着更多的焦虑感。直接表现历史的画面也很少，尽是一些幸存者在回忆一个已经远去的时代，时间上的距离感消弭了撕裂的痛苦。抵抗战士和法奸似乎只是政见不同，实际上两个阵营之间横亘着如山的死尸。但有些部分还是不错的，比如门德斯·法兰斯的证言、德·尚伯澜伯爵可笑又可憎的说辞，还有参加抵抗运动的农民的讲述。德国人的话太没有新意了，亲耳听到它们时，有一种略带讥讽意味的精神快感。

1962年以来，除了我上面提到的，我还看过不少好电影。不过我知道自己也错过了不少有趣的片子。我很少去电影院了，怕麻烦，要去排队买票，还要忍受新闻简报和广告。而且，无论看书还是听唱片，都可以中途停下；可是看电影，特别是跟女性朋友同去，一旦在椅子上坐下，我就觉得非看完不可，即便电影很无聊。

假如电影能给我的东西比其他表达方式都多，这些缺点也就不重要了，可惜并非如此。电影的力量或吸引力来自画面的一目了然，然而也是影像的一览无余，使我的梦幻戛然而止。这就是为什么——人们常常这样说——由小说改编的电影几乎总有遗憾。艾玛·包法利的脸庞是不确定的，她的样子有很多可能性，她的不幸超出了她个人经验的范围。而在银幕上，我看到的是一张特定的脸，这缩小了叙事的内涵。当情节是直接为电影设计的时候，我不会感到这种失望：特里斯塔娜有凯瑟琳·德纳芙的五官，这我很乐意，因为我事先已经接受了，电影讲的只是个小故事而已。视觉形象的冲击力也往往缩小了银幕上的地点的内涵。在书中，"那在任何花束中都找不到的花"[1]不仅可以用色彩和形状来表现，也可以用花香和花瓣的肌理来表现：文字描述的是一朵花的整体。电影中的风景，我能看见、听见，但我闻不到大海的咸味，身上也不会被海浪打湿。摄像师的取景框把风景与世界的其余部分隔离了。当我念到"托莱多"这个名字时，仿佛看到了整个西班牙。在《特里斯塔娜》里，托莱多的街道被拍得那么完美无缺，但除此以外，丝毫不能给我以其他联想。有时导演技艺高超，能超越这些限制，让我看到一片生机勃勃的原野，似乎能感到清新的风吹在皮肤上；看到一条街道，仿佛置身伦敦，感到整个英国在我身边。但即便最出色的电影，也没有一部能达到小说那样的复杂性：写作的表现力不如图像——当作者想让读者看见什么的时候，而且也不够迅速，但如果为了传递知识，写作就较有优势了。一部作品如果内涵丰富，就能传播产生于抽象知识背景之上的真实体验，少了这个背景，经验就变得支离破碎或晦涩难懂。然而视觉图像却不足以传播知识，即便它做了，结果也很粗糙而且通常很笨拙。在科斯塔-加夫拉斯的《大迫供》中能感觉到这一点。他的《焦点新闻》之所以能成功，是因为故事的情节简单，背景为观众所熟悉：警察的阴谋等等。但《大迫供》只有放在苏联和其他社会主义国家战后的背景下才能被领会。人物不仅在审判期间存在，每个人都有完整的政治背景。如果是在书里，读者会对人物有充分的了解，也理解每个行为的原因。变成一场

---

[1] 出自马拉美诗句，意指最美的玫瑰，美的象征。

戏之后，伦敦[1]的悲剧就失去了分量和意义。

我对书籍有所偏好，我想，主要是因为从小就关注文学。我对词语比对画面更为敏感。

某些人喜欢一再提起的说法之一是，文学今后只能扮演次要角色了，未来属于电影和电视，也就是图像。我一点儿都不相信，我自己没有电视机，将来也不打算买。图像在最初的一瞬间让人着迷，可它接着就变得苍白而虚弱。而文字有个极大的优势：人们能把它们带在身上。当我说"我们的日子先我们而死去"时，我就原封不动地再造了夏多布里昂写下的这句话。

每个人身上都带着其他人的影子，而这一点是通过语言来实现的，这也是我认为文学不可替代的理由之一。

*

舞台剧我看得比电影少得多。电影使用的材料是完全连贯一致的，人们看到的视觉影像惟妙惟肖地模仿了现实。我置身于想象的世界，跟随着电影情节，却并不曾离开原地一刻。而在舞台剧里，想象与现实的关系在我看来别别扭扭。演员们的表演参差不齐，角色身上总脱不了演员本人的痕迹。布景、服装和道具都是就地取材，它们始终会把我拉回现实，虽然剧本一直在通过各种方式要让我摆脱现实的

---

[1] 电影《大迫供》的原著小说作者是阿图尔·伦敦。

束缚。偶尔我被带到了虚构的世界，但很快就会回到当下的现实：我还是在看戏。即便我对剧本特别满意，演出也很成功，我始终会有一种游离感。[1]

虽然有这些看法，我还是津津有味地看过那么几部戏剧作品。1964年奥德翁剧院上演的加蒂导演的《A.季艾的一生》就成功地进行了一次舞台尝试，表现同一个人四个不同年龄段的状态。文学有时也有类似的尝试，但在舞台上同时亲眼看见少年、青年、中年和未来的老年，而他们都是同一个人，效果会更加震撼。大幕拉开，人们先看到四十多岁的清洁工人在游行中受了伤，正躺在医院的病床上与死神搏斗。他看到了自己的过去，与此同时也梦想成为退休老人的自己，坐在一座雅致小楼的门口，（徒劳无功地）请求他一定要活下去。如果人物的命运没有打动我们，这番舞台设计就没有意义。不过，加蒂成功地让我们对清洁工人奥古斯特·季艾产生了同情。导演通过对这个人物的塑造，再现了自己父亲不幸的一生，表达了对他的深情与反抗。

乔治·米歇尔的《玩具》是一出讽刺剧，残忍而滑稽地表现了我们的消费社会强加给我们的环境，还有电视上整天播放的那些污人耳目的口号。演出的成功得益于台词的流畅和天衣无缝——里面全是些老生常谈的俗套，演员们的表演和念台词的语调传达了非人性的效果。布景和舞台设计也都刻意营造了这种间离效果，让人一眼就能认

---

[1] 此处讲的是西方戏剧。有些样式的戏剧是不符合上述评论的，我后面会讲到。——原注

出这就是我们日常的现实世界。

间离效果：众所周知，这是布莱希特戏剧艺术的要义。他是唯一一个我喜欢看其作品的演出胜过读原剧本的作者。他的剧本读起来暗淡无光，只有呈现在舞台上时才焕发出光彩。我在人民剧院看了《彭提拉老爷和他的仆人马蒂》后越发意识到这一点，那部剧的剧本我读来索然无味。导演手法巧妙，威尔逊、德耐尔和朱迪特·马格勒表演精湛，演出使人在大笑之余又有苦涩的回味。

我在人民剧院小剧场看过瓦尔泽[1]的《橡树与安哥拉兔》，喜欢这部剧的适度煽情。杜费罗扮演的那个让人心碎的诗人因为反对纳粹被流放，后来接受了大脑手术和康复治疗。他被改造得如此彻底，以至于到了他的同胞都在声嘶力竭地喊"美国万岁"的时候，他还在固执地喊："希特勒万岁！"他陷入绝望，无力挣扎，一天天失去了生活中曾经有过的一切美好。而与此同时，威尔逊扮演的前纳粹分子却一步步飞黄腾达。剧作意味深长，节奏紧凑，完全没有落入象征和比喻的俗套，像一道阴沉的光照亮了战后德国好人受惩罚、坏人得奖赏的现实。

姆努什金在一处由马戏棚改成的剧院里把威斯克的《厨房》搬上了舞台。精心设计的舞台布景非常逼真，观众如同置身真的厨房，相信厨房门的背后就是餐厅。不过这里没有食品，也没有大多数厨具，这些都靠演员的动作来弥补。伙计们烤着看不见的肉，弄着不存在的面团，剖着没有的鱼。以假乱真的姿态，加上写实的语言、语调和动

---

[1] 德国小说家兼戏剧家。——原注

作，形成了作品独特的魅力和感染力。人们不禁对这些被地狱般高强度劳动折磨的男女产生了同情，发现他们与无法理解他们愤怒的老板之间隔着一道什么样的鸿沟。唯一让我遗憾的是故事最后变成了闹剧。这部作品就是舞台演出远胜于原剧本的一个例子。

之后不久，姆努什金在同一个地方上演了《仲夏夜之梦》。这不是我最喜欢的莎士比亚作品，大多数演员都是从事造型表演的，结果舞蹈和姿势都很优雅，可是台词说得很差。最成功的是布景：整个舞台铺上一层厚厚的垫子，仿佛是灌木丛下的苔藓，夜空的光线透过树枝洒在上面。

萨特有两部作品在人民剧院上演过。1965年，卡格雅尼把萨特根据欧里庇得斯的原著改编的《特洛伊妇女》搬上了舞台，演出很忠实于剧本，只是加上了很现代的风格。普罗多米德斯在纽约为《特洛伊妇女》写了音乐，批评说歌词没有对上音乐的节奏。萨特得了流感，没能去看排练。公演几天前，我们头一次去剧院，当时就惊呆了：音乐乱哄哄的，把演员的声音都盖住了。演员演得很好，朱迪特·马格勒把卡桑德拉演得尤为出色。可是合唱队很糟糕，当伊库博说"敲敲你的脑袋"时，所有的群众演员都开始拍胸脯，看上去像是在做体操。"解剖学没学好。"舞美设计小声咕哝。他是个上年纪的希腊人，很幽默，画了不少精美的布景。萨特说服导演去掉了一些糟糕至极的舞台效果。公演那天晚上，观众热烈鼓掌，不过我们的朋友们跟我们一样，都对演出提不起精神来。

不过，1968年秋天威尔逊执导的《魔鬼与上帝》却非常成功。他没有用做好的固定布景,而是用了一种灵巧的装置,让演员可以自由进出,行动自如。演员也选得很好。第一幕里,扮演戈兹的佩里耶虽然没有超越布拉泽,也与他不相上下;在第二幕里,他就比布拉泽情感真挚得多了。演出整体水平比茹韦执导的那一版高得多,某些情节巧合给作品蒙上了非常现代的色彩,太阳城居民念课文让人联想到集体背诵小红书的场面。剧场每天晚上都挤满了年轻观众,他们不时打断演员的表演,为剧里各种让人联想到现实事件的细节鼓掌叫好。

这些剧作虽然都有创新,却仍相当传统。后来我看的一些作品与传统割裂得就更加明显。

1968年10月,我在"木屋"小剧场看了《雅典卫城》的一场演出。十九世纪时,有个波兰剧作家为了弘扬我们的人文主义文化,写过一个剧本,让某城堡挂毯上描绘的《荷马史诗》或《圣经》中的人物,从墙上走下来,在我们眼前表演挂毯上的场面。波兰导演格罗托夫斯基受到了这个剧本的启发,不过他的目的是要嘲弄人道主义和传统文化。他设想这场演出是在一个纳粹集中营里,演员是穿着条纹囚服的犹太人。他们正在做着沉重又荒唐的苦役,搬运粗重的管子,搭建脚手架。突然,他们用动作和言语来表演历史上的名人:他们的样子那么卑贱,表演的人物又那么传奇高贵,这之间有着可笑的反差。这种高贵实际上为他们所不齿。海伦与帕里斯的爱情成了一场怪异的断袖之恋,因为两个演员都是男人。最有趣的是拉结的婚礼,完全不符合《圣经》里的描述。雅各非但没有顺从拉班,反而一脚踢死了他,然后抢走了拉结。拉结是一截管子,外面套着白色塑料布,代表婚纱;雅各胳膊挽着这截管子，满场溜达，后面跟着婚礼的队伍，木然地唱着歌。观众围着舞台，坐在阶梯座位上，演员们常常走到他们中间。遗憾的是我听不懂台词，我们的捷克朋友列姆懂波兰语，他简短地给我们讲了台词的意思，说剧本写得很美。演员的双重角色——假囚犯扮演古代人物——造成了强烈的不真实感，反而抹掉了想象世界与现实世界之间的巨大差别。

1970年，龙科尼在米兰大教堂广场上演了根据《疯狂的罗兰》[1]改编的通俗剧，免费观看。当年5月，他把演出搬到了巴黎，在中心市场一个破败的大厅里上演。观众须购票入场，看的人就有限了。某天晚上，我去看演出的时候，立刻就喜欢上了那个地方。那是一栋看着很和谐的钢结构建筑，完全露天。观众们都站着，他们是演出的一部分，扮演人群，骑在铁马上的男女武士们在他们中间穿梭，在他们头顶上互相追杀、打斗，因为战马都被抬升到木笼子上面；木笼装有轮子，每个笼子里都蹲着一个男人，推着笼子跑。整个机械设计既简单又巧妙，人们似乎穿越到了十六世纪某个庆典现场，那时候伟大的东西都是用最简陋的方式表达的。大厅的两头都有舞台，靠墙还有一些可移动的台子。有时一场戏聚焦了全场的注意力，有时候两场、三场甚至四场戏同时进行。观众可以任选一场戏观看，或者在几场戏之间随意移动，或者去旁边抽支烟放松一下。在很多旧小说里，这种多头并进、参差不齐的写法会让我晕头转向，觉得厌烦，不过在这里我却感到有

---

[1] 意大利文艺复兴时期诗人阿里奥思托的代表作，模仿了中世纪传奇史诗。

趣，因为这几场戏之间真正的时间关系就是同时性，而用文字呈现的进行方式只能让人厌烦。我的意大利语很差，台词都没听懂，不过情节简单易懂，没有台词也能看。演员的饱满的情绪和美丽的外表（男女都是），还有亮丽的服装、欢乐的气氛、敏捷的动作，这一切都增加了我的快感。类似的感觉我在小时候有过，但不是因为看戏，而是在读到有精彩插图的童话故事、随着画面神游天外时。

还有一次演出更加精彩，那是1971年2月，姆努什金导演的《1789》，由太阳剧团的四十多位演员演出。演出的地点也选得特别好，在寂静的万森讷森林[1]里的旧弹药厂，那里曾经出产"万森讷尼特"牌的杀人毒气。那是一处高大的仓房，里面搭起了五个台子，由拱廊相连。观众可以在靠着其中一堵墙设的阶梯座位就座，也可以在大厅中间站着，如果走廊或移动舞台空着，也可以坐在那里。剧本是太阳剧团全体演员在对大革命历史做了长时间的认真研究后集体创作的，大意是1791年战神广场枪杀事件[2]的第二天，巴黎的街头艺人表演过去两年发生的事情。他们穷尽了平民百姓的想象力，极尽夸张、滑稽，天马行空地任意诠释重要事件，一会儿五个舞台上一齐表演，一会儿全场只有一场大戏，演员们通过走廊从一个台子跑到另一个台子，观众就充当人群。

---

1 位于巴黎十二区。
2 1791年的一天，成千上万的巴黎人来到战神广场的祖国祭坛前，要求在罢黜国王路易十六的请愿书上签字，但却遭到了镇压，史称"战神广场枪杀事件"。

演出开头慢悠悠地表现了全国一片民不聊生的景象,节奏接着变得急促,再也慢不下来,各种表演手段都用上了。艺人们先是用木偶表现三级会议的召开,操弄木偶的人露着自己的脸,接着木偶们自己活了起来,开始表演自己的世界;同时,扮相粗俗夸张的玛丽·安托瓦内特[1]、波利尼亚克和朗巴勒围着卡廖斯托跳着舞。突然,全场都静了下来,演员们四处散落在观众身边,一齐对观众低声耳语攻克巴士底狱的故事。在优美的背景音乐中,人们起先听到的是一片耳语,并不完全同步,结果全场每个角落此起彼伏地回响着"内克尔"[2]:这个名字仿佛长了翅膀,飞遍了全场。人声越来越大,混在一起,却又依然那么清晰,这是胜利的人民的声音,穿越时空在回响;这又像一个传言,经过巧妙的运筹安排,变成了一曲不可避免、令人震撼的巴赫式的大合唱。所有的嘴都合在一起,用自信和热切的语气,此起彼伏地呐喊着:我们就这样攻占了巴士底狱!这是我看过的舞台剧里最伟大的片段,它在我心里激起了深切的共鸣。这情景似曾相识,曾几何时,在我们以为游行取得了胜利,期待将会成真的晚上,我们与朋友相聚时彼此也是这样说话的。于是全场开始了狂欢,舞台变成了杂耍大棚,伴着喧闹的街头乐队的蹩脚演奏,人们在那里打拳、赌博、跳舞、演哑剧。

观众以为,高潮过后演出就要走下坡路了,然而没有。新意层出

---

[1] 路易十六的王后。后面两位也都是法国大革命时期的人物。
[2] 路易十六时期的财政大臣,民望甚高。

不穷,后面还有8月4日[1]夜里的舞会,贵族们在一阵冲动下慷慨解衣,脱掉自己的峨冠华服,接着,突然意识到自己做了什么,为自己的牺牲惊呆了,又赶忙捡起自己的东西卷走。巴黎的妇女们身穿白袍,挥舞着绿色橄榄枝,分开人群,把国王和王后带回巴黎,国王和王后用飘在女人们脑袋上的气球代表。之后又是一场滑稽的哑剧表演,伴着婚礼进行曲的音乐,富人们在抢夺教士的财产。最后的几场戏中,有一场是受了《稽尼奥》[2]的启发。一群资产阶级坐在台上看滑稽戏。对面的台上有一个贵族老爷和一个主教,两人都穿得很可笑,他们中间摆了一个大盒子:一个卖艺人从盒子里取出"人民","人民"身手敏捷,打败了"特权"和"迷信"。资产阶级们鼓起掌来,艺人把"人民"重新放到盒子里关起来时,他们鼓掌更热烈了。但当盒子的盖子打开时,他们吓坏了,像孩子一样对稽尼奥喊着:"当心!当心!"可是"人民"跳到木偶艺人的背上,勒死了他。然而这只是昙花一现,国王逃跑了——这是最精彩的段落之一,"人民"要求国王下台,国民卫队对人群开枪,富人阶级大获全胜。

这部剧里有两层表演,演员们扮演杂耍艺人,艺人们又扮演其他角色。因为有这个设计,剧中的任何人物夸张、恶搞都不让人觉得过分。这些手法都要服务于唯一站得住脚的真相:人民眼中的真相。表现国王与王后在人民纷纷饿死的时候大快朵颐,喝得烂醉如泥走路

---

[1] 1789年8月4日,法国议会投票废除封建特权,这是大革命中的标志性事件。
[2] 创作于十九世纪的法国著名布袋木偶戏。

跌跌撞撞。这不是诬蔑，因为在闹饥荒的年代，只要能吃饱，就算是罪过了。通过讽刺和让人笑得喘不过气来的插科打诨，姆努什金和她的团队展现在我们眼前的是一个悲剧：上升中的资产阶级扼杀革命的故事，他们摧毁贵族，只是为了抢占他们的特权，财富打造的贵族取代了血统传承的贵族。他们利用了人民，愚弄了人民，人民毫无所得。作品在展示这一历史进程时在细节上体现出令人惊异的准确，几乎让人觉察不到。因为演出需要购票入场，有人质疑作品的革命性。不过，它的革命性更体现在让观众感动，在他们心中激起了愤怒。

1971年6月，巴黎人有幸观看了一场奇特的演出：罗伯特·威尔逊导演的《聋人的目光》。那是一系列舞台造型，无声地变换着静止或活动的画面，节奏缓慢地展示着一个聋哑黑孩子的幻想。作者在其中反映了自己的世界。跟大多数看过的人一样，我被这场魔幻般的演出震撼了，尽管有些长，有些啰唆。不过我很快发现，自己什么都没记住。画面都被遗忘了，我也没从中提炼出什么能记住的意义。勒妮·索黑尔管它叫《寂静的河》，对我来说它白白流过了。

*

音乐在我生活中始终占有重要的位置。我从不去听音乐会，因为我讨厌那种仪式感的庄严劲儿，宁愿等着自己喜欢的作品被录制成唱片再听。不过我也去过两次歌剧院，我早就喜欢贝尔格的《沃采克》，所以不想错过布雷指挥的演出。演出很精彩，我也喜欢马松设计的漂亮布景，巴罗特导演得也非常好，他受了布莱希特的启发。歌剧是一门综合艺术，很少有作品能做到这么完美。1969年我还看过莫斯科歌剧院演的《鲍里斯·哥多诺夫》。那部作品我很熟悉，合唱队很棒，演员们唱作俱佳，服装的奢华让人忽略了布景的老套。

不过这些是特例。我与音乐的真正关系是很家常的，晚上跟萨特在一起的时候我们常听唱片。现在，我很少能从音乐里找到令我兴奋的新东西了，因为对过去的大作曲家都已耳熟能详。不过，每次听到我喜欢的作品都很愉快，有时也会发现一些尚未刻制成唱片的作品，丰富了我对某个音乐家或某个时代的知识。1970年，我听到了杰苏尔多美妙绝伦的《牧歌》，当时我还从未听说过他的名字。我不断更新自己的认知，获得新的知识，从新的角度聆听某些作品，这多少改变着我的认知和品位。我已经说过，如今我惦记的事情之一，就是整理、总结我的过去。

另一件事——这我也说过了——是要跟上时代。我关注当代音乐家的创作。施托克豪森、泽纳基斯、潘德列茨基、李盖蒂给了我很多新的感触；我也喜欢布列兹、贝里奥、诺诺、海因茨和其他几位作曲家。听年轻音乐家的作品很有意思，你明知道作曲家们大多要到盛年之后，甚至老年才能写出最出色的作品。年轻的音乐家里面谁会走得更远？谁会是本世纪最伟大的音乐家？我很想知道他们的未来以及他们死后会享有什么样的声望。其他作品——这对他们和我来说都是不可预见的——会赋予他们今日的作品以新的意义，正如他们今日的作品能帮我理解前人的探索。泽纳基斯的音乐就让我对贝多芬、拉威尔、巴托克的某些作品有了新的认识。

有时候我会小小地冒一下险，转动我半导体收音机的旋钮，收听法国音乐电台的节目。有时恰好听到我特别喜欢的曲子，不过这种情况很少见，这也不是我的目的。以前有个女性朋友曾经对我说过，出席上流社会酒会的乐趣，在于可以碰见一些你不想见的人。我听广播也一样，是为了听那些我不想听的音乐。不过这种乐趣我只能浅尝辄止，我还是更愿意听我的唱片。

*

大型展览的嘈杂与拥挤让我望而生畏。另外，展品离开了它们的根，也就失去了一部分价值。1966年巴黎大皇宫举办了黑人艺术展，内容丰富，能欣赏到很多精美的艺术品，但是展品的布置相当随意，让人完全不得要领。欧洲哥特艺术展[1]也是这个毛病，各个展厅的照明都不错，观众比较分散，我可以在里面随意游逛。展品来自欧洲各地，但布展给人一种杂货摊的印象。墓石卧像摆放在毫无特色的展厅里，完全没有了它们在圣德尼、布尔日和第戎教堂边的墓地、离死者生前祈祷的地方近在咫尺时的那种感染力。大多数雕塑作品跟我以前看过的太过相像，也有一些比较独特的、五颜六色的木雕，我看得很惊奇，不过几乎都很丑陋。我看到的最震撼的一件作品是一座

---

[1] 1967年在卢浮宫举办。——原注

巨大的基督雕像，全身乌黑，被钉在绞架上。雕像来自威斯特伐利亚，一副强盗脸孔，身子特别长，令我想到德国农民起义中的那些不幸者被残酷折磨，用钉子钉在树上或吊死在树枝上。总的来说，相比这种大型的展览，我更喜欢参观外省那些规模较小的博物馆，如普罗万、奥唐和第戎的博物馆，人们能在那里欣赏到风格较为一致的藏品。

1971年，我在大皇宫[1]愉快地重温了关于南斯拉夫的记忆。投射在大幕布上的彩色照片让我记起了在那里看过的著名建筑物。我还看到了一些拜占庭教堂壁画的复制品，以及一些从未见过的艺术品：多瑙河边出土的石雕，轮廓粗犷，表现的是人鱼形象，可能是史前的作品；一件造型清新的青铜时代的陶制还愿小战车，由几只鸭子拉着；一件大理石少女头像，面容清纯，头发精心地编成辫子，是公元二世纪的作品。我折服于斯洛文尼亚彩色木雕展的魅力，这些圣女雕像面容天真无邪，以令人意想不到的姿态凝固在那里。

我喜欢绘画，只是不喜欢参加画展开幕式。每年我都在画廊和博物馆流连很多时间，1964年我看了尼古拉·德·斯塔尔的展，这位大画家尝试了很多不同的艺术道路，但始终对自己不满意。这次展览内容不如我几年前看过的他的第一个画展丰富，但还是能看到一些精美的画作。

---

[1] 我没去看巴黎人趋之若鹜的图坦卡蒙展；我去过开罗，开罗的博物馆只把法老墓里物品很小的一部分运到巴黎展出。——原注

我对让·杜布菲相当熟悉。我很喜欢他在本世纪五六十年代画的"重视材料质感的作品"系列，他在画布上表现一些不加修饰的物体，如石头、小石子、腐殖土、草和沙子。到了《巴黎圆形广场》，他又回归了以前的主题。我看了他的"乌尔鲁普"：在这个系列里，他的意图是通过展现一种"谬误中的喜剧"来"蒙骗"观众。这些画都是用一些扁平的小单元组成的，单元的颜色各不相同，大多是蓝色或红色，每个单元都有玻璃窗上的铅条那样清晰的边框，并经常填满黑色的晕线。这些单元并列摆放着，给空间一种抽象感。整个画面呈旋涡状，含义暧昧不明。至于是否能从画面上辨别出形象，就取决于看画的方式了。这种手法刻意地要远离现实，不过，透过扁平空间的红蓝分割，似乎能瞥见各种姿态的人形，他们在跳舞狂欢，欢乐的气氛与可笑得让人难过的脸和身体形成反差。这是另一个世界，在这个世界之外，也许可笑，但是充满欢乐。

不久之后，1966年，我有幸欣赏到了比西埃细腻精美的画作、皮尼翁感染力强烈的笔触。辛格尔的画没有明确的形象，但他用绚烂的色彩以及透明和不透明的对比，让人联想到澄碧的水、美丽的珊瑚和幽深的海洋。

1967年，博纳尔的大量作品在橘园美术馆展出，我对那位画家也相当熟悉。那次展览仍然是他最近的作品，我很喜欢。根据画家自己的说法，这些画代表着"一系列彼此相关的任务"。其中有些画，说到底只是一些亮黄和暗白的色块组合，轮廓全部消失了，但仍然表现了大自然，或沉静孤寂，或繁盛丰富。

我喜欢回顾的癖好在一次毕加索作品展上得到了满足，这个展览基本涵盖了画家从初入画坛到现在的作品。展览再次验证了我对毕加索的敬意和看法。毕加索的绘画技巧令人叹为观止，怎么画是他的权利，不过我不总是能赞同他的意图。在我看来，他的鼎盛时期在1930年到1950年。那期间他彻底找到了自我，不断超越自己，后面他就开始重复了，尽管还是取得了世人瞩目的成就，不过他的艺术变机械了。

在大皇宫我再次重温了夏加尔的全部作品。他的作品有点单调，有时流于造作，但随着时间的流逝而愈加深刻。"我不得不等到自己成了一个老人……才懂得了质感的重要性。"他说。把他最近的画和最早的画相比较，感觉是很明显的。它们都同样富有诗意，但材料越来越丰富，色彩越来越讲究，"质感"变得更加珍贵了。他的作品最独特的一点是具有自传的性质。夏加尔描绘他的故乡小城维捷布斯克，那里的房子、雪，他童年时就熟悉的动物：鱼、公鸡、牛、马。他也画他爱的巴黎：塞纳河码头、屋顶、埃菲尔铁塔。浸淫于他从小接受的文化，他用画诠释希伯来谚语，表现民俗场景。风景、花束、神兽、街头艺人、恋人，被他画得宛如梦境。他会画一扇敞开的窗户，睡觉的人飞在空中，虽然画家自己没有出现，这并不妨碍他邀请我们进入他的梦幻世界，那里有蓝色的鱼、绿色的马、拉小提琴的人挂在屋顶，新郎新娘躺在空中。这个用天真的样子和鲜亮的色彩描绘的世界，有着感性的柔情。

另外一次享受，是1968年在斯特拉斯堡看1918—1920年回顾展。这正是表哥雅克几年后带我了解的那个时期。我还记得二十岁时，自己站在画家们面前又迟疑又兴奋的心情，想不到如今我与他们如此熟悉。我很高兴再次见到他们的画，不过从画里没看到什么新东西。只有一个意外，我发现了一个从前一无所知的画家，如今我认为他是最伟大的画家之一：罗伯特·德劳内。他对同代画家，比如保罗·克利有不可忽视的影响。他的画技法严谨，不吝惜色彩，颜色直白浓烈，简直给人一种生理上的享受。

我特别喜欢薇拉·达·席尔瓦的画。1969年秋天在现代艺术馆举办了她的作品大型回顾展。我尤其被她第二阶段的作品打动：画面或白或灰，用笔直僵硬的线条表达了当代城市生活的焦虑。

经常听人说起德尔沃，不过他在法国不太有名，我只看过他作品的复制品。1969年6月装饰艺术博物馆的德尔沃回顾展给了我了解他的机会。我立刻在他的梦幻世界里找到了共鸣，它虽然与我自己的梦境相去甚远，我们之间的距离却奇怪地瞬间拉近了：这是一个安静却令人不安的世界，似乎处处怪异，日常生活让人担忧，到处都是女性诱人的身体，年轻女子在她们紧身的黑连衣裙或白色胸衣里面一丝不挂，她们的姐妹们也无邪地裸着身体，身上只有一顶大帽子、一串项链、一条打结的缎带或者一件皮毛外衣。她们让人联想到一些油画名作——最常想到的是卢卡斯的《卢克莱丝》[1]，以及一些大理石的胸像，不过她们都有清新柔软的肉体。她们住在一些城镇里，道路用暗色的石板铺成，上面有行车的轨道，古老的电车在路上摇晃着

---

[1] 十六世纪德国画家卢卡斯·格拉纳什的作品。卢克莱丝是古罗马人物，她被国王的儿子奸污后愤而自杀。画上的她身披毛皮大衣，敞露胸怀。

驶过。她们在小小的车站里，一丝不挂地坐着，看火车从眼前驶过，其中一个裸着身子，坐在一条小路中间摆着的桌子面前，桌上盖着绿色桌布，有一盏我小时候样式的油灯。一些拿着长柄眼镜、戴圆形帽子的男人，站在蜡烛火苗颤颤巍巍的街上，或是一片废墟中跟她们搭讪，却又看不见她们。在德尔沃的世界里，北方那些烟气缭绕的小镇近旁都是大理石般的风景，湛蓝的天空下生长着黑色的柏树。那里也有些穿着衣服或敞开面纱的女人，大理石般的肉体，头戴装饰着羽毛的帽子在沉思。近视眼的学者或目中无人的绅士从她们身边走过，一脸冷漠。像许多画家一样，德尔沃随着衰老，技艺日益精湛。他六十年代的作品是我最喜欢的：色彩特别的深沉，表现的现实又是这样既遥远又接近。我尤其喜欢他七十二岁时画的《雅典的放荡女人》：全裸或半裸的女人们或站或躺，一列电车从古香古色的风景中经过。他的作品里有很多这样的画面，虽然时间使它们失去了原本丰富的含义，却无碍它们的魅力，这些画面仍然萦绕在我的脑海里。

　　1969年冬，我去了好几次克利画展，每次都看很长时间。以前在巴黎曾经看过他的画展，有一次是在1948年2月。在巴塞尔和其他地方的博物馆，我都曾在他的画作前驻足。本来我就把他归为伟大的现代画家之列，但每次都禁不住赞叹不已。在他的世界里，绘画首先是色彩。"我与色彩合二为一。我就是画家！"某天，他在兴奋中这样宣布。他的每幅画都是色彩的狂欢，充溢着生命力和微妙的变幻。城市、房屋、花园、野兽和花草都是他挥洒色彩，又任意切割、组合的借口，他的画给我们的是肉眼可见的幸福。他从现实中得到灵感，又用崭新的眼光重新发现现实。他喜欢孩子的画,"他们的天赋来自某种智慧",而他保留了这种智慧,从未让成人那种实用和僵化的观念扭曲他的视角。他眼中是一个正在孕育的世界,将从矢量、箭头和旋涡中诞生。"线条的冒险。"米萧说得很对。只需一条巧妙勾画的线,就能让我们看到一个惟妙惟肖的老人正在算数。《街头艺人》《疯舞者》《创造者》以及其他画作的魅力,就在于色彩和线条着魔一般的癫狂舞蹈。《内在性》体现的也是线条的艺术。在这个世界里,人并没有优越的地位。动物、植物,一切活的东西都具有同等的价值,彼此之间不断相互转换。一张人脸可以用贝壳、昆虫和花朵组成,如《扮演菲儿狄丽吉的女歌手》。人一旦除去骄傲自负的外衣,回归自己单纯的本质,就有了某种喜感,显得有点可笑,又有点令人怜悯,有时还有点神秘。在他的《瓜叶菊》中,这种花名让人想到老年[1],我们看到的是一张满月一般的孩子气的脸。

这幅画的名字引人遐想。克利的画虽然没有文学性,但词语在其中扮演了重要角色。他的画里会有一些印刷的字母或书法,他给画作选择标题也很用心,这些因素合在一起,折射出画作的含义。文字与绘画之间、不同生命之间以及自然与建筑之间的转换构成了克利绘画世界的诗意。毕加索是用画笔解构和分析现实,克利的做法恰好相反,他把现实表现为一种超越其表面局限的整体存在,每个事物都与宇宙的整体相连,艺术家的任务是提炼出事物之间的相似性,从而以

---

[1] 瓜叶菊(senecio)在拉丁文中意为"老年"。

可见的方式表达这种联系。

克利晚年的作品里不再有从前的欢乐与幽默，他的画不再表现幸福，但我还是一样喜欢。1939年到1940年，他病得很重。他自己也知道，当时的时局也很沉重。在《悲怆的萌芽》、朴素而令人惶惑的《白底上的符号》以及《被毁的迷宫》里，能感受到死亡的存在：死神在所有画作的深处逡巡，然而作品给人的美感又消除并升华了死的威胁。

贾科梅蒂说过，他每次看完画展出来都感到由衷的幸福，因为摆脱了艺术品有限的必然，重新投入充满多样化的现实的偶然，这种丰富让他着迷。克利的画在我身上会产生相反的效果，他既不是单纯的画家，也不仅仅是诗人，而是同时拥有两种特质。他给我的世界超越了我眼睛能看到的一切：既有我了解的，也有我不知道的，既有在世上拥有名字的，又有所有无名的一切。我每次看完他的画出来，都觉得眼前的街道灰暗无光。

也是在那个时期，戈雅的一百多幅画在橘园美术馆展出。这些作品没有收藏在普拉多博物馆，我是头一次见到。戈雅是我最欣赏的画家之一，我很高兴能增进对他的了解。当时我正在写关于老年的随笔，读了好几本关于他的书，看过他新近作品的一些复制品。能欣赏到他那些骇人的老妪肖像画的真迹，对我而言是一大幸事。他其他的画则给了我更直接的快乐：画面的美吸引住了我。

不久之后，我也是在橘园发现了马克斯·恩斯特。1947年我主要在纽约见过他的画。我印象里，他是个颇有灵感的超现实主义画家，最后发现这是个大画家，受了超现实主义的影响。

1969年我不幸错过了雷贝罗利的主题展《游击队员》。萨特热情洋溢地跟我谈起过,我也看过一些精美的复制品。几个共同的朋友介绍萨特跟他联系,我们去他在蒙特鲁热的画室看他,他给我们看了一些老作品,我终于见到了《游击队员》。靠墙放着几幅新作,后来我在马特画廊又见到了那些画。当时雷贝罗利在那里展出名为《共存》的新系列,萨特为那个展览写了前言。1969年,雷贝罗利揭露了资本主义的罪恶,这次他抨击的是在布拉格与莫斯科犯下的罪行,以及巴西、希腊、越南发生的事,因为它打着"共存"的旗号,对罪恶听之任之。旗帜上的红色,原本是希望的象征,在他的画里却与流淌的鲜血、大张着伤口的肉体融为一体。雷贝罗利没有用抽象的手法表现被碾碎的人体,而是把附着在血肉上的恐怖和愤怒彻底物化,然后直接摆在我们眼前。这些强烈的情感体验之所以让我们还能忍受,是因为他的画有着萨特所说的"轻快"特质。他在愤怒中感受到欢乐,并把它画了下来,与我们分享。

法国人几乎不了解弗朗西斯·培根[1],我也不知道他。1971年11月我在大皇宫看了他的展览,被镇住了。"我们都可能变成一具白骨。每次我去肉铺,一想到那头待宰的动物居然不是我,就觉得吃惊。"培根在一次采访时说。我发现自己置身于滴血的肉块和被蹂躏过的白骨之间。系列画作《钉上十字架》中,身体一律被折磨和扭曲成几乎无法直视的程度,其他画看起来平静一些,男人或女人在长沙发上躺着或坐

---

[1] 二十世纪英国画家。

着,但他们的四肢在痉挛,肉在颤抖,沙发其实是个行刑架,四壁像在牢房里。培根画了很多肖像,人脸似乎在炸裂,嘴巴大张着在发出呐喊。有几幅画比较平和,两幅画得很美的斗牛,还有些灰色调的草地和风景。但他的作品整体描绘了一幅悲惨甚至恐怖的人类生存画面:被折磨的人体,在牢笼中窒息的囚徒。他生活在恐怖中,他想吼叫。他选择了紫红、灰和脏黄,增强了这种焦虑感。"我从来没有刻意表现恐怖,"培根说,"我觉得只要悉心观察,思考生活的整体就能明白,我完全没有夸大生活恐怖的一面。"只要找份报纸一看,就知道他说得对。就在此时此刻,就有成千上万张嘴在嘶吼,身体在流血,在垂死挣扎。让人惊奇的是,培根的画一面毫不留情地揭露可怖的现实,一面还能带给我们快乐,因为我们还是要承认,这些画真的很美。

大型画展和重要的回顾展我都很少错过,不过我对当代画家不如对音乐家和作家那么了解。我没有那么多时间去逛画廊,而且也觉得没意思。我欣赏瓦萨雷里[1]的"视觉施虐狂",但不喜欢他那几百幅以此为主题的画。很久以前,杜尚就已经发明了"成品艺术"[2],今天泛滥的类似作品没有任何新意,除了少数例外,"反艺术"引不起我的兴趣。不过这种倾向愈演愈烈,而真正意义上的绘画却少人问津了。

*

---

1 匈牙利裔法国艺术家,被认为是"视觉艺术"之父。
2 法国艺术家、达达艺术先锋马塞尔·杜尚推出的"READY MADE",即选取日常物件摆放成艺术品。

我继续增加自己的文化修养。如今的我是否比过去懂得更多一点了？知识更新得那么快，尽管我从未停止学习，无知仍在增长。我的记忆会漏掉以前积累的知识的一大部分，尤其在二十五岁到五十岁那段时间，我丢掉的知识特别多，曾经掌握的数学、拉丁文、希腊文知识几乎都忘了。以前学过的哲学体系只记得一个大概，而且二十年来没读过有关的著作。在文学方面，我仍然感到与喜欢的作家非常亲近。在绘画与音乐领域，我不断丰富和巩固自己的知识，最近这十年间我就学到了很多。整体来看，与四十岁时相比，我对自己在世界上的位置有了更清醒的认识，对社会结构和历史进程的理解进了一步，对人们的意图与反应也看得更清楚了一些。

然而，我掌握的这些文化知识如今价值何在呢？我承认，自己不属于深受"68学潮"影响的知识分子。萨特曾指出，知识分子的普遍目标与他自身被束缚其中的本位主义之间存在矛盾[1]，这一点我1962年写完《事物的力量》时已经意识到。开始写这本书时，这一矛盾再次困扰了我。我使用普遍性的工具——语言，我的表达对象原则上包括所有的人，然而能听见我声音的人只是有限的一部分。我尤其希望与年轻人沟通，可现在很多年轻人认为阅读无用。因此，写作这种交流

---

[1] 萨特接受《国际白痴报》采访时谈过这个问题，该访谈后来被《时局》第八期再次刊登。——原注
《国际白痴报》于1969年创刊，1994年停刊，宗旨是抨击时弊，宣称独立于任何意识形态。

方式不再有它的优势。但我还是把这本书完成了,将来我必定还会写书。我可以质疑自己作为作家的水平,但不能不写作。我不能抛弃自己的过去,否认我曾经爱过的一切。阿尔及利亚战争教我学会了警惕那些掩盖和美化人类苦难的音乐、绘画及一切艺术,但我仍在生活中给艺术留了一块重要的位置。我不认为西方文化是放之四海而皆准的,或是永恒的,但西方文化培育了我,我仍然忠于它。我希望它不会湮灭,并能传至后世。我理解有些青少年的想法,他们拒绝接受西方文化的某些方面,反抗文化灌输的方式。可是,难道没有办法把我们的文化中仍然有价值、能帮助他们生活的部分传递给他们吗?

这样做很难,我知道。我的很多朋友是老师,比安卡、西尔薇、库舍等等,我们常在一起讨论他们遇到的问题。三十年代他们的境况与我很不一样。在某些方面,当教师有一些好处,有更大的自由度去探讨他们感兴趣的话题,讽刺时政。他们也无须像以前那样有那么多禁忌。当年我那些四年级女学生读到拉丁文课本里的"大腿"一词就嗤嗤发笑,我也还记得自己在哲学课上解释瓦莱里的诗句"被挠痒痒的女孩发出尖叫"时有多尴尬。为了向学生讲解精神分析,我只能拐弯抹角,尽量讲得平淡。如今人们谈起这些事来直率得多,也简单得多。但据我的朋友们说,现在的教育收效甚微,因为中学生们对学习知识,特别是哲学知识,很抗拒。

每个班的学生人数比以前多了,这使得老师更难了解到每个学生的个性,课堂讨论也往往变成瞎嚷嚷。面对二三十个女学生,我还能任由她们自由发表见解,无论她们怎么抢话,怎么大声辩论,我都能毫不费力地收拾局面。但如果学生人数到了四十,维持秩序就难了。当然人数不是唯一的原因,远非如此。我教过一些人数众多但活泼有序的班级。学生的态度现在有了显著变化,任何对话都变得障碍重重。

我教哲学的时候,很乐意面对那些对这个领域一无所知的人;我看着他们一天天被启蒙、开放心灵、充实头脑。有时学生们反驳我,那也是遵循了我本人教给他们的原则。现在的情形已大不相同了。如今毕业班的中学生年龄比我当年的学生大,经过多年电视和报纸的耳濡目染,自以为什么都懂,或者——这本来就是一回事——认为没什么好学习的。他们之中的有些人说,人反正总是受制约的,那么学习、思考有什么用呢?他们对成人充满怀疑,认为凡是老师说的话都不必当回事。可他们没有意识到,自己拿来反驳老师的那些尽人皆知的说辞,其实都是成年人通过大众传媒灌输给他们的。也许是出于对技术官僚社会的反抗,他们最感兴趣的东西是玄学和外星世界。但总的来说,他们缺乏好奇心。我的朋友们给我描述的每所中学的情况不尽相同,但或多或少都是一派灰暗景象。大家都抱怨学生们懒惰、不积极。教五、六年级[1]的老师与学生们的关系通常比较好,还能够吸引学生的注意力,让他们有所反应,但前提是老师能不拘泥于不适合学生的教学大纲,并且不计较纪律和规矩,跟学生建立新型的关系。这样一来势必与校方及家长产生冲突。简言之,以前教书是我的乐趣,现在却成了费力不讨好,还往往让人筋疲力尽的苦差。

---

[1] 相当于中国的初一和初二。

这是因为，给年轻人准备的精神食粮与他们的需求严重不匹配，学校成了一个让人拘束的场所，对被迫吞下精神饲料的学生和不得不给学生填喂饲料的老师都是如此。局面腐烂至此，任何改革都无能为力，只有来一场真正的革命，才能让年轻人有融入社会的欲望和办法：那将是一个不同的社会，老一代培养新一代的方式要彻底重新设计。

在目前的情形下，我理解大多数年轻人为什么不再重视知识，然而我仍然对此感到遗憾。至于我自己，我说过，我的好奇心依然开放。我已经谈了令我好奇的多数领域，下面我要谈谈另一个：旅行。

第四章
探索世界

　　我跟以前一样喜欢旅行。1962年我曾经对旅行倒了胃口,如今兴趣又回来了。最近十年我游览或重新游览了很多地方,这些探索给我带来了什么呢?

　　首先,旅行是我执着至今的宏大计划的一部分:了解世界。当然,眼见不等于了解,人们完全可能走了万里路,却什么都没看明白。阅读和交谈能帮我了解某个国家,却不能替代亲眼看到有血有肉的事物。当我穿街走巷,混迹人群,一个城市和那里的居民就活了起来,这种圆满是词语所不能给我的。而且,与我的生活发生过联系的地方,比我只是言语提到过的地方,更能引起我的兴趣。

　　总的来说,我的探索之旅取决于向我发出邀请,或自愿为我当向导的人们替我制订的计划。有时候,强加给我的某些活动让我不堪重负。不过,大多数时候,这样的旅行更像是免费的礼物,我除了欣然接受，不需付出额外努力。另一些时候，旅行只是为了随意倘徉，没有学习的目的，我就会自己安排路线。我体验到了以前长途步行时感受过的快乐，创造的快乐。途中遇到的景点和建筑总让我又惊又喜，而在地图上那只是些抽象的符号。

旅行也是个人的冒险：我与世界、空间和时间的关系改变了。改变起初往往让人晕头转向：新鲜的地点和面孔让我抓狂，我被一大堆涌上来的欲望淹没，急切地想满足自己。我喜欢这种迷糊的感觉。我有些朋友一到陌生的城市就焦虑，我却会感到兴奋；凭着乐观的天性，我确信自己能很快掌控把我淹没的现实。丰富的景象使我忘了自己，让我沉溺于无垠的幻象：我会一时意识不到自己和事物的限度。这就是我如此珍惜这些时刻的原因。

我最爱的旅行时光是开着车在路上，或者坐在火车上，不过这种情况要少得多。一卷书、一部电影会把世界展现在我面前，而我似乎并不在其中：我忘了自己的存在。开着车在路上时，我就在那里，而且感到是自己身体的移动带来了眼前所见：由于运动，富含意义的空间徐徐展开，恰如其分伴随着时间的流逝。此时，运动有着令人沉醉的意味。对过往的回忆和对未来的期许最能给人带来一种幻觉，让他感到似乎回归了自我。驾车行驶在大路上，我不断地在回忆与发现之间切换，脑海里还留着回忆中最后的影像，心神已被好奇心驱使着去发现新的东西；我既回忆又期待，深深地沉浸在离我而去的过往和迎面而来的未来中。

时间一长，这面向未来的逃亡就令人厌倦了，对遗忘的感叹多过回忆带来的快乐。我想歇歇脚，想品尝旅行的另一件乐事：凝视。那也会给我回归生命的幻觉：我与我看的东西融为一体，我借用了它的永恒和它现实的厚重。我存在于瞬间，瞬间包含了永恒。

当我驻足于一幅画、一座雕像前，或一间教堂的后殿里（人们通常叫这些为艺术品），我努力理解它的创造者的意图，想象他如何创造了它；我必须把作品放到它的历史社会背景下考察，还须了解当时采用的技术。那时我就要动用自己的文化素养，而这次新的美学体验又丰富了我的文化修养。眼前的不同景象，无论是风景、街道、人群还是艺术品，如果我把它们看作与天空和树木一样的布景，那就相当微妙，难以描述。在这种情形下，眼前引起我注意的一切都不是人为安排的：我把它看作与其他东西"相类似"，而不是它本身，由此赋予了它某种意义。只有对同类漠不关心，甚至厌恶，才会断然地以唯美主义的眼光来观察这个世界。但是，除非我们在其中找到暗示、象征、对应，并由此反映世界的历史、我们的历史、艺术、文学，除非世界唤醒我们模糊的记忆，让我们神游四方，除非它激起我们创造的愿望，否则世界就是令人沮丧的。有时，眼前偶然所见的景象让我意识到艺术创作的必要性。在那些美丽的冬日，晨曦直到晚上都能看见，仿佛一幅勃鲁盖尔的画化成了现实。或者相反，对着一束花，我设想出一幅从未被谁画过的画。两个男人沿着塞纳河河口，在被海水浸泡的草地上走着，而我趴在旅馆的窗台上，目不转睛地注视着他们，脑子里想象这是某部很美的电影的开场。夜幕降临，玻璃窗被灯光照亮，红、橙、黄、五光十色，在厚重窗帘遮盖的隐秘世界里，小说中的人物正结束他们的一天。火车在暮色四合的原野上飞驰,汽笛声仿佛来自某个虚构世界的深处。正因为如此,我会为远处一个地方或一件东西陶醉,却一点也不想住在那里或拥有它。比如外省的某个地方,某一时刻,我喜欢在那里的悬铃木下漫步,流连于咖啡馆。可如果要去那里长居,我会不知所措。当旅行中经过漂亮的房子(法式城堡、普罗旺斯农舍或蒂罗尔的木屋)时,我心里会涌起思念般的惆怅。我想坐在这花园里,靠在这阳台上,我希望这是我的家。也许我是想那样做,可其实我又一点也不想。这些梦想中的甜美,其实我并不真的想拥有。

这就是旅行吸引我的地方:梦想超越了真实的经历。我给自己编故事,玩着换皮囊的游戏。不过我已经许久不满足于这些肤浅的把戏,越来越少沉溺其中了。对于我旅行的那些地方,我首先要了解的是那里的现实。

在这一点上,我前面提到的两种旅行之间差异很大。我在旅行中仍然能享受到刚才谈到的那些快乐。但当我想了解一个国家时,我会有计划地去参观,与很多人见面,咨询那里的政治、经济和社会问题;如果要走走看看,一般我也是去那些我在理论上相当了解的地区。通过几个特定的点抓住鲜活的现实,这是我感兴趣的。不过,我特别喜欢参观景点和历史建筑。我首先要谈的就是这些多少有些随性的旅行探索。

以前我渴望不断地发现新东西。如今(已经很多年了)旧地重游对我而言就是幸福。旧地重游时,新鲜景致的微笑中,掺杂着回忆那褪色的温柔。往日复活了，在其中能感觉到新发现那黄金般耀眼的光彩。再见到的一切几乎都跟以前的印象不符，或者我会发现以前没看到的一面。反差有时让我忧伤：我怀念普罗旺斯古老村庄的宁静和某些景点往日的孤寂，如今那里挤满了丑陋的建筑，往日安详的罗马小广场如今改成了停车场，从前的乡村有一种粗犷的安宁，而如今到处都是钢筋水泥。

所幸时间不总是摧毁一切，在法国、意大利、南斯拉夫，我都见到了一些重见天日的壁画或古建筑，它们曾因为疏忽而被掩盖或被灾害损毁。

从前旅行时我喜欢刻意寻找孤独。今天，我更乐意与一个在意我的人分享体验。这个人通常是萨特，有时是西尔薇。在下文中，我有时说"我"，有时说"我们"，二者并无分别。实际上，除了一些很短的时间，我总是有人陪伴的。

萨特和我依旧在罗马度过夏天的大多数时光。蒙特奇托里奥广场尽头有家国民旅馆，就在参议院旁边，房间安装了空调，我们现在就住在那里。以前我喜欢住在城边，不过后来更愿意住市中心。每天早上我们去先贤祠旁边吃早餐，边看报纸。近四十年前，我们正是从这里出发去探寻罗马。我们住过那一带和附近区域的许多旅馆。咖啡馆的布置从未变过，为我们服务的是同一个侍者，他昔日的金发如今已成霜。不过，每一年，总会有几个细节略微改变了城市的面孔。1964年，蒙特奇托里奥大教堂围上了脚手架和栏杆：教堂濒临倒塌，需要加固。一家叫纳沃纳的酒吧在同名广场上开张了，晚上，那里的小灯透过丝质的幕帘闪着红色的光。

　　下午我们就到处走走，重游我们喜欢的去处，或重新发现一些被我们忘掉的地方：圣天使堡的内部；金宫，那里的仿大理石和装饰启发文艺复兴的艺术家们创作了被称为"怪诞画"的作品；圣阿涅斯教堂和圣康斯坦茨教堂一派天真的马赛克图案，许久以前就把我们迷住了。我们又去看了好多教堂里都有的卡拉瓦乔的作品，如今我们更喜欢了。有时我们开车探索郊区，这些郊区以令人眩晕的速度侵占了罗马的乡村，一直到阿尔班山的山脚下。"一条混凝土建筑带。连罗马的气候都受影响了。"帕耶塔对我们说。我们去过更远的地方，一直到奥斯蒂亚、塔奎尼亚、切尔维特里，还有那些罗马城堡。1964年我们开车走了穿过萨宾地区的高速路，路刚开通，经过高山上的村庄，有时从建在低处的房屋旁擦肩而过。我们在奥尔维耶托吃午饭，再次去看了西诺雷利的画。记忆真是靠不住！这些壁画我明明看过很多次了，却只记得其中的《重生》。当然了，这部分确实引人入胜。不过，他描绘的地狱也同样精彩啊！里面有蓝色屁股的魔鬼，正在兴高采烈地折磨着被判刑的人，还有持武器的大天使，活像亚历山大·纽斯基[1]的条顿骑士。挥舞着空气动力翅膀，像喷气式飞机一样冲向大地的天使，像是从科幻电影里出来的一样。我怎么能把反基督者忘了呢？他那张虚伪凶恶的脸，正对着被迷惑的人群讲话。还有让我吃惊的其他发现：

1　十三世纪俄国将领，民族英雄。

我作为一个一丝不苟的旅行者，以前肯定参观过那口深六十三米的古井，两道螺旋阶梯通向那里，驴子可以沿着它们走下去取水。从上往下看去，景象令人惊叹。我居然对此毫无印象。

不过，我们也会在旅馆房间里一待就是好几个小时。通常我不工作。别人度假是在享受艳阳和大海，我则沐浴在罗马的气息中。从窗子向外望去，是一片铺瓦的屋顶，长满千金榆的小径，摆满花盆的露台，有个修女每天早上都会出来浇花。有时，我凝望着这片雅致的都市风景，更多的时候，我躺在长沙发上，空调的嗡嗡声让人昏昏欲睡，透过手中书页之间的空隙，能瞥见窗外的蓝天。在罗马，我手不释卷。我的行李中带着所有当年出版的有趣的但我没来得及读的书，以及以前出版的但被我忽略或遗忘的书。我也狼吞虎咽地读侦探小说，法语的、英语的，特别是意大利语的。这是一种无须全神贯注的消遣方式。我对阅读的内容半信半疑，不至于忘了自己身在罗马，同时书里的惊险故事又能用来打发时间。

在我眼中最珍贵的时光，是那些徜徉的深夜。我们去喜欢的地方吃晚餐，小酌几杯。我们没去圣厄斯塔齐广场，那里天天都有围着卖撒尿玩偶的小贩喧闹嬉笑的人群。我们更喜欢纳沃纳广场和特拉斯提弗列区的圣玛利亚广场。可惜直到1967年，那一带都充斥着汽车、旅游大巴、卖红气球的小贩和漫画家。先贤祠广场安静得多，又新开了酒吧，那是我们常去的地方。尽管随着年龄的增长，我们的激情已渐渐平息，罗马夜色之美还是经常让我感到心动不已。在纳沃纳广场，石头喷泉和棕红色的房子之间，靠人行道停着两辆出租马车。

在黝黑发亮的车身映衬下，红色的车轮成了几个夺目的色块，我感到一阵欢快，如同焦虑一般无法解释，无比强烈。"这是一种颠倒的焦虑。"我对萨特说。世界的存在令我目眩神迷，但同时又揭示了我未来的缺席。

有时候，我们坐在咖啡馆的露天座位上，人们会向我们致意，索要签名。他们都表现得彬彬有礼。旅馆近旁有一条狭窄的巷子（那里有罗马最好吃的冰激凌，不过巷子很逼仄，汽车开过时往往会蹭到桌子），一辆红色汽车出人意料地停了下来。一个年轻优雅的女子，全身穿着红色，向我跑过来："是您吗？是吗？"[1]我笑而不语。她改用法语问道："您是西蒙娜·德·波伏瓦吗？""是的。"她抓住我的手腕，笑着摇了很长时间，才跑回汽车上。偶尔有年轻人求见萨特，主要是来自拉美的革命者们。

法国有朋友来罗马的时候，我们就陪他们一阵。我们也与一些意大利人来往。卡尔洛·列维搬了家，住到一个半开放的公园里，工作室很宽敞，里面堆满了书画。他常常请我们去吃午饭。我们交往的还有共产党的负责人：帕耶塔、阿里卡达（直到他去世我们都与他有来往），还有罗萨娜·罗桑达。罗桑达在陶里亚蒂手下主管文化工作，我们与她交情甚笃，很希望法国共产党内部能有这样合适的人来主管文化。

1964年的夏天因陶里亚蒂的去世变得颇不寻常。报纸在前后几天相继宣布了塞尼总统和陶里亚蒂病倒的消息。前者渐渐康复了，人们

---

1 原文为意大利语。

对他关注不多，但报纸每天都有大标题和长篇文章报道陶里亚蒂的健康状况。他在去苏联旅行的途中病倒，陷入了深度昏迷。一天早上，罗马的墙上贴满了海报："陶里亚蒂去世！陶里亚蒂去世！"萨特见过他多次，认为陶里亚蒂既是个行动派，又保持着知识分子的品格，这很了不起。同时，陶里亚蒂使意共对莫斯科保持了相当大的独立。人民爱戴他。战后数年，他的被刺险些激起对刺杀者的血腥报复。他躺在病床上用微弱的声音劝众人少安毋躁："不要冒险，同志们，不要冒险。"他的死让意大利劳动者悲痛震惊。他的遗体被运回罗马，停放在暗铺街的意共总部，由同志们守护着。整条街被拦了起来，来瞻仰遗容的人络绎不绝，很多人在哭泣。下葬的当天早上，几辆车拉来一群农民，全部在先贤祠广场下了车；许多人手里拿着一瓶红酒，大口大口地喝着；克洛德·罗伊和劳莱·贝隆也从圣吉米尼亚诺赶来，他们的车里挤了一百多个农民，高唱《红旗》。其中一位是平生第二次来罗马，第一次是为了参加游行，抗议对陶里亚蒂的暗杀。不久，罗马的大街小巷里一队队游行者走过，手里的红旗卷在旗杆上。有时他们把红旗靠墙放着，坐在咖啡馆的露天座位上喝一杯，或在人行道上席地而坐开始野餐。许多人聚集在威尼斯广场，就在从前墨索里尼演讲的阳台下面。明晃晃的太阳照着这场像游园会似的葬礼集会。我们站在图拉真柱下面的小台阶上，等着棺椁经过。庞大的队伍一直延伸到斗兽场，那里能看到红旗在风中飘扬。人群从四面八方涌来，各自在指定的位置就位。灵柩后面是陶里亚蒂的遗孀和养女，接着是党内要员，最后面是黑压压的人群。游行持续到夜间，但我们提前离开了。罗马所有的街巷广场都人声鼎沸,咖啡馆的露天座位上挤满了穿黑衣的男子。

第二年,我们在的时候,意大利遭受了严重的洪灾。奥尔维耶托和佛罗伦萨之间的高速路被淹了,数辆汽车被洪水冲走,八名游客遇难。在罗马市中心看不到一点灾难的痕迹,但是台伯岛淹了一半。米尔维奥桥禁止通行了,桥下急流怒吼,令人生畏。伯塔普里马镇几乎完全被毁,居民们失去了全部家产,无家可归。

那年夏天,我头一次去博马尔佐。十八世纪的一位施虐狂雕塑家在那里塑了几座巴洛克风格的鬼怪雕塑,后世的人们在一片荒野中突然看见这番景象,难免大吃一惊。我也曾经觉得它们很怪异;不过,这些雕塑所在的公园如今已经重新规划并向游客开放,很多罗马人去那里野餐,结果雕塑并没有带给我传说中的震撼。

回巴黎之前,我们从罗马出发,开车重游了几个意大利城市。这是一次回顾之旅,也是重新发现之旅:现实与部分记忆重叠,同时也让我有了新的发现。在佩鲁贾,我们去了三十年前去过的咖啡馆,当时我坐在同一个露天座位上,津津有味地吃着杏子沙冰,同一片景致在脚下伸展,但我显然是把穿过城市低处的那条奇特水渠给忘掉了,我也不知道保利纳城堡还有一条地下街道,两旁都是十六世纪的住宅。我重游了去过多次的博洛尼亚,却第一次发现那里最美的地方之一——圣斯特法诺广场,它周围遍布宫殿和教堂,其中两座建于十一世纪。圆形的耶稣受难教堂建成于十二世纪,纯净的风格令人动容。在帕托瓦能看到很多乔托的作品,那是我很熟悉的,可我不记得那里还有同样精美的芒特尼亚的作品。曼托瓦、维罗纳和克雷默那都没有变，但我那次见到的丰富而新鲜的景象淹没了记忆里对那几座城的旧印象。

1966年我们在罗马逗留的时间比往常短，因为我们要去日本。我的思绪已经飞去了日本，从早到晚读着关于那个国家的书，对罗马就没有往年那样在意了。

第二年我们从威尼斯进入意大利。我喜欢贡多拉刚刚驶入某条小运河那一刻的感觉：整座城市在眼前铺陈开来，连同脏污的玫瑰、透着粉色的灰蒙蒙的天空和破败的砖石。我在城市景观画展览上度过了特别愉快的时光：我徜徉在画中的威尼斯，城市景观在我周围伸展开来，无比真切。加纳莱托的画让我看得津津有味，瓜尔迪的就更不用提了。年轻的加纳莱托（他的作品曾为重建华沙做出贡献）把我带到了德国和奥地利。我细细地品味那组名为《幻想》或《狂想》的作品，画家把不相干的废墟任意组合在一起，有些建筑甚至根本不存在，比如柱子紧挨着凯旋门和半塌的墙，繁茂的叶子包围着它们；这些画面诞生于画家的奇思妙想，他并没有真的见过这些景象。

那一年的罗马留在我记忆里的主要是大暴雨。有一次是在9月的某个晚上，我在纳沃纳广场。从二楼向外望去，空无一人的广场显出巴洛克式的纯净，柏油地面在雨中闪闪发亮。

我们回到威尼斯参加电影节，萨特想出席《墙》的放映仪式，他喜欢塞尔吉·卢莱根据他的中篇小说改编的电影。我第一次从罗马上空飞过，飞机到达城市上空时刚好穿过云层，能清晰地看到堤岸、潟湖、岛屿，然后飞机盘旋着开始下降，我像在俯视沙盘一样，看见了大运河、钟楼、小渠道和街道。只需一瞥,整个威尼斯尽收眼底。卢莱在机场等我们,我们乘摩托艇穿过了潟湖。几个渔夫站在齐膝的水中围成半圆,张开一张大渔网,网拴在他们对面的小船上。他们的动作与蓝天碧水如此和谐,几乎让人怀疑这是某个天才导演执导的演出。

我们在菲尼斯餐厅与卢莱和戈蒂索罗吃午饭。戈蒂索罗在电影节已经待了好几天。他对银幕上充斥的孩子和那些千篇一律、遮遮掩掩的放荡场面厌烦透顶。放映戈达尔的《中国女人》时,他身旁坐着苏联来的评委。"银幕上那个越南姑娘开始喊叫着'救救我,柯西金先生'时,我窘得都不敢看他。"他告诉我们,可苏联评委无动于衷。

电影节的主席切里尼颇受批评,因为他选片很严格,看重影片的思想内涵,而不是女明星的魅力。他带我们乘快艇去丽都饭店,到了码头,我们搭马车去见马厄,他当时是联合国教科文组织的主席。他与萨特是同学,一度失去了联系,不过后来两人就经常见面了。他下榻在贝恩斯大饭店,托马斯·曼的《魂断威尼斯》的故事就发生在那里,我们喜欢饭店的陈旧感。我们在面对着大花园的露天酒吧喝了一杯,饶有兴趣地听他讲为什么威尼斯有被毁灭的危险。原先的保护堤十八世纪时被毁掉了,起风的时候,海水就侵入潟湖。城市建在桩基上,地基的质地松软多孔,海水漫入时就会膨胀,于是土地爆裂了,这就是为什么下大雨的时候,圣马可广场的石板之间会出现间歇热喷泉;另一方面,梅斯特一带的工厂排出的灰尘和垃圾日积月累地堆积,蚕食着潟湖的面积。运河里沉积的垃圾污垢使河床一年年抬高,汛期一到,水就会灌进地窖和楼底。当然也可以采取权宜之计应对这些威胁，比如重修海堤。但还有一个威胁让人无计可施，工厂排出的废气不损害砖块，却损害石头，而且石头的质量越好受损就越严重，主要是大理石，渐渐被侵蚀成碎末。在弄明白为什么会这样之前，人们无法应对这种损害。

傍晚，我们观看了《墙》。演员们演得很棒，特别是卡斯蒂约，他在集中营里度过了童年，因此很容易进入囚犯的角色。比利时医生的角色是由一个推销员饰演的，他的表演十分自然，只是没有抓住人物性格的可憎。布景画龙点睛。唯独结尾让我略微不悦，在小说原著里只有十行文字，读者把它看成文学上的设计，无关紧要，电影的结尾则很长，画面的分量也过重了。

每天晚上八点钟，轮渡码头的大厅里各国游客云集。摩肩接踵的人群里，有老人、年轻人、盛装的妇人，有些女人穿着长长的连衣裙，款式极端保守，有的则过分袒胸露背。我远远看见克里斯蒂安娜·罗什富尔，她笑容可掬，显得很友善。摩拉维亚的头发白了许多。奥黛特·茹瓦约还是那么清新优雅，令人吃惊。我们在露天餐厅与巴索夫妇吃了晚餐，他们每年都来参加电影节。我们的桌子紧靠着护栏，可以看到辽阔光滑的水面在暮色映照下显得格外柔和。

几天后的晚上，我们在纳沃纳广场吃过晚饭，正坐着，一个年轻人走过来说："我是米歇尔·德·卡斯蒂约。"这个身材瘦长的年轻人微笑着，与他出色地扮演的人物巴勃罗非常不同。"演这个角色对我来说很容易，我只需回忆自己的经历就行了。"他告诉我们。他简短地给我们讲了他在自己的处女作《唐基》里描述过的童年：他母亲是西班牙共产党员,被法国资产阶级的父亲告发,数年间他辗转于各地的集中营,先是在法国,后来到了德国,最后被关进西班牙的一个教养中心,直到十六岁时逃走。他正在写一本关于西班牙的书,不久后,我们在《现代》杂志上登了其中的一章,内容很有意思,他探讨了在西班牙,荣誉观念是如何与"老基督徒"[1]联系在一起的。

接下来的两个夏天,我们都没有离开过罗马,罗马也从未显得如此美妙。我们住在旅馆的最高层,房间正对露台,从那里能看见一望无际的屋顶和山丘,城市的喧嚣离得很远。我们在露台上吃早餐,周围四散着五六组泥瓦匠和屋顶工,他们在修烟囱、搭棚子或马马虎虎地修补房顶,似乎无所事事,工程却日见进展。白天太热,没法待在室外,不过几乎每个傍晚我都出门,去看太阳在圣彼得教堂后面一片火红的晚霞中落下。用过晚餐后我们一般就回旅馆,房间里有冰箱,里面塞满了冰激凌和饮料。我们在露台上喝饮料、聊天,直到很晚。那些有照明的建筑物和景点在静夜里闪闪发光:有埃马努埃尔二世纪念碑,还有坎皮多里奥山、奎利纳尔山、圣天使城堡和圣彼得教堂。

这一年我们不怎么在罗马漫步了,因为我们感到似乎同时身处罗马的所有街巷和广场,可我们还是喜欢晚上流连在纳沃纳广场。多

---

[1] 他后来根据加布里埃尔·露西艾(法国女教师,因与自己未成年的男学生发生恋情,于1969年在马赛自尽)的故事写了一本很美的书,之后在他家人的要求下被查没。——原注

"老基督徒"指从祖辈就信仰基督教的基督徒,与之相对的是"新基督徒",指十四、十五世纪伊比利亚半岛上改信基督教的犹太人和穆斯林,或十六世纪逃到法国并改信基督教的犹太人。

亏了一项新举措，广场如今禁止汽车进入。我们到的那天晚上，纳沃纳酒吧的老板——一个英俊的深色皮肤的年轻人，穿着翠绿的条绒裤子，紫色衬衫，腰间扎着带铆钉的宽皮带——让我们签了一份请愿书，要求及时实行新措施，因为措施遭到部分商人的质疑，警察也试图反对。那是1968年的夏天，警方害怕闹事的青年会占据广场，几天前此事已经引发几场斗殴。我们倒是很赞同：不再有噪声，不再有汽油味，拥挤的车流也不会再一直堵到人行道边上了。广场中间的大平台上聚集了很多年轻人。纳沃纳酒吧里有一些左派人士在开会；广场中间喷泉的旁边有些嬉皮士、穿着时髦的青年男女、同性恋者，还有几个弹吉他的人；另一座喷泉旁有几个画家，往地上摊开一些拙劣的学院派画作；有几个穿超短裙的漂亮姑娘，但大多数都是些男人，裹在丝绸、缎子或色彩鲜艳的带金线的紧身衣里，一眼看去似乎回到了平托里乔[1]的时代。有人在兜售毒品，不过显然没有特莱维喷泉周围或西班牙广场的台阶上那么多。一天夜里，下雨了，我们坐在淋不到雨的露天咖啡馆的座位上，看那些男孩女孩光着脚跑开，拎着吉他、双肩包和睡袋。（说真的，他们睡在哪儿呢？）还有些人跑到阳台底下贴墙站着：红、粉、橙、紫，他们五颜六色的衣服透过雨帘，在赭石色的墙壁上显得那样鲜亮。

那年夏天，我们与意大利的朋友们交流了很多。罗萨娜·罗桑达不再在意共主管文化，有了时间做一些理论研究。我们跟她讨论了法

---

1 意大利文艺复兴前期画家。

国的"五月风暴"、意大利的学生运动和世界其他地方的学生运动，她对这些问题十分熟悉。巴索当时是意大利无产阶级团结社会党的领导人之一，他跟我们讨论了意共的政策，给我们讲了一件当时闹得沸沸扬扬的事：一个同性恋者被指控对两个男孩犯了"引诱"罪，被判九年徒刑。在意大利，当一个人征服另一个人的意志以达到自己的目的，他就是犯了"引诱"罪。如果已成年的姑娘或已婚妇女离开家庭追随情人，女方家庭就可以指控男方犯了"引诱"罪。巴索想推动废除这条过时的法律，却遭到司法界一致反对。8月21日后，捷克斯洛伐克的命运引起了所有人的关注。

　　1969年夏天与前一个夏天衔接得那么好，我甚至觉得中间的一年时光不曾有过。变化还是有的。警察在纳沃纳广场开展了大规模的抓捕毒贩的行动，那里聚集的年轻人少了，也没有那么活泼了。平台的一侧到晚上就被卖画的画家、卖红气球的小贩占领了，甚至还来了个表演吞火的。幸亏广场的另一半还是那么安静。特拉斯提弗列区的圣玛利亚广场也成了步行街[1]，人们可以安安静静地欣赏美丽的巴洛克喷泉、马赛克以及教堂门楣上的金饰。尽管天气炎热，但那一年罗马人都没怎么去外地避暑。8月12日那天，天空白花花的，空气又湿又热，然而街道上还是挤得水泄不通。我们与罗萨娜·罗桑达经常见面，她刚刚跟几个朋友一起创办了《宣言》杂志。她为党组织与群众的关系问题忧心忡忡，意共认为她的理论不够正统。她担心自己被驱逐出

---

[1] 原文为意大利语。

党,不久,事情真的发生了。

1970年的夏天与以往并无不同。法尔内斯广场也成了步行街,人们可以尽情欣赏那里的喷泉与宫殿之美。纳沃纳广场已经被画家和游客占领,小丘广场也是同样的喧闹。那年最吸引人的事件,是争取离婚权的运动。纳沃纳广场的入口停着一辆卡车,车身贴满了海报、漫画、标语,敦促参议员们投票通过离婚法。男男女女在参议院前高举着牌子,上面写着:"拿出勇气来,议员们,不要被教士们吓住。请投票支持离婚法。"左派人士绝食抗议,另一些人举行集会,收集签名。巴索和列维以为10月离婚法就能通过,结果离婚的权利很难争取到。同时,只需付很少一点钱,教会就能宣布取消在教堂缔结的婚姻。如果人们想给自己留条后路,那就最好在教堂结婚,而不是注册结婚。

我们去法拉因萨比娜村游玩的经历非常愉快,那是一个古老的村子,坐落在萨比娜山中的一座丘陵上,风景辽阔,连绵起伏。我游览了以前不知道的里埃提,又重游了阿齐拉。我本打算取道高速路回程,出罗马时有绿色的标志牌指示。但高速路只修了一段,我们开着车堵在山谷里一条拥挤的小路上,远远望见在我们头顶上方工人和推土机在忙碌。

1971年,我们露台的一部分被改造成了室内,用圆形玻璃窗跟露天的部分隔开。那地方比前几年更舒服了,因为甚至炎热的时候都可以待在那里。白天的大多数时间我们都待在那里,或在室内,或在露天的地方。我觉得世上没有比罗马更美的城市了,当夜幕降临,黑暗的屋顶上方星星开始闪烁,在一片火红的暮霭中隐约可见圣彼得教堂的轮廓，仿佛一个无形的幽灵。

　　阿尔及利亚战争期间，我无法在法国旅行。如今，虽然我对同胞的看法没有多大改变，但他们的存在不再令我感到压抑了。我的根就在这里，我重新认可这是我的国家，我要找回它。

　　巴黎的周边我早已探访过了，战时是骑自行车，后来学开车时又开着车四处游走。但因为有了高速路，如今我活动的范围比以前要大得多。几趟每次一两天的短期出游，我就重新游览了法兰西岛及周边的省份。这片土地饱受战争的摧残，并没有剩下多少古老村落，城里保留下来的老城区也不多。各处散落着一些木筋墙的老房子，有凸出来的窗子，装饰着雕花的木头。在特鲁瓦，中世纪的街道两旁是又高又窄的房屋正面，两边屋顶的山墙在狭窄的街巷上空几乎相接。在有些广场上还能看到木材搭建的市场，棚顶铺着瓦片。砖石结构的私人宅邸比较经得起时间的侵蚀。在桑斯、夏尔特和莫城，都有我特别喜欢徜徉的街巷。不过，在离巴黎不到两小时车程的范围内，只有一处城市风景真正让我心动，那就是阿拉斯的大广场和小广场，这两处古迹的修复堪称完美。这也是一个时间并没有摧毁建筑，反而使古迹得到重生的例子。孩提时代我去过阿拉斯，父亲在那里有亲戚，人们给我看过1914年以前的一些市容照片，原来的市中心只剩下一些烧黑的石头了。最近我故地重游，又见到了钟楼，带连廊的广场，那是佛兰德尔建筑师受西班牙风格影响后设计的：两种风格的完美结合产生了杰作。

　　不过，法兰西岛和周边地区历经战乱得以保存的建筑，大多数是些城堡和教堂。说到城堡,我对它们内部的陈设不感兴趣,我关心的是建筑本身及其环境。尽管如此,我这点可怜的好奇心还是很难得到满足。城堡的花园往往禁止入内,我有时只好踮着脚偷偷钻进去,或者混在有入园许可的游客队伍里。有一次,在拉法耶特住过的美丽的格朗日布雷诺城堡,暴怒的看门人放狗来对付我,所幸他迟了一步,而且那条狗很小。另外几次,只要塞点儿钱,看守也就不说什么了。一般我最后都能得到正式的参观许可或被默许进园。我用这样那样的方法成功地参观了很多我以前没见过的漂亮城堡,如马莱建于十八世纪的那座城堡,优雅的正面面对着长方形的一池碧水,伯尼·德·卡斯特拉纳[1]在那里办的聚会无人不知;还有沃勒维孔特城堡,其美丽非凡的花园是勒诺特[2]设计的,富凯[3]为建造它花了一千八百万法郎;赛普蒙镇的主塔和箭楼被遗忘在长满了荨麻和杂草的园子里无人问津;查理六世曾被拘禁的维维埃恩布莱城堡,如今墙上爬满了常春藤,倒映在巨大的水塘里;砖石结构的格朗日国王城堡保存完好,城堡于十六世纪末落成,周围环绕着壕沟、大片的草地和枝叶繁茂的树木。在我提到的以及没有提到的所有城堡当中,我最喜欢的还是尚德巴塔耶城堡,那也是一座建于十六世纪的砖石结构城堡,坐落在一片平坦的草地中间,两侧主楼左右相对,主楼四周是主院,院子的一面

---

1 二十世纪初法国政治人物,著名的花花公子。
2 法国国王路易十四的园艺师。
3 法国国王路易十四的财政大臣。

是高大的城墙，开有雄伟的大门，另一面是一座凯旋门式的建筑。每当日落时分，粉色建筑下方的长线、巨大的院落、四周的栅栏和大门组成了一幅动人的壮美画面。

参观教堂就没那么麻烦，我最后总能找到一扇打开的小门。推开门，寒气扑面而来，夹杂着蜡烛和焚香的气味，殿里摆放着褪色的百合，满是灰尘的假花。教堂的建筑风格一般都简朴优美。我喜欢拉昂城南那些散布的堡垒式小教堂，它们虽然都很相像，但总有些细节不同。即便是在最简陋的建筑里，也总有一些东西引起我的注意：神职人员祷告席、神甫座位下面的垫板、祭坛后面的装饰屏板、祭台与中厅之间的走廊，又或者是一些木雕或石雕和带浮雕的石板。乌当的教堂里有一幅壁画，天真美丽，画的是朝圣者在去遥远的蒙塞拉修道院的途中。在维尔茂，有一座从上到下覆盖着橡木片的钟楼，看上去像身披鳞甲的史前怪兽。在美丽的艾库伊斯大教堂的地面上，有句铭文，我抄录如下："此处长眠着孩子、父亲、母亲、兄弟、妻子和丈夫；此处只有两具遗体。1502年。"我不知道是谁编造了这段文字所指的离奇故事：夏提庸伯爵的女儿贝蒂，嫁给了艾库伊斯领主，她生的儿子跟随查理七世远征意大利；在布尔日，儿子遇到了母亲，却没有认出来，并且跟母亲生了个女儿；十八年后，命运又让他娶了自己的女儿，也即他的妹妹；最后两人发现了真相，在痛苦中死去。

我见过的最奇特的教堂，是茹瓦尔那座七世纪的地下教堂。里面有两间墓室，一间供奉圣特尔西德，一间供奉圣艾布蕾吉斯。前者是现存最美的墨洛温王朝时期的建筑，穹顶由六根彩色大理石柱子支撑，拜占庭风格的柱头异常精美。雕刻着睡莲叶子的石棺里是圣特尔西德的遗骸。其他石棺里是圣阿吉尔贝尔、圣奥扎娜和一些名字稀奇古怪的小圣徒，如"可敬的莫德"、圣巴尔德。

瓦莱里把建筑和音乐联系起来是有道理的。当我走进一战后重修的索瓦松大教堂，我体会到的欢乐，正像音乐有时带给我的感觉。其中一座十字耳堂里的半圆形讲坛是那么和谐优美！努瓦永教堂里的悬垂式拱顶石带给了我同样的美的享受。兰斯大教堂我以前只看过照片，见到教堂后我觉得它太笨重了；圣雷米教堂让我又惊又喜。至于著名的拉昂大教堂（很多教堂以之为蓝本），我很喜欢它内部的设计，可教堂的正面在我看来过于纤细了。（萨特在拉昂教书的时候我见过这座教堂，可脑子里一点印象都没有了。）我还参观了一些修道院，它们的建筑都散落于野外，与自然融为一体：有贝克艾鲁安修道院，十一到十三世纪时那是西方的思想中心；还有我已经听说过那么多次的卢瓦蒙教堂，我喜欢看碉楼、回廊、石头被青草掩映，被绿树遮蔽或浸在溪水中的景象。

出游时途经的地方（森林、河谷、山丘和高原）都是我大致熟悉的。不过，有一天，我正驱车行驶在美丽的圣戈班森林中夹在峭壁间的狭窄山路上，突然看见树林的中间，被世人遗忘的托尔图瓦修道院赫然立在一片阴郁的水塘边上。眼前的景象仿佛超然世外，我似乎已经找不到回到现实的路。一个老看门人独自住在那里，他带我看了以前修士们的住处、小礼拜堂，还有破败的医院。这里曾经是信徒们朝圣的地方，访客众多。据说修道院会被重修，不过不会比在这样遗世独立的状态下更动人了。

我在阿登省旅行的时间略长。因为莎士比亚的缘故,我想象阿登的森林是一个有魔法的地方。它的确是一个令人着迷的地方。某个清新、欢快的冬日早晨,天空湛蓝,白雪给大地铺上了厚厚的地毯,地面、树叶、灌木和树下的野草都披挂着亮晶晶的雪花。汽车在寂静的林中无声地滑行。我下了车,积雪在脚下嘎吱作响,我沿着一条小路走向观景平台,从那里放眼望去,无边无际的白色令人沉醉。离开这处仙境后,我沿默兹河谷逆流而上,那里有阴郁的河流、板岩矿场、屋顶铺着紫红色板岩的日韦镇,还有查理维尔的公爵广场,几乎与孚日广场同样优美。

我想去香槟省看看。我母亲的少女时代在凡尔登度过,那是个相当压抑的城市,可是充满了她的回忆,她时常向我讲起。我游览了凡尔登周边的几个地方,小时候我一听到那些地名就害怕:严酷山、死人镇、爱帕尔热岭、拉尔古纳。如今那里绿树成荫,灌木葱茏,可到处都在兜售上面一片焦土景象的老照片,被摧折的树木、被踩躏的草丛……全是战争片里常见的场面。指示牌上记录着曾经存在的村庄,如今已了无痕迹。那些带"坡"或"丘"的地名让我想起当年的新闻公报:多少人为了夺取或保卫这些弹丸之地而丧命!沃克斯要塞、杜沃蒙要塞,那里的公墓、尸骸堆、步兵战壕,整整一个排的布列塔尼士兵在那里被活埋,如今只在地面上露着几件生锈的铁器尖头。这些地点对童年的我来说充满了英雄色彩:罗萨莉、英勇的法国兵,死了也要站起来！[1]少年时代，这些地名散发的恐怖气息让我心惊胆战，看到表现这场屠杀的电影和书籍时，我禁不住啜泣不已。直到今天，当我想到凡尔登一役死了五十万人时，厌恶与反感依然让我浑身颤抖。

后面的几天比较平静。我看到了艳阳下的东雷米、沃库勒，走过林间小道，参观了一些线条纯净的教堂，几乎所有的教堂里都供奉着优雅的圣母或其他女圣徒的造像。在阿维奥特那座介于十四世纪的哥特风和火焰哥特式之间的圣母堂里，有一座奇特的小巧建筑，人称"受施亭"，是接受朝圣者布施的地方。我在高地上的城市巴尔勒杜克漫步，那里的建筑几乎都是老房子，保存完好；在圣艾蒂安教堂，我看到了一件传世杰作，里基尔·利希尔[2]的《无肉的身体》，我居然一直不知道它的存在，真是令人羞耻。那具人体一半被活剥，一半骨瘦如柴，但意识尚存；人还活着，却已经变成了干尸。他站立着，把自己的心脏举向天空。[3]我在那一带也看了里基尔·利希尔的其他雕塑作品。在他的出生地圣米耶尔的教堂里，有十三件尺寸比真人还大的雕像围绕着圣墓。这位深受意大利艺术影响的香槟省艺术家，把十五世纪风行的恐怖主题与文艺复兴的现实主义完美地结合在一起。

我在朗格勒略作停留，站在城墙上，默兹河谷尽收眼底。我喜欢

---

[1] 应为一战时法国流行的鼓舞士气的歌曲歌词。

[2] 文艺复兴初期法国雕塑家。

[3] 我在拉昂城圣殿骑士团的罗马式小教堂里见到过一件墓石卧像，尸体也是即将变成骷髅的状态。卧像也令人印象深刻，但是不如这具站着的骷髅令人震撼。——原注

那里雄伟的碉楼、优雅的宅邸、混合了勃艮第罗曼风格和新兴哥特风格的圣玛麦斯大教堂,整体建筑风格奇怪地受到四周遍布的高卢-罗马建筑废墟的影响。我穿过了夏多维兰,镇子完全是我印象中的样子,有建造考究的小房子,色彩鲜艳的百叶窗用人形铁钩固定在墙上。我又见到了雅克的旧居,槌球场,有黄鹿在奔跑的公园的大门,但我没看见记忆里那座周身缠绕着野蔷薇的塔楼。

这几次出游的乐趣促使我于1969年夏天在国内做了一次时间相当长的旅行。我对法国有个地区很陌生,就是西部从卢瓦尔河流域到比利牛斯山一带。我就选择了这个地区。我一向对平原景色不感兴趣,这次却被卢瓦尔河南部的柔美风光迷住了:云影与阳光各显身手,把草地染成墨绿或金黄。在我头顶上方,辽阔而动荡的天空仿佛大海一样不停地变换着景色。云朵飘浮着,一会儿聚作一团,一会儿四散成缕,阳光像蒙着一层纱,间或使出全部威力炙烤着大地。我目不转睛地欣赏着这盛大的演出,怎么看都不够。继续前行,我又爱上了旺代省那连绵起伏的绿色和夹在两行树篱中间的窄道,树篱到了坡顶会出其不意地敞开,眼前豁然开朗,周遭美景一览无余。云雀山顶上还有从前旺代人用来指示共和国部队动向的风车。[1] 我也曾兴致勃勃地在普瓦图沼泽地平静的水面上泛舟而行,很难想象,到了周日,水道会被大批小船堵得水泄不通。那天早上,我独自一人随船夫划桨而行,长长的河流两岸白杨夹道,大群蓝蜻蜓在空中飞舞。几头奶牛

---

[1] 法国大革命时期,旺代省是保皇党的地盘。

（它们在船上吓得浑身发抖）在河水浸湿的草地上觅食。河流时不时地与其他水道相交，形成转盘似的水上路口。四周一片寂静，只有船桨划开水面的哗哗声。陆地上的世界似乎那样遥远。

我游览了诺昂[1]村。当时我正好在看乔治·桑的书信集，那些信件通过她的个人生活再现了一整个时代。那是个非常可爱的小地方，小小的教堂简直像个玩具，有带檐的门廊。最有趣的是两个剧场，特别是木偶剧场，以及那里的整套人偶，人偶都由莫里斯制作、乔治·桑设计服装。我还去看了几个她喜欢的地方：当地人称为"住马特石"的灰色巨石、她的一处房子的所在地卡吉莱斯、克罗赞特城堡和克洛兹谷地。二十年前我骑自行车从那里路过，当时心里没有被激起任何共鸣。继续向南，我停车小憩，登上布莱叶古堡的高处，铅灰色的吉伦特省展现在我面前，一望无际。

然而比起河流、草地、森林或池塘的秘密，更能留住我的脚步的还是那些罗马式教堂里的壁画。以前我并不知道它们的存在，这次我在蒙托瓦、维克、拉瓦丹和卡吉莱斯都大饱眼福。在塔望的地下教堂里，壁画上衣着鲜艳的人物仿佛在柱子上翩翩起舞。圣萨万教堂优美的筒形拱顶上的画最为精美，那些画是十二世纪初的作品，用天真而富有诗意的方式简述了创世记、亚伯拉罕和摩西的故事。

在普瓦图、圣通吉和昂古姆瓦，我发现了很多建筑杰作，以前我对这种风格知之甚少。当哥特风在卢瓦尔河以北盛行起来时，南部地

---

[1] 乔治·桑的故乡。

区为了保持自己的独特性，直到十三世纪都钟情于罗马式建筑。同时，建筑师们又希望自己的教堂也能与宏伟的哥特大教堂媲美，他们发明了新技术，把罗马式教堂建得与哥特教堂一样高大，就像圣萨万、普瓦提埃、安古来摩和奥尔奈的教堂那样。小教堂也数不胜数，仅仅是圣通吉省就有六百座之多，其中很多都令人惊叹，这些建筑细腻优雅，有风格多变而和谐的精美大门、装饰着刺绣的半圆形后殿、造型独特的柱头。在把这些教堂做了一番比较后，我对建筑师们仅凭几个简单而严格的原理，就创造出这些微妙而多变的形态感到十分敬佩。当我理解了筒形拱顶和成列拱顶之间的区别（作用与效果不同），我对实用性和美学如何结合的问题也就豁然开朗了。我越来越多地沉浸在对不同建筑风格的对比研究中，学会了区分普瓦图式的罗马风格和佩里戈尔式的罗马风格，以及圣通吉和安古来摩的变体；知道了穹隅式穹顶和突角式穹顶的不同，松塔式钟楼与古典钟楼、凯旋门式门廊与三角楣门廊的区别；也能够辨认半圆拱、扁圆拱、加高拱、尖顶拱、马蹄拱和多叶拱了，知道这些名称后，我看建筑就更明白了。

这些教堂有的在城市里，有的在村镇上，有的坐落在沉睡的小村庄中心，有的在某条无人问津的小路尽头，周围是森林、草地，寂静一片。我喜欢的教堂中有一座完全是圆形的，在内维-圣赛普尔克，教堂里有一处完整的"圆形转盘"，是一组柱子，组成了完美的圆圈。其他不少教堂里的"圆盘"正面是开放的。最让我激动的发现之一在萨利尼亚科。由于发明了成列拱顶的体系，建筑师们可以建造单一大殿的教堂，而且把大殿建得又高大又宽敞。走进萨利尼亚科教堂，我发现自己站在十二级台阶之上，脚下是一座长方形的壮美大殿。在这个宽敞空间的尽头，穿黑色僧衣的修士们围坐成半圆，面向教堂的入口。一个神甫面对他们站着，正在诵经。我瞬间以为自己穿越到了几个世纪之前，这简直是一个宗教法庭。

我在博略和姆瓦萨克教堂的大门上又看到了那些精美的雕像，像格里克画里的人物一样身形细长。许多教堂里都有彩色的人物小木雕，看上去亲切而熟悉。让我为之倾倒的有比如圣朱尼安的彩色小圣女，特别是可爱的圣巴尔蓓。在柱头上，空间的狭窄迫使雕塑家把作品雕得又简练又巧妙。柱头上有时雕刻着东方鬼怪或象征性的图案，但有时也有现实主义的场景，比如大利拉剪掉参孙的头发。艺术家也经常恶作剧地创作滑稽可笑的作品，卡多安修道院里有不少让人意外的浮雕作品，其中一个灯座上刻着亚里士多德被宫廷侍女骑在身上的场面。

有些村子的教堂旁边有我以前从未见过的建筑：亡灵灯塔。这是一种细长的塔形建筑，中间是空的，顶端是灯笼状的顶塔，每天晚上人们都往"灯笼"里放上一盏灯。在淹没于一片绿野中的小村庄菲尔尼乌克斯，我看见亡灵灯塔仿佛是教堂钟楼投下的优雅的影子。

我也从未听说过在崖壁上的整块岩石里打造的"石头教堂"。其中一座就建在夏朗德省那绵延的大片石壁里，如今这些石壁与河流之间变成了草场。从前，住在这些洞穴里的隐修士们曾用渡船运送前往圣雅克德孔波斯戴尔的朝圣者。（那一带的许多教堂和修道院都建在朝圣路上,在它们的门廊上都能看见贝壳[1]标志。)在圣爱米良也有一座很大的石头教堂,上次大战期间人们把沙特尔大教堂的彩画玻璃藏在了那里。奥博泰尔的那座石头教堂是十二世纪挖的,直到十八世纪还在使用。这些建筑都非常奇特,看上去仿佛是巨大的天然洞穴,只不过人类的巧手在石头里打造出了柱子、拱顶和祭坛。

进入利穆赞省的那天我非常激动。在从未踏足过的布隆德山和昂巴扎克山里,我又见到了大片的蕨类、栗园、灰色的岩石、水塘、遥远的蓝天,找到了童年时熟悉的味道。小时候,拉苏泰莱尔、萨利尼亚科、勒维港、圣苏尔皮斯洛莱尔对我来说只是些火车站的名字,除此之外没有任何含义,现在突然发现这些名字属于一些跟于泽尔施或圣日耳曼莱贝尔一样真实的小城,这使我迷惑而恍惚。那些地方有很多朴素优美、用黑色石头建造的教堂。我重游了博略、科隆日拉鲁日,它们的美一如既往;于泽尔施的城中心还是老样子,但周围的镇子扩大了很多,所以现在写着城市名字的标志牌已经挂到了梅利尼亚克大街的起点处。

我参观了奥拉多废墟。城市遭屠杀后的样子原封不动地保留着,小小的火车站和铁轨还在,院子里有烧毁的汽车外壳、老式的自行车残骸。在面包房、肉铺、铜匠铺里,能看到烧毁的、锈迹斑斑的日常用具,铁钩和煮锅还在炉子上。就像在庞贝废墟的某些角落里看到的那

---

[1] 法国人所说的孔波斯戴尔之路指从南法到西班牙的一条天主教徒朝圣之路,终点位于西班牙的圣地亚哥。朝圣之路的标志是一只贝壳。

样，日常生活的场景就在眼前，但死亡让一切都在瞬间停滞了。

继续向南，有些城市里出现了"游廊广场"：四周是由木柱支撑、上覆瓦片的长廊，广场上有时还保留着古老的市场。蒙帕奇艾的游廊或许是最美的，但我也很喜欢奥维拉尔的，其风格更粗犷简朴，还有圆形的市场，蒙托邦那富丽堂皇的红色大广场也很美。

利穆赞的漂亮教堂不算多，可是有那么多优美的城堡！我们已经遇到了不少精美绝伦的城堡，如罗氏舒瓦城堡，其中的一间大厅里有十六世纪的动人壁画，画的是狩猎的场面。拉布莱德城堡四面环绕着清澈的活水，我们在那里参观了孟德斯鸠住过的房间。不过，最吸引人的要数波那吉那座封建时代的要塞古堡：细长的主塔和十三座塔楼使古堡看上去像贝里公爵的微缩模型"美好时光"[1]中的城堡。热尔省有很多历经时光流逝却保存完好的村庄：古堡、市场和老房子都保留了下来。卡斯特的老城区完好无损，塔尔纳河两岸，一排排的老房子倒映在水中。

我再次参观了建筑杰作阿尔比大教堂，接着重游了图卢兹、路易山和许多曾经到访过的地方。不过我从来没去过萨拉博纳那座可爱的教堂。要到达那里，必须取道一条险路，我从来没走过那么可怕的路，陡峭险峻，到处是碎石，处处是急弯，转弯处大多狭窄，只有少数地方可以艰难地会车。路长七公里，一旦上路就无法回头。萨拉博纳隐修院矗立在山顶，俯瞰壮美的风景，修道院建于十一世纪，十四世纪被

---

[1] 十五世纪法国流传的精美手抄本。

废弃。这座外表朴素的页岩建筑里面有一座讲坛，出奇地优美。讲坛由一些粉色大理石的小圆柱支撑着，柱头雕刻着花朵、动物和人头。

拉古娜山一带和艾斯比努斯之路沿途都是法国少有的美景。还有米内瓦，四十年前，我第一次远足途中，曾在米内瓦镇过夜。这座令人惊奇的小城坐落在两条急流交汇处的平地上，通过一片狭窄的土地与高原相连，完全是我记忆中的样子。我也认出了米内瓦的那些小路，石灰质砂地上被太阳烤焦的、金黄色灌木的味道。我在岩石遍布的科尔比艾稍作停留，重游了佩皮尼昂，在那里参观了在我年轻时不对公众开放的马略卡王宫。然后我继续前行，往意大利开去。

我这次重游了许多已游历过的地方：拉罗什尔、普瓦提埃、圣特、佩里戈、安古来摩、利穆赞、波尔多、阿尔比和图卢兹。有时从前的一切几乎历历在目，有时又什么都没想起来，大多数时候，我脑子里模糊的记忆与眼前的新景象混在一起，我喜欢现在与过去之间的这种切换。我看到了许多以前只是听说过，但我从未怀疑过它们的存在的景点和建筑，我在这里只提到了很少的一部分。我默默地走过了如此之多的湖泊、池塘、水潭、沼泽、运河、小河、大河和溪流，每条水流都那样独特，言语无法形容它们的多姿多彩。我看到了森林、谷地、山脉，各有各的独特面孔。没有两座城市有相同的色彩，蒙托邦的红色与阿尔比的红色并不相同。在我眼中，一切都是惊喜。

1970年冬末，当我带西尔薇去勃艮第的时候，我再次品尝了同时沉浸在旧回忆和新发现中的乐趣：南方高速路开通后，那里几乎成了巴黎的门户。我已许久不曾在第戎驻足，那是一座世俗化的城市，宗教建筑虽然有意思，地位却远不如建于十三到十八世纪的那些优美的私人宅第和带山墙的古老木筋房子。占据市中心的也是一座世俗建筑，公爵宫，院落正对着十七世纪的半圆形广场。我在那里参观了十五世纪的厨房和宽敞的护卫厅，那里有勇者菲利普、无畏约翰和巴伐利亚的玛格丽特的陵墓，还再次欣赏了克洛德·斯鲁特那组统称《摩西之井》的精美雕塑。不过，我最高兴的是去看了考古博物馆，以前我从未进去过。在充满陈年地窖味道的地下展厅，能看到1933年到1963年在塞纳河源头发现的珍宝。有优美而粗糙的青铜塑像，让人想起在撒丁岛发现的那些铜像；其他雕像是石头或木头的，表现的是朝圣者、人头和动物。最有意思的是病人痊愈后供奉给塞卡娜女神[1]的还愿品，有病人的胸像、女神治好的人体部位，如心脏、肺和肝，还有一艘精致的还愿船。

重游欧坦，我又见到了有基督正面圣像的精美三角门楣。在教堂的教务会会议厅里，访客可以就近欣赏那里的柱头。这可是难得的机会，一般教堂里必须伸长脖子，才能隔着老远勉强看清楚柱头上的雕刻。而在这里，只需平视即可大饱眼福。那些雕塑里我最爱的是东方三博士，三个人戴着帽子，在褶皱细腻的大氅下沉睡，天使叫醒了他们。

关于博纳，我记得主宫医院，那里的彩釉瓦屋顶享有盛名，金底

---

[1] 塞纳河女神。

红绿色图案非常漂亮，厨房和古药房也同样。当我走进那间状似倒扣的船底、有多彩木制天花板的大厅时，忽然开始怀疑自己的记忆：大厅的两边排列着带天盖的大床，红色的帷幔垂在雪白的床单上。我怎么会把特征这么鲜明的陈设给忘记了呢？实际上我以前没见过这些，战前这里是不开放参观的。

我们参观了巴莱勒摩尼亚尔那座周身黄色的美丽的罗马教堂，它的大殿有高高的筒形拱顶，祭坛边优雅的回廊被称为"天使散步道"。后来我们又看了一连串的罗马式小教堂，其中一座特别小的教堂里，有一个标牌上骄傲地写着一句话：此处三角门楣上的所有人物都保住了脑袋。其他大门上的雕像都在大革命期间被砍了头。大革命摧毁了克吕尼修道院，因为当地人被修士剥削，对他们无比憎恨。原来的修道院必定美丽非凡，连残存的废墟都那么精致。

勃艮第的风景既起伏多变，又安详宁静，既辽阔又亲切，我被深深打动了。我们登上了地面仍然结着冰的波福莱山。在杜拿山上远眺，一边是宽广的平原和蓝色地平线，另一边是里昂周边的山丘，因为覆盖着白雪，看起来像高大的山脉。

最让我倾倒的是两座有古代要塞的小镇，几百年的时光流逝几乎没在那里留下痕迹。布朗雄镇建在高高的海角上，要塞和罗马教堂迎风而立，完好无损。在那里能看到大片的森林，似乎还是荒蛮状态。新堡镇除了带有雄伟塔楼的城堡外，还保留了许多美丽的老房子。镇子脚下是辽阔的草地，勃艮第运河懒洋洋地从那里流过，河两岸是双排树木。

一年后我们又去里昂作了一次短途旅行，作为这次勃艮第之旅的补充。我的希尔莫纳表兄弟带我逛里昂已经是四十年以前的事了，三十年前，我与萨特骑车远足时曾在此驻足。后来，我开车去南方的时候多次经过里昂，我喜欢随便走走。我沿码头散过步，在商业街闲逛过，在美丽的贝尔古广场看过风景，在泰罗广场欣赏过美丽的市政厅。我很喜欢圣马丁戴奈伊的罗马教堂和那里雕花的柱头。在丑陋的福维尔大教堂所在的山顶上，我久久凝视着下面的黑色屋顶和两条河里灰色的水流。我仔细地游览过里昂老城，以前这里住的是城里最富有的家庭。房屋的正面重修过了，原先的老石头露了出来，上面装饰着浮雕、雕塑和托饰。当我被写着"院子、高塔、巷子"的铭文引诱着踏进大门后，我越发吃惊了。一条天花板低矮的阴暗窄廊把我引到了一所院落，院里有一座塔，塔里有螺旋状或蜗牛状楼梯。建筑风格简朴中见优雅，可是黄色的高墙上覆盖着一层黑黑的污垢，墙里嵌着的是肮脏的玻璃窗，可以想象里面的房间也是潮湿阴冷的。

不过，尽管一副破败相，这些老住宅跟克鲁瓦鲁斯区[1]的房子比起来，可说是宫殿了。我沿着"特拉布"[2]小巷从克鲁瓦鲁斯山上一直走到下边。在其他地方，这些穿过大片房子、连接不同街道的过道就是简单的走廊而已。可在这里，由于地势高低起伏，这些小巷成了包括

1　里昂的一个区，位于同名的小山坡上。
2　里昂等城市特有的步行小巷，经由建筑物的内院，可以从一条街走到另一条街。

露天过道和台阶的一整套复杂系统，周围有长廊，通向房间。这些系统的一部分，因为房屋正面特别高大，走廊上下重叠，让人想起皮拉奈斯[1]的监狱，但破败和肮脏的印象压倒了一切，我在法国的城市里从未见过这样的景象。我在地上满是垃圾的院子里碰到去盥洗室倒马桶的男人。房子内部是没有盥洗室的，楼上也没有。这里的墙壁比里昂老城的还要脏污，窗台上晾晒着衣服，上面架着塑料棚，塑料上堆积着灰尘和各种各样的脏东西。这些简陋的棚屋以前住的是丝绸工人，如今是一些北非人挤在里面。

我去美术馆转了一圈，这是一座老修道院，里面有几幅画堪称杰作，其余展品都很无趣。收容所博物馆更让我感兴趣：看了那里的展览后，大致可以想象出十六到十九世纪的医院是个什么样子，那种景象让人不寒而栗。我见到了当年病人和死尸紧挨着躺在上面的四人大床。外科医生使用的器械看上去像是刑具：灌肠用的针管、窥镜、产钳、环钻和个头大得吓人的夹子，手术台和分娩用的椅子让人联想到可怖的酷刑。我不经意间在玻璃展柜里瞥见一座奇异的人像，那是一个真人大小的人体模型，穿着以前医生接触黑死病人时穿的制服：黑色长袍、宽檐的黑帽子，戴着面具——玻璃眼罩和里面放有香料的鹰嘴状装置，当时认为这样可以防止被传染。

里昂的地理位置可谓得天独厚，它夹在两个山坡中间，两条河流从城里流过，索纳河码头一带有非常美丽的建筑群。然而，尽管有

---

[1] 十八世纪威尼斯建筑师。

澄澈的蓝天，里昂城还是给我留下了阴郁的印象：城市破败，缺乏维护，给人不洁的感觉。

最近这三年，我们恢复了一项传统活动：每年春天去普罗旺斯小住半个月。第一次去了昂蒂布，另外两次去的圣保尔-德旺斯。从圣特罗佩到圣雷默，从瓦尔贝格白雪皑皑的海岸到图里尼山口，这片土地上重叠着我无数的记忆。有些地方已不是我记忆中的模样，在茹昂雷班，从前勒梅尔太太的别墅改成了诊所，变成了样貌丑陋的新建筑群的一部分；海边造了一所巨大的房子，无论从哪个方向都能看见，它像一个大毒瘤，让天使湾破了相。不过，从昂蒂布的城墙上或从山坡上眺望，可看见如往日一样美丽的山峦缓缓地向下与蔚蓝的大海相接。在这个季节，群山在大雪的覆盖下闪着白光。我从前常走的从加森到拉马图艾的山路如今通车了，不过那条路还是人迹罕至，半岛也还是原来的轮廓。有着美丽红色的西昂斯峡谷和达吕伊峡谷也还是原来的样子。还有我曾与奥尔迦一起用脚步丈量过的那条"天路"（《蓝色旅游指南》的说法）也没有变，它沿瓦尔悬崖公路延伸，海拔高达一千米，两旁美景尽收眼底。坐落在鲁普峡谷上面一个山顶的古尔东镇，划出不少地方经营旅游业，街道两旁尽是些出售劣质旅游产品的店铺。在卡涅和加布里，露天咖啡馆都被游客占领了，不过这些小城的中心还保留着原貌。我在瓦尔河边的布洛克找到了自己的过去，圣阿涅斯也是我记忆中的模样，那里的橘园一直延伸到芒东。当夜幕降临，旅游者都离开了的时候，圣保尔-德旺斯仿佛也恢复了旧日光景，变得昏暗寂静。店铺都关了门，人只听到自己的脚步声，还有泉水细细的低语。而在对面，一整座山坡亮了起来。第一天夜里我被这灯火通明的景象惊呆了，其实这是大功率电灯照亮的温室大棚。

我一边沉浸在或远或近的回忆里，一边发现新的景致。在莫莱斯，我找到一条峭壁上的公路，蜿蜒穿过大片的松林；圣雷默和文提米勒之间的山路，沿途尽是风景优美的村庄。在棠德附近一个人迹罕至的地方，坐落着一间令人惊奇的礼拜堂，某个意大利画家在里面画满了风格天真的壁画，导游说那些画很"现实主义"，其实表现的全是画家幻想中的地狱景象。

我也参观了以前不知道的玛戈特画廊，在那里，我比在其他任何地方都更充分地欣赏到了贾科梅蒂的塑像作品《行走的人》。画廊里还有其他很多精美的画作。不过，大多数时间我满足于坐在房间的阳台上，头顶蓝天，呼吸着周围熟悉的气息，读我的书。

旅行中的乐趣之一，有时候是烦恼之一，是各个景点的导游。在教堂里是可以自由参观的，但在修道院或城堡里，一般来说游客是不能随便走动的。有些导游态度让人很愉快，比如我在某个偏僻的乡村遇到的那个年轻的乡下姑娘，她带我参观了漂亮的维尔萨莱姆修道院，说起修道院部分被毁坏的事时愤愤不平，罪魁祸首不是大革命，而是革命后修女们把那里当成了自己的住处。罗氏舒瓦城堡的导游讲了许多有趣的事情，他每次都不忘用同一句话强调："至少专家们是这么说的。"在拉格朗日奥蒂姆的普罗万博物馆，女看守讲了一句话，如果普鲁斯特听到了肯定会乐不可支。当时我正在抱怨，那么美丽的罗马教堂怎么能在顶上加一座十八世纪的丑陋钟楼，她一本正经地回答我说："它确实不好看。不过，从那上面往下看，绝对会让你胆战心惊！"

给我讲解的经常是些老态龙钟的女士。在莫尔塔涅的隐修洞，负责讲解的是个慢腾腾的老妇人，她有一头漂亮的白发，穿着很讲究，用单调的声音背着一篇讲解词，背完了马上又从头再背一遍，整个参观过程中她都在一遍遍重复。

弗拉朗修道院[1]的女主人亲自接待游客，那是个疯婆子，跛着脚，说话恶声恶气，拿拐杖怒冲冲地敲着地面。她指着地面上的一块黑色污迹，说大革命时有修士在那个地方被烧死了，说这话时她的样子简直像被魔鬼附了体。

在夏鲁，修道院支离破碎，因为正在施工，游客无法靠近参观。我在走廊里看见一个导游站在修道院的平面图前面，给一对看上去蒙头蒙脑的男女解释他本来可以带他们参观那些地方，但目前去不了，我立刻走开了。我真正恼火的一次在博纳吉尔，足足等了半个小时才出来一个导游，打扮得像蒙马特高地的艺术家，留着白色长发，系着大花领结，穿着天鹅绒的裤子。他说，参观和讲解要持续两个小时。我跟着他走进大门，在里面见到城堡的全景图，十分钟后我就转身出

---

[1] 1972年，五个人因为在修道院纵火被判刑，其中就有老妇人的孙子，他的目的是拿到保险费。——原注

门扬长而去,剩下的那些听众都吃了一惊。

我在法国各地旅行的时候,也很享受美食带来的乐趣。美食和美酒以它们的方式表达产地的特质:要对某个地区有更全面的了解,品尝那里的美食美酒是一种令人愉快的方式。地方特色佳肴,在当地品尝总是比在巴黎吃赝品要好得多。在凡尔登吃到正宗的"吉时"馅饼[1]前,我不知道这种美食应该是什么样的。它像奶油水果塔一样结实,又像泡芙蛋糕一样酥软。直到在第戎吃了顿午饭,我才知道"格奈尔"[2]的真正滋味。在乡野小店才能吃到在急流中钓到的鳟鱼和大量的小龙虾。每当中午或傍晚,我看够了美景或演出时,心里只想结结实实饱餐一顿。我在餐桌边坐下时就满心欢喜。我喜欢在菜单上找那些从未尝过的东西,或至少是有当地特色的菜品。

旅行的日子里虽然时光飞逝,但因为日程充实,回头看去觉得每天都显得很长。我喜欢晚上到达旅馆的那一刻,那常常是一所漂亮的老房子,坐落在院落深处或花园里,或某条安静的街边,又或是在城外某个园子里的古堡,或水边的一座磨坊。我向前走着,沿着温和安静的走廊,两旁一扇扇关着的门后面是陌生的生活。我满心好奇,期待着打开自己房间的门。旅馆里的装饰陈设是新鲜的,常常是相当迷人的。我在那里安顿下来,就像我生活里的一个括号。我在自己的房间里孤独安静,身边有几件属于我的东西,四面墙壁保护着我,然而

---

[1] 一种覆有奶油鸡蛋和猪肉丁的馅饼。
[2] 用鱼肉或牛肉、面粉、鸡蛋和奶酪制作的传统美食。

我真正的家又很遥远，我在别处。从窗口往外看去，我看见外省城市的一个广场，爬满常春藤的墙，或者一些花坛，或者一条河，它们都不属于我的生活。醒来的时候，我对这个地方已经相当熟悉，但我马上又要离开。离开一个地方，开启新的一天，这一天将以另一次到达作为结束。我感到自己在把时间的卷轴依次向前展开，而不是被动地追随时间的进程。

最近这几年我不只是在法国国内旧地重游，也去了几个我曾经去过的国家。其中有个国家，从我1953年第一次去到后来第二次到访之间，有很大的变化，那就是南斯拉夫。我后来从完全不同的角度观察了这个国家。

1953年那次我没有去杜布罗夫尼克，1968年3月我和萨特坐飞机在那里降落，我们的朋友德迪耶在那里等我们。他替我们在离城不远的一个海边酒店订了房间。每天早晨，在遍布礁石的蓝色大海边漫步，看着路边的白色高塔，令人心旷神怡。杜布罗夫尼克四面都围着城墙，我们沿着城墙上古代哨兵巡逻的路线漫步，俯瞰一片金色的屋顶，城里的街道、广场、院落、花园一览无余。机动车不许进入城墙以内，人们在那里可以像在威尼斯一样悠闲地漫步。有几处建筑物很有趣，但古城最美的还是它的街道。世上没有任何一条街道能跟穿过整个老城的普拉卡大街媲美。旧城区1667年毁于地震，富有灵感的建筑师们在重建时严格追求风格统一。普拉卡大街的地面上铺的是被时光打磨得发亮的石板，老城的房屋正面也用同样光滑的石材建造。房屋全部是同样的风格，唯一有区别的是每幢房屋的装饰雕塑。在老城区的一边，几条带台阶的街道向上爬到坡顶，汇合成一条大道，与普拉卡大街平行，只是狭窄一些，但同样用光滑的石板铺就，两旁是优雅的石砌老房子，精致的阳台平添了它们的魅力。夜里人流散去，老城安静下来，人们会以为自己身处某座古代城市，可又奇迹般地有路灯在照亮夜空。我们喜欢在镶嵌于城墙里的老港码头小坐，总有几艘渔船泊在那里。我们在城里的小馆子或旅馆房间的阳台上吃饭，欣赏着近在咫尺的洛克罗姆岛。

我有时和萨特、德迪耶，有时独自一人，开着租来的车到处跑。我们一起去了科托尔海边，那里有很深的峡湾，周围是光秃秃的峭壁。汽车一直爬到崖顶，最高处离海平面一千四百米，那是一大片岩石滩，奇形怪状的石头后面绵延耸立着白雪覆盖的高山。我们下山到了采蒂涅，一个只有两千居民的可怜巴巴的小城，很难相信这里曾经是个都城。回来的路上，我们参观了科托尔和布德瓦。这两个城市不像杜布罗夫尼克那么大、那么整齐，但也都围绕着老城墙。汽车不能进老城，城里平坦的石板路两旁尽是用石头建筑的房子。我们来回都走海边公路，路两旁种着侧柏和橄榄树。

我又去了萨拉热窝，但这次没有身在中欧的感觉，因为我是从土耳其风格的那一边进城的。我重新见到了清真寺、商队旅馆、人头攒动的大巴扎，还有卖特色美食的小店，一家卖肉串，一家卖肉馅千层饼，还有一家卖奶酪酥。我在一家小餐馆喝了杯土耳其咖啡。我们住的旅馆变了样，原先笨重的家具换成了意大利式的陈设。莫斯塔尔城还是我记忆中的样子，圆屋顶、清真寺尖塔、弓形桥、白色的土耳其式房子，小咖啡馆里用的还是红铜托盘。我在露天的路边摊吃了烤羊肉，人们用一种巧妙的装置，把一个小瀑布的水转化成动能，用来转动烤肉串。

我们和德迪耶一起参观了他常说起的拉蒂穆列的鲍格米勒派教徒公墓。鲍格米勒教派又称帕塔林派，是十二世纪传到法国南部的摩尼教的一支。我们参观的是这一派教徒最大的墓地。从十五世纪起，教徒们用雕塑装饰他们的灵柩，风格相当粗犷，但图案很有趣，有武器、比武、舞蹈或崇拜太阳的场面。

达尔马提亚有世上最美的海岸线之一，一连串金色的岛屿，像星星一样闪烁在蔚蓝的大海上。1953年我只走了海岸线的一部分，当时那条路的大部分路段还没有通车。如今这里修成了美丽的海滨大道，交通繁忙，而从前这一带连人影都没有。找"看门人"要油泵和房间钥匙的时代一去不复返了，现在加油站和旅馆随处可见。最让我吃惊的是奥帕迪亚。1953年，游客只能去小码头上唯一的简陋的餐馆吃饭。如今所有的老旅馆都重新开门营业，还开了很多家新的，这里变成了豪华的大规模疗养地，有点像法国的芒东，因为到处是十九世纪末的花园和别墅。

达尔马提亚的繁华很大程度上是因为当地人努力发展旅游业。不过我也发现，南斯拉夫各地的农村里，农民们的穿着比1956年时好多了。当时我们穿过南斯拉夫去希腊，一路上看到的贫穷景象让人无比难过。如今，孩子们都穿着色彩鲜艳的羊毛衣服。餐厅里供应的大多是粗茶淡饭，商店里卖的东西也都乏善可陈，衣服、布匹和鞋子样式都很单调，引不起人们的购买欲。与意大利的繁华相比还差得很远，但进步也是很明显的。

我曾在一本书里写过：人在逐渐老去的过程中感觉不到世界的变化，很快就会觉得世界的新面孔很平常。就我们经常见到的地方和事物来说，确实如此。但如果是在外国，如果两次到访之间隔了多年，过去和现在的对比往往是一目了然的，于是时间的进程有了与空间移动一样的现实感，正如你开车前行的同时，道路在不停地向后逝去。从这个角度来说，在南斯拉夫度过的这个3月，给了我很震撼的体验。

这次旅行的乐趣之一，是自驾出游。我喜欢开车，多数时候是一段段的短途，有时也会开长途。我常常一个人从巴黎开到罗马。萨特嫌无聊，他会坐飞机与我会合。有一天晚上，那时纳沃纳广场还没对汽车禁行，我看见一辆牌号75打头的DS汽车[1]，车身满是泥土，一个女子从车上下来，满脸倦容。她找了个露天的位子坐下，打开一本米歇尔·莱利斯的书。我仿佛看到了自己的影子。我也常常是这副模样来到罗马，单枪匹马地开了一整天车，筋疲力尽，于是在纳沃纳广场坐下来，开始读一本书。

我喜欢驾车旅行时那种自由又不自由的感觉。我的时间有限，但我可以任意支配。我每次的路线都略有不同，但时不时与老路线相

---

1 DS是标致雪铁龙旗下的豪华汽车品牌，75是巴黎的车牌号。

交，这样就能同时品味重复和尝新的双重乐趣。即便在熟悉的老路上，也会有出其不意的事情发生。我一边经历着熟悉的一切，一边投身新的冒险。驾驶有时是一项强制性的工作，我必须付出全部的注意力，这样一来，沿途的风景就成了额外的收获，几乎转瞬即逝，我从中得到的快乐就更真切了。

我对其中的一次旅行记忆犹新。我计划周五晚上到达特雷比亚诺与妹妹会合，那是拉斯佩奇亚[1]附近的一个小村子，她在那里有所房子，但我从来没去过。我周四下午两点钟出发，走高速路，不过那时路只通到枫丹白露前面一点。高速路上全是车，超车、并线、超车，我得一刻不停地盯着后视镜。国道上的车也不少，幸好欧塞尔到阿瓦隆之间新开通了一段高速路，而大多数人不愿付两法郎过路费。我在空空荡荡的高速路上开着车，头一次欣赏到莫尔旺绵延起伏的美景。那是7月末，干燥的大地一片金黄色。其他新鲜景致还有：快到第戎的时候，我看到一个人工湖，湖边的沙滩上满是戏水者。我在城里的咖啡馆小憩了一会儿，精神抖擞、心满意足地开到蓬塔利，在那里过了夜。

按照习惯，我第二天一大早就出发了。我喜欢这个时刻，村庄还在沉睡，太阳开始烘烤着田野，蒸发着露水。到了瑞士，在洛桑和湖区，车流变得密集起来。我听了朋友们的建议，走的是大圣伯纳德山新开的隧道，谁知犯了错误：在通向山口的陡峭公路上，车辆排着长长的队伍，我只好在后面慢腾腾地跟着。阳光热辣辣的，天空和四野都在

---

1 位于意大利。

蒸腾的热气中变得模糊起来。隧道另一边，通向瓦尔道斯特的公路上塞满了旅游大客车和载重货车。我想晚上到妹妹家，免得她担心，也免得我自己在不熟悉的山路上开夜车，所以必须不惜一切代价前进；超车，并线，再超车，不能冒险，也不能放过一切前进的机会。这种紧张随着疲劳感的加重变得危险起来，让我无法休息，比起继续开车，做出停车休息的决定需要我付出更多的能量。我接着往前开。下午一点，经过伊芙雷时，我努力了一把，强迫自己进了城。我脑子里什么念头也没有，在灼热的街道上开车走了一会儿，一看到咖啡馆就把车停了下来。我坐在小小的座位上，面前摆了一份三明治和咖啡，享受着小憩的快乐。一动不动的石头，悠闲漫步的路人，看看这些就够我开心的了。高速路上没有车，可以边开车边休息。我费了很大劲绕米兰转了一圈，才上了索莱尔高速路。离开高速路后，我开向西撒山口，上山下山的路都崎岖难走，路上还尽是载重卡车。我非常疲劳，但确信自己能在天黑前到达目的地，所以又在一个村里歇了一次，喝了一杯啤酒。继续上路。走到蓬特雷莫里，路遇葬礼耽搁了十分钟，一些身穿黑衣的男子手擎火炬，在暮色里发出凄冷的光。我终于开到了一个镇子，从那里上山就是特雷比亚诺：从下面仰望，村子很气派，有城堡和雄伟的巴洛克教堂，还有带垛口的城墙。可是我有点迷路，幸好有人给我指了上山的窄小入口。村口草地上停着几辆车，我把我的车也停在那里，步行走进高高的拱门。当我与妹妹坐在露台上，眺望原野和大海时，一切劳累都得到了报偿！如果没经历这一天的辛苦，我不会知道，一动不动地享受宁静是多么幸福，手中杯子里冰块的声音是多么动听。我吃了晚饭，带着完成任务的愉悦，心满意足地睡了。

整个早上，我都与妹妹在白墙间的崎岖小道上散步。村子尚未被游客发现，住在那里的全是村民。艾泽和圣保尔-德旺斯以前应该也是这样的。午饭后我就开车沿海边公路直奔罗马，沿路的沙滩上一群群半裸的人，路上一片黑压压的车。我全神贯注地开着车，但也有一些意外的快乐。又湿又咸的空气从车窗涌进来，勾起我模模糊糊的回忆。在科帕卡帕那，每到早上，空气就是这个味道。更远处，一个蓝色的岬角悬在海边，岬顶长着郁郁葱葱的松树。在奥莱莉亚，我在拥挤的车流里开着车，忽然瞥见上头很高的地方，塔吉尼亚的城墙和高塔在白色的天空下显得越发雪白。刚在路边看见两辆被砸烂的汽车，一抬眼，圣彼得大教堂的圆顶又突然蹦入我的眼帘，它也被白色的天空映衬得雪白，它的美从未如此让我动心。我穿过整个罗马到了旅馆，在纳沃纳广场停了下来，身体相当疲乏，却怀着节日般的雀跃心情。

我还记得另一次，我冒着暴雨驱车南下罗马，雨点密集，几乎下了一整天，我简直看不见路。到了晚上，在安纳西前面的一个地方，我跟着车流走在山间公路上。狂风呼啸。突然，我前面的车停了下来——一棵大树砸在他汽车的前盖上。所有人都下了车，几个卡车司机用斧头把树斩断，两分钟后，路面就清理干净了。

我在从罗马回来的路上两次遇到不愉快的事。一个下雨的星期天，我要去阿尔萨斯看妹妹，开车走在科尔马的公路上，后面有警笛在响，但我没当回事。过了一会儿我停车小憩，一辆警车停到我旁边，警察在后面跟着我已经走了十公里，我被指控三次严重违章。第一项罪名完全莫须有：说我等到黄线完了才超车。其他两项（两次经过村子时超过了四十公里每小时的限速）确有其事，但如果警察没跟着我的话，根本就不会发现。曾经有个七十岁的司机，一辈子都没有违章记录，但有次被宪兵跟着，发现他半小时内违章十次。我试着跟警察分辩说第一项指控不属实，可后来我泄气了，在罚单上签了字。又开了五公里，我正在规规矩矩地开车通过一个村庄，一个宪兵拦住我，要查证件。我才明白为什么警察一路跟着我；我开的是一辆蓝色的菲亚特希姆卡牌的车，警察正在追捕一个开蓝色希姆卡的单身女人，她绑架了一个孩子。

第二次事件比较严重：我出了交通事故。那是1965年。我跟萨特在意大利北部游览完毕，早上在米兰分手，约好第二天晚上七点左右在巴黎见。那天风和日丽。我经过瑟尼山山口，穿过尚贝里，在布尔热湖上面的露天餐馆吃了午饭，之后在索恩河畔沙隆的一家旅馆吃晚饭并过夜，周到好客的旅馆是当地特色之一。

早上起来，雾气浓重，我犹豫着是否上路，我其实并不赶时间。可那个城市很无聊，我又想着离开河流后雾气就会散去，便在令人目盲的浓雾里开了两个小时，所有的车灯都开着，小心翼翼地贴着路边走。偶尔从雾气中透出一小块风景，被太阳照成金色，我立刻觉得惊艳，其实只因为那是雾气中唯一能看见的东西。然后太阳就出来了，我上了高速路，从阿瓦隆直到过了欧塞尔。天色还早，我开得不快，想到要回家了很高兴，心里开始盘算下午怎么安排。我刚转过一个弯，上了坡道，突然看见一辆罐槽卡车，车身漆成咄咄逼人的红色，对着我冲了过来，我当时在路左侧，我脑子里刚刚闪过"他要干什么"的念头，冲撞就发生了，幸而我毫发无损。司机下了车，凶巴巴地指责我，说我转弯转得太快，幸好他及时往自己的左侧躲了一下，否则肯定把我轧扁了。我身边围了很多人，我脑子里只有一个念头：我可以坐火车，七点钟前肯定能回到巴黎。来了几个护士，抬着担架，我拒绝躺上去，可他们很坚持。我觉得背上有点疼，想着检查一下也好，不会花多少时间，于是护士们把我抬走了。我发现自己的胳膊和膝盖在流血。在病床上一躺下，我的脑袋就开始发晕。我拍了片子，发现断了四条肋骨。医生在我眼皮上缝了一针，局部麻醉后膝盖上又缝了好几针。我感到特别疲惫，还吐了一点，觉得没法马上回巴黎了，告诉萨特，免得他担心。一个女护士告诉我，朗兹曼和萨特打过电话，他们从电视上看到我出了事，正在赶来的路上。没过一会儿，他们就走进了我的病房，我意识到自己的脸肿了，一只眼睛完全睁不开。我给他们讲事情的经过，滔滔不绝，显然是受了惊吓。电视节目主持人说我只是轻微地被挫伤，可朗兹曼在来的高速路上还是把车开到了时速一百六十公里。我们说话的时候，一个警长来给我送行李和被收走了的证件。他说，几乎每天都有人在同样的地方出事，被送到医院，有几个人直接送了命。那个位置很危险，因为拐弯之前有很长的直道，而且那个弯实际比看上去要急得多。我觉得自己在拐弯时之所以没特别小心，是因为当时开得不快，否则我肯定更紧张、更警觉一些。

后来我知道，我妹妹和几个朋友在电台里听到我出事的消息时，心都沉下去了。新闻应该先说明当事人只是轻微受伤，然后再给出人名，陈述事件经过。

　　第二天，萨特跟我一起坐在时速一百四十公里的救护车里返回巴黎。躺着或坐着时我都不疼，只是换姿势需要帮助。我在床上躺了大概三个星期，读书，接待朋友来访，一点都不觉得无聊。车祸好像是件出风头的事，我从没收到过这么多来信、电报、电话和花篮，对方往往是些我只听说过的人。

　　冷静回想后，我发现卡车司机实际上救了我的命，我写了信给他表示感谢。他向左侧躲闪其实是很冒险的举动，如果当时旁边有其他车辆，他就要酿成事故了。尽管他努力避开，我的车前部还是被撞成了碎片——那是一辆很结实的标致404。看见车的照片时，我不禁庆幸自己居然逃过一难。

　　现在我开车在巴黎和罗马之间来来往往都不会再出什么事了。南方的高速公路延长了，勃朗峰隧道已开通，过了隧道几乎立刻能连上瓦尔道斯特高速路，接着是都灵到米兰的高速路，然后轻松转入索莱尔高速路。有些人觉得在高速路上开车很无趣，我不会。我确实喜欢开车在小路上闲逛，去看那些我想看的角落。不过，如果是赶路，我还是希望能快点到目的地。第一次开了两个半小时跑完米兰到博洛尼亚的路程时，我高兴得发狂。后来从博洛尼亚穿过亚平宁山到佛罗伦萨的路段也开通了。我曾经那么急切地盼着从佛罗伦萨到罗马的高速路完工，接着又盼着瓦尔道斯特高速路快快开通。我最大的乐趣之一，是早上从法国出发，下午两点钟到达意大利，品尝熟悉的当地火腿、面条和美酒。

我很少坐火车旅行，所以这种交通方式由于不寻常而让我着迷：各种气味、轮子前进的节奏和夜间停靠的车站上传来的嘈杂声，一切都让我回忆起童年。

不过，出国旅行我大都乘坐飞机。距1945年我第一次坐飞机已经过去了许多年，我依然没有厌倦从空中俯瞰大地。我喜欢看山脉、湖泊、河流，它们跟地图一样精确。但我更爱云朵在脚下变化出的万千景象，有时像大片的极地雪原，中间有黑色的裂缝；有时又似冰块，雪堆在上面绵延起伏，还有成片的白色灌木发芽吐蕾。高耸的岩石之间游丝在飘浮，云朵组成的山峰看上去那么坚不可摧，飞机似乎要在上面撞成碎片。近距离飞过"雪原"的时候，飞机似乎变慢了，沉重起来，像马上要坠毁似的。飞机向云层冲去，穿过了它，阳光洒满了双翼。偶尔我能瞥见地面上一片金色的原野或水塘边密林掩映的城堡。这万千景象，都是我从前想象不出的。我对探索自己居住的这个星球始终怀着极大的兴致，而在这件事上，随着时间流逝，我得到的与失去的一样多，甚至得到的比失去的更多。

第五章

交流访学

我跟萨特一起所做的某些旅行是有政治意义的,我们的有些政治活动需要我们旅行。后面我会讲到我们在苏联、捷克斯洛伐克、埃及和以色列旅行的复杂经历,以及我们去斯德哥尔摩和哥本哈根出席罗素法庭的事情。现在我先讲讲我们去日本旅行的事。我们认真了解了这个国家的各个方面,接触了一些左派知识分子,与他们进行了有趣的交流。但我们对日本问题的关注是非常间接的,去日本纯粹为了增长见识。那趟旅行也没有让我们采取任何政治立场,因此我把日本之旅放在那些纯属消遣的旅行后面讲。

我们在日本的出版商渡边先生和庆应大学邀请我和萨特1966年秋天去访问讲学。我精心准备这次旅行。春天时,渡边给我带来厚厚的一沓英文杂志和书籍,内容是日本历史,特别是二战以来这个国家面临的经济、社会和政治问题。我把翻译成英语和法语的日本古典文学和现代文学书籍几乎都找了来，其中有英文版的《源氏物语》。我那时才知道刚刚去世的日本大作家谷崎润一郎。我主要是通过读他的小说《细雪》初步了解了日本的风俗。我也从把我的书翻译成日语的朝吹登水子那里了解情况，她是我妹妹的朋友，后来也成了我的朋友。她生长于贵族家庭，家里在东京市中心有一处带花园的漂亮房子。婚前她潜心学问，尤其是法语。二战期间她大多数时间待在东京，经历了轰炸和火灾。1945年她怀了孩子，全家人身无分文。她把所有的和服都卖了，好去黑市换回一点食物。女儿出生后，她开了一家茶馆。她有一双十分灵巧的手，裙子都是自己亲手缝制的，打算做裁缝谋生。她离了婚，去法国巴黎学习高级时装。她去了许多或多或少被战争摧残的国家，旅途漫长而有趣。她写了篇报道讲述自己的旅行，大受欢迎。于是她放弃了时装，改做新闻记者，后来又做翻译。她旅居巴黎十五年，嫁给了一个法国人。她将为我们的日本之行做导游兼翻译。她对祖国了如指掌，在那里有很多朋友。她是夏初才回的日本。

我们9月17日出发，下午三点钟登上日本航空的飞机，起飞晚了一个小时。两个穿着华丽和服的可爱空姐帮我们在客舱里安顿好。座椅蒙着漂亮的锦缎，与我们放机票的文件夹的面料很配。旁边坐的是第五共和国民主联盟的八位议员。午饭吃得很晚，但很丰盛，饭后飞机降落在汉堡，这座城市完全重建了，但在灰蒙蒙的天空下显得死气沉沉。之后我们再次出发，飞向阿拉斯加。空姐向乘客发放了浴袍式的棉布罩袍，那几个议员嬉笑着披在身上，大声开着玩笑，向空姐卖弄自己的法式魅力，但后者非常礼貌而优雅地与他们保持距离。我还没开始犯困,觉得飞越北极是件特别了不起的事。长达几小时的时间里,下面只能看见白茫茫一片,间杂着黑色的裂纹。用过丰盛的晚餐后,飞机降落在安克雷奇:那里有高耸的雪山,平原上散落着深色的池塘,金色的灌木稀稀落落。人们仿佛来到了世界尽头,远离一切文明。(后来我听说安克雷奇的居民几乎家家都有小飞机,以便与外界联络。)候机楼是一座高大的圆形建筑,看上去毫无热情,但四面全是大玻璃窗,外面的奇异景色尽收眼底。大楼里有象牙和海豹皮做的纪念品售卖。飞机在巴黎时间早晨五点再次起飞,提供了分量很足的正餐,主菜是黑椒牛柳,那几个议员风卷残云般美餐一顿。我们只喝了一杯威士忌。时间仿佛在互相推搡、重叠、冲撞,着实让人回不过神来。自我们出发以来,就再也没有黑夜,只有漫长的黄昏,接着就是短暂的日出。然后,黑夜在巴黎时间上午十一点的时候突然降临。我们在沉沉的夜里落了地。

日本人酷爱读书。得益于1871年起推行的义务教育,从1910年开始,日本儿童的入学率就达到了百分之九十八。1966年,百分之九十九的孩子至少接受九年的学校教育。文盲基本不存在了,底层民众渴求文化知识。日本人如饥似渴地阅读报纸杂志,日本成为世界上第三个书籍出版大国,仅排在美国和苏联之后。1965年出版的书籍达两万五千种,约两亿八千万本。口袋丛书系列越来越多,大量的外国文学被翻译成日文。日本政府政治上与美国保持一致,但美国在日本社会不得人心,尤其是在知识分子阶层,为了抵抗美国的影响,日本特别重视法国文化。萨特的书和我的书悉数被翻译成日文。1965年,口袋书版的《第二性》是日本的畅销书。我们知道这些，却从未想到在日本会受到那样隆重的接待。一百多名摄影师在舷梯下等候。人们先让参议员们下飞机，接着是萨特和我。"没人理我们，他们只对着西蒙娜·德·波伏瓦和萨特拍个不停。"其中一个议员愤愤不平地说，这话把朝吹女士逗坏了。她替我撑着伞，因为外面大雨倾盆。摄影师们在我们前面边走边后退，闪光灯搞得我们头晕眼花。因为看不见路，我们踩着积水往前走。过了海关，有好几百名年轻人在列队等候。一开始，他们只是克制地面带微笑，后来就开始呼喊我们的名字，跟我们握手，抓住我们的胳膊，把我们拉过来推过去，搞得我们喘不过气来。接着我们被引到一个很小的房间里，一百多个流着汗的记者开始连珠炮似的提问，摄影师和摄像师们拿大灯照着我们。

我们的车走的是穿过东京的高速路，路面高于城里的街道。这些数目众多的快速路是1962年才开始兴建的，最初是为了改善交通，迎接1964年的奥运会。自那以后，快速路持续发展。车辆一会儿在屋顶上方，一会儿转入隧道，隧道取代了以前运河的功能。接着我们的车拐上了交通繁忙的市内街道，到了一处漂亮的宾馆。那是一座西式建筑，但装饰颇具日本风格：大堂和走廊里摆放着雅致的花束。插花是一种艺术，有一整套复杂微妙的花语规则。我们和朝吹登水子及她弟弟安安静静地吃了一顿晚餐，她的弟弟在巴黎的联合国教科文组织总部工作过很长时间，翻译过好几本我们的书，法语说得跟姐姐一样好。我们吃的是西餐，但我喝了清酒，那是一种用大米酿造的酒精度很低的饮料，温温的，盛在小碗里端上来，有点像中国的米酒。午夜时分，我们上楼就寝,虽然巴黎时间才下午四点,但我毫无困难地进入了梦乡。

第二天,登水子和弟弟陪我们游览东京,有时步行,有时坐车。东京有一千一百万居民。市中心的区域非常现代,让人想起美国:到处是摩天大楼、高屋广厦,街上熙熙攘攘的人群都穿着西式服装,汽车很多。我们围着正在重建的皇宫围墙转了一圈,公众被禁止进入那里。在一个充满秋日气息的大公园深处,有一座庄严的神道教神社,那就是明治神宫。我们去热闹的五光十色的银座漫步,那是时髦高雅的商业区。有很多大商场,类似巴黎的春天百货,但要热情得多,除了匆匆忙忙的售货小姐,还有笑容可掬的女导购员,会主动提供咨询,引导顾客。店里有最现代的货物,也有传统商品,比如华丽的和服。人行道边还有很多小店铺,数量令人吃惊,有点像巴黎圣奥诺雷区的景象。我好奇地端详着许多观光橱窗里摆放的色彩鲜艳的奇怪菜肴。我们在一家非常小的餐厅吃了午饭,一共只有三四张木制桌子,收拾得极其干净。我们在那里享用了美味的禽类烤肉串。

我们六点钟就出发,参加庆应大学的校长在城里最有名的餐馆设的晚宴。老板娘和侍女们出来迎接,在每个客人面前下跪行礼,用额头碰触地板。我们都脱掉了鞋子,坐上熟麦色的榻榻米。长方形的席子或互相平行或互相垂直,在单色的地面上组成了一幅抽象画。这幅画与墙面温暖的金栗色相呼应,整个房间似乎沐浴在夏日的艳阳里。

校长请了几个人,有教授、作家和导演,叫来了几个艺伎。我们围着一张长长的矮桌席地而坐。穿和服的女士们——校长的妻子、艺伎——采取日式坐法,臀部坐在自己的脚跟。登水子告诉我那种坐姿非常累，她自己穿着西装。侍应拿来一块布，盖在我和她的膝盖上。每个客人有两名艺伎服侍，她们既不年轻也不美，据说很有文化。有几名艺伎奏乐唱歌，不过她们的任务主要是给身边的客人斟满清酒，并陪他说话。这么一来，大家基本上就不可能一起聊点什么。我旁边的艺伎用一板一眼的法语问我喜欢古典艺术还是现代艺术。另外一位则让萨特在一摞属于她丈夫的书上签名。桌上的菜换了一道又一道，看起来都差不多。炸鱼味道不错，但我觉得血红的生金枪鱼简直难以下咽，特别是白花花、黏糊糊的肉块（我觉得那应该是生鲷鱼片），从喉咙滑下时，我简直是在受罪。萨特其实跟我一样觉得生的贝壳类都很恶心，但他对人家递给他的吃食来者不拒，满脸笑容，神色非常放松。

这顿饭吃了三个小时。吃了那么多奇怪的食物，听了说了那么多无聊的废话，回到旅馆我们筋疲力尽。我们叫人送了瓶日本威士忌到房间，那酒非常香醇。萨特没碰他那杯酒，他的脸色突然变得苍白，自己测了一下脉搏，每分钟一百二十下，是平时的两倍。他怎么了？他从来没觉得这么不舒服过。这真是灾难，他第二天还有讲座。突然，他冲进浴室，他这辈子从来不知恶心为何物，所以也不知道恶心的症状。他在饭桌上出于礼貌强行压下的恶心，一下子全泛了上来，他把晚餐吐了个一干二净。接下来的两天，他什么都无法下咽。

尽管如此，他的状态还不错，第二天下午我们一起去了大学。不知是不是为了保证我们俩的讲座听众人数一样多，我的讲座总是安排在萨特的讲座之前或之后。在校园里，学生们给了我们与在机场同样热烈的欢迎，他们举着表示欢迎的标语牌，围着我们，或喊着我们的名字，抓住我们的手。可每当萨特或我讲完话，他们只是很克制地鼓掌。人们解释说，这是礼节的要求。日本人有时表现出自发的暴力行为，但当他们的行为经过深思熟虑，或有某种含义时，又表现出经过权衡的克制。我们常常对这种反差感到震惊。

我们在东京的日程安排得很满。我们向政界人士和知识分子了解日本的状况，与作家和教授们讨论，补充以前在阅读中得到的关于日本的知识。我们研究过明治维新的历史，知道日本是如何逃脱了西方的控制，但我们更感兴趣的是今天的日本：这个1945年被惨烈地摧残的国家，如今成了世界第三大经济强国。

这段历史起初充满了悖论。出于把日本民主化的目的，美国人从监狱里释放了军国主义政权的敌人——共产党人和社会主义者，并倚重他们。它强制推行土地改革，解散托拉斯，鼓励成立工会。但美国人很快就变了脸：1947年，劳动者举行全面罢工的企图被禁止，政权落到了保守党手上，之后就再无易手。托拉斯卷土重来。工会组织拥有相当多的会员，略受马克思主义启示但反对共产主义的全国工会理事会有四百万会员，但对国家的经济生活几乎无甚影响。

日本人的生存空间极为有限，因此他们的第一要务是遏制极速攀升的出生率。他们发起了大规模的运动推广避孕，并为堕胎大开方便之门。然而每年人口增长仍有约一百万。1965年人口普查结果表明，日本人口总数为98211935人。

这个国家1950年的国民纯收入只有一百亿美元，到1966年这个数字就达到了一千亿美元。他们是如何做到的呢？这一"奇迹"在很大程度上要归功于1945年托拉斯被美国人解散后,崭露头角的新一代企业领袖的想象力和勇气。他们不惧背上沉重的债务,银行也甘愿冒风险,毫不犹豫地向他们提供贷款。他们把盈利即刻再次投资,形成日本经济学家口中的"良性循环",世界上其他国家都没有进行过如此规模的投资。银行之所以能贷出大批款项,是因为国民储蓄率非常高,这或许是由于日本是个年轻的国家,六十岁以上人口只占国民总数的百分之八点五。任何外国人都不被允许投资。经济的起飞还得益于劳动者辛勤的工作,以及他们相当低廉的报酬。

这里我们要提到日本经济模式里最独特的一个属性。日本在工业化之前,封建体制并没有被彻底摧毁。明治维新是由武士阶层完成的。武士变身为官僚后,继续维持封建时代的价值观、行为准则和社会关系。他们把牺牲和忘我的道德观灌输给了劳动者,劳动者把自己奉献给公司,正如仆从效忠领主。

劳动者没有任何逃脱的可能,他们全身心从属于公司。工作终身制在日本是普遍规则,一个职员或工人进入一家企业,相当于做出终身服务的承诺。他们一级一级升迁,直到退休。一个被解职的人是找不到第二份工作的,再就业市场基本不存在。实际上,员工几乎永远不会被解雇,但这个始终悬在头上的威胁会迫使他拿出最恭顺的态度来对待公司:被迫超时工作,有休假的权利,但从来不敢开口要求休假,否则别人会对他"有看法",那他的位子就岌岌可危了。结果他只敢时不时休两三天的假。即便曾是全国学联[1]的成员，年轻时都是激进的革命分子，一旦进了公司，也会低头就范。

雇员的薪酬很低，中小企业更是如此。日本的经济生活还有另一个特征，就是"双重结构"。在工业领域，只有百分之三十的劳动力受雇于三百人以上的工厂；百分之三十三的人就职的工厂员工规模不到三十人。在商业和贸易领域，百分之九十的企业其工人或职员的人数在三十人以下；百分之六点四的企业其雇员人数在三十到一百之间；百分之二点九的公司其员工人数在一百到一千之间。只有五百五十家公司，即全国企业的百分之零点一，拥有员工数超过一千。

中小企业有两种类型。一类生产传统消费品：榻榻米、白袜子、和服、木屐、酱油、灯笼、阳伞等等。这类企业一般采取家庭作坊的形式。人们早早就开始工作，很晚才收工，要到晚上十点半甚至十一点，利润也很微薄。另一类为大公司做代加工，这类企业数量众多，降低了生产成本。它们的雇员不能像大公司的职员一样，靠福利，如食堂、住房补贴、奖金等等，稍微弥补薪金的微薄。他们常常劳作一周，连一天的休息时间都没有。卫生条件很差，工人们酬劳微薄，也没有社会保障。即便在大企业里，薪金也很低，某些群体待遇更差，如女职工和短期雇用的临时工。

整体上来说，日本民众的生活水平很低，他们饮食清苦，居住简陋，住宅建设严重不足。日本的国民总收入虽然高居世界第三，但如

---

[1] 全日本学生自治会总联合。——原注

果考察人均收入，日本只排在第二十一位，几乎跟委内瑞拉差不多水平。另外，也应该看到，公共设施建设被忽略了：道路、运输工具、火车严重不足，早晚高峰时段，需求助于"推手"（他们都是些空手道高手）把乘客推进拥挤不堪的车厢。大多数日本人都怀着强烈的不满情绪，导致经常爆发学生运动。

我们从上述这些基本信息着手了解日本，并花了很多时间在东京街头漫步。城市并无美感，嘈杂的大街上车流汹涌，堵车是家常便饭，交通秩序自然由信号灯和警察维持。另外，在有些地方，人行道旁放着一只筐子，里面有些小黄旗供人取用。要过马路的时候，行人可取一面小黄旗，在车流前舞动，来往车辆必须停下让路。穿过马路后，把小旗放回对面同样位置的筐子里。空气里本已充斥着五花八样的味道，加上汽油味越发刺鼻。排污管道和垃圾清运服务严重匮乏，流经东京的墨田河每天要冲走一百三十万吨垃圾。

我们尽量避开主干道。我们喜欢那些还能看到传统木屋的安静街区。有些街道非常热闹，两边尽是商铺或货摊，挂着纸灯笼或横幅充当铭牌，上面写着漂亮的日本字。新开的店铺前摆放着巨大的假花花篮，色彩非常喜庆。特色小店数量很多，尽管日本已经成了站在时代前沿的工业强国，却仍然保留了一些古朴的风貌，手工业非常繁荣。传统与现代的共存在登水子带我们去参观的一个室内市场表现得特别明显。大门上方悬挂着红纸做的大灯笼，过道两旁的小店里既有手工制作的物件，也有工厂生产的产品，如扇子、腰带、和服、棉布、篮子，但也有五金产品、各种器皿和工厂批量生产的成衣。走出市场，我们来到了一个佛寺，四周是游艺场。接下来的几天，我们又参观了港口、市场、大学区，还有一座漂亮的基督教堂，风格非常现代，屋顶和墙壁都是金属质地，这是年轻建筑师关双丹和的作品，他还设计了一座极为优雅的室内游泳池。我们去了老城区，在那些安静漂亮的街道上徜徉，那儿有一个有趣的民俗博物馆。我们还在美术馆里逗留了几个小时。

一到晚上，东京就大放异彩。霓虹灯招牌在所有的屋顶和楼宇外墙上闪烁。那些灯有些颜色是我在其他地方从未见过的：深紫、橙色、太阳般的黄色、夜幕一样的深蓝。这些招牌组成了一幅幅画，它们一般都镶在长方形的灯箱里。与纽约的霓虹灯的闪烁方式不同，它们像爆发一样突然亮起来，然后消失；或徐徐展开，再渐渐收拢熄灭。在商业街上，各色纸灯笼争奇斗艳，有做成球状的，有做成鱼形的，有红的，有白的，上面都写着日本字。（有些来日本修禅的美国人买了这样的灯笼回国，以为这是日本精神的绝好表达，殊不知灯笼上写着"面条"。）

最温馨的时刻是夜里十一点，生活停摆的时刻。日本人早上起得很早，一到六点半，百分之八十的东京人已经起床了。晚上十一点，最后一批店铺也关门了。酒吧、餐馆和银座的歌舞厅都曲终人散，街道上站满了年轻女子，西式装束或穿和服，许多都是清秀可爱的样子。她们是酒吧招待或舞厅的领舞，比艺伎漂亮多了。街道上回荡着笑声和窃窃低语，美妙的欢快气氛昙花一现，寂静随之笼罩了城市。

不过新宿的很多去处关门要晚得多，那儿让人想起巴黎的圣日耳曼德普雷和拉丁区。新宿中心有一座巨大的车站，是铁路和地铁网络的交会点。站内有家大商场,还有很多办公室、餐馆和电影厅及无数小店。在新宿宽阔或狭窄的街巷里,有数不清的酒吧、夜总会、脱衣舞店、歌舞厅,有的规模很大,有的非常小。玩弹珠机的游戏厅数量之多令我吃惊。那是一种电子台球游戏,只不过弹珠是垂直放置的,而不像我们通常玩的那样水平放置。有些游戏厅里,沿着狭窄的过道放着成百台游戏机。机器一台空的都没有,玩家们操纵着机器,克制着狂热。这里餐厅也非常之多,大多数只经营单一吃食,这儿是吃鱼的,那儿卖鸡肉串,那儿又是吃炸虾的。我们在一家只卖猪肉的餐馆吃了晚餐。有人认出了我们,因为报刊上、电视节目和新闻里放了我们的照片。有个年轻姑娘过来亲吻了萨特的手,送给他一盒饼干。登水子告诉我们,这是传统习俗。她解释说,日本人天天都在互相送礼物,通常是食品。今天一个朋友或邻居端来一盘面条,明天你就要回赠她水果或蛋糕。在街上,一个年轻男子默默地递给我一枝花。成群的学生跟着我们索要签名。有文化的日本人都随时备着一套纸板,一面白色,一面灰色,他们在上面练习书法或写下自己创作的诗歌。

  我们进了一家有名的小酒馆,一个男子在唱民歌。我们喝了啤酒。女招待们穿着棉布和服,袖子卷起来。她们身强力壮,手脚麻利。有客人喝多了闹起来的时候,她们笑嘻嘻地抓住他的胳膊拖到外面。我们下到一间地下舞厅,有点像巴黎以前的"禁忌"俱乐部,里面烟雾缭绕,一些很年轻的人在听爵士乐、跳舞。他们开始认出我们,但朝吹先生说了句什么,他们就不动声色地把目光从我们身上挪开了。我们去的最后一个地方是一间装修得很漂亮的同性恋酒吧,吧台后面是一幅裸男的大照片，以及一张热内的话剧海报，侍应生请萨特在那上面签上了自己的名字。

某个星期天的下午我们又去了新宿，登水子带我们进了一家穷人光顾的小酒馆。里面空荡荡的，只有一个简陋的台子，客人们席地而坐。有人睡着了，有人昏昏欲睡，其他的人喝着茶，听一个说书人讲故事，登水子说，内容很下流。

有天晚上，我们去了银座的一家大歌舞厅。表演内容有舞蹈、脱衣舞和滑稽戏。有个节目是讽刺僧人的，其中流露出的不敬让我吃惊。一个演员扮演色眯眯的僧人往墙上画淫画，这时有路人走近，僧人敏捷地一笔把画改成了别的样子，等只剩他一个人了，他又一笔把画变成了新的淫秽内容。

我们想了解日本传统戏剧，但这事不太好安排，因为几乎没人再对传统戏剧感兴趣了。观众们更喜欢西式的剧目，无论是日本作家还是外国作家写的。渡边先生找了一家小剧场，在那里安排了一场能乐，请了一百多个客人来看。舞台上方搭起了棚顶，由四个柱子支撑，舞台深处的隔板上画了一株老松，那是能乐的象征。舞台通过一座带顶的"桥"延伸出去，桥很长，一直通到后台的帷幕那里，演员们就从那里上台。

演出开始先来了一出滑稽短剧，叫"狂言"，是能乐演出的一部分，我觉得很乏味。能乐原本是葬礼上演出的清唱剧，十五世纪渐趋完美，在当时是宫廷里的消遣，专为娱乐贵族，风格受禅宗影响。

乐队先上台，一支笛子加两面鼓。乐师们身穿江户时代（十七到十九世纪）的礼服：深色的丝绸袍子，外面套上很宽的裙裤和一种宽肩高耸的无袖外套。穿现代服装的合唱队坐在舞台的右侧。

剧目叫《葵上》，出自《源氏物语》。光源氏的妻子葵上得了很重的病。葵上由铺在舞台前方地上的一件和服代替。她的病是由光源氏曾经的情人六条御息所作祟所致。乐队营造出凄凄惨惨的气氛，乐师们伴着鼓声发出尖厉的叫声。这时六条的恶灵出现了，这是本剧的主角。能乐的主角往往是从阴间回来的鬼魂，但也可以是某种激情的化身，如悔恨、愤怒、嫉妒，本剧中的恶灵就是嫉妒的化身。演员衣着华丽，上穿满是绣花的丝绸外衣，下身是裤脚极其宽大的裤子，戴着木制的面具，用两根黑带子绑在后颈上，面具比演员的脸要窄一些，显得他身形颀长。面具上眼睛的部位开口特别小，演员挪动时必须以舞台上的四根柱子为参照。在音乐、鼓声和尖叫声的伴奏下，主角开始倾诉自己被光源氏抛弃的怨恨。嫉妒的火焰愈燃愈烈，六条俯身朝着病人，用手中的扇子猛烈地抽打她。（我们惊讶地注意到，随着主角脸部倾斜的角度不同和灯光的变化，面具呈现出不同的表情，这跟人们事先告诉我们的一样。）合唱队发怒了，一个仆人被派去请一位德高望重的法师来驱邪。法师上场了，这是能乐传统里的配角，不戴面具，身着黑袍。（通常配角应第一个上场，主角由配角引出。）法师念起经来，主角先是被赶跑了，继而回来现了原形：这时演员换了一个恶鬼的面具。恶鬼走近法师，激怒他，想与之决斗。这是一场言语的决斗，恶鬼不断咒骂着，法师一直在祈祷。最后，恶鬼败下阵来，逃之夭夭。演员的动作呆板，音乐的节奏执拗反复，乐师们一直在尖叫，然而合唱队的演唱却饱含激情，使演出从头到尾呈现出紧张的气氛，我们看得屏息凝神。据说十四世纪时，一出能乐的演出时间是现在的一半。不过这出戏并没有让我们觉得冗长。都说西方人很难理解能乐，但我们觉得，只要带着随遇而安的心情就能看得津津有味。

要看懂人称"文乐"的木偶戏也不是那么容易。剧团正在巡演，我们只看了两段只有独角的滑稽短剧。演出是在皇家饭店的一个客厅里，观众几乎都是西方人。但演出深深打动了我们，两年后，当文乐剧团来巴黎歌剧院演出时，我们忙不迭跟正在巴黎的登水子一起去看了。我想在这里谈谈这种艺术独特的魅力。

文乐主要兴起于十八世纪大阪新兴的中产阶级，这是唯一一种其剧本称得上是文学杰作的木偶剧形式。剧本大多写成于十八世纪，讲述封建时代的传奇故事。在这些中产阶级喜闻乐见的悲剧里，崇高的情感被表现得淋漓尽致：仆人为了保护主人的公子，宁愿杀掉自己的儿子；被禁止通婚的两个情人相约赴死。人偶们表演的舞台很狭窄，他们后面有一道槽，操纵人偶的艺人在那里遮住一半身体。布景上面画着风景或室内场景。先出场的是弹奏三弦的艺人，还有一个歌手，他们在舞台旁边坐下来。歌手的作用非常重要，他既要交代故事，又要给人物配音。接着出来的是操纵人偶的艺人们，他们携带着即将在舞台上行走的人偶。人偶的大小是真人的三分之二，但脑袋不合比例，都很小。每个人偶由三个人操纵，主要艺人两只手插在人偶里面，负责人偶的头、身体和右臂，脸露在外面，但必须保持一动不动；另两个艺人一个负责左臂，一个负责两腿，他们都戴着脸罩。三个人都穿着长长的黑袍。我一直喜欢看木偶剧，但很少觉得满意，要么风格太做作，我没法入戏；要么过分依靠技术，没什么艺术性。日本人就很擅长在写实和夸张中间找到平衡。在十八世纪，当原先粗陋的人偶变得栩栩如生，连面部都开始有了表情，台词也充满了生活气息时，本来一直隐身幕后的艺人、三弦师傅和歌手也开始现身。演出开始了，观众很快进入了人偶们的世界。一开始，它们看着有点病恹恹的，需要人一直在旁边照顾，但围着它们忙碌的艺人很快就被观众视而不见了。艺人属于另外的世界：他们是看不见的神祇，代表着命运的力量，对抗人偶们充满激情、自由经历的冒险人生。人偶们只为观众而存在，并不知道自己被别人操纵。它们表达情感的方式极其狂暴，当一个角色伤心的时候，歌手会发出完全非人的叫喊，用夸张的表情表达台词和语调的含义。人们仿佛觉得，歌手的台词和情感都来自人偶，而人偶们自己控制着自己的动作。剧团在巴黎演出的剧目里有一段著名的四十七浪人的故事节选（全本长达十二小时）。故事的结尾，浪人之一要切腹。他慢慢地把身上的外衣一层层脱掉，露出最里面的白袍。当他拿起长刀，切开自己的腹部时，我们比看有血有肉的真人演员还要激动，因为在我们被带入的那个世界里，死与生一样可信。我头一次在剧院里看到真正的死尸。尸体被扔在舞台前方，不再有一丝活气。

我为什么那么喜欢能乐和文乐呢？我已经说过：在西方戏剧里，想象和现实的关系很别扭。但在能乐和文乐的世界里却不一样，两者达到了完美的和谐。吟诵、歌唱和叫喊都不是语言常用的表现形式。戴着面具或用木头雕成的脸给人以非人类的感受。情感不是用惯常的表情或姿势表达，而是通过一定的套路和程式。这些套路在能乐里表现得很节制，即便遭遇了莫大的不幸，主角也只是用长袖迅速拂一下额头而已。文乐就很夸张，歌手会疯了似的翻白眼。两个剧种都拒绝模仿现实。只有彻底打破现实，才能用最纯粹的方式传达出悲剧的意义。

歌舞伎脱胎于文乐：十八世纪时，人们开始用真人表演为木偶写的剧本。1955年，一个日本歌舞伎团去北京演出，我们看了一点，为之倾倒。在东京，我们专门安排了一个晚上去看歌舞伎表演。主角是个上了年纪的肥胖男子，很有名气，他邀请我们在他化装的时候去他的化妆间观摩。我们在门口脱掉了鞋子（我们迅速习惯了一天里有大半天的时间都不穿鞋），席地而坐，看他用白铅粉涂脸，戴上假发，穿上和服。整个过程漫长而繁复，有好几个服装师协助他。化装完成，这个又老又丑的男人在我们眼皮底下变成了一个难看的老女人。那出戏毫无章法地把粗俗的喜剧、乏味的现实主义和并无想象力的魔幻混在一起，我看得味同嚼蜡。

上世纪末日本木版画在法国风行一时，我对这种粗俗的艺术毫无兴趣。但东京博物馆却有些质量上乘的作品，我在那些画里再次体会到了文乐那种现实与想象之间的平衡，寥寥几笔线条就能表现山峦与云朵，在这背景色中，用极度精确的笔触描绘出的人物，正在过着他们的生活。还有些十一世纪的丝画也同样精美，画的是佛教信徒；有一幅十二世纪的卷轴，画的是受皇宫失火事件启发创作的传奇故事：二百二十七个中国水墨描绘的人物，色彩精致细腻，正在惊慌失措地逃跑。有一件十七世纪的纸质屏风,金色的纸上画着《源氏物语》中的场景:一辆牛拉的两轮车正走向一座高塔。画在金色纸上的还有一些大臣的精美肖像。

我们看能乐那天晚上,演出之后原定的晚餐草草收场:天气预报说有台风,大家都着急回家。将近凌晨一点时,我们已经睡下了,风开始呼啸起来。醒来一看,房间里全是土,台风把窗户吹开了一半,外面街道上横躺着被连根拔起的树。登水子的母亲和她的一些朋友因为住的是低矮的日式房子,整夜都在担惊受怕——墙和窗子都在颤抖。东京周围地区有人在台风中遇难,富士山脚下有个村子被泥石流埋了。这些灾难算是事故,这是日本人生活的一部分。美军占领时期,人们用美国女人的名字给台风命名,现在则用代号。台风通常来自南方,向北扫荡。登水子还记得她多年以前在乡下时遇到过的一次台风,把她吓坏了,那场景简直像末日大洪水,她家里进了水,连床垫都湿了。一些大树被连根拔起。

我们认识了登水子的一个兄嫂的妹妹,石井好子,是法务大臣的女儿。她是日本最有名的歌星之一,每次在电视上演唱都是了不起的大事。她在巴黎待过很长时间,在裸体俱乐部唱歌。"我只是唱歌。"她解释说。她也是演出策划人,与贾科梅蒂十分交好。我们见到她的那天晚上,她有点焦头烂额,因为下个星期她要安排七十位苏联红军歌手来演出。她请我们到一家豪华餐厅吃饭,那里只有包间。我们在矮桌前坐下,发现下方有个沟槽可以放脚。这样一来,我们看上去也像日本人那样席地而坐,但又避免了那种坐姿的坏处。我们很喜欢这个取巧办法。我们吃到了美味的牛排。在日本很少吃到牛肉，因为价格非常昂贵，生鱼片只是个遥远的回忆了。在日本的酒店里能吃到出色的法餐，日本也有德国啤酒馆，其中一家的金发女招待穿着蒂罗尔传统服装。

朋友们想带我们去看看周围的乡间。我们先坐火车再乘汽车，到了小城箱根，住进了一家旅馆，下方是丘陵环绕的湖泊。这里的植被又繁盛又齐整。乡村景致给我留下了很深的印象，房屋和道路都非常干净，各家都在精心侍弄的小菜园周围种了花草，打理得非常优美。我们看了登水子和她一个朋友的乡间别墅，在那里吃了晚饭。我喜欢那种空空荡荡的房间，只有榻榻米泛着金黄色的柔光，四面八方都能观赏外面的风景。登水子亲自做的中式风味晚餐十分美味。

第二天，我们坐汽车经过湖上方一条风景优美的山路，那是以前的商人从东京去京都的必经之路。两个城市辖区之间有个海关，现在改成了博物馆。在那儿能看见真人大小的武士塑像，穿着十八世纪的服装，摆出守卫关卡的姿势。

日本人喜爱的活动之一是泡温泉。在我们去的热海市，人们不去海里游泳，而是去遍地都是的温泉会馆，那里有游泳池、蒸汽浴室和按摩房。有时男女分开沐浴，有时混在一起。日本人在性上十分保守，却毫不顾忌在家里或公共浴室赤身露体。我去女浴池看了一眼，萨特看了看男浴室。接着我们游览了城区要塞，从那里还能看到一大片海岸。我们在一家酒店吃午饭，酒店的草地上种着杜鹃花，还有形状千奇百怪的松树和矮棕榈树，草地呈缓坡一直通向大海。大堂的电视上播放着相扑比赛,日本人非常喜爱这项运动。相扑选手们简直就是一大堆难看的肉,他们光着上身,两两对战。选手在圆圈里互相推拉,把对方扔出圈外者获胜。我觉得这种活动十分无趣,因为每场比赛前面都有冗长的仪式,而比赛都持续不到一分钟。

回到东京,我们几乎立刻动身去京都,乘坐世界上最快的火车,三小时行驶五百二十五公里,时速有时达到二百五十公里。高架的电气化铁路上既无平交道口亦无道岔,不通任何货车,只运送旅客。交通通过电子仪器控制。我们差点误了火车,因为路上遭遇堵车,登水子又差点在庞大的车站里迷了路。本来要改乘其他车次也很容易,每天从东京出发的列车多达五十五趟,可我们还要在车上与其他朋友会合,所以拼命想赶上这趟车。最后,列车等了我们三分钟,这已经是很大的照顾了。路上经过了绿油油的稻田、丘陵脚下一个个优美的村庄,但富士山湮没在雾气里。朋友们向我们指出,这列火车里的乘客,与我们先前坐过的火车里的乘客一样,都没有行李箱,一个小包对他们来说就足够了,因为没人会离开工作岗位三天以上。

京都之美闻名遐迩,所以美国人没有轰炸这个城市,古老的街巷和一千七百座寺庙得以保存至今。从我们酒店房间的窗户往外望去,能看到有着深色屋顶的低矮老房子,穿城而过的小河,两旁都是店铺的街道。我们第一眼就爱上了京都。朋友们抱怨说,在我们之前去过京都的加布里埃尔·马塞尔却不喜欢那里,他站在河流前咕哝说:"哼,这可比不上塞纳河。"他讨厌日本,因为日本官方鼓励避孕。

我们每个人都在一个大厅作了讲座。日本人精通装饰艺术,连讲台都布置得赏心悦目。讲台旁放了一束漂亮的花,他们知道怎么摆。我们身后放了一个金色的屏风,上面用漂亮的黑色方块字写着我们的名字。

我们见了很多人——作家、艺术史专家、哲学家、大学生和教授,交谈通常在就餐时进行。京都不乏优雅的花园餐厅,玻璃墙后面种着几棵树和几株竹子,放置得很巧妙,看上去景象万千。我们在小小的餐桌上品尝了日本名菜,名字我忘记了:有一道牛肉,自己放到小炉子上煮,或者用筷子尖夹着放在滚烫的汤里。

刚到日本时,萨特在记者招待会上说,自己很喜欢谷崎润一郎的书,于是他的遗孀请我们去做客。谷崎润一郎年轻时写过一些色情小说,他妻子在嫁给他之前是他朋友的妻子。她在丈夫的应允下,做了谷崎一段时间的情妇。谷崎自己也有家室,他打发自己的妻子去跟另一个朋友过,然后跟现在的谷崎太太结了婚。这件事一度在文学界传为丑闻。在《钥匙》和《疯癫老人日记》中,作家写了自己老年时的情欲体验:第一本书里写了他的情人和妻子,第二本里写了儿媳。我们对她们充满好奇。

谷崎夫人住在京都近郊。她身穿和服在门口迎接我们,与登水子花了很长时间相互以深揖致意。她带我们去作家的墓地祭拜后,请我们在一个寺院里喝茶。像西方以前的修道院一样,寺庙也有旅社的职能,可以在那里吃饭过夜:有些寺庙甚至连祭坛都没有。一个和尚在一间充当客厅的屋子里接待我们。他端上来一种盛在大碗里的绿色的浓汤,味道苦得吓人,据说这是日本茶。他把玩着念珠。萨特委婉地向作家夫人打听起作家的性生活来：真的像他在书里写的那样吗？作家曾想跟她尝试他在盲人女乐手的故事里写的那些事；起初她不愿意，但最终同意了，因为她太崇拜他。不过他是个艺术家，经常生活在想象的世界里，他本人还是很纯洁的。她一边说着，一边不时地用手帕的一角拭去想象中的眼泪。这动作跟我们见过的那个老演员表演悲伤的女主角时一模一样。过了几天，谷崎夫人又请我们去了一家艺伎院，节目有唱歌和舞蹈，没什么意思。她由儿媳妇陪着，不过我们没有跟她儿媳妇说话。

每天晚上，我们都会漫步在霓虹灯闪烁的大型露天市场，这里商品应有尽有：从当地特色的工艺品到手工产品、服装，还有各色食品。我们也去艺伎街逛，京都艺伎很多。那里有很多餐馆和酒吧，看上去都很殷勤好客。我和萨特与登水子一起进了其中一家，立刻有两个女招待过来坐在我们脚下。她们一言不发，可她们的存在让我们觉得压力巨大，我们几乎立刻就离开了。登水子说，即便只是几个女人一起出门，也是女招待们争夺的对象。我们唯一能去的只有茶馆，幸亏那里除了花草茶也供应威士忌。

皇家别墅非常美丽，单层建筑覆盖着绿色的瓦片，绵延不绝。周围的园子就更美了，花园与建筑处处融为一体。自然是经过人工雕琢的，树木的形状和大小都很讲究，每一颗石子、每一座桥、每一处土坡都是精心设计的，石灯笼的位置也是如此。在这些小小的天地里，每个元素都有其象征意义，然而它们并无任何矫揉造作之感，让人一见就赏心悦目。大多数情况下，它们身处"借景"当中，就是说远处的山和树似乎也是眼前景色的一部分。

还有"石园"：很小的空间里汇集了各种奇形怪状的大石头。最有特色的是我在一家寺院里看到的禅园。禅是一种非常精妙的佛教修炼形式，教人通过寂静、超然的力量实现对身心的完美把握。禅的影响无处不在：射箭、戏剧、绘画。有一种园林风格就来源于禅。京都附近有一个著名的石园，那是一个长方形的院落，地上铺着白沙，把在沙子上画出一些线条、纹路和圆圈，十五块大小不同的石头摆放在园子里。石头摆放的方式使人永远不能同时看到十四块以上的石头。这种严谨的景观把我们迷住了，我们在那里看了许久：有时仿佛看到一些小岛浮出海面或沉入海底，有时看到飞机下方的山峰戳破云层，有时看到生命在虚无中沉没，有时或许只是白沙上的一些黑石头。

我们在京都和京都周围，以及四十公里之外的古都奈良都参观了大量寺院。寺院有两类，神社和佛寺。神道教认为，神、人和整个自然都来自同一个祖先，它把天皇尊为至高无上者的化身。日本与这种宗教之间原有的深刻联系战后被美国打破了，美国人认为，神道教是日本民族主义和好战的根源，于是颁布了一道"指令"，彻底把神道教与国家分开。神道教的僧侣失去了国家的财政支持，转向民间，在民间激起了对神道教的热情，这门宗教于是兴盛起来。神道尊崇通过自然力来表达的神圣存在，而佛教崇拜的救世主让人脱离轮回苦海，终有一天达到涅槃的安宁，领略极乐世界。日本人信奉这两种宗教。和尚传播佛经，神道教僧侣主持各种仪式，特别是婚礼，葬礼法事则由佛教的和尚负责。和尚也参加神道教的祭典，反之亦然。

神社都很亲民，大门永远对民众敞开。它们有的小如蚁穴，但多数都大得像一个村庄。神社的入口是"牌坊"，那里没有门，只有两根木柱，上面两根横梁。神社的围墙内还有其他牌坊，立在小溪旁或栅栏边，标志着不同区域的起始。神社里的建筑和牌坊都是木制的，通常刷成鲜艳夺目的颜色：大红色或鲜橙色。建筑和牌坊通常建在花园里，园子里还有高高的石灯笼。园子里一般养着金鱼和其他动物，其中一座花园里有一大群鹿，它们会在游客的手上觅食。一座神社包括很多建筑：僧房、待客的楼堂和俗客禁入的祭堂。祭堂的门口有传说中的神兽把守，门前的空地上，小贩在售卖护身符：纸张、铃铛或动物小塑像。信众们向神灵献上拴着白纸条的小树枝，放在祭堂的外面。神社的院子里或楼堂里经常举行盛大的节庆活动，演奏神乐，表演有宗教意味的舞蹈。

佛寺的线条相对简单，色彩也比较简朴。它们的占地面积没有那么大，园林风貌也比较严肃，但佛寺里面往往有精美的壁画和雕塑：塑像为铜质或木质，表现佛、观音、武士或乐师的形象。我在奈良见过几座古老的佛像，像希腊的女性雕像一样美丽。

京都的金阁寺是一座建筑杰作，原本是座宫殿，后来变成了禅宗寺院。建筑共有三层，最上面的两层覆盖着金箔。金阁寺的轮廓倒映在旁边的小湖里，湖里散落着许多小岛，像日本所有的湖一样。金阁寺曾经毁于大火，纵火的是个看守寺庙的年轻和尚，原因不详，1955年得以重建。受这场火灾启发，作家三岛由纪夫写出了一本有名的小说。

在所有的寺院里都能碰到一群群的男女学生，他们叽叽喳喳说笑着。尽管年纪小,但每人都有相机,不停地拍这拍那。

我们离开京都,驱车登上了高野山。沿途风景秀美,山上有座冷杉林,林中有块非常古老的墓地,绵延数公里。墓园里寂静无声,浓荫蔽日,偶尔有几缕阳光透过。墓地里的建筑非常简单,就是些石碑和柱子。经常能看到五大元素:一个叠一个的球体象征着水、土、火、空气和天空。石碑和柱子有时单独一个,有时成群。不时可见那位专管儿童的笑面小神,戴着红色或白色的围兜,怀抱红花:这是黑色的树木和灰色的石头当中唯一的彩色。(神社的门口经常可见这位小神,他是没有资格进入祭堂的。)一位穿黑袍的光头僧人带我们参观墓地。我们碰到的所有人对我们作品感兴趣的程度都让我吃惊:这位拉着萨特的手,激动得眼泛泪花;那位热情地跟我讨论《第二性》。他大笑着说:"您知道吗,按我们宗教的说法,女人是上不了天堂的,她得先转生成男人才行。"显然,这一套他一个字都不信。

导游把我们安置在寺院的一间屋子里,面对着花园。我们在那里吃了带来的冷餐,接着驱车开上一条崭新的山路。起初,路高出海平面很多,我们一路向下,向太平洋岸边的志摩开去。我们到的时候是夜里,次日早上看到周围的景致感到十分新奇:我们住在海湾的深处,支离破碎的海岸覆盖着厚厚的干枯草木,长满树木的土地之间间隔着一条条狭长的水带,水带里漂浮着一些木头围栏,那是养殖牡蛎的地方,看上去宛如一支庞大的扁平舰队。在这片峡湾的远处,应该就是大洋。我们冒雨泛舟水上,漂浮在水上的一些小船里的女人们在养珍珠,她们把活牡蛎的壳稍微打开,把一小片螺钿放到它的肉里，再把壳合上。牡蛎被放在拴于木排下面的篮子里，篮子沉浸在海水中。牡蛎被这样养的时间越长，生成的珍珠越大，同时整个养殖场毁于风暴的可能性也越大：养殖过程一般长达五年。志摩人从来不打捞养珍珠的牡蛎，不过，我们有一次看见一个女人潜到海里，去找一种肉质出名鲜美并有着美丽螺钿贝壳的软体动物，英语叫作abalone（鲍鱼）。

我们在酒店用午餐，吃了一只海湾钓上来的龙虾，然后出发去伊势神宫。那是日本历史最悠久、香火最盛的神社。那座神道教寺院的建筑风格朴素，木头都没有绘成彩色。人与自然之力经由神社合为一体，为了让这种连接始终保持活力，神社必须永葆青春，每二十年就要被重建一次。在目前神殿的旁边有一块空地，未来的新神殿正在成形。神社坐落在一片冷杉林里，这种高大粗壮的树木是日本自然风物之美的一部分。伊势神宫是朝圣的地方，访客众多。我们不能进入神殿，不过僧人在相邻的殿堂里专为我们安排了祭舞表演。

回到京都，登水子坚持让我们去住日式旅店。她选了全城最好的一家，可惜我们在那里住得并不愉快。房间很舒适，非常宽敞，带一个阳台，阳台的下边放着一张桌子和两把椅子，透过玻璃幕墙能看到一大丛竹子。但一进旅馆就要脱鞋，我们进出时服务人员都会行跪拜礼。我们的房间不能锁门，女经理随意出入。我们到的第一天，她非要我们下午五点钟去沐浴。相比之下，我们还是更喜欢"西式"酒店的标准化管理。我们只在这里住了两天，重游了我们在京都最喜欢的几个地方。

我们在大阪逗留了一个下午，逛了一个人流密集的区，看见很多闷闷不乐的面孔。晚饭后乘出租车前往神户，从那里上船去内海。车走了四十公里，道路两旁全是工厂。登水子让司机慢点开。其实司机开得并不算太快，但动作粗鲁笨拙，让人提心吊胆。在日本坐出租车是件危险的事，司机们超时工作，早上八点出车，次日凌晨两点才收工。他们有最少二十四小时的休息时间，但因为收入微薄，他们都在休息日打黑工。出租车司机经常出交通事故。日本交通事故率异常之高——全世界第一。平均每一千辆上路的车能导致三点三个人死于车祸。公路网不足是一个原因，跟那种人称"握方向盘的神风突击队"的驾驶习惯也有关系。司机们鲁莽粗暴，根本不把交通规则放在眼里。等终于进了神户，看见我们的旅馆时，我才松了一口气。我们的车向旅馆方向驶去，就在这时，我瞥见右侧有辆车向我们冲过来。我们的司机若无其事地继续开。我大喊道："傻瓜！我早就知道得出事！"嘭！两辆车撞在了一起。我们的司机闯了红灯。登水子、萨特和我坐在后面，没有受到很大冲击。但是渡边先生的一位年轻下属坐在前面，流了很多的血，看上去像是昏过去了。路人报警叫来了警察，警车送他到医院。他的伤不是很严重，第二天就出院去京都了，但两辆车都毁了。消息立刻传了出去，一整夜都有记者联系我们，登水子接到了无数电话。

第二天，我们登上一条舒适的大船，缓缓开往内海：海水宁静平缓，海面上遍布礁石构成的小岛，海岸线犬牙交错。我们在好几处小港湾停船游览。萨特平生头一次带相机出游，他像个日本人一样不停地在拍照。

我们在别府过夜，那里以温泉著称。我们的旅馆在山顶，从那里俯瞰脚下的城市，一处处温泉热气蒸腾。次日清晨我们出发去游览。有个温泉的泉水是红色的；另一个每隔一段时间会有热泉汩汩地冒着热气；还有一个温泉水面上全是睡莲，叶子大得人简直能坐在上面。我们从那里出发，坐车去麻生山，车是从登水子的一个朋友处借来的，他亲自开车，开得又好又稳。一开始他为了不让我们尴尬，刻意谦逊低调，让人以为他是个职业司机，登水子最后跟我们说了实话。

麻生山是座火山，地壳膨胀，巨大的火山口喷着热气和浓烟。山体褶皱开裂，面目狰狞，有着地狱般可怕的颜色：灰中发绿、灰里发白、灰得发黑。火山时不时吐出岩浆和石块，山体周围是火山灰构成的沙漠。往山下走，渐渐能看见一些矮小的植被，然后开始有草地和美丽的粉色菊科植物。

我们在小城熊本过夜。从房间的窗户能看见外面的草坪，草坪上摆放着一些小桌子，桌旁坐着有艺伎陪伴左右的男人。按照风俗，妻子是不被邀请出席宴会的，女性的角色由艺伎充当。这些艺伎不像我们以前见到的那些那么高傲。她们唱着欢快的歌曲，开怀大笑，也不介意别人亲昵地拍她们的屁股。

第二天，我们在一片奇特的风景中愉快地散了一次步：那是一个群岛，各岛之间由五座大桥相连。公路刚开通，朋友们很高兴地向我们展示。直到近几年，日本的公路依旧是全世界最差的。我前面说过，扩张中的日本社会忽视了大众的需求。国家刚刚把道路建设权收回手中，收费高速路越来越多。那一带的高速路常常让人意想不到，人们一会儿觉得行驶在陆地包围的湖面上,一会儿似乎又在被水包围的岛上。

我们晚间到达长崎。那是西方进入日本的门户,传教士曾长期在那里活动,留下了很多痕迹。那里还保留着众多天主教堂,人们在那里卖一身修女装扮的玩偶。我们参观了"蝴蝶夫人"之家,别墅在花园中间,视野开阔,能看到港口景色,一个英国男人与一个日本女人在此生活多年。我们去逛了港口和上个世纪欧洲商人聚居的城区。市中心有个很大的室内市场,迷宫似的街道两旁店铺林立,货品应有尽有:金鱼、气球、面具、鸟、假花、灯笼、各种器具、服装和五花八门的食物。接着,我们上了山,参观花园里的寺院,然后又去了郊区的"纪念公园",那是当年原子弹落下来的地方。那里竖起了一座高大而丑陋的雕像。

傍晚时分,我们坐上了一架小飞机,飞行了二十五分钟,越过风景如画的山峦、稻田和村庄。绿油油的庄稼覆盖着平原,向上延伸到山谷,到了山谷深处贫瘠的石头滩才戛然而止。我们在福冈降落,那是一个丑陋的工业小城,但夜晚在霓虹灯的辉映下变了模样。我们与一位女作家共进晚餐,她为了帮助工人们抗争,自愿与丈夫住在矿业公司附近的村子里。工人们的生存条件着实恶劣,直接受雇在矿上工作的人受工会保护,但大多数工人是"劳务工",由劳务公司雇用,工会是不管他们的。这些人得到的报酬勉强才到正常薪金的一半,也不享受社会保障。他们干的是最危险的活,很多人在塌方中死伤。他们住在营房里,夜间由持枪守卫看守,守卫一般是从监狱里的犯人中招聘的。这些可怜的工人绝无逃跑的可能,劳动部门有官员来视察的时候,他们就被藏在坑道里,无法与视察的人见面。跟我们交谈的女作家和她丈夫与这些人生活在一起,鼓励他们团结起来进行斗争。起初工人们不信任他们,但后来渐渐养成了习惯,凡事都来寻求他们的建议。靠着部分左派知识分子的资助,他们建起了"互助之家"。当矿上关闭某些矿井的时候,互助之家帮助失业者们适应新的工作。

这种强制劳动的体制在日本非常普遍,码头工人、短工和建筑工人构成无产阶级的底层,他们受制于劳务中介,中介则为公司服务。这些人通常来自乡下,在农业机械化的进程中失去了立足之地。他们住在工作地点旁边像隔离区一样的贫民窟,老板雇用打手看管着不许他们远离。

第二天,我们坐了一个小时的火车,穿过工业区到了一个港口,那里雇用女工卸货。我要帮电视台采访几个女工。我们乘坐机动小船来到一艘大船下,然后攀梯子上船。在船舱的最深处,刺鼻的烟尘中,一群人像蚂蚁一样在忙碌着:那是些女人,她们用铲子把化肥装到袋子里,再用吊车运走。女工们登上了甲板,汗流浃背,其中一个年过六旬。我采访了她们。一个女工用请愿的语气说,如果她想说的话,要说的可就多了;其实她们每个人接受采访时都很腼腆,畏畏缩缩;然而她们生存条件恶劣、不合理又是显而易见的;她们每天工作八小时,劳动强度很大,天天如此,连周日都一样(那天正是一个周日)。尽管有法律规定,但她们的薪酬还是比男工少。另外——这在全世界都一样——她们还要承担全部家务。她们感到不满,也认为薪酬的不平等非常不公。这在日本是非常普遍的现象。根据1962年的官方统计数字,女性的平均工资是每月一万六千日元,男性是三万五千日元。而日本百分之三十五的劳动力是女性。

我们于晚上在广岛降落。我在飞机上看到的旅游折页广告是这样介绍的:"广岛最有名的是穿城而过的五条河。"折页广告里轻描淡写地提了一句广岛曾经被毁的事。城市整个重建了,一条条宽阔的大道垂直相交,到了晚上,广岛到处灯火闪亮,这是日本餐馆、酒吧和夜总会最多的城市。当天晚上,我们应邀去一家豪华西餐厅吃饭,那里有乐队演奏爵士乐,我几乎没法相信自己身在广岛。

实际上——除了那个旅游折页广告——原子弹轰炸给日本留下了恐怖的记忆,它现在已经懂得和平的重要性了。1951年左右,美国人允许甚至鼓励日本重新拥有军队,日本拒绝了,政府(为此招致了全体人民的强烈谴责)仅成立了一支警察预备部队,就是现在的自卫队,到1966年时只有二十五万人,包括陆军、海军和空军。

日本没有人想造原子弹。全国大多数人,包括日本最大的工会组织——全国工会理事会[1],都主张保持中立。事实上,美国打朝鲜战争和越南战争都借助了在日本的军事基地和日本的经济支持。日本政府的亲美政策当然激起了民众的激烈反对。

在日本,有两种和平运动:一种谴责一切原子弹,另一种只谴责美国原子弹。两种运动都非常活跃,特别是在号称"和平之城"的广

---

[1] 英文缩写为SOHYO,1950年成立,左派工会组织。

岛。一大早,我们旅馆的大厅就挤满了两个组织的代表,然而萨特不想伤害任何人,他拒绝了所有邀约。我们出发去游览,田边先生陪着我们,他是美国人莫里斯成立的"原子弹爆炸受害者帮助基金会"的负责人。他先带我们看了为永久纪念原子弹灾难而保留下来的废墟:一座奥地利风格的大楼,原来是一家银行或百货商场,我记不清了,大楼异常坚固,是唯一未被炸毁的建筑。这处遗址并无任何特别之处,却发人深思:这是我们在日本见到的唯一的废墟。木头建造的旧建筑被毁之后,人们会原样重建,让它们永远保持崭新的模样。旁边就是和平纪念馆,每年都有新死去的受害者被埋在那里:这些人通常死于白血病。接着我们去参观博物馆,玻璃展窗里是广岛被摧毁的景象:城市成了一片焦土。图片上的人们缺胳膊少腿,脊背被烧伤,布满了人称"蟹足肿"的可怕肿块。我担心接下来看到的东西会更可怕。一辆出租车送我们去医院。半路上,有人让车停下,买了一束花捧在怀里。院长在他的办公室接待我们,屋里挤满了记者和摄影师。他解释说,凡是爆炸那天在辐射范围内的人,一旦生病了,医院就免费收治他们。目前有二百五十名这样的病人在接受治疗,大多数是白血病。他问:"你们是想上楼看病人,还是想让她下来?"我们上了楼,一群记者跟在身后,众人进了一间两张病床的房间。第一张床上,一位老妇人躺在那里,露在床单外的手不住地颤抖。靠里面的床上坐着一个四十多岁的女人,表情阴郁。众人把我推向她,我把花束送给她,摄影师们对着我们一通狂拍。这场可笑的仪式近乎卑鄙,后面我们去看望别的病人时坚持不许记者跟随。我们尽可能迅速地结束了这场令人不快的活动。

　　下午我们去了基金会。这是一座简朴的小楼，原子弹受害者们可以在这里开会或来求助。我们计划与几位受害者会面。我们以为会面应该是比较私密的。到了现场，我们很不愉快地发现，自己要坐在主席台上，面对一堆话筒，与我们对话的人却席地坐在我们脚下。大厅最里面，有一个电视台的摄制组，一堆摄像师和记者。对话进行得不顺利。我们还是努力尝试了。这件事又一次让我们感到意外。我们以为幸存者会愤愤不平地指责和控诉，实际上他们表现得谦卑而顺从，甚至感到羞耻，因为他们躯体残缺、满身伤痕、没有劳动能力。有些幸存者搬到了其他城市，隐瞒自己的不幸经历，仿佛那是个缺点：如果他们说了实话，就会找不到工作。政府不给他们任何抚恤金，除了公务员；任何平民受害者都得不到政府的抚恤，这类人在东京和在广岛一样多。广岛的很多受害者住在贫民窟里，但我们没有看到。

　　到了晚上，登上去往仓敷的火车时，我们都有如释重负之感。仓敷是日本少数没有遭受过战争和地震之苦的城市之一，第二天一整天我们都在那里游览。柳树掩映下的狭窄的河上，横跨着几座小桥。古老的街道两旁是绿色琉璃瓦屋顶的平房，店铺都是敞开的，能看见手艺人在做遮阳伞、灯笼和扇子。大店铺的招牌都很漂亮，上面写着黑色方块字。有个布商带我们参观了他的家，里面有好几个内院，还有花园，点缀着木制亭子。我们还去看了几公里外的一个村子，那里的农庄极其干净舒适。

　　有些地区的农民仍很贫穷，但总的来说，他们的生活改善了很多。土地改革以来,百分之九十的农民拥有了土地。同样的土地上,现在的收成是世纪初的两到三倍,这得益于灌溉技术的发展、机械化和化肥的使用,同样面积的耕地上,这里化肥的使用量是法国的五倍。另外,农村家庭的每个成员基本都在邻近的城市里有第二职业,或者做体力活,或者当小职员。农民的生活水准比以前高了,饮食得当,居室和花园收拾得整洁美观,穿衣得体,也养成了阅读的习惯。

回到东京后,我们出席了一个反对美军发动越南战争的大型集会。日本人对美国的态度是复杂的,经济上,他们乐于与美国结盟并从中受益;但从政治和军事角度,他们觉得日美同盟是危险的,一旦发生冲突,日本不会被当作中立的国家,而会被当作敌手。他们抗议美军占领冲绳,反对美国在日拥有空军基地。左翼是彻底反美的,1960年,全国学联就是通过举行反美游行为国人所知。日本多数大学生和知识分子都觉得越战与自己密切相关,他们与那个亚洲小国关系密切;美国的罪恶干涉不仅冒犯了他们秉承的和平主义和正义感,还使他们感到自己直接受到美帝国主义的威胁。反越战示威此起彼伏,1965年,二十八位知识界人士呼吁成立"越南和平联合会"。联合会的领袖之一,作家小田,我们曾多次与他会面。他邀请我们参加过一次集会,地点在一间阶梯教室,奇怪的是,教室居然在一座百货商店的最高层。萨特和我都做了简短的发言。发言的还有一些作家和教授。听众很多,听得很专注,但遵照日本的风俗,他们鼓掌鼓得很有节制。

据说在东京就有好几处底层劳工居住的贫民窟——当然是不能参观的。城郊还有一些条件恶劣的木棚子,里面没有水、暖气和照明,三到四个人挤在一间棚子里。人们只是这样告诉我们,并没有提议带我们去参观。日本人的居住条件普遍较差。我在大阪附近的廉租房区参观了一个教授的家,被他住处的逼仄和丑陋惊呆了。初到日本时令我惊艳的那些优美宅邸是属于特权阶层的,但即使是那些房子,冬天也极不舒适,在里面无法取暖。

我们的所见所闻都证实了:日本也许很富裕,但日本人是贫穷的。教师,即便是大学教师,薪酬都非常低。上大学的人很多,许多人都拿到了文凭,然而这并没什么用,他们都成了小职员,生活水平低下。两千万自主经营的手工业者也只能勉强糊口。大公司能给员工开出体面的工资,但这在企业总数里只是非常小的一部分。大多数民众不仅穷,而且生活悲惨。百分之二十的家庭(大约两千万人口)仅能"维持生存"而已,也就是说,他们处在营养低下的状态。

人们还给我们介绍了那些奇特的被遗弃者,日本称之为"部民",他们有三百万,虽然与其他日本人同属一个种族,却是个被蔑视的阶层。这种歧视的来源不详,但规矩十分严格。小部分部民很富裕,据说有一些自己开商店;然而没有人会把自己的女儿嫁给他们,部民严禁与普通日本人通婚。绝大部分部民都极度贫困,因为大家都不肯雇用他们。他们住在没有水,也没有卫生设施的封闭式聚居区里。

回程我一路昏昏沉沉。我们从东京起飞的时候是夜里十一点,飞机降落在安克雷奇时表针指着十一点,可是天光大亮,比起一个月前,外面的雪更大了,景色越发阴郁。我们飞过北极的时候天又黑了,在巴黎落地时,已是天色大亮。

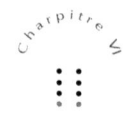

第六章
国际观察

　　1962年，在苏联旅行期间，我们感到那里正在发生一场比1954年更彻底的"解冻"。萨特于那年的7月初回到莫斯科，参加和平运动大会。他在会上谈到了文化问题。他以卡夫卡为例，说明在东方国家，文化如何为党派所利用。但文化不是武器，他说。苏维埃与其全盘摒弃西方文化，不如把其吸收，为己所用。赫鲁晓夫强调了在和平竞争基础上的政治共处的必要性。两种文化可以既对立又共存，而不必消灭对方。这种在斗争中共存的思想吸引了那些被称为自由派或改良派的知识分子，他们都反对墨守成规，希望与萨特继续对话。这是我们决定以后要常去苏联的原因之一。直到1966年，我们每年夏天都去待上几个星期。我们好奇地关注着苏联局势的发展。那里的万千风景、古老而丰富的文化吸引着我们。我们在那里交了很多朋友，他们在与守旧派的斗争中一年年落败，我们更要与他们保持联系了。萨特在莫斯科有丰厚的版税收入，足够支付我们在苏联的所有费用。苏联作协给我们发邀请函，我们就可以申请到签证。作协派给我们一名翻译（一直是莱娜·左妮娜），她通过旅行社安排一切具体事务。

我们与爱伦堡的交情很好。我们主要从他那里了解俄国的文化生活以及相关的内幕。他常来巴黎，我们从莫斯科去他的别墅看他。那是一座朴素的房子，周围有园子，他喜欢亲手种些蔬菜和花草。他曾把俄国人不认识的朝鲜蓟引种到俄国，对此非常自豪。我们也在他高尔基大街的公寓里与他会面。那里简直是个博物馆。战前他作为《消息报》记者，曾旅居巴黎多年。他认识当时蒙帕纳斯的所有画家，拥有很多画家签名送他的画，其中包括很多油画、素描，还有毕加索的石版画。墙上挂着夏加尔、雷吉尔、马蒂斯的画，也有俄国画家的作品，有法尔克的和蒂什勒尔的。他酷爱绘画，支持莫斯科的前卫艺术家。在文学上他没那么开放，抨击卡夫卡、普鲁斯特和乔伊斯，萨特的书他只喜欢很少几部。不过，随着年龄的增长，他变得愈加宽容，任何问题都可以跟他讨论。在苏联，他保护那些被认为反对保守派的年轻作家。青年们爱戴他。他不像在赫尔辛基时那样优雅了，身体衰老了，只剩下一颗牙了。他没做假牙，肯定是因为俄国人都怕牙医：他们技术不精或态度冷漠，让病人们很受苦。在思想上，他魅力依旧，会非常有艺术地讲一些确实有趣的逸事。

每次去苏联我们都会去卡塔拉夫妇家吃两三次饭。卡塔拉是萨特在高师的同学，战争期间是戴高乐派，1945年加入共产党。他负责出版俄文书籍的法文版，是个出色的翻译家。他夫人是苏联人，皮肤黝黑，活泼可爱，在一家杂志社工作。他们住在漂亮的公寓里，家里很多书籍、木刻作品，还有一套出色的烟斗藏品。两个人都是心态开放、个性自由的人，富有批判精神。他们对国内时事非常了解，人脉很广，帮了我们很多忙。

我们与多罗奇私交也很好，我在《事物的力量》里提到过他。他是个艺术史专家，但对农业很感兴趣，写了不少这方面的文章，发表在《新世界》[1]杂志上。在思想上他比爱伦堡要开放，他与布莱希特和卡夫卡一见如故。可惜他自己不讲法语，我们交流比较费劲。

我们也认识其他作家、译者、译员和苏联作协的一些官员。我们最亲密的朋友是莱娜，那是个四十多岁的棕色皮肤美人，文化素养很高，极其聪慧。她给我们讲了很多自己的经历，她的父亲、母亲和叔叔们都是坚定的布尔什维克。有张照片上，他们围绕在列宁身边。照片上莱娜的母亲只有二十岁：她女儿——如今比当年的她年长二十岁——简直是她的翻版。莱娜出生不久父母就分居了，她跟母亲住，但常常能见到父亲。她在莫斯科读书，大学专业是法语语言文学。老师们断定她前途光明。她想将来当老师，自己也写作。战争爆发了，她参了军，被派到列宁格勒北边，做一些办公室工作。她有张小照片，照片上的她穿着军装，戴着帽子，英气勃勃。有一天我们坐在列宁格勒战神广场的椅子上，她给我们讲自己如何请假穿过列宁格勒去烫发，路上突然有炸弹爆炸了，她昂首挺胸，努力保持战士的风度，同时加快

---

1 苏联作家协会机关刊物。

了步伐,尽快走到理发店。她想离前线更近一点,就申请调到了普斯科夫。战争胜利后,她重返大学,继续学业。

她曾经是坚定的斯大林主义者,在她眼里,斯大林是革命和祖国的象征,是他拯救了国家。她最好的朋友批评斯大林,莱娜威胁说如果她变成反革命,她就要亲手杀死她,莱娜从此再也没见过她。几个月后,她在街上遇到父亲的一个朋友,那人告诉她,她父亲刚被送到劳改营去了。她震惊得整整三天说不出话来。不久,人们宣布说,由于父亲的问题,她不能再上大学了。她母亲因为其他原因被开除党籍。她有个朋友在外国工作,根据那个时代的逻辑,这个理由足够让他被当成政权的敌人,并遭到逮捕。她本人也成了怀疑对象,被迫放弃学业,受到如此不公的对待,这对莱娜是沉重的打击。她从此一蹶不振,对斯大林的信仰灰飞烟灭。

她听说爱伦堡在找秘书,于是去应聘。她说了自己的父亲在劳改营,他还是聘用了她。这个举动需要极大的勇气,她对此非常感激。她管他叫"老头",对他有极深的感情。她给他工作了好几年,后来爱伦堡为她在作协谋了个位子。

斯大林死后,劳改犯们被释放,莱娜的父亲回了家,不久就死了。她母亲重新入了党。

莱娜嫁过一个建筑师,但两人思想上南辕北辙。她离了婚,又跟一个她很尊敬的评论家成了家。但她跟另一个作家发生了一段风流韵事,女儿一出生她就离了婚,让女儿跟自己姓——这在苏联很普遍,也没有再跟孩子的父亲一起生活。她想独立,而且,像很多苏联女人一样，觉得自己在男人面前有一种强烈的优越感。她带着孩子和母亲一起住在离作协不远的一个小公寓里。母亲有病，不出去工作，帮她照看女儿玛莎。莱娜工作很忙，在办公室一待就是几个小时。她翻译东西，也在杂志上写评论文章，很受欢迎。

1960年前后，她女儿得了一次重病，她以为孩子活不过去了。孩子病愈后，她去法国旅行。她怀着激动的心情探寻这个对她来说代表着很多东西的国家，但整个旅行期间她都感到不自在。她厌恶资本主义制度，然而西方的富足在让她反感的同时也吸引着她。与此形成强烈反差的，是同胞们不得不接受的严峻困苦的生活，这想法让她痛苦。回到苏联她就糖尿病发作，病因无疑跟她害怕失去玛莎以及在巴黎受到的思想冲击有关。她卧床不起，身体每况愈下，因为医生们没能及时确诊。最终她还是被救了过来，但从那以后每天早上都要注射胰岛素，生活中多了许多注意事项。

我们与她一见如故，我对她的敬意与日俱增，欣赏她性格的坚毅。她的事业被毁了，生活也不再是她期盼的样子，但她从不自怨自艾。她不逃避责任，也从不妥协。1962年之前，她每次陪同法国作家参观斯大林纪念馆时，自己从不入内。她身上没有任何似是而非的东西。她热爱正义和真理，但她既不教条也没有学究气。她快活、幽默，有时很会搞笑。我们之间有一种很难定义的关系，那是一种意气相投的感觉，彼此无须言语就能心意相通，对事对人的看法天然一致，有着同样的敏感，会在同一个瞬间大笑或莞尔。与她一起散步，或在她的小公寓里就着一杯伏特加聊天，是我的一大乐趣。

1962年秋，文化领域持续自由化运动。10月，在赫鲁晓夫的许可下，《真理报》刊登了叶夫图申科的诗歌《斯大林的继承者》，批评斯大林主义的残余。这位诗人建议把看守斯大林墓的卫兵人数增加到三倍，以防死者复生。赫鲁晓夫还批准《新世界》刊登索尔仁尼琴根据自己在劳改营的经历写的书《伊万·杰尼索维奇的一天》。爱伦堡的《回忆录》也发表在同一杂志里，他以极大的自由度谈到了西方艺术。涅克拉索夫撰文写了自己在美国和意大利旅行的经历，文章写得不偏不倚，既有赞美也有批判。沃兹涅先斯基出了一本诗集《三角梨》，没有任何陈腐守旧的气息。我们在巴黎[1]见到了他，还有涅克拉索夫和帕乌斯托夫斯基，三个人都为莫斯科的新气象欢欣鼓舞。于是我们决定去莫斯科过圣诞节。不过到了12月，时局有所恶化。一个大型现代绘画和雕塑展览在那座人称"旋转木马"的大楼里举行。赫鲁晓夫看了展览后，严厉批判了形式主义和抽象艺术。主管宣传的伊利切夫发表讲话，反对"意识形态的共存"，讲话里夹杂了反犹主义言论，还特别攻击了爱伦堡。

不过，我们到莫斯科的时候，展览并没有关门，我们去参观了。学院派的作品很多，也有一些爱伦堡喜欢的二十世纪二十年代画家的作品，如法尔克和蒂什勒尔，还有一些探寻新道路的当代艺术家作品，如画家维斯博格、雕塑家涅兹韦斯特尼。不久后，他们的作品被撤下来了。爱伦堡思忖，保守派画家们是不是纯粹出于阴险的权谋，才故

---

[1] 我们1962年在莫斯科与他相识。——原注

意邀请前卫画家们一同展出。两相比较，前卫艺术的颓废风格昭然若揭，势必遭到前所未有的严厉封杀。

莫斯科在蓝天白雪的映衬下是多么喜气洋洋啊！树枝和叶子都敷上了亮晶晶的白粉。好多人踩着滑雪板出门，任由自己在有坡度的街道上欢快地滑行。行人们穿得暖暖和和的，双手拎着大包小包。孩子们穿着色彩鲜艳的棉外套，好像是要去参加化装舞会。一些广场上立着高大的冷杉树，浑身披挂着白雪。大街小巷洋溢着节日的气氛。西蒙诺夫和他夫人请我们去马雅可夫斯基广场附近的一家剧院守岁。气温是零下二十摄氏度。一到剧院，我们就看见几个裹着皮草的年轻胖女人往衣帽间冲去。她们脱掉外套、靴子和厚厚的羊毛裙，再出现的时候都变得苗条优雅，穿着轻薄的晚装和浅口皮鞋。客人几乎都是年轻人，有不少非常漂亮的姑娘：演员或模特。我们坐在小餐桌旁，边吃着饭，边看一对对男女和着好听的爵士乐，跳着精彩的现代舞蹈。在场的都是特权精英小圈子里的人士，不过在我们看来，他们被允许穿着优雅的礼服听西方音乐，这是个好兆头。

跟莫斯科相比，列宁格勒就显得阴沉多了，太阳十点钟才露头，吝啬地把光线洒向灰扑扑的街道。太阳的足迹在空中划了个弧形，下午三点钟就消失了。但冰封的涅瓦河非常美丽，在意大利风格的宫殿之间，一片极地冰盖上，时不时露出一条涓涓细流，怯生生地闪着光。

早在1958年，意大利就成立了一个组织——欧洲作家同盟，宗旨是促进东西欧作家之间的交流。这跟1962年7月萨特在莫斯科提出的文化项目不谋而合，我们最近也同意了加入同盟。同盟的主席是意大利诗人乌卡莱迪,秘书长是意大利作家维格莱利,我们1946年就认识他。同盟决定1963年7月在列宁格勒开大会。自从1962年7月在莫斯科发言之后,萨特就被苏联作协当成一个可信的对话者,作协对我们发出了邀请。(出于其他考虑,作协也邀请了安德烈·斯蒂尔。)法国作家代表团由弗雷诺任团长,成员有罗伯-格里耶、娜塔莉·萨洛特、潘格;卡约瓦斯代表联合国教科文组织;英国方面有安格斯·威尔逊、约翰·雷曼、霍延;意大利人有皮奥维纳和维格莱利。还有爱森思博格,一个招人喜欢的德国青年,四七社[1]的成员;匈牙利老作家第波·德里,几个波兰和罗马尼亚作家。苏联作家来了很多,有西蒙诺夫、费定、肖洛霍夫、莱奥诺夫、爱伦堡、苏尔科夫、阿克西奥诺夫、加列宁和特瓦尔多夫斯基。

文化界的局势自冬天以来就恶化了。1963年3月8日,面对党和政府领导人、作家们和艺术家们,赫鲁晓夫作了两万字的发言,捍卫斯大林,猛烈地抨击文学和美术创作上的抽象主义和形式主义。他向爱伦堡、涅克拉索夫、叶甫图申科开炮,连帕乌斯托夫斯基也未能幸免。朋友们向我们提起一部电影,《列宁的壁垒》,他们小范围放映过,对片子大加赞扬。赫鲁晓夫把影片贬得一无是处。所有作家中,爱伦堡是挨批最凶的一个。赫鲁晓夫私下里找他谈话,指责他受了萨特的坏影响,说萨特撺掇他退出了共产党。爱伦堡辩解说,萨特从来就没入过共产党,赫鲁晓夫根本不听。爱伦堡的处境不妙了,人们不再

---

[1] 1947年成立的德国文学团体,对二战后德国文学的发展做出了重要贡献。

允许他出版《回忆录》的后半部,他作品全集的出版也暂停了。他还有聊以自慰的地方:他去跟大学生们交流,得到了热烈欢呼。但他在物质上受到了沉重打击。除了版税,他没有其他收入能供养住在他别墅里的妻子和两个年老的姐姐。他的书不能印刷出版,他就陷入了贫困。他告诉我们说,为了平息内心的焦虑,他花大把的时间侍弄园子,然而他的心情并不能因此好转。

显然是3月讲话的原因,作家同盟大会的开幕式开得让人如坠云雾。苏联作家们一上来就鞭挞西方文学,特别是普鲁斯特、乔伊斯和卡夫卡的作品。他们批判西方的颓废,歌颂社会主义的现实主义文学。几乎没法指望这种狂热能引出什么有成效的"交流"。

后面几场会的气氛比较温和,但东方和西方之间没有任何交流,双方各说各话。西方这边,主要是法国人发言,他们宣传了新小说派;东方阵营除了爱伦堡、特瓦尔多夫斯基和另外两三个作家,其他所有发言者都主张一种能够"使生活更美好"的文学。费定把作家比作飞行员,必须把乘客送到正确的目的地。罗伯-格里耶回应道:"小说不是交通工具……从本质上来说,作家不知道自己会到达哪里。"可是苏联作家们没完没了地重复那个飞行员的比喻。最激烈的言论来自莱奥诺夫,他控诉的不是资本主义,而是腐朽的西方,他宣称:"西方已经完全到了陀思妥耶夫斯基描述的阶段:无恶不作。"他接着批判西方文学人物退化,社会上犯罪增多,社会原则败坏,传统禁忌衰败,腐朽的犬儒主义盛行。他把我们的恶习拿来统统批判了一遍,特别提到我们对脱衣舞的迷恋。

为了避免大会无果而终，在最后一次会议上，苏尔科夫临时请萨特作总结。最后几位发言的时候，萨特——他就待在自己座位上，只是摘掉了耳机——匆匆写了一篇发言稿。他讲得很好，得到了全场掌声。这匆忙的和解于事无补，苏联作家的态度比我们预想的要强硬许多，这或许是上层的指示。

不过，苏尔科夫还是争取到了一个机会，让赫鲁晓夫在他位于格鲁吉亚的私邸接见了作家同盟代表团。在莫斯科待了两天后，我们一大早就登上了专机。一行有萨特和我、乌卡莱迪、维格莱利、安格斯·威尔逊、雷曼、爱森思博格、波兰的普特拉门特、一个罗马尼亚人，很多苏联人，有苏尔科夫和特瓦尔多夫斯基。肖洛霍夫已经在赫鲁晓夫家里等了。我们早上七点就出发了，肚子里空空如也，飞机上连杯咖啡都没给，在机场也什么吃的都没有。我们被塞进一辆汽车，沿着一条全是急转弯的海边公路颠簸。我意外地发现南方居然那么热，草木那么葱茏，一直蔓延到蔚蓝的海边。我饿得一点儿力气都没有了。将近十一点的时候，车停下了。在一家大酒店的餐厅里，一张餐桌上面摆满了熏鱼、冷肉和软饼。想到我们快到目的地了，很快就要吃午饭，我就只灌了几杯咖啡了事。一个小时后，我们到了赫鲁晓夫的私人属地。那是一片很大的树林，种的是全苏联最美丽、最稀有的树。赫鲁晓夫亲切地接待了我们。他穿着浅色西装、乌克兰式高领衬衫，带我们参观了他让人在海边修建的游泳池。泳池一望无际，四周围着玻璃墙，按下一个按钮，玻璃墙就会收起，他开心地重复展示了好几遍这个操作。

接着我们进了会议室，在一张张小桌子旁就座，赫鲁晓夫开始讲话，我们越听越吃惊。既然他邀请我们来做客，我们以为他会表现得热情亲切。完全不是。他把我们痛骂一通，仿佛我们都是资本主义的走狗。他讴歌了社会主义之美，声称对苏联出兵布达佩斯负责。完事之后，他挤出了几句客套话："再说了，你们也是反对战争的，我们还是能一起喝酒吃饭的。"过后苏尔科夫私下里对他说："您讲得太棒了。"赫鲁晓夫干巴巴地回答道："得让他们明白状况。"

我们沿着海边一条开满鲜花的小径，走向他的住宅。泳衣为我们准备好了。维格莱利和苏尔科夫游了一会儿，其他人都在聊天。接着我们上了一栋漂亮的格鲁吉亚风格老房子的二楼，一顿丰盛的大餐等着我们。赫鲁晓夫脸色仍很阴沉，他大概还没消气。

上甜食的时候，应赫鲁晓夫的要求，特瓦尔多夫斯基从口袋里掏出一首诗读了起来。赫鲁晓夫开怀大笑，苏联人都学他的样子笑了。所有的朋友跟我们说起特瓦尔多夫斯基时都怀着极大敬意。他脸颊红扑扑的，有着清澈的蓝眼睛，有点娃娃脸。那年他五十三岁。他的幽默和抒情长诗为他赢得了斯大林奖。他的成名作写于1942年，是歌颂好战士丘尔金的。丘尔金相当于我们的好战士施韦克。斯大林去世时，他为这首诗写了续篇，《丘尔金在天堂》，当局认为不宜发表。一些朋友觉得当时是个机会，正好念给赫鲁晓夫听，我猜后者心照不宣，所以答应了。译员在我耳边解释说，诗歌是讽刺社会主义的，赫鲁晓夫刚唱完社会主义的狂热颂歌，接着就听这首诗听得那么开心，我们觉得这真是莫大的讽刺。后来我听说特瓦尔多夫斯基那首诗主要讽刺行政体系的拖沓作风，但他也把苏维埃宣传的那一套老生常谈尖刻地恶搞了一番。[1]自由派阵营为赫鲁晓夫对他的友谊欢欣鼓舞，因为他在文学上的影响力很大。他主持《新世界》杂志，那是当时最有趣、最开放的文学刊物。他极其勇敢地支持自己喜欢的作家，其中就有多罗奇，他们都对农民问题特别关注，他会为任何写得好的文章摇旗呐喊。

朗诵持续了四十五分钟，我们一个字也没听懂，觉得乏味至极。饭后我们向赫鲁晓夫告辞，他与苏联人拥抱告别，并赐予其他人一个微笑。肖洛霍夫不跟我们一起走，他在萨特上车之前热烈地拥抱了他。此人比任何人都热衷于批判"颠覆性"文学，他的旷世才华已成昨日记忆。我们一点儿都不喜欢他。

在莫斯科，一个朋友向我们解释，赫鲁晓夫为什么用那么冷冰冰的态度对我们：见我们的那天早上，在附近度假的托莱兹去拜访了他。托莱兹提醒他，他即将接待的是些危险的反共分子。他们越是自称左派，越要对他们多加小心，赫鲁晓夫记住了这个警告。我们还发现了一件令人吃惊的事：报纸对这次会面做了热情洋溢的报道。难道到了晚上赫鲁晓夫又受了别人的影响？我们最终也没搞明白风向是怎么转的。

莫斯科一派夏天的气息。卖啤酒和格瓦斯的卡车后面排着长长的队伍，人们挤在颜色鲜艳的贩卖机前，一个硬币兑一杯兑香精的苏

---

[1] 诗歌发表在次年10月的《新世界》上，《现代》杂志也刊登过译文。——原注

打水或简单的冰水。新开了些咖啡馆，通常是些带玻璃窗的房子，家具陈设很简陋；那里不卖伏特加，有时会有白兰地，有时没有酒精饮料。餐厅待客比以前亲切了，不少餐厅我们觉得挺不错。不过，一到晚上就有人在餐厅里跳舞，乐队吵得厉害，我们都听不见彼此说话。晚饭过后，我们无所事事，于是经常去朋友家。多数是老朋友。他们渴望了解西方的情况，也会告诉我们苏联发生的变化。

我们知道有些学科因为来自西方，禁止苏联教授接触。学者们偷偷摸摸地用计算机，因为研究需要。但精神病学家不被允许做精神分析。那么他们用什么方法做治疗，效果又如何呢？我们提出申请，想参观精神病研究所。

一个医生团队接待了我们，一上来就对法国精神病学界，什么克莱佩林、克雷兰博大加赞扬，接着带我们参观实验室，所有实验室都研究精神分裂。我们看了脑部造影照片、拍这种片子的机器、脑部被植入电极的猫。研究员们在摆弄试管，做各种分析。医生们感叹分离不出病例共同的化学元素。他们从不怀疑存在这样一个元素。我们对他们的失败并不吃惊，尤其是他们把所有的精神疾病都归成一类。

我们接着去看了医院。如今，在任何国家，治疗精神病人的方法都是用药物让他们安静，变得浑浑噩噩。他们或坐在椅子上，或在房间和走廊里游逛，状如僵尸。有个女人在哭泣着大声咒骂什么，她是新来的，人们还没来得及治疗她。

医生们当着我们的面，跟一个被认为已经痊愈、即将出院的人谈话。这是个四十多岁的女人，曾经是个教授，已婚，有孩子。她头发梳得紧紧的,衣服穿得一丝不苟,眼神苍白冰冷。她用死气沉沉的声调感谢医生的悉心照料,表示如今她已经意识到从前的错误。她说话的时候毫无底气,像是一个受审的犯人,在法庭上喃喃背诵着事先编好的证词。医生们提了几个问题,她顺从地回答着,看起来对答案烂熟于心。由于生病,又加上劳累过度,她开始怀疑自己的丈夫讨厌她,在想法子害她。她怀疑所有人。在卫生间洗漱的时候,她觉得父亲透过锁孔窥视她。她什么都做不了,整日哭泣,日渐萎靡。丈夫带她来了医院。医院认为她过度劳累导致精神抑郁,为她做了治疗。现在她不再认为自己在受迫害了,至少她自己是这么说的,医生们也相信了,可在我看来不一定。我觉得她应该是明白,必须那么说才能出院,因此才说了那些话。

医生们陪我们往外走的时候,莱娜压低声音对我说:"问问他们她的病跟性生活有没有关系。""不行,我可不想被当成堕落的西方人。还是您去问吧。"她去问了,过后她给我们讲了对话的过程。她的问题让医生吃惊得跳了起来,说:"性生活!这什么想法!这位女士结婚了,有两个孩子,她的生活一切正常。""已婚妇女可不总是能得到性满足的。""她跟丈夫关系好得很。""可是,她怎么会认为父亲透过锁孔窥视她?""那又怎样?她觉得自己受迫害啊!她以为自己的一举一动都被监视。她自己说了,她不信任任何人。您到底要证明什么!"莱娜没有再问下去。

我们离开莫斯科去往克里米亚。旅行社的车在辛菲罗波尔等我们,可司机不在车上。"他去刮胡子了。"人家告诉我们。莱娜笑了:

"南方就是这样。"南方,陶里亚德[1]。我很难把这个名字跟苏联联系在一起。天气炎热。我们乘车经过低矮的平房,稀疏的刺槐和桉树勉强成荫。沿途经过一座人工湖,湖水是生硬的蓝色,湖边有一圈棕红色的石头。这就是海边了。在白色岩石里修凿出的漂亮公路,蔚蓝的大海,黑色的高大柏树。这里是南方,却远离地中海,没有橄榄树的踪影。雅尔塔,又是一个跟历史联系太过紧密的名字,我没法把它当成一个地理概念。然而雅尔塔千真万确就在我眼前,我正漫步其间。与其说这是个城市,不如说是座大花园,到处是灌木丛和成片的花海,条条小径蜿蜒其中。到的第一天晚上,我就爱上了这里。沿海的散步大道上,有人在悠闲地踱步,坐在长椅上的人们聊着天或想着心事。他们跟在蔚蓝海岸度夏的人不一样,他们不加修饰的脸和简朴的衣着,与丝绸般的海水和姹紫嫣红的鲜花形成强烈的对比,让我觉得恍惚而疑惑。

第二天我们游览了市容。城市建在山坡上,层层升高。远远望去,丘陵全部被绿树覆盖,但漫步其中就能发现,枯瘦的树木掩映着一些古老的木屋,房屋正面造得别出心裁,带阳台和走廊,大多装饰着彩色玻璃。从前这些都是富人的住宅,如今一座房子里有几户人家同住,但房屋保留着往日的风采。从每幢房子放眼望去,都看不见其他房子,所以每一幢房子都像迷失在丛林深处。我们参观了契诃夫的故居,感到逝者音容宛在。

---

[1] 古希腊人对克里米亚的称呼。

雅尔塔甚至有个公共海滩，挤满了赤裸的身体，人多得无处下脚。女人们大多身形臃肿，只有年轻女子才刻意保持身材。我们去了旅行社专属海滩，那里几乎空无一人。要乘车去那里，经过一条优美的海滨公路（路边隔不远就立着一尊集体农庄社员石像，唇边挂着一抹飒爽微笑），然后向下穿过葡萄园。从前这里的鞑靼人善于种植葡萄，能酿出美酒。斯大林以投靠德国人的罪名把他们全部流放到中亚，大多数人客死异乡。如今克里米亚住的都是乌克兰人，他们侍弄葡萄的手艺相当差。

经过辛菲罗波尔（外国人必须绕行）时我们参观了鞑靼王国的旧都。如今这是个小镇，低矮的房屋，鹅卵石铺地的窄巷，王宫朴实可爱，那是一座木头和仿大理石建筑，摩尔装饰风格，有带栅栏的窗子，一处曾给了普希金灵感的喷泉，几个花草稀疏的花园：一座破落贵族的阿尔罕布拉宫。墙上的大幅油画画的是哥萨克人与鞑靼人作战，鞑靼人最终被打败了。

我们去了很多地方观光，把海边公路都走了一遍，游览了所有的小港口。我喜欢那些光秃秃的白色山岭，它们到了海边就变成了陡峭的崖壁。海边有很多带大花园的宫殿和别墅，以前是贵族和富商的家宅，现在是工人和文员的疗养院。每个这样的疗养院都有自己的海滩，常常摆满了一排排睡床。这个季节因为天气温暖被称作"天鹅绒季"，疗养者常常在露天的地方过夜。我们参观了《雅尔塔协定》签署的地方，那里也成了疗养院。公众可以随意在优美的园林中散步，那里有花圃、珍稀的草木、喷泉、小径，还有逐级而下的台阶，一直通向海滩。

我们逗留了一个星期，在旅馆旁边一家自助餐厅吃早餐。餐桌需要争抢，排二十分钟的队才能把自己的托盘装满。每顿饭都成问题，那年人们吃得很差，连鱼子酱都有一股土腥味。在雅尔塔，如果不预约，在餐馆根本找不到位子。有两家餐馆我们很喜欢，其中一家在城里，就是陶里亚德宾馆的餐厅。契诃夫从前就是坐马车穿城而过，到这里吃晚饭的。从那时到现在，餐馆几乎没什么变化。经过装饰得富丽堂皇的前厅，走进一个种满绿植的带顶庭院，那就是餐厅。高处还有好几层露天的就餐区域，由室内的楼梯相连。整个餐馆依山而建，最高层有一个酒吧，我们晚上坐在那里，边喝着味道奇怪的鸡尾酒，边看港口的灯光闪烁。我们还爱乘出租车去一家山坡上的仿希腊神庙的餐厅，在俯瞰全城的露天座位上吃晚饭，同时欣赏城市的夜景，看着万家灯火，霓虹闪亮，还有黑色的水面。有时旋转的探照灯光线突然打在一艘小艇或大船身上，瞬间把它们映得光亮夺目，接着又消失在深沉的夜幕中。吃完饭，我们抄近道步行下山。

每到黄昏时分，就会有一艘舷窗灯火通明的白色大船进港。每天来的船有不同的名字，但似乎都是同一条船。某天晚上，我们登上了一艘这样的船，离开雅尔塔去索契。

索契很现代，但没什么特点，海滩上人山人海。我印象最深的一个场景，是一个男子穿着泳衣在栈桥上走，他挺着宽宽的胸膛，胸前的文身一边是列宁，一边是斯大林。

我们乘火车经过风景秀美的山区，来到了格鲁吉亚的首都第比利斯。尼赞曾热情洋溢地给我们描述过这个半东方城市，他在战前曾去过那里，当时它叫梯弗里斯。城市坐落在库拉河两岸，三面环海，海边全是高山。城里保存了很多优美的老建筑，老城区非常可爱，街道狭窄，多是相当陡的上下坡道，两旁是木头建造的房子，有精心设计的阳台，但往日的异国情调荡然无存了。穆斯林住在七拐八弯的街巷里，居住条件很差，肮脏不堪。城门附近有一片区域像是贫民窟。我们在城里没怎么溜达，接待我们的作协主席想方设法让我们远离城区，因为那年夏天格鲁吉亚粮食歉收，面包房前都排着长长的队伍，主妇们牢骚满腹，有两三天都买不到面包。一天晚上，当地作家们请我们在俯瞰全城的姆塔斯敏达山的山顶餐厅吃饭。山下的景致很美：灯火辉煌的街道、教堂、河流。我们等了两个小时才吃上饭，饭菜少得可怜，大厨费了九牛二虎之力才搞到了一点食材。在旅馆里也是，有时候午餐只有一份少得可怜的鱼。

虽然在首都没怎么游览，几次去其他地方倒看了一些有趣的东西。第一次出行去了姆茨赫塔，是格鲁吉亚的旧都，离第比利斯二十公里。古城位于两河交汇处，四周环绕着中世纪的城墙。那里有几座美丽的教堂：最美的是建于六世纪的十字架教堂，整个呈十字形状，保存完好。教堂里的浮雕表现的是教堂的缔造者、其他人物和一些有宗教象征意义的符号。还有一次，我们去参观一处酿酒中心，经过一条风景优美的公路，两旁的山坡上全是葡萄园，这令我想起阿尔萨斯的"葡萄酒之路"。一进大厅我就吓了一跳，一些人头从地上冒出来，活像被活埋了一样，其实他们正在清理地上挖的沟槽，酒就在那里面发酵。有些沟槽是满的，那景象可一点都不诱人，一层黏糊糊的油腻的东西浮在表面上。一个接待员把一根管子插到这层沉淀物里,再抽出来时,管子里全是琥珀色的美酒。

我们离开格鲁吉亚的前一天晚上,作协主席——人们叫他"亲王",因为他出身王室——设盛大晚宴招待我们。陪同我们的是阿丽克夏,她在巴黎就认识我们,写过关于萨特的论文,对我们非常周到热情。我不知道亲王想了什么办法,反正那顿饭非常丰盛。他原本许诺我们要请歌手来助兴,格鲁吉亚的无伴奏男声六声部合唱令人叹为观止,风格像弗拉门戈一样质朴粗粝,我以前听过唱片。结果他没能请到,只叫了两个年轻女歌手来唱民歌。一个年老的女演员语调夸张地表演了她的几个拿手片段,止不住地疯笑。晚餐总的来说相当愉快,不过这类宴会总是让我厌烦。格鲁吉亚人习惯每桌指定一个"主陪",负责招呼整桌客人,敬酒,说笑话,讲段子。这个角色非常讲究,差不多总是由亲王来担任。主陪兴致勃勃地讲了一堆俏皮话和逸事,可我却觉得无聊,尤其是每次都得翻译两遍:大多数格鲁吉亚人不讲俄语,而莱娜又不懂格鲁吉亚语。这可能是以前农村的风俗,农民不善言辞,所以节日宴饮时专门请人来活跃气氛。在任何交谈都有风险的时代,这个风俗一定很有用,战前,格鲁吉亚的作家和知识分子几乎都被流放或枪毙了。

我们沿着一条风景异常美丽的公路行驶,从第比利斯开往亚美尼亚首都埃里温。公路先穿过大片的棉田,然后是绿油油的草地,四周环绕着黑黢黢的松树。开到一处山口,景色突然大变,我们脚下出现了一片地面崎岖的粉色戈壁,中有大湖,泛着鲜亮的蓝色。

我们正全神贯注地欣赏着这美景,一辆黑色汽车向我们驶来,是负责接待我们的亚美尼亚作家。我们上了他们的车,被带到塞凡湖边的一个旅馆。天气晴好,非常炎热,虽然我们身处海拔两千米的地方。吃饭时有鳟鱼,像胳膊那么大,三文鱼一样粉红,味道美极了,我大快朵颐,后面的菜几乎没吃。主人们介绍了湖边的考古大发现:一个非常古老的文明遗迹。他们还讲了亚美尼亚文字是怎么出现的:公元五世纪前,他们没有文字,一直使用希腊和波斯字母。为了方便传播基督教,圣麦斯洛浦发明了字母,可以用来翻译《圣经》。五世纪出现了很多用亚美尼亚语写的作品。他们告诉我们,一年后,亚美尼亚最伟大的史诗《萨逊的大卫》就会出法文版。这个传奇英雄的故事从古代起口口相传,在一代代的讲述中内容不断丰富,直到十九世纪才用文字记录下来。一年后,我发现亚美尼亚人确实有理由为之自豪,那部史诗可与最伟大的作品媲美。

午饭吃得很愉快。我们本来想直接去埃里温,但主人们坚持带我们去他们的一个朋友家做客,那人刚建了新房子,正在温居。于是我们穿过尘土飞扬的村子,几乎没碰见什么人,只看到一个女人,一脸疲惫地坐在台阶上,身边是几个瘦弱的孩子。我们来到一个花园,里面矗立着一座崭新的大房子。五十多个客人围坐在马蹄形的大桌子旁,桌上铺满了杯盘碗碟。已经下午五点钟了,他们还在吃喝。客人中有亚美尼亚总统的代表、几个部长和高官。我被叫喊笑闹、推杯换盏的声音搞得昏头昏脑,在一个部长旁边坐了下来。在社会主义国家居然大张旗鼓地庆祝私产落成，这让我觉得惊奇。尤其不妥的是，整个国家都在忍受饥馑的时候，这里居然大摆筵席。邻座强行在我的盘子里盛满了肉，肚子里已经塞满食物的我不耐烦地拒绝了。我们在干什么呀？陪同我们的一个作家建议萨特致祝酒词。萨特提到法国和亚美尼亚的友谊，此话一出，四周一片冷冰冰的沉默。一个客人勉强回应了几个字。这些人不喜欢我们，他们显然没像俄国人一样改变对萨特的态度。

埃里温城的格局像一个阶梯教室，坐落在阿拉拉特山对面的高地上，上城比下城高三百米。房子用当地产的石材建造，那是一种凝灰岩，有的像三文鱼一样粉，有的是铜色，或锈色、牛血色：房屋的外形看上去像一块块肉冻，与其说诱人，还不如说奇怪。城市建于1924年，设计规划随着人口增长几经更改。城市很大也很现代，山坡的侧面还有少量简陋的小屋。居民都显得很有活力，男人们留着黑色的小胡子，目光柔和；女人们深色头发、深色皮肤，通常都很美丽。市场上没什么东西，但人很多。我们住的旅馆位于列宁广场，每到晚上，一对对男女和成群结队的人在那里游逛说笑。旅馆很现代、很舒适，可是一到晚上乐队就弄出很大的噪声，搞得我们只好要求在房间里吃饭。在房间里聊天也很舒服，可以看着下面来来往往的人群。

有天早上，我们乘车去了埃克米亚金，那是亚美尼亚的梵蒂冈，亚美尼亚教会教宗的驻地。公路沿着土耳其边境线延伸，我们一路欣赏着壮美的阿拉拉特山，那是《圣经》中挪亚方舟停靠的地方，山顶上的皑皑白雪在蓝天下熠熠生辉。我们参观了两座跟城市一样是红色的教堂，一座建于五世纪，一座建于七世纪。与格鲁吉亚的教堂相比，这两座教堂比较粗矮、繁复，但同样优美。我们还看了兹瓦尔特诺茨遗址，那里的基督教祭坛毁于地震，残留的只有断柱和巨大的柱头。

埃克米亚金修道院里保存着世界上最古老的教堂，建于四世纪，教堂外面围着脚手架，修复工程正在进行，但仍能看见那些美丽的多面圆顶，这种样式被后世广泛仿造。后面的高大建筑就是亚美尼亚教会领袖住的地方。我们穿过数间大厅和摆满绿植、有水晶大吊灯的客厅，走过大理石的台阶。莱娜不满地说："对一个教士来说，这未免太奢华了。"教宗五十多岁，穿得像教皇一样，留着大胡子，非常讲究仪表。他的桌子上有一部电话和一个水果盆，里面是颗粒很大的半透明或琥珀色的葡萄，他递给我们每人一串。他给我们介绍了格列高利基督教的历史，公元302年亚美尼亚人接受了基督教信仰，374年与罗马教廷决裂，这就是历史上的第一次教会分裂。他们拒绝接受尼西亚公会议[1]认可的圣亚大纳西的教义，对基督自身人性和神性的关系有不同看法。与俄国东正教一样，亚美尼亚的神甫是可以结婚的。教宗随后介绍说，苏联境内的亚美尼亚人与为逃避土耳其人的迫害而流亡在外的亚美尼亚人之间保持着极其良好的友谊。有人解释说，教宗是亚美尼亚共和国最有影响力的人物，当然，他必须无条件支持现政权，否则也不可能保住自己的位子。

---

1 尼西亚，今土耳其伊兹尼克。公元325年在这里举行基督教大公会议，确立了一些沿用至今的基督教教义。

都说亚美尼亚电台大肆嘲讽社会主义。不过，在参观的过程中我们发现，并入苏联其实对亚美尼亚大有好处：大规模的灌溉工程把昔日的荒漠改造成了肥沃的农田，然而大山里还保持着蛮荒未开发的状态。我们乘车穿过光秃秃的山野，来到一座修道院，从前基督徒在这里躲避土耳其人的迫害。那里正在举行一个半基督教半异教色彩的庆典，教堂前面的广场上，有一群白色的卷毛羔羊，脖子上一律系着红饰带：它们不久后就要被宰杀，向上帝献祭，随后它们的肉会被信徒们吃掉。从山上到山下支好了数口大锅，锅底生起了火，每家都围着一个大盆子，狼吞虎咽地吃着炖菜。

两天后，我们飞越了云海，几座白雪覆盖的险峻山峰直插云霄，其中最高的那座是卡兹别克山。我们先到了莫斯科，然后返回巴黎。

1964年5月，有人邀请我们去基辅参加纪念乌克兰大诗人叶甫图申科的活动，那年6月是他的一百五十周年诞辰。我们犹豫不决。基辅大学的一个教授，季什科，刚出了一本小册子，大张旗鼓地鼓吹反犹主义，书名叫《犹太教的真面目》，假如纳粹看到了里面的漫画插图一定会拍手叫好。我们打算拒绝接受邀请，并直接说明原因。

莱娜是犹太人，她不认为这对她有什么影响。可她父亲在战后无缘无故地被流放，或许并非偶然。在我上面讲述的苏联旅行经历中，我们遇到过一件小事，证明反犹主义在莫斯科也不容忽视。我们在苏维埃旅馆吃晚饭，那家旅馆很大，但离市中心较远，因此我们很少去。我们聊天时，邻桌的客人支着耳朵听，其中一个把莱娜叫过去问道:"他们说的是犹太语吧?""不是,他们讲法语。""但他们讲起法语来有犹太口音。"她耸耸肩:"你们懂法语吗?""不懂。""那你们是怎么知道他们有口音的呢?"那人没有回答。也许他们觉得莱娜是犹太人,因为她肤色深褐,眼睛又大又黑。不管怎样,那些人的蠢话里有一种令人不快的东西,让莱娜感到如芒在背。

我们迟迟没有答复邀请。接着,我们得知苏联政府正式批判了季什科[1];我们在俄国的朋友们,包括我们喜爱的乌克兰诗人巴彦也写信邀我们前往,于是我们欣然接受了。

我们乘飞机到达莫斯科,然后坐上晃得五脏六腑都要出来的火车,经过一夜,到了基辅。那天是6月1日,来迎接我们的作家中,有一位是《巴尔扎克的婚姻》的作者,写了巴尔扎克与汉斯卡夫人的风流韵事,那本书从第一页起就竭力宣扬反犹主义。巴彦为乌克兰人的种族主义思想扼腕叹息,对我们说:"想到与自己的国家背道而驰并不再爱它,真是伤感。"不过在纪念活动中,他体会到乌克兰人民的善意和慷慨,这给了他些许安慰。

我们重回了基辅。它街道古老,平房低矮,栗子树枝繁叶茂,浓荫蔽日。正值春暖花开的时节,一簇簇丁香花沉甸甸的,香气馥郁。当天晚上举行了一场宴会,排场大得吓人,足有一千个客人。桌子从大厅这头到那头并排摆着,主席台所在的桌子与其他桌子垂直摆放。在场的每一张面孔都洋溢着一种固执的自鸣得意。服务员都是

---

[1] 他的小册子于1969年重新编辑出版。——原注

些俊俏的年轻女子，身着民族服饰。几个歌手演唱了歌曲，但很蹩脚。吉耶维克[1]，留着一圈胡子，戴着领结，样子有点古怪，朗诵了他翻译的叶甫图申科的《遗嘱》。一直有人致祝酒词，乌克兰人反复提到自己国家的财富为苏联做出了多大的贡献，他们对苏联人的敌意是显而易见的。萨特很恼火，坐在他旁边的科尔内丘克刚刚告诉他吃饭前跟他握过手的一个作家的名字。那人叫提科诺夫，1962年萨特在和平大会上讲话后，前者曾写过一篇文章恶毒攻击他，说萨特把自己当成一群妄想统治世界的文人的首领。萨特把不快发泄在科尔内丘克身上，抱怨苏联对他的态度含混不清。苏维埃知识分子究竟是否赞同文化共存呢？他们愿不愿意跟他一道努力实现它？如果答案是否定的，那为什么邀请他，他又跑到这儿来？科尔内丘克反驳道：苏联与西方知识界比任何时候都更需要彼此的友谊，以应对中国带来的挑战。

次日，我们泛舟于宽广宁静的第聂伯河上，两岸景色沉郁，时不时有一片沙滩，牛群在那里饮水。我们上岸参观了叶甫图申科出生的村庄，看了纪念他的博物馆。展出的物品和诗人的画作讲述着他的生平，有些画颇有灵气。他生为农奴，后来几个欣赏他诗作的苏联作家为他赎了身。在一幅表现诗人获得自由身的画作前，讲解员自豪地宣称："如今在我们国家，一个这样有才华的诗人是无须帮助的。"他的言外之意显然是"无须外国人帮助"。诗人后来参加了反政权的斗

---

[1] 法国诗人，法共党员。

争，被捕入狱，被流放。他死后，人们为他立了一块墓碑，我们见到的照片非常感人，几块巨大的石头堆积在一起。石墓后来被正式的墓碑取代了，中规中矩但没什么特点。

回到莫斯科，我们一身轻松，感到摆脱了所有束缚。莫斯科标志性的汽油味从没有那么强烈过，可能是因为汽车的数量增加了很多：有载重卡车，也有出租车，后者的数量比1963年翻了一番。夜里，到处都能看见出租车的小绿灯闪闪发光。不过，按规矩它们不能在马路边停车，要坐的话得去出租车站。多数司机是新手，对城市并不熟悉。禁行道搞得极其复杂，每次到了我们住的北京饭店对面，还得再绕一公里才能到饭店门口。

莫斯科的变化显而易见。我们住的旅馆近旁修了一条宽阔的大道。市中心的很多老房子被推倒了，原地建起了现代化的高楼。陀思妥耶夫斯基故居所在的街区尚能找到安静的老街，两旁全是传统的俄式枞木屋，但都已经无人居住。我们高兴的是，红场已经禁止机动车驶入了。宽阔空旷的广场令人心旷神怡，一面是百货商场，一面是高大的红墙，红墙尽头是色彩艳丽的圣巴西尔教堂。一天晚上，一群十五岁左右的男孩女孩在广场中间载歌载舞，庆祝通过考试。

莫斯科到处是街心公园。公园里种着优美的树木，白杨尤其多，与我们国家的不太一样。有一天，所有树木都进入了繁殖期。树枝上挂着一串串絮状的花粉，风吹得它们四散飞扬，白色的绒毛像雪片一样飞进我们的耳朵、眼睛、鼻子和嘴里，仿佛天上有一床巨大的鸭绒被被划开了。人行道上的绒毛成了一道道白色的溪流，花园里铺上了白色的地毯。我还记得那天，我们坐在莫斯科河附近的一个公园里，大人孩子在那里采蒲公英，编织成花冠戴在头上。

食品供应丰富了。消费者虽然不能买面粉和荞麦，但街上有很多商贩卖白菜、黄瓜、草莓、番茄和橙子。水果非常昂贵，餐馆里一个橙子跟一大份鱼子酱的价钱一样。鱼子酱的味道又跟从前一样好了，我们在常去的所有餐馆都吃得很好。

文化领域的状况不容乐观。审查部门仍然禁止《列宁的壁垒》上映，影片后来才出了删改版。塔可夫斯基在筹备拍一部关于鲁布洛夫[1]的电影，他被强制要求修改剧本，感到困难重重。"被诅咒的"画家们不能再办展览了，有些人靠着向外国人兜售画作勉强度日。这些外国人可以把现代或古代的油画带出境外，只要特雷齐亚科夫画廊出证明，说这些画作没有商业价值。

有人翻译出版了卡夫卡的短篇小说《致某科学院的报告》；听说还要出版《审判》，但不了了之。1962年，布莱希特遭到怀疑，据说他严重背离了社会主义现实主义。到了1964年，剧院的大门对他敞开了，列宁格勒上演了他的《阿尔图罗·乌伊》，编排设计非常出色。莱娜翻译了萨特的《文字生涯》，准备先在《新世界》上刊登，然后单独出版。但杂志社的编辑团队，包括特瓦尔多夫斯基都犹豫不定。他们嫌作品"冒失不得体""过度展示自我"，觉得如此苛刻地对待谈论

---

[1] 十六世纪俄国修士、圣像画家。

自己，违背了乐观主义，是对整个人类的亵渎。多罗奇喜欢《文字生涯》，他的态度也许影响了特瓦尔多夫斯基，书最终还是印出来了。

爱伦堡的地位恢复了，他又能出书了。他告诉了我们一件事，这件事使我们所有的朋友都受了牵连，有人甚至感叹"斯大林主义卷土重来"，但人们并不了解内情：那就是布罗茨基事件。他是个红头发的犹太青年，住在列宁格勒，喜欢写诗，靠做翻译为生，但不在任何国家机构供职，也不是作协成员。爱伦堡挺喜欢他，觉得他有些天赋。他被指控为"寄生虫"，这罪名一般专属于妓女和皮条客。他的案子在列宁格勒审理。一个女记者去看庭审，然后写了一份详细的记录，被人们私下里流传，爱伦堡把它翻译出来给我们看。法官是个女士。布罗茨基说自己是个诗人、译者，她问道："谁能证明您是个诗人？""没有人。谁能证明我是个人类呢？"好笑的是，她接着指责他没有赚到足够的钱。"您赚的钱够维持生活吗？""是的。在监狱里，我每天都要签一份声明，说国家每天为我支付四十戈比，而我赚的可不止四十戈比。""别人可以一边在工厂做工一边写作，您为什么不能？""人跟人不一样，有人红头发，有人金发，还有人棕发。""这我们知道。"辩方证人很少，其中好几个是犹太人，女法官假装认不清他们的名字，费力地拼读。三名作协的成员为布罗茨基辩护，说他是个有天赋的诗人、杰出的译者。但控方证人人数多得吓人，他们说布罗茨基的支持者都是些懒惰、偷奸耍滑的人，还控诉布罗茨基不爱国，因为他说街道上来来往往的是"灰溜溜的人群"；他是个反革命，他把马克思叫作"头戴松球的老吃货"；他的诗和做派腐蚀青年一代。一个父亲作证说，他儿子读了布罗茨基的诗后不想工作了。知识分子和犹太人的身份使布罗茨基受到了残酷打击，他被判五年强制劳动，被发配到阿尔汉格尔斯克附近的一个国有农场去了。

这个故事让我们愕然。另一方面，萨特觉得苏联青年在意识形态问题上陷入了迷惘。青年教师和学生们遮遮掩掩地跟他探讨别尔嘉耶夫[1]、舍斯托夫[2]，他们当中的许多人似乎有重新信仰上帝的苗头。我们曾与几位知识分子讨论过这个问题，其中有我们的朋友，《团结报》的主编阿里卡塔。与萨特一样，他感到惋惜的是，青年人对言论自由的追求并没有促使他们采取比官方更革命的立场，反而让他们的态度变得更保守了。经历过斯大林和他的继任者们施加的科学教条主义后，知识分子本该回归真正的马克思主义，然而他们却与之渐行渐远。一个四十多岁的教授感叹说："什么马克思主义！我们对打着这个旗号的那一套东西实在是倒了胃口！""那就找个真懂马克思的人来，搞个研究班吧！"他们哈哈大笑回答道："全苏联找不出一个真正懂马克思主义的人。没有一个人能让我们相信。"

人们也常跟我们提到黑人留学生问题。他们与俄国学生之间有严重的冲突。打架斗殴是家常便饭，冬天有几个黑人学生受伤致死。我们去阿尔及利亚的大使本·亚雅家吃饭的时候，跟他讨论了这个问题。黑人学生从本国政府那里得到丰厚的奖学金，所以在苏联的年轻

---

1 出生于乌克兰的哲学家，后一直在法国居住。
2 哲学家，出生于基辅，后流亡法国。

人眼中，他们是特权阶层。然而留学生的生活条件相当艰难，尤其是他们被派往莫斯科时，都听了一堆天花乱坠的许诺。学生们住得都很差，多数舍监曾当过劳改营的看守。由于饮食习惯不同，非洲人觉得饭菜难以下咽，气候更是严酷。非洲学生的奖学金连穿暖都不够，严寒使他们痛苦万分。这些事情激起他们的愤怒和抗议，而本地学生却觉得没什么，因为他们比较适应。苏联学生觉得非洲人过于装腔作势，这里面还掺了些争风吃醋的事。一个白人姑娘拒绝跟黑人跳舞，黑人就会嚷嚷这是种族主义；如果非洲学生跟俄国姑娘交往，苏联学生又不干了。苏联人究竟有没有种族思想呢？或多或少有点吧，他们对外国人普遍不信任。白种外国人只觉得自己是外国人而被怀疑，黑人却会想到这是对他肤色的质疑，往往报以激烈的反应。

在苏联，消费者和顾客总是被草率对待，我早就对此有所觉察，但直到去弗拉基米尔旅行时，我才有了痛切体会。火车到站的时候是一个方向，再出发的时候却是另一个方向，连车厢都不调换，结果车厢中央过道的座椅的方向常常与车头相对。我受不了坐倒座，只好在座位上跪了三个小时。但我很喜欢车窗外单调的景色，除了草地就是树林。天空微微泛红，太阳总也落不下去。我们到站时已晚上十点，地平线上还透着粉红色。

弗拉基米尔于1108年由沙皇弗拉基米尔·莫诺马赫[1]建造，是俄罗

---

1 十一、十二世纪古罗斯政治家、军事家，曾任基辅大公等。

斯最古老的城市之一。弗拉基米尔的孙子在这里建都，在一百七十年间它始终是俄罗斯首都，后来成了一个大行政区的中心。十九世纪时，许多革命者被流放至此，如今这里是大型工业和文化城市。到达的头一天晚上，我们就去上城观光。我们沿着克里姆林宫城墙上的巡逻道漫步，脚下是潺潺流水和下城的万家灯火，草木葱茏的花园里矗立着优美的白色教堂，长凳上一对对情侣沉浸在梦幻中。

第二天我们又去参观了教堂。迪米特里耶夫斯基教堂建成于十二世纪，有一个镀金的洋葱形圆顶，白色带浮雕的外墙，仿佛一袭白袍绣满了美丽的花朵。庄严美丽的圣母升天大教堂，有五个洋葱形圆顶，教堂里有鲁布洛夫的壁画。我们还去看了"金门"，一座有防御作用的古建筑，也是周身白色，上有洋葱形顶。城里古老的街道两旁有漂亮的树木和老式的木头房子，门前一律是花园。我们乘车出城，到了涅尔利河边，欣赏简朴优美的圣母代祷教堂映在水中的倩影，接着游览了比弗拉基米尔还要古老的小城苏兹达尔。那里教堂众多，其中有一座完全是木结构的教堂，外形细高修长，洋葱形圆顶如鳞片状。

一天早上，我们醒来时，看见下面的街上开过很多卡车，车上坐满了穿白裙子的女孩和系红领带的男孩，每个人手上都拿着桦树枝。在苏联，许多宗教节日都改成了世俗节日。那天本来是圣体瞻礼节，现在是桦树节。上城有一个公园，占了城区很大一片地，过节的人们在那里唱歌游行，进行各种游艺活动，还有人拨弄着吉他。欢乐节庆既像是自发的，又像是有组织的。有个凉亭改成了临时咖啡馆，里外摆了几张桌子，可以买到大量糕点，还有夹着煮蛋和洋葱的小面包。

女人们拎着装满食物的袋子和环状的椒盐卷饼。我们找了张桌子坐下来大吃一顿。这简直是意外的收获，因为我们在旅馆里什么都吃不到。面包既不黑也不白，矿泉水像海水一样咸。（在苏联，自来水一般是不能饮用的，除了在莫斯科，那里的水有股浓烈的薄荷味，倒也不难喝。）菜肴都难以下咽，除了鸡蛋，而鸡蛋又很少见到。有一次，在旅馆门前，我们看见一大群人围着一个小贩，他卖的烤饼脏兮兮的，上面全是土。市场上熙熙攘攘，人们喜气洋洋，但商品非常贫乏。那么，这些丰富的食物是从哪儿一下子冒出来的呢？既然这儿能敞开供应，为什么城里其他地方匮乏到那个地步？尤其是想到近在咫尺的莫斯科吃得很好，我们就更不理解了。

返程时我们本来想坐当地人称为"行路者"的公共出租车，但出于一些神秘的理由，外国人不许乘坐这种车。我们只得还是坐火车回去。这回座位的方向是正的。

朋友们替我们规划了一条绝好的旅行路线：去爱沙尼亚首都塔林，沿途经过俄国古城普斯科夫以及爱沙尼亚的大学城塔尔图，然后由水道返回列宁格勒，再出发去诺夫哥罗德。旅行社的人解释说，这条线路我们没法走，因为我们是外国人。在波罗的海沿岸国家，外国人只能去首都，所以我们去不了塔尔图。我们要去塔林只能从列宁格勒乘火车走。原因是什么？我们连问都没问，直接乘飞机回到了列宁格勒。

我喜欢这座城市，尤其在夜晚柔和的灯光里，热烈的意大利色彩披上了一层北方的清冷。白夜还是那样动人。这时节，基辅的丁香应该已经凋谢，但此地春天才刚刚降生，丁香开得正盛。战神广场上满地是日本丁香，有一股淡淡的胡椒味；还有些丁香跟法国的很像，气味清新令人沉醉，午夜时分，在明亮的天空下，与绿树鲜花为伴，这是何等奢侈的享受！对我来说，世上很少有比白夜更动人的事情了。

一到塔林，仿佛完全是另一个世界。爱沙尼亚独立前后不过二十年，从1921年到1940年。此前五百年间，历经多次血腥的战争，爱沙尼亚几经易手，先后归属德国、丹麦、波兰和瑞典。从1721年开始，它在政治上被俄国统治，经济却掌握在德国领主手中，国家渐渐西化。二战后并入苏联，但1921到1940年形成的资产阶级传统却保留了下来。我们住的旅馆是一座欧式建筑，风格优雅，饮食也很考究。我们很喜欢那里的餐厅，大玻璃窗外是草木葱茏的花园，晚间乐队的演奏也很文雅低调。接待我们的是一对夫妇，人很可爱。森普尔先生年事已高，却很敏捷，战前他把《墙》翻译成了爱沙尼亚文；他太太六十二岁了，外表优雅，嗓音也很动听。她是个音乐专家，很懂前卫音乐。夫妇俩曾长期侨居法国，精通法国的语言和文学。我们需要帮助的时候他们始终陪伴我们左右，觉察到我们想独处的时候，他们就离开，我们自由自在地游览了塔林。

上城十三世纪初由丹麦人建造，主塔、雉堞、碉楼和圆锥形的哨亭，一切保存完好。从远处看，像雨果笔下的一幅素描。城墙里边是狭窄的街巷，地面铺着大小不一的石板，两旁是古老的房屋，城里各处的小广场白天都很安静，夜晚更是空无一人。塔林的白夜也牵动着我的心，极目远眺，苍白的天空下，是同样苍白的大海和船只。从城墙往下直到大路，是一个大公园，公园里有条河蜿蜒流过。空气中弥漫着椴树花和丁香动人的香气，它们跟着我们一起到北方来了。

下城是商人聚居的地方。从前这里商铺林立，沿着狭窄的街道延伸到宽阔的广场，广场上设有大规模的市场。如今，供货相对比较充足的商店越发稀少，广场也变得空空荡荡。塔林仿佛是一座被剥夺了原有功能的城市，一座沦陷的城市。市民的生活水平好于莫斯科，但不如战前。塔林的特征之一，是众多售卖美味糕点的点心铺子和西式咖啡馆。最大的是塔林咖啡馆，设在二楼，让人联想到因斯布鲁克和维也纳的咖啡馆。它很大，灯光昏暗，很安静，分成一个个包厢，每间包厢里有一张大圆桌。咖啡馆都是晚上十一点打烊。可以在里面吃点心、喝茶和咖啡，没有伏特加。

我们惊讶地发现，许多店铺的橱窗里挂着印有澳大利亚风景的海报。这是因为很多爱沙尼亚人战后移民去了加拿大和澳大利亚。人们提起这些人来带着善意，一开始这让我们感到意外。某记者请求采访萨特时，自我介绍说："我们的报纸主要面向海外同胞。"国内的爱沙尼亚人在他们面前有一种自卑感，不认为流亡海外的人是拒绝接受社会主义的，而认为这些人的举动是爱国的表现。他们摆脱了百年以来统治爱沙尼亚的俄罗斯。而且，能感觉到留下的人是赞同流亡者的，尽管他们并没有明说。二战后，很多爱沙尼亚人被流放，只因为他们是爱沙尼亚人就被怀疑仇视苏联。我们遇到一位作家，就是因为这样在劳改营里被关了多年，没有特别的理由。塔林有一座教堂，样子高大可怖，建于十九世纪，是俄国在爱沙尼亚势力的象征。为了抗议俄国势力，同时也是为了抗议德国贵族，当地组建了多个农民合唱队，专门演唱民族歌曲。人们带我们参观了他们演出的大礼堂，他们每隔三四年集会一次，所有队员都穿着爱沙尼亚民族礼服。

森普尔夫妇给我们引见了一些杂志编辑和出版人，与莫斯科相比，他们有一定的自主权。他们比俄国人自由，出版了加缪的《鼠疫》。不过，与我们交流过的一个作家说，他信奉日丹诺夫[1]的乐观主义。这人是列宁奖奖主，能说会道，绘声绘色地讲了不少南极洲的事情，他是那方面的专家。不过他的文学品位与我们不一样。他指责萨特的《墙》过于悲观，也不喜欢《伊万·杰尼索维奇的一天》。"写得太阴郁了。"他说。萨特问道："要是您，会怎么写呢？"他犹豫了一下，坦率地说："我不知道。"显然他认为根本就不该写那本书。

我们无权从塔尔图进入爱沙尼亚，不过，爱沙尼亚作家开车带我们从塔林去塔尔图就不违法了。这是一次愉快的出行，我们在平坦、美丽的原野上开了大约两百公里，沿途有草地、树林、低矮却绵延的农家住宅。

我们住在花园饭店，房间很现代舒适，楼道里也没有看守监视，这是我在苏联从未见过的。我们在一间咖啡馆与B教授共进午餐，他告诉我们，1945年后，在我们之前只有一个法国人来过塔尔图。他带我们在下城看了几座漂亮的木头老房子，感叹市政府怎么没把它们全炸掉，幸亏多数老房子都在战争中被毁了！这人显然不爱怀古。跟塔

---

[1] 斯大林的助手，联共（布）主管意识形态的负责人。

林一样，塔尔图最初也建在山上，但一次次的战争摧毁了许多建筑，几乎把上城夷为平地，如今只剩下红砖建造的大教堂，里面被炸开了一个大口子，但美丽依旧。我们跟B教授一起上山去看教堂，他用厌烦和不屑一顾的口气为我们做了介绍。教堂的一部分被改造成了大学图书馆，我们去参观了一下。导游接着带我们去拜访一个雕塑家，他的花园和房子里摆满了丑陋的雕像。二十年前，这个雕塑家几乎处在人人喊打的境地，人们指责他的有些作品太色情。如今他主要做墓地设计，远近闻名，来塔尔图的游客都会登门拜访，并在他的宾客留言簿上写几句。

总的来说，我们觉得塔尔图没多大意思，不过圣约翰节的晚上，我们在周围的乡村度过了一个愉快的夜晚。还是神情恹恹的B教授开车带我们到了一个大湖边，湖周围是林木葱郁的山丘，湖里散落着几个小岛。一个主管水和森林的官员接待我们，负责陪我们参观那个湖。在苏联，任何事情都要派一个"专家"来解释，这常让我觉得不胜其烦。不过，这个陪同虽说有点过分饶舌，却比第一个开朗得多。他提议坐船，于是我们荡舟经过一个个隐秘的小岛，在平滑如镜的水面上滑行，芦苇在水中投下倒影。天上有喷气式飞机飞过，留下一条条被夕阳染红的拉线。

汽车沿着一条崎岖的山路，爬上湖边的一处丘陵。山顶上，一群年轻人支起大帐篷，燃起熊熊篝火，有人在拉手风琴。我们的司机捡了很多枯树枝扔到火里。一个跟我们一起从塔林来的爱沙尼亚青年带了伏特加，酒瓶转着圈传给每个人。他和莱娜伴着手风琴跳了舞。

我们看见其他山上也有篝火在燃烧。在我们脚下，静静的湖水沐浴在乳白色的亮光下。

我们返回塔林，然后回到列宁格勒，旅行社的车在那里等着我们，接我们去了诺夫哥罗德，那里从前是个商业中心。克里姆林宫高大的红墙下，一条宽阔的大河缓缓流淌，蜿蜒的河道消失在远方一望无际的原野。城墙里边有一座非常优美的大教堂，河的另一边现存的连拱廊是十八世纪市场的遗迹，那里还有很多漂亮的小教堂，当年每个富商都建了自己的教堂。我们在那里只逛了一上午，就数出了二十五座小教堂。它们的外墙都涂了白灰泥，其中一座用红色和粉色的砖块按原貌重建过。周围一带还有许多教堂，我们参观了沃尔霍夫河边遗世独立的一所修道院，河道到了那里变得很宽，像个大湖。在俄罗斯，很多老建筑处于半废弃的状态。我们踏着乱石和杂草，围着一座线条简洁的教堂转了一圈。

我们在诺夫哥罗德的头两天里没有见到任何官员。第三天早上，一个记者给莱娜打电话，生气地说，我们本该通知当局我们要来，然后"请人陪同游览"。"可是我有导游书啊，书里什么都有。"莱娜解释说。"书！那怎么比得上真人的声音！"我们约了博物馆的负责人，她用死气沉沉的语调给我们作了讲解。不过也多亏了她，我们才欣赏到那些产自德国的美丽的青铜大门，上面雕着神秘莫测的画面。博物馆收藏了大量圣像。

我们回莫斯科又待了几天，然后飞回了巴黎。

从1963年起，中国与苏联的冲突就公开化了。北京批判说，和平共存的政策是与资本主义沆瀣一气；莫斯科则指责中国人故意挑起战争。1965年2月，美国人开始轰炸越南北部，中苏之间的敌对更严重了。赫鲁晓夫不再当政，但他的继任者延续了他的对外政策：非但没有大量向河内输送武器，反而任由美国人肆意妄为。中共批判他们的中立态度，视之为投降主义和修正主义。俄国人越发确信，中国人想挑起新的世界大战，试图入侵苏联。我们的俄国朋友都这么想。关于这个问题，任何讨论都是徒劳的。

苏联人和中国人都将参加1965年7月在赫尔辛基举行的和平大会。爱伦堡曾经过巴黎，他邀请萨特一同去开会：萨特的发言将对苏联有益。我们决定7月份去苏联，然后萨特再从那里出发去芬兰待两三天。

我们到了莫斯科，发现赫鲁晓夫的下台对文化界似乎是件好事。《新世界》刊登了索尔仁尼琴的小说、阿赫玛托娃的诗歌和爱伦堡的《回忆录》里关于日丹诺夫时代的部分。特瓦尔多夫斯基写了一篇宣言似的东西，号召作家们摒弃虚假和掩饰，揭露错误，不加粉饰地说出真相。帕斯捷尔纳克的书也被重新编辑出版。当然并不是从此天下太平，远非如此。卡夫卡的书还是不能翻译，虽然他如今被认为是资本主义的受害者，而不再是腐朽的消极作家。塔可夫斯基始终没被允许拍摄关于鲁布洛夫的电影，但事情似乎有了转机。

塔可夫斯基拍摄《伊万的童年》时的副导演米哈尔科夫拍了一部叫《第一个老师》的片子。影片能否公映呢？审查部门犹豫不决。我们在一次小范围放映时看了电影，被深深打动了。影片是根据吉尔吉斯斯坦小说家艾特玛托夫的书改编的，这位作家在那不久后到过巴黎，我们得以与他相见。原著里故事发生在我们这个年代，在吉尔吉斯斯坦一个富足的集体农庄，人们正在庆祝农庄学校成立纪念日。庆典进行到中间，有人说："今天的活动少了一个人：第一个老师。"于是开始讲述老师的故事。故事很悲壮，但大家都知道结尾皆大欢喜，因为村子如今幸福地加入了苏联。电影则没那么喜庆，故事设定在一战结束后，吉尔吉斯斯坦到处是贫苦的农民，饱受残暴无耻的领主们的压迫。主人公是红军战士、坚定的列宁主义者，他被派到农村建立学校。来迎接他的领主骑着高头大马，对他百般嘲笑，农民们也不信任他。教师把课堂设在旧谷仓里，他坚持不懈地努力，终于招到了学生。可他怀着一腔盲目的革命热情，脑袋里全是难懂的大道理，加上肩负的重大责任，所以心中十分焦虑，无法适应环境。他大讲无产阶级和资产阶级的斗争，然而吉尔吉斯斯坦社会还处于封建时代。一次上课他提到死亡，一个学生问，列宁是否也会死。他勃然大怒，吼叫着给了学生一拳。这种神经质的举动使学生和村民们都疏远了他。他的一个女学生，十五岁左右，非常美丽，却对他有特殊感情。权倾当地的大公掳走了她，在自己的帐篷里把她强奸了。教师叫来红军战士解救了她，并把她送到附近的城里去了。愤怒的大公对农民们进行报复。农民们把学校烧了，指责教师破坏传统，给他们带来了不幸。走投无路的教师决定离开，但在离开的路上，他突然产生了力量：他要留下，克服自己的弱点，与困难作斗争。他拿起斧头，砍掉村里唯一的一棵白杨，他要重建学校。村民们看着他，迟疑之后终于有人加入了他，这表明教师终于赢得了斗争。

作者对思想僵化的革命者和只看眼前利益、墨守成规的农民抱以同样的同情。当干部试图在农村推行社会主义时双方多次发生悲剧。据说领导们之所以犹豫，是怕激怒吉尔吉斯斯坦人。也有人说，审查部门被女主角在激流中裸身洗澡的镜头吓到了。我倒觉得他们不能接受米哈尔科夫的直言不讳，他通过又感人又让人讨厌的主人公揭示了革命的复杂性[1]。

我们听说了布罗茨基的状况。他跟当地农民相处愉快，他主要负责照顾马，他挺喜欢这工作。在爱伦堡的建议下，萨特通过作家协会转给米高扬一封信，请求赦免布罗茨基。也许信起作用了？不久，布罗茨基就回到了列宁格勒，恢复了正常生活。

那年我们访问了立陶宛。这个国家的命运与爱沙尼亚有相似之处。先是被波兰，后被俄罗斯吞并，立陶宛只在两次大战之间独立过。1940年到1945年被德国占领，后并入苏联。并入苏联的过程相当曲折，一些农民武装在德国残余军队的支持下顽强抵抗。他们躲在丛林里，靠劫掠生活，使周围的村庄陷入恐怖。[2]局势长期不明朗，即便在

---

[1] 影片最终公映了，后来还在巴黎放映过。——原注
[2] 有一部有趣的立陶宛电影就是讲这些游击队的故事，我们在莫斯科观看过小范围放映。——原注

今天，苏联人在立陶宛似乎也不怎么受待见。这个国家刚刚庆祝加入苏联二十周年，庆祝活动搞得冷冷清清，以至于苏联旅行社犹豫了很久，才决定允许我们前往。

我们在莫斯科和列宁格勒都能随意行动，每到一个加盟共和国，就会有作家代表团负责接待我们。可是到了维尔纽斯，机场没人迎接我们，我们高兴极了，刚准备在旅馆吃晚饭，一个服务生就过来说："您是萨特先生吗？您的桌子已经准备好了。"他推开一间包厢的门，里面有一张大桌子，摆了二十多副餐具：原来我们的主人们记错了航班落地时间，到晚了。从第二天起，他们寸步不离地跟着我们。有一回，我们怯生生地请求，给我们一下午的自由时间，让我们随便逛逛。到了晚上，他们带着点尴尬的神情问："没有我们陪着更好？"我们对这些人很有好感，但不喜欢在街上漫步的时候后面跟着五六个人。

维尔纽斯是个乏善可陈的城市，几条漂亮的街道，风景优美的院落，一座砖砌的老教堂，建筑风格繁复但相当和谐。离市中心很远的地方有座巴洛克教堂，里面雕刻着草木、动物，还有带着典型立陶宛农民特征的人物。

一天早上，我们下楼到还算优雅的旅馆大厅时吃了一惊，大厅里挤满了头巾系到下巴上的农妇。餐厅里全是美国人。与在爱沙尼亚一样，由于类似的原因，"海外同胞"在立陶宛非常受拥戴，他们可以相当自由地来去。一艘邮轮刚刚到维尔纽斯，移民的家人们就蜂拥到旅馆来迎接他们。移民的外表与国内的立陶宛人形成有趣的反差，国内的人多是集体农庄成员打扮，流亡者们则衣着光鲜，一副中产阶级模样。我们与其中的几个移民交谈了几句，大多数移民都属于美国的贫困阶层，痛恨美国社会。

我们出游了两三次，我记得在一个湖心小岛上参观过一座砖砌的城堡，那个湖与一串大湖相连，一直绵延到天边，一派忧郁的景致。

我们乘汽车离开维尔纽斯去了海边的帕兰卡，旅途令人疲惫。在立陶宛的第二大城市考纳斯，我们参观了一个现代彩画玻璃展，展品丑得不得了，还有一个织造车间和一个很不错的古董博物馆。我喜欢那里的木雕基督像，全国到处都有丑陋的复制品，但原件很美。基督头戴荆冠坐着，脸颊贴在自己手上，完全是一副孤立无援的样子。在一间维也纳风格的漂亮餐馆用过午餐后，我们去参观一处古堡，德国人曾在那里关押抵抗运动成员。有个曾被关押的看守，带我们在里面走了很久。一些法国人曾把自己的名字写在牢房的墙上。许多犯人被枪决了，尸骨埋在周围数公里内的田野里。萨特在死难者纪念碑前献了花篮。接着我们穿过了克莱佩达，德国人叫美梅尔，那里的建筑有明显的德国风格。对美梅尔我也是久闻大名，一旦真正见到这个地方，却感到莫名的怪异。整个旅途中，我们都在与随行者谈论法国文学和意大利电影。到帕兰卡的时候已经很晚，我们都筋疲力尽。莱娜第一个进了旅馆，却立刻惊慌失措地出来了：市长要请我们吃晚饭。我们最后还是溜之大吉。

帕兰卡没什么可看的，但是大海很美：奶咖色或深灰色的巨浪怒吼着，尽情拍打着一望无际的沙滩。尽管气温不高——十二到十四摄氏度，还是有人在游泳。有些人甚至在践行裸体主义。有一次我们在海边散步，几个肥胖的女人向萨特冲过来，我们险些走到女子专用沙滩上去了。男女分开的裸体浴场在苏联很常见，在混合浴场上，当然必须穿好泳装。

有天早上，我们看见奇怪的一幕：一个男人穿着黄色雨衣，走到齐大腿深的水里，边走边用木棍推着前面的什么东西。原来那是张渔网，他后来把网里的东西倒在沙滩上。一些孩子扑过去，兴高采烈地争抢着一些碎片样的东西。原来他在采琥珀。苏联各地卖的那种透明或半透明的漂亮琥珀项链，大多产于这一带沿海。

离帕兰卡有一段距离的地方，我们参观了托马斯·曼住过的房子。它建在大海边的悬崖上，在一处世外桃源般的林子边缘，现在还有一些作家住在那里。那地方非常美，但几公里外还有更美的景色：高大的白色沙丘。我们往沙丘上爬的时候，被狂风吹得踉踉跄跄。我们坐在沙丘顶上望着大海，那夺目的蔚蓝色边上是陡峭的丘陵，沙子像雪一样闪闪发亮。

我们乘飞机返回列宁格勒，想去上一年没能去的普斯科夫看看。按约定，旅行社将派车在周六早上来接我们。周五晚上十点，莱娜被叫到旅馆办公室：去普斯科夫的路被封了，也没办法联系作家协会，作家们都出门过周末了。为什么要封路呢？是有军队要过，有军事行动？第二天，决心要带我们去普斯科夫的莱娜决定玩个大花招。她向旅馆经理解释说，萨特即将去赫尔辛基开会，如果指望他帮助苏联对付中国，就不能为一些小事影响他与苏联的友谊。一个小时后，我们得到了去普斯科夫的许可。我们吃过早饭就上路了。

路上一辆车也没有。到了普斯科夫,当地文化界的代表热情地接待了我们。她对没能送花给我们感到抱歉:花送给了英国大使和他的夫人,他们比我们到得早,被当成了我们。她建议第二天带我们去参观五十公里外的普希金故居。莱娜此前接到过命令:不许带外国人去那里。接待我们的女负责人说:"全部责任由我来承担。"莱娜战争期间在普斯科夫待过,这次她发现曾经喜爱的一切已不见踪影,大多数老房子和历史建筑都被毁了。

我对普希金故居有点无动于衷,他在法国寂寂无名,但我喜欢洒满阳光的原野,透着春天气息的草地、树林和远方辽阔的地平线。去那里和回列宁格勒的路上都空空荡荡,连个鬼影子都没有。

萨特在赫尔辛基待了两天。我和莱娜去列宁格勒火车站接他,发现车站里挤满了手捧鲜花的人,分成几个队伍。车一到站,他们蜂拥跑向车厢,乐队开始演奏爱国歌曲。有几个代表被摄影师和记者们团团围住,日本代表最受关注。有人开始发表演讲,萨特悄悄溜走了。到了旅馆,给我们讲了会议的经过。中国代表表现出极大的敌意,除了给越南代表鼓掌,任何人发言他们都不鼓掌。7月14日[1]晚上,法国几个代表自己搞了个小晚会,其中一位唱了几句"中国之夜,柔情似水爱之夜",结果大获成功。中国代表团和苏联代表团关系尤其紧张,苏联人处处警觉,中国人步步紧逼。中国人的态度十分坚决,有一次爱伦堡与他们争论起来。他努力保持理智,却还是气得差

---

[1] 法国国庆日。

点脑充血。他离开房间，在楼道里摔倒在地，半边脸都磕破了。第二天他们又吵上了，中国人指责苏联离经叛道、搞修正主义和复辟资本主义，爱伦堡怒发冲冠骂了回去。中国人坚持要苏联代表团向他们道歉，代表团拒绝了，爱伦堡的言论和愤怒纯属个人行为。"怎么可能！"中国人说，"大家都知道是怎么回事。个人行为是禁止的，一切都得事先安排好。如果一位代表发火，那一定是事先定好的。"他们自己的言行表明，他们确实是这样做的。

萨特也介绍了他在大会上讲话的内容，说不能对美国的要挟让步，应该给越南大规模的援助，这是制止事态升级的唯一办法。越南代表团对他的话报以热烈掌声。爱伦堡埋怨萨特站在中国人一边，事实上，萨特认为苏联给越南的援助太少了，认为苏联的援助本该能给美国人有力的反击，而不至于挑起世界大战，美国人也不希望爆发世界大战。

从赫尔辛基回来时，与萨特同车厢的人中有一个懂法语的年轻女子和一个将军，别人叫他"和平将军"。将军说："我年轻的时候，学的是如何包围和消灭一万人。后来要学的是怎么消灭十万人。如今动辄要消灭几百万人：我还是为和平而战斗吧。"中国人有原子弹这件事把他吓住了，有朝一日他们会到处扔原子弹，挑起世界大战。"我倒无所谓，我住在莫斯科市中心，马上就死了。可郊区的人怎么办呢！"年轻女士也很害怕：中国人那么多！她怯生生地问："我们能不能撺掇美国人去轰炸……噢，不能炸城市！炸中国的工厂？要不然就太晚了。""不行，"将军斩钉截铁地说，"首先这是犯罪。其次我们是中国的盟友：如果他们被攻击，我们要去帮他们。"萨特觉得这老将军好玩极了。

1965年10月，欧洲作家联盟在罗马开会。我们遇到了西蒙诺夫、苏尔科夫、特瓦尔多夫斯基和其他几个不太有名的俄国作家朋友。他们说，莫斯科要出一件比布罗茨基事件更严重的事：作家希尼亚夫斯基和达尼埃尔被控告在国外出书反对苏维埃，他们分别用的是亚伯拉罕·特尔茨和阿雅克的假名。

爱伦堡说，如今苏联最大的出版社是"地下出版社"：自己印。被审查部门禁止出书的作者们不甘沉默，靠朋友的帮助，他们找人把自己的书用打字机打出来，私下里流传。爱伦堡说，内容极其有趣的地下文学就这样在官方文学之外发展起来。达尼埃尔的几篇中篇小说流传到铁幕之外，在法国以《这里是莫斯科》为书名结集出版，希尼亚夫斯基的几篇小说和一篇随笔也以《雾凇》为题在法国出版。我读过《雾凇》，没觉得很有意思，但也没看出什么反苏维埃的内容。小说的风格是讽刺和批判，但并不反对苏维埃。达尼埃尔批判了斯大林的政治手段，但并没有归咎于社会主义，但高层有人认为他们污蔑了自己的祖国。

10月一到，他们就被捕了。《消息报》和《文学报》对他们发起了猛烈攻击。12月13日，莫斯科大学生组织了游行，高喊"公审希尼亚夫斯基"的口号，警察驱散了游行者。案件于1966年2月开庭审理，听众都是精心挑选的，全部是党员。法庭给了被告自辩的权利，他们宣称自己无罪，但媒体对他们的话不予报道。法庭把他们和塔尔西斯并案审判，塔尔西斯写了些疯狂攻击政权的书，但就在开庭前三天，他被认为是迫害妄想症患者，获准离开了苏联。法庭宣布希尼亚夫斯基和达尼埃尔损害了苏联的政治社会制度，资本主义媒体对他们的宣传证明了他们恶毒的颠覆意图。他们被判到劳动改造营接受"严格的监督改造"，希尼亚夫斯基被判七年，达尼埃尔被判五年。在爱伦堡的倡议下，六十二名作家签署了请愿书，请求释放他们俩：他们愿为二人担保。跟作协的六千名成员比，"六十二"这个数字简直微不足道。在请愿书上签名需要极大的勇气，要做好不再能出国、失去社会地位和被禁止出书的准备。我们的朋友多罗奇和莱娜都愿意冒这些风险。庭审的第二天，苏联共产党召开第二十三次代表大会，肖洛霍夫在会上抱怨说，罪犯们没有得到应有的惩罚。他说，要是在列宁时代，他们早就被枪毙了。他还批判了为罪犯担保的自由派："有些人自愿为变节者效劳，请求假释他们，我为这些人感到极度的羞耻。"他说反对这场审判的人都是些"资本主义的捍卫者"。2月16日，法国《人道报》发表了阿拉贡的署名文章，宣布他本人以及法国共产党对审判结论都不予认可。意大利共产党采取了同样的立场。《人道报》在莫斯科被禁一周。5月2日我们到了莫斯科，爱伦堡问："你们这时候来这里做什么呢？"他认为知识分子现在的处境很悲惨。我们碰到的所有人，即使那些没在请愿书上签名的人，都表示了对案件的愤怒。他们说希尼亚夫斯基，特别是达尼埃尔，在劳改营受到了严苛的对待。我们在莫斯科逗留期间，几乎所有的谈话都围绕着这件事，朋友们都显得迷惘而焦虑。地下出版活动愈加小心翼翼，没出过一本有意思的作品。塔可夫斯基总算完成了鲁布洛夫的剧本并送审通过，不过，据多罗奇说，他不得不做了大量让步，因此，最后的结果完全不能令人满意[1]。

1963年我们在《现代》上刊登了卡塔拉翻译的索尔仁尼琴的《玛特廖娜的家》。该作品曾在《新世界》发表过，但受到了严厉的批评。我们还刊发了作者的另两篇小说，很想见他一面。莱娜某天告诉我们，索尔仁尼琴给她打电话了，他想和她谈谈。我们以为这是要商定与我们见面的时间，但一个小时的谈话后，她带着尴尬的神情回来了："他不想见您。"她对萨特说。

为什么？他也没解释得很清楚。他大致是这么说的："您看，萨特的所有作品都出版了。他每次写书的时候，都知道他写的东西读者一定会看到。可我呢，我写了那么多永远都见不了天日的东西，所以我没法跟萨特交谈，因为这会让我非常痛苦。"这个反应让我们大感意外。萨特对他的了解肯定比他对萨特的了解要多，萨特的书只有很少一部分被翻译成俄文：部分剧本和《文字生涯》。从这个角度看，他们又是平等的。或许他既不想让人觉得他屈从了命运，也不愿对一个陌生人表达他一年后在给作家大会的信里表达的观点。我们能确定的是，被迫沉默，作品永不见天日，是对一个作家最可怕的诅咒。

我们以前从没去过中亚，因为那里的夏天太热了。5月份那里的气

---

[1] 1969年冬天在巴黎看了影片后，我同意这个评价。评论把它捧上了天，不过这大概是因为它在苏联是禁片吧？——原注

温还算宜人,如果能去撒马尔罕看看我会很高兴的,只不过我们一到苏联,乌兹别克斯坦就发生了地震,去那里旅游是不可能的了。我们只好另做打算。

我们重返雅尔塔。这次那里没那么多人,也不像1963年那么热。春意盎然,紫色的花朵处处怒放:沉甸甸的紫藤和丁香花穗、紫荆花和樱花。到处都弥漫着玫瑰和牵牛浓郁而柔和的芳香。我们把曾经游玩过的地方重走了一遍,又乘滑行艇出海。也像上次一样,我们在傍晚登上一艘白色大船,在夕阳里沿海岸线航行。船长邀请我们在他的船舱里吃了一顿极其简陋的晚餐。(莫里斯·多列士[1]就是在这间船舱里发病去世的。)他半真半假地问萨特,他来苏联是不是为了希尼亚夫斯基和达尼埃尔的事。

敖德萨。提到这个城市我首先想到的是《战舰波将金号》里著名的台阶。从上面看,它平淡无奇;从下面望去,它跟在电影里一样让人震撼,尽管为了修沿海马路去掉了几层台阶,不再像以前那样直接伸到海里。我刚好在帕乌斯托夫斯基的回忆录里读到他写红军进城几天前的情形:街上空无一人,行人出门必须像狼一样谨慎敏捷,否则免不了被哥萨克人剥掉外套,或被他们当成靶子。人们争先恐后地涌向码头,各种包袱、柳条箱子顺着斜坡往下滚,花边和饰带从破开的行李箱里掉出来。逃往君士坦丁堡(伊斯坦布尔)的轮船舷梯上,人们挤作一团,有人甚至丧了命:没等舷梯撤掉船就拔锚启程,挂在梯子

---

[1] 曾任法共总书记。

上的一长串人就这么被扔进了海里。红军骑兵进了一片死寂的弃城，在满目横尸的街道上行进。店铺人去楼空，硕鼠泛滥成灾。我们步行或乘车游览敖德萨的时候，我脑海里想着这些画面。商业中心人头攒动，也有些安静的住宅区，种满了刺槐，满地白色落英，洋溢着馥郁的香气。没有铺路石的街巷两旁是整齐漂亮的房屋，保持了十九世纪初期的原貌。城市仿佛还是往日的样子，但居民的组成完全变了。敖德萨从前住的多是犹太人和地中海东岸民族，如今乌克兰人居多。不过，在一个人行道坑坑洼洼、刺槐树下是厚厚的淤泥的居民区里，我们听到有人在说意第绪语。一群群男童，有着卡夫卡一样的乌黑的眼睛，在马路边玩耍。

火车穿过美丽的乡村，把我们送往基什尼奥夫：草地，茅草屋顶的小房子，刷成蓝色的墙面，齐整的菜园，一派富足景象。城市几乎被战火夷为平地，看到保留下来的几处木房子，可以想象昔日的美丽。接待我们的当地作家带着几分惊奇的神情，问我们怎么会来这里。萨特没想到他们会问这个问题，就说因为地震我们没去成乌兹别克斯坦。他们似乎对这个解释不怎么高兴，不过我们在那里待了两天，与他们相处非常愉快，他们陪我们在周围观光，辽阔的黑土地与草地相间，村庄像我们在火车沿途看见的一样，整洁而富足。战前这一带属于罗马尼亚，很多人讲罗马尼亚语，知识分子一般都懂法语。

我们的汽车行驶在普鲁特河边（现今与罗马尼亚的边境线），道路两旁是芬芳的白色刺槐。在每个村子的村口汽车都要停下来。我们下车，在一块浸透了消毒液的地毯上磨蹭鞋底。当地正流行口蹄疫，我们可能会把疾病带到别处。名字浪漫的喀尔巴阡山近在咫尺。

我年轻时，斯黛芬常跟我说起她的故乡原本归于波兰的利沃夫，这地名对当时的我何其遥远！如今我来到了这里，感觉这是无比自然的一件事，世界真的变小了。利沃夫的城市风貌更接近中欧，而不是苏联。建筑都是奥地利的巴洛克风格，有美丽的绿色屋顶。我们走进一座天主教堂，里面挤满了人，正在合唱优美的赞美诗，其中有很多年轻人。

利沃夫大学的学生们向萨特提的问题，与去年在维尔纽斯、今年在吉什尼奥夫人们提的问题一样，他们都对意大利电影，特别是安东尼奥尼感兴趣，还关心法国文学，尤其是新小说派和萨冈。

在这次旅行中，我们又一次感受到了对外国人的不信任。到利沃夫之前，我们在喀尔巴阡山脚下的一个小城停了下来，想着游玩一下。旅行社的人说，观光项目已经安排好了，我们还有四个小时的上山车程，到了山口，就去那里的旅馆用午餐，然后再开四个小时下山。可莱娜受不了长时间弯道行驶，我建议把行程缩短一半，在去山口的路上野餐。但这是不可能的，因为外国人没有权利在到达山口前下车。结果我们只好坐在车上在林子里待了两小时，都没有下车。喀尔巴阡山很像孚日山，有松林、青草、蓝色的山丘。如果能下车呼吸到那里的空气就好了。

回想这次旅行遇到的种种荒谬禁令，我们感到十分困惑。雅尔塔东海岸不许外国人涉足，在直通塔塔尔首都的公路上也不行。塞瓦斯托波尔不许外国人进入；在弗拉基米尔，外国人不许乘坐出租车去莫斯科。所有波罗的海沿岸国家只能由首都入境；外国人不能从列宁格勒去塔林，从塔林去列宁格勒只能坐火车。我们去普斯科夫的经历证明这些禁令毫无意义。"这就跟马德里那条长凳一样，"我们在莫斯科碰到的戈蒂索罗说，"旁边立着牌子，上面写着'禁止坐下'。有人觉得奇怪，就做了个调查。原来五年前那凳子刚刷完漆时，立了这个警示牌，从那以后没人想起来把牌子撤掉。"

有些命令可能确是以前留下来的，但苏联人对外国人的不信任感由来已久，他们只是继承了一个久远的传统。弗拉基米尔的一座教堂里有一幅壁画（作者为无名氏），在我们看来意味深长。画的内容是"最后的审判"。上帝的右手边是一群天使和身着长袍、看不出年龄的选民们；左边是要下地狱的一群人，有穿着黑色上衣和露小腿的紧身裤子、戴有花边的皱领、留着尖尖的胡子的绅士，他们是天主教徒；他们后面是些头缠包布的穆斯林。歧视观念首先形成于宗教，但宗教差异后来与民族差异混合在一起。于是所有外国人都成了罪人，都该被诅咒。

1967年，我们拒绝了出席苏联作协大会，否则我们就会被误以为赞同对希尼亚夫斯基和达尼埃尔的审判，以及对索尔仁尼琴的禁令。那年大会召开的情形，以及第二年一大批自由派作家受到的压制，都让我们在1968年不想再去苏联，但捷克斯洛伐克发生的事情最终使我们下定决心与苏联决裂。

捷克斯洛伐克。可以说，1954年我们曾到过这个国家，当时秘密流传的一句话让我们惶恐不安："这里正在发生可怕的事，就在此时。"但在1963年，我们觉察到布拉格刮起了一股自由的风。高大丑陋的斯大林像已被推倒许久，卡夫卡的书被争相传阅，受到赞誉。一大批外国作家，包括萨特和我的书，被翻译出版。在一间人满为患的酒吧里，一些年轻人在演奏爵士乐，朗诵美国"垮掉的一代"的诗人的作品。萨特在布拉格大学与学生们完全自由地交谈。许多知识分子对马克思主义有生动鲜活的见解，可惜苏联人缺乏这个。他们仍然忠于社会主义，但变得更有批判精神了。他们不惧直面过去，并指出曾经犯的错误。1962年成立了一个委员会，次年4月，委员会得出结论，认为布拉格审判完全建立在不实指控之上，要求撤销判决，为涉案人员平反昭雪。部分人的翻案要求没有通过，但平反运动还在进行中，潮流似乎不可逆转。

我们在布拉格最常见的有两个人，一是来机场接我们的霍夫迈斯特，二是我们的翻译与陪同列姆。霍夫迈斯特是布拉格名人之一，那年他六十多岁。他年轻时就写过诗歌、剧本、小说、随笔，1927年和1928年他在布拉格和巴黎办过漫画展，非常成功。1939年他离开布拉格去了巴黎，曾被关押在桑代监狱，后来被流放到德国，并从那里越狱去了美国。战后他被任命为文化交流局局长，1948年到1951年在巴黎任驻法大使，布拉格审判期间他处于退隐状态，他现在是装饰艺术学院的教授，在继续写作和画画。

列姆比较年轻一些，是个散文家和记者，才华横溢，翻译过很多法语书。两人的法语都无可挑剔，他们消息灵通、思想开放、为人机灵。我们可以毫无保留地与他们讨论任何问题。

作协在布拉格郊区有一处漂亮的城堡,我们在那里会见了斯洛伐克[1]作家姆纳克,他写的《延迟报道》广受赞誉,他在书里描写了斯大林时代的弊端。他是个生气勃勃的人,热爱生活,思想非常独立。我们后来很高兴在布拉迪斯拉发再次见到他。

这是个我完全陌生的城市。陪我们观光的是一对很可亲的夫妇,巴罗先生和太太。巴罗先生曾在驻法使馆担任专员,给我们提供过斯兰斯基案的官方信息。他现在主持着一家文学杂志社。

布拉迪斯拉发看上去很穷,茨冈人住在城堡脚下一个破破烂烂的街区里。为了赚取外汇,政府刚刚决定每周末开放附近的边境,现在街上到处是奥地利游客。我们住的旅馆的经理说,他一眼就认出了其中几个人的面孔:二十年前,他们穿的是德国军装。斯洛伐克人的抵抗组织非常英勇,但遭到了血腥的镇压,所以无论德国人还是奥地利人都不受欢迎。一天晚上,姆纳克和他的朋友们带我们去了林子里的一家餐馆,名叫"贼窟":那是一个很大的茅草屋,里面摆了深色的木桌,上面烤着肉串,发出扑鼻的香气。我们吃着晚餐,喝着白葡萄酒,这时,一群游客在另一张桌子旁边坐下来,开始唱德语歌。我们这桌人回以游击队员之歌。气氛紧张起来,后来姆纳克跟那些人聊了几句,最后大家握手言和。

从布拉迪斯拉发到布拉格,一路上风景都很开阔,有绿油油的丘

---

[1] 这里指民族。

陵和浓荫蔽日的森林；秋天，有钱的外国人来这里狩猎，能捕到肥硕的野味。大多数村子都保留着美丽的巴洛克式柱子，那是以前黑死病过后，幸存者为感谢上帝眷顾而造的。

我们这次旅行时间很短，但与捷克的朋友们始终保持着联系。1964年，我们在《现代》登载了昆德拉的《无人发笑》，一篇既风趣又残酷的中篇小说。我们在巴黎见了霍夫迈斯特。1967年，列姆在他领导的《文学报》上发表了一篇关于罗素法庭的报告。他在巴黎与我们见了面，告诉我们说，当时在捷克斯洛伐克，绘画、音乐和文学领域是相当自由的，甚至出版了一些写斯大林时代的好书。电影方面情况差一点，虽然没有审查制度，但对政权不满的导演们一般会被鼓励去好莱坞发展。列姆解释说，这是因为领导人们不读书，又对绘画和音乐一无所知，但他们时不时会在自己的放映室里看看电影。

一场政治危机在酝酿。经济状况很糟糕，为了振兴经济，奥塔·西克推出了新体系，尝试根据资源和国家需求安排生产。由于这场改革与极端集权的体制不相适应，他主张一定程度的自由化，结果引起了新老官僚之间的矛盾冲突。不关心政治的工人阶级似乎站在了旧官僚一边，尽管改革派的目的是要让他们对生产有一定的控制权。面对因内部矛盾重重而陷于瘫痪的政权，知识分子产生了社会主义民主化的诉求。《文学报》公开批判体制，6月份的第四届作家代表大会召开前，斯大林派对列姆和他的杂志发动了攻击，但遭到了失败。作家大会开得风云激荡。作家瓦库里克抨击领导阶层的无能和僵化，得到了其他人的支持。前中央委员会书记、坚定的斯大林派恩迪克愤而离场。大会以压倒性的多数投票选出的作协领导班子不被党中央承认。党与知识分子决裂了，知识分子之间开始传阅攻击政权的文章。

六日战争后，布拉格强烈反对以色列。一切与官方立场不符的言论都被禁止。在反犹太复国主义的旗号下，曾在斯兰斯基案件中推波助澜的反犹主义死灰复燃。1967年9月，姆纳克远走以色列，引起一片哗然。他不是犹太人，但他不能接受当局不许他写下自己的想法。大批捷克作家签署了一份宣言，要求在以色列以及其他所有问题上享有言论自由。

9月底，党中央在全会上把三名作家开除出党，其中就有列姆。10月底中央再次开会，恰好当时爆发了大学生游行，尽管游行的诉求是取暖和照明问题，却被当成了政治事件。而且，斯洛伐克地区本来就是动荡之地，因为他们认为自己始终受捷克人刁难。诺沃提尼和杜布切克因斯洛伐克问题产生分歧，诺沃提尼的笨拙把中央委员会的很多委员推向了对立面。12月，杜布切克和切尔尼克把情况报告了勃列日涅夫，后者表示他无法支持诺沃提尼。

在12月的会议上，中央委员会向诺沃提尼施压，逼他辞职。1月4日到5日夜里，他决定不再担任党的总书记，只保留共和国总统的职务。杜布切克成了新的总书记。这次权力更迭以完全民主的方式进行。

"布拉格之春"就是这样发生的。从1月到3月，知识分子的声音压倒了一切。知识分子想把人民群众争取到改革派一边，但他们的文字却走得更远。他们认为，只有彻底推翻体制，才能终止政权的"滥用"。工人阶级了解了国家的现状和过去所犯的错误，渐渐开始重新关心政治，并恢复了最高要求：权力归苏联人。审查制度被废除，媒体和广播享有了完全自由，知识分子加强了与体制的斗争。3月，诺沃提尼辞职，领导班子决定召开党代会，进行议会选举。5月，瓦库里克发表了《两千字宣言》，宣布民主化应该成为劳动者的事业。新政权给了劳动者管理公司的权利。工人们明白这场胜利是自1月以来的讨论的成果，完全的知情权随之成了他们的基本诉求之一。各工厂都成立了"言论自由工人委员会"，知识分子与工人终于艰难地结成了联盟。

苏联共产党害怕了。6月1日，捷共中央委员会一致决定9月召开第十四次党代会，苏联与波兰军队开始在捷克斯洛伐克边境巡逻。7月1日，苏联、波兰、匈牙利、保加利亚和东德在华沙共同签署了《五国宣言》，号召捷克斯洛伐克的斯大林派起来反对杜布切克的政策。这一下适得其反，捷共与人民的联盟反而更牢固了。

我们怀着极其兴奋的心情关注着事情的发展。我读过昆德拉的《玩笑》，他用黑色幽默的手法表现了十九世纪五十年代捷克斯洛伐克的政治气候。小说的灵感来源于1949年发生的真实事件。诗人奈兹瓦尔尽管为人不受称道，但他的诗歌作品深受青年人喜爱。他发表了一首诗，同时歌颂感官享受和斯大林。几个年轻人为了好玩，炮制了一首恶搞的仿作。这个玩笑让他们付出了沉重的代价，他们的文字被认为是攻击国家的反动宣传，刊登这首诗的杂志也受到批判，这几个作者和他们的同谋被指控为托洛茨基分子、帝国主义的走狗。他们做了自我批评，态度相当诚恳，仅仅是身为知识分子这件事本身就让他们自觉有罪了。昆德拉在小说里移植了这个故事，讲述了开玩笑者被强制劳动的岁月。4月,《现代》刊登了捷克激进人士的文章。萨特在捷克电视台作了长篇讲话。

8月21日,我们正在罗马,听到苏联的坦克开进捷克斯洛伐克的消息时,我们还在罗马。萨特当即接受了意共报纸《晚报》的采访。他把苏联人称作"战犯",我们与苏联的关系就此彻底破裂。我们在意大利的朋友都惊呆了。意共强烈反对苏联的入侵,法共也表示反对,但态度比较和缓。这两党的基层党员们早已习惯无条件崇拜苏联的一切,此时对各自中央的决定都感到震惊。卡斯特罗所持的立场让我们痛心。罗萨娜·罗桑达把她收到的卡斯特罗讲话全文转给我们看:卡斯特罗如此热情地讴歌一个超级大国对小国的侵略,她与我们一样感到痛心不已。

苏联作家给捷克斯洛伐克知识界写了一封信,表示他们支持政府的行为。名作家中只有西蒙诺夫、特瓦尔多夫斯基和莱奥诺夫拒绝在信上署名。(爱伦堡已经去世。)我们在俄罗斯的朋友们不知有多伤心。回到巴黎后,我们见到了斯维特兰娜,一个跟我们不算熟的年轻苏联共产党员。她跟妹妹在黑海边度假,从收音机中听到了入侵的消息。"我是从来不哭的,可我当时泪如雨下,我妹妹也是。"她们在旅馆跟一个年轻军官一起吃午饭。"别这么愁眉苦脸的!"军官对姐妹俩说,"德国人进不了苏联!是我们去直捣他们的老巢。"他跟其他很多人一样,深信自己要跟德国人作战。斯维特兰娜说,群众盲目地支持政府,我们这些知识分子现在是彻底被孤立了。

也是在那时候,我见了一个从布加勒斯特回来的罗马尼亚朋友。8

月22日那天她在修脚，她的修脚师打开收音机听到消息，痛哭道："我们完了！"齐奥塞斯库说要发表讲话，全城的人都聚集起来听他演讲。他用异常激烈的态度抨击了侵略行径。萨特在意大利《晚报》发表的声明被所有报纸的头版转载了。随后，在苏联的暗中操控下，批判的声音渐渐沉默了。捷克斯洛伐克的罗马尼亚人开着被砸得变形的汽车回了国，他们半路上遇到的匈牙利人冲他们扔石头。开明的匈牙利人是不赞成侵略的，但匈牙利和罗马尼亚之间始终有着很深的敌意，加上匈牙利的亲苏宣传火上浇油，因此当地农民认为自己有权表达自己的仇恨。

10月份我们又见到了列姆，跟他有过一次长谈。他告诉萨特，布拉格剧院的领导们请他前去观看《苍蝇》和《脏手》。萨特接受了邀请，但我们怀疑剧目会被禁演，也许我们不能申请到签证。

结果我们于11月28日周四上午十一点降落在布拉格。天空灰蒙蒙的，又湿又冷。剧院经理、他的几个副手和几个作家一起陪我们到破败而优雅的阿尔孔饭店，从前的国际间谍中心。我们从那里直奔剧院，《苍蝇》的彩排刚刚结束，一进前厅我们就听见里面掌声雷动。我们上台就座，观众中有很多大学生，他们向萨特提问。列姆事先交代过萨特，说他不用有任何顾忌，但我仍然为现场发言的自由度吃了一惊。萨特回答观众的提问，宣布自己把苏联的举动当作战争罪行，他写《苍蝇》是为了鼓舞法国人抵抗德国人，他很欣慰地看到这部戏能在被占领的捷克斯洛伐克上演。前几天，大学生刚刚举行了罢课，萨特询问罢课的原因。"萨特先生，您刚到，不了解我们现在过着什么样的生活。我们私下里可以跟您谈罢课的事,但在公开场合不行,我们有自我审查。"一个年轻人说。一个红头发大胡子的数学家站起来说:"管他什么自我审查,我来回答这个问题。"他走上舞台,开始用捷克语讲话。我们的翻译,一个漂亮忧郁、有着碧蓝眼睛的年轻女士,把它翻译成法语。大学生们并不反对政府,只是想显示自己的政治力量,并把一些领导人从妥协的道路上拉回来。工人们罢工一小时以示支持。我们又谈了一些其他的话题,交流持续了近两个小时。

那天,我们很晚才同剧院经理和他的团队一起吃了午饭,然后回到酒店休息。晚上七点钟左右,我们出了门。天气很冷,雾气弥漫,虽然霓虹灯招牌闪着艳丽的光芒,街上还是一片阴郁景象。文赛斯拉斯广场高高矗立的雕像脚下,摆放着表示哀悼的花环,地上一片烛光,其间散放着一些花束。一些人在默哀,还有人在低声祷告,悼念苏军入城时遇难的人。

次日清晨,译员来带我们乘车游览布拉格。汽车很多,大多是小型汽车,街道交通拥挤。我又看到了那些城堡、老街、美丽的巴洛克式房屋、许多可爱的广场。远处那座有女巫塑像的桥因为正在修葺,无法通过。我们参观了美丽的扬·胡斯教堂,在他被烧死的广场上久久徜徉:我记得那座大钟和那栋优美的老房子,还有稍远处教堂的两座钟楼。

我们和几个作家在一间漂亮的餐厅吃午饭,餐厅里摆着假树。这是布拉格当时的风尚,就像我们这里喜欢让餐厅露着老横梁一样,都是对塑料制品的反动。我们又见到了霍夫迈斯特,还结识了萨特曾带着很尊崇的口吻跟我说起过的青年哲学家考济克。跟他们谈话也是完全自由的，没有谁怀疑别人，其间的气氛非常和谐。接着我们去作协跟一百来号人见面，就没那么愉快了，我们想见的一些人都不在布拉格，其中有昆德拉。

当天晚上《苍蝇》首演。剧场里座无虚席。我们觉得导演和演员都非常出色。某些台词引起观众狂热的鼓掌，当朱庇特对俄瑞斯忒斯和伊莱特说"我是来帮助你们的"时，全场哄堂大笑。在朱庇特向伊莱特做了天花乱坠的许诺后，伊莱特问："你想从我这里得到什么回报呢？"朱庇特回答："我什么也不要……或者说几乎什么都不要。"全场再次爆发出笑声。当朱庇特说"当自由在一个人的灵魂中绽放，天神们就再也无法伤害这个人了"时，观众给予了热烈的回应。还有很多台词让观众联想到了自身的处境，他们都报以热烈回应。剧终时萨特得到了满场喝彩。

晚饭时我们就着伏特加、白葡萄酒和啤酒吃了冷肉。对面坐的是齐萨科和哈耶克，前者身材矮胖，脸庞宽广，头发剪成短寸。哈耶克正经受恶毒诽谤[1]，他的脑袋让人想起被拔光羽毛的鸟。他管苏联人叫"我们的盟友"，主张谨慎行事："别把我们的盟友吓住。"据他看来，人们说得太多了：知识分子就是太爱说，今后最好悄悄地干。

第二天晚上，《脏手》也获得了热烈的反响。哈耶克在剧中看到

---

[1] 他被诬蔑为"老社民党"，盖世太保的鹰犬和犹太复国主义分子，其实他连犹太人都不是。——原注

很多对现实的影射。当剧中的霍德勒说，占领军是不会受爱戴的……即使是红军，哈耶克不顾一切地鼓起掌来。有人告诉我说，有一次演喜剧，女演员对着电话那头的女友说"一会儿再打给我，我正忙着"的时候，引起全场笑声雷动。

我们昨天的日程安排很满，第二天仍是如此。我们看了捷克人拍摄的关于悲剧之夜和随后几天的新闻视频，虽然已经读过许多报道，亲眼看到当时的景象又是另一回事。我们也看了苏联人拍的新闻片，配上了歪曲事实的旁白：某政府部门存放武器的地下室被说成是反革命弹药库。影片也在布拉格放映了，其中的谎言遭到揭露。

我们接受巴尔托塞克的电视采访时，刻意避免说一些容易连累人的话，但我们毫不讳言地谈到了捷克斯洛伐克人民遭受的"不幸"和他们"可以理解的怨恨情绪"。巴尔托塞克本想让我们见见工人，认为自1968年的"布拉格之春"以来他们的状况有所改变，工人们即将，至少是部分地，从官僚手中夺取权力，参与工厂的管理，所以他们才支持新政府、反对苏联。遗憾的是我们不能在布拉格逗留太久，就没去参观工厂。

我们和剧院的人在一个叫莫斯科（！）的餐厅吃了午饭，并在霍夫迈斯特夫妇家度过了愉快的时光，他们宽敞的公寓里全是从世界各地搜罗来的漂亮物件。他给我们看了自己的新画和好玩的漫画，画的是当今一些知识分子和激进派政治人物。他还讲了关于占领的段子。8月21日，在布拉迪斯拉发，一个苏联军官对电视台台长说："我安排了人守在您的楼梯上，防止反革命分子进攻。"到了晚上，他吃惊了："什么,没一个反革命分子现身?"突然他灵光一闪:"那您就是反革命分子!"幸好白天电视台的人已经把所有东西都藏好了。他还讲了一家被苏联人封了的报社的故事。他们派人守住大楼门口,占领了前厅,但不知道有后门,可以把楼上印刷的报纸运走。警察拒绝与苏军合作,所以苏联人在当地举步维艰。

每个人都给我们详细讲了在苏联人眼皮子底下秘密召开第十四次党代会的事。苏联人想阻止会议召开。大会的宗旨是重振社会主义,加强共产党的领导地位。苏联的官僚们觉得大会很危险。令人吃惊的是,大会最终得以召开,三分之二以上的当选代表出席。电台发出指令信息后,代表们于8月22日汇集到布拉格的一家大工厂,工人们开车送他们到郊区小镇卫索卡尼,那是选定的秘密开会地点。经过几天的讨论,大会制定了章程。

所有这些谈话都证实了我们此前的想法:"布拉格之春"的目的不是反对社会主义。新政权主张的,是摒弃斯大林式的官僚主义和警察作风,以说服代替强制,由人民用不记名投票的方式选举中央机构,而不是居高临下地任命,赋予人民以政治权利和经济责任。这一切的目标是实现真正的社会主义。苏联人其实是在动手之后才提出了"反革命威胁"的说法,事实上,如果捷克斯洛伐克多年来存在一股反对社会主义的力量,那也是由于诺沃提尼实行僵化无效的政策。捷共推出新政后,这股力量就瓦解了。捷共试图团结全国人民走社会主义路线,自5月份决定召开第十四次党代会,党的威望明显提高了。全体工人阶级支持杜布切克,众多决议表明了这一点。如今,工人阶级全部站在占领者的对立面。

那么苏联出兵的真正原因是什么？我们的朋友斯维特兰娜认为，苏联的官僚们害怕捷克公布布拉格审判的真相。人民群众支持政府，但不意味着支持政府中的任何个人。政府中要为审判负责的人面临被不那么听话的竞争者替代的危险。另外，莫斯科不能接受取消新闻审查："再说乌克兰人又懂捷克语。"一个反对干涉的匈牙利人说。这样子的话，乌克兰的民族主义情绪将受到捷克的感染。苏共领导班子的霸权主义态度也足够解释入侵举动了：他们要把所有社会主义国家抓在手里，捷克斯洛伐克想要任何程度的独立都是不可接受的。

我们离开布拉格的时候，比来时要乐观：苏联人怎么可能打败如此万众一心的抵抗呢？

从布拉格回来的路上，我读了阿图尔·伦敦的《供词》，作者把书献给"一切为了实现有人性的社会主义而斗争的人"。我们在拉依克和斯兰斯基的案子上从未被愚弄过，我们从不相信他们的供词，可我在任何一本书里都没有找到问题的答案：人们为什么会承认莫须有的罪名呢？有人说是因为酷刑，有人说由于对党盲目的忠诚，还有人说是为了有机会在公众面前为自己辩护。只有伦敦以令人信服的方式解剖了整个过程：读者被带到了一个环环相扣的程序中，没有任何方法能逃脱。他的行文简洁、朴素、尖锐，表现出真正作家的功力。他彻底解开了多年前我听到他的经历时心头的一个疑惑：一个在自己受审判时与自己反目的女人，他怎么能忍受跟她共同生活呢？事实是，她原本对他深信不疑，直到听到他亲口供认自己罪行的那一刻。盖世太保的酷刑都没能使他开口,她怎么想象得到,捷克警察为了让被告开口,使出了什么样的手段呢?在痛苦和厌恶的压迫下,她背弃了他。可是,他在一次谈话时用两句话简短地向她确认自己的无辜,她立刻就相信了他,并拼上身家性命要为他平反。德国占领期间,她在巴黎大街上号召妇女们抵抗德国人。她能逃过一死,只因为怀有身孕。她在德国人的监狱里分娩,这说明她全身心属于自己的党,并深信不疑,就像信徒忠于上帝一样。我认为人们指责她对他缺乏批评精神是不公平的,接受卢森堡电台采访时我说了这个观点,那次我特意讲了这个打动我的故事。

通过朗兹曼的介绍,我与伦敦一起吃了个午饭,他对我很友善。朗兹曼问他:"现在您还打算搞政治吗?""除非永远不必撒谎。"他笑着回答。他计划找人把书翻译成捷克文出版,让捷克导演搬上银幕。然而天不遂人愿,到了1969年,"布拉格之春"的一切都成了回忆。柯斯达-加沃拉斯在法国拍了部电影,尽管拍得不错,却没能表现出悲剧的复杂性。在我看来,伦敦那本书的功绩之一是从那以后,任何从犯人嘴里掏出来的供词都失去了可信度。然而说到底,极权制并不在乎这个,他们不用供词也能宣判,就这么简单。[1]

我写下这些文字的时候是1971年5月。我们接触过的所有捷克和斯洛伐克[2]知识分子都已被驱逐出共产党。他们失去了工作,过着极

---

[1] 某些极权政府甚至回归了忏悔制度。——原注
[2] 这里的捷克和斯洛伐克指民族。

其艰难的生活,有些人被流放。捷克斯洛伐克的领导层再次完全处于苏联人的控制之下。

我们所有的希望都成了泡影,知识分子在苏联处于前所未有的危难境地。我们的任何朋友都再也没有被允许来过法国,他们都感到彻底无能为力了。阿马尔里克因为说出了自己祖国的真相,被再次发配到西伯利亚,在那里行将就木。[1]列宁格勒的审判运动使苏联政府内的反犹主义昭然若揭。我不无遗憾地想,自己有生之年或许再也不会重返莫斯科了。

---

1 我写完这些文字后,又有许多知识分子被流放或关进了疯人院。——原注

第七章
时代风云

我对越南抗法战争一向非常关切，也为河内的胜利感到欢欣鼓舞。1962年6月之后，阿尔及利亚战争不再让我牵挂，越南的命运再次成了我关注的焦点：美国人的干涉，他们对越南人民自决权力的蔑视，都引起了我的愤怒。

众所周知，根据1954年签署的日内瓦协议，越南国土上画出了一条临时分界线，以方便部队整编，越南独立同盟在北方，法国人在南方。这跟国境线完全没有关系，因为不存在两个国家。协议规定，1956年7月，越南将完成统一，并选出总统。显而易见的是——艾森豪威尔在他的回忆录里承认了这一点——至少百分之八十的民众会把票投给胡志明。美国人无耻地决定阻拦既定的协商会议举行。法国人为了反对胡志明，曾经在南部成立"越南国"，让保大帝[1]做元首。美国人承诺遵守的日内瓦协议并不承认这个国家，然而他们仍然声称把其视为国家，并安排了一个听命于他们的人吴庭琰担任首脑。越南人民成立了民族解放阵线，与吴分庭抗礼。五角大楼源源不断地往越南增派军队，妄图消灭游击队。

美国左翼反对军事干涉。康奈尔大学站在这场运动的最前沿。教授们给约翰逊写信抗议；他们组织了和平示威。1965年初，他们邀请萨特去讲学。整个美国左派都期待着他：如果萨特能参加他们的集会，那对他们来说是极大的支持。他接受了。

1965年2月7日，借口越南北方是参战方——实际上越南全国都卷入了战争，所谓南北之分只是美国人的故弄玄虚——美国人轰炸了越南民主共和国；3月2日，发生了第二次轰炸，从那以后就再也没有停止过。

萨特认为在这种形势下，他不应该去美国：战争事态升级，美国对越南北方的轰炸使局势发生了不可逆转的质变。他写信给康奈尔大学，解释自己的想法，并就这个问题接受了《观察家报》的采访，采访被美国《民族报》转载。不久后，发生了美国出兵干涉多米尼加的事件，萨特越发庆幸自己做了正确的决定。美国左派开始指责萨特的态度："您抛弃了我们！这是背叛啊！"他们写信对他说。对美国人，

---

[1] 保大帝（1926—1997），即阮福晪，越南历史上最后一个王朝阮朝的第13任，也是末代君主。

即便是善意的美国人来说，不把自己当成世界的中心都是非常难的事！他们以为萨特只需要为他们负责就可以，但萨特考虑到，假如他现在接受康奈尔大学的邀请，会在第三世界，在古巴、越南激起极大的反感。美国左派后来逐渐改变了看法，在一些信函和文章里承认，萨特拒绝赴美的举动激起的反响比长篇大论的演讲更大："他帮了我们很大忙，他做出了榜样。"左翼人士说。

美国爆发了大规模游行，大学里组织了热烈的辩论。二十位作家拒绝了白宫的邀请，到处是反战集会和游行。

1966年7月，我接待了一位美国青年，他住在英国，是罗素基金会的几个主要秘书之一，名叫舍恩曼。他给我讲了罗素爵士的计划：按照纽伦堡法庭的先例，组织国际法庭，审判美国人在越南的所作所为。基金会将派调查组去越南，并请左翼人士提供文件，请一定数量的"法官"依据事实作出判决，目的是唤起国际舆论，特别是美国舆论的关注。萨特和我愿意加入法庭吗？舍恩曼特意强调说，庭审将在巴黎举行，我们无须参加所有审判，人们会给我们提供法庭纪要，我们只需在最后两三天出席终审就可以。

最后是提托·吉拉西促使我们决定接受这个邀请。我前面说过，他一直在为反对越战奔走。我们信任他，他使我们下了决心。

1966年11月，保险大楼举行了反对越战的集会。大楼前面人山人海，楼里也是熙熙攘攘的人群，来的人比往常更年轻，情绪更激动。演讲者们在主席台上就座时，全都获得了雷鸣般的掌声，尤其是马克斯·恩斯特，会场贴的宣传画就出自他手。萨特说，我们支持越南不是出于道德的考虑,而是因为越南人在为了我们而战斗。他的话把大会的气氛推向了高潮。演讲环节之后,放映了加蒂的几部电影,还有诺诺的音乐和舞蹈。

罗素法庭的计划进展顺利。12月1日,萨特在一篇文章里宣布法庭成立。有些人说,这件事没意义,因为审判的结果已经预先知道了。这话说得不对,萨特说,我们的做法与所有陪审团一样:从有力的推断出发,判定美国是否犯下了战争罪行。我们的依据是纽伦堡适用的法律,《白里安-凯洛格公约》[1]以及日内瓦协议。

古巴政府派阿莱约·卡朋特去越南北方为罗素法庭做调查。他回来之后,我们一起吃了顿饭。他告诉我们,大多数小城市都被夷为平地了。美军飞行员喜欢轰炸学校、医院、麻风病院和教堂,因为这些建筑比较坚固,是比茅草屋更适合的攻击对象。河内已经做好了随时被轰炸的准备。孩子们被疏散了,居民都改在凌晨三点到五点去市场,因为这个时间点不适合空袭。他向我们描述了沿着人行道挖的个人防空洞,说那个竹子建成的城市不堪一击,但那里的人民勇气十足。他给我们看了一些平民被凝固汽油弹烧死的照片。

1967年1月,萨特在伦敦会见了舍恩曼和部分法官,制定了法庭章程,确定了要回答的问题。人们在巴黎又开了几次会。朗兹曼被萨特指定为他的代理人,有时会替他去开会。

提托·吉拉西、律师马塔拉索和其他人组成的代表团,从越南带

---

[1] 1928年签署于巴黎,谴责以战争手段解决国际争端的做法。

回来大量震撼人心的证词，其他代表团也陆续去了越南。

我们打算把法庭常设在巴黎。但2月份，德迪日要来法国的时候却被拒签了，在那之前他从未遇到过签证问题。萨特给戴高乐将军写信，问拒签是否为了阻止法庭设在巴黎。戴高乐的回信跟他的演讲一样，是篇两段式的论文。第一段说："当然是的。"但第二段的结论却是："显然不是。"戴高乐表面上执行的是反美路线，但并不想得罪美国政府。警署的来信也确认了拒签。

罗素法庭随后与斯德哥尔摩进行接洽。瑞典政府先是回答不行。次日却宣布说，假如不许我们在瑞典开会，就违背了宪法：为了忠实于民主原则，瑞典决定违心地收留我们。这样一来，我们就没法一边在巴黎照常生活，一边时不时出席法庭会议了。不过，罗素法庭的事业从一开始就吸引了我们，我们愿意为之无保留地付出。

1967年5月，我们动身去瑞典前夕，感到有点担心，因为接到斯德哥尔摩打来的电话，他们说舍恩曼在那里一天开了三个记者招待会，而且信口雌黄。我们与大批代表一同在周六下午抵达。接待小组在机场等我们，旁边立着一块牌子，上面写着"法庭"的字样。在一家大酒店开会时，我才知道陪审团确切的人员名单。名誉主席是贝特朗·罗素，他年事已高，只能留在英国。萨特是执行主席。德迪日担任庭长，施瓦茨给他做副手。我是在阿尔及利亚战争期间认识后者的，德迪日则是我最近才在巴黎第一次见到的。以前我就怀着极大的兴趣看过德迪日的书《铁托说》。他曾参加游击队，在铁托身边作战：铁托受伤那天，德迪日的妻子牺牲了。后来炮弹的碎片进了他的脑袋，直到现在都没有完全取出。

德迪日是历史学家，有法学博士学位，1945年他任南斯拉夫驻联合国代表，也担任过其他重要职务。1955年，铁托宣布吉拉斯的书为禁书，并把他扔进了监狱，德迪日对此表示强烈抗议：他并不赞同吉拉斯的所有观点，但认为应该给他说话的权利。他一下子失了宠，被指控"在美国报纸上刊登不利于祖国的消息"，被判了刑，缓期执行。一年后，他获准离开了南斯拉夫；他去了美国，在曼彻斯特大学教书，后来先后去了哈佛和康奈尔。一年前他回到了卢布尔雅那，重拾历史学研究。他是唯一来自社会主义国家的法庭成员，个子很高，宽宽的肩膀，给人健壮有力的感觉。其实他并没有看上去那么结实健康：旧伤作祟，他剧烈的头痛定期发作，每年要住很长时间的医院。他有时会勃然大怒，无法自已。我们被他的嫉恶如仇、他的活力与热情深深打动了。他成了我们的朋友。

其他法官有德国作家和哲学家君特·安德斯；土耳其人艾巴尔，国际法教授、议员；意大利法学博士、国际法专家和议员巴索；墨西哥前总统卡德纳斯，他没有来斯德哥尔摩；发起"黑人权力"运动的美国黑人领袖卡迈克尔，他由一个叫科克斯的美国黑人代表；德兰热，一个倡导和平的美国人，异见报纸《解放报》的主编，曾因政治活动坐牢；菲律宾诗人、劳动民主党的主席海尔南德斯，坐过六年牢的前政治犯；巴基斯坦最高法院律师卡苏里；日本法学家森川；日本物理学家坂田；德国法学博士、大学教授阿本德拉特，由瑞典女作家丽德曼夫人代替出席；美国黑人作家巴德温本人未到，也无人代表；著名的托派历史学家多伊切尔和苏格兰矿业工会的秘书长达礼直到庭审快结束时才到。增补了新的法官：年轻的美国和平主义者奥戈勒比，在蒙卡达兵营战役中与卡斯特罗并肩作战的梅尔巴·海尔南德斯，以及起初只是瑞典委员会秘书长的皮特·魏斯。法官们由法律委员会协助工作，委员会成员有吉赛尔·哈里米、茹法、马塔拉索、苏珊娜·布维埃。舍恩曼和斯塔特莱作为罗素基金会的代表。极其出色的译员志愿者使我们能够彼此沟通；法庭的工作语言是英语、法语和西班牙语。

周日早上，我被挂在墙上的奇怪机器吵醒了，那机器前一天晚上调好，第二天就在定好的时间发出刺耳的尖叫，直到把它的指针拨回零。窗口外面，有一条宽阔的街道，一间酒吧，露天座位上坐着几个人。想到要远离自己的生活，在这个地方待上十天，我心烦意乱。但等到我坐上出租车穿城而过的时候，我就被斯德哥尔摩的魅力吸引住了：一处处海湾、阳光下闪着亮光的水面、教堂和宫殿绿色的屋顶，市政厅是一座红砖建筑，又现代又优美。

罗素法庭把人民宫整个第五层租了下来：有一间很大的阶梯会议厅，还有许多办公室。穿迷你裙的姑娘和留着长发的小伙子在楼道里走来走去，他们是志愿者，承担了许多吃力不讨好的工作：翻译、打字、油印文稿。古巴代表团和梅尔巴·海尔南德斯都对这些年轻人留下了深刻的印象，打算回国后跟卡斯特罗谈谈他们，因为他们证明，在古巴严令禁止的"卡纳比大街"[1]风格，与革命热情并非水火

---

[1] 伦敦著名的时装街，在流行文化中有重要地位。

不相容。我们特别注意到，有一个风度翩翩的人始终坐在第一排，参加了法庭所有的会议。我们一直拿不准这个人的性别，直到某天在皮特·魏斯那里碰到他。原来这是魏斯的女婿，阿莱约·卡朋特曾经跟他打招呼，说"小姐你好"，搞得很尴尬。有一对年轻夫妇，走到哪里都带着一个摇篮，里面睡着一个婴儿：那是斯塔特莱和他妻子。有天晚上，在旅馆的酒吧，婴儿被禁止入内，看门人非常严肃地说："未成年人不准入内。"

第一天我们内部开了一个会。当务之急是要挽回舍恩曼在一次记者会上说的蠢话：所有的瑞典报纸都在头版抱怨罗素法庭侮辱了首相艾尔兰德。舍恩曼否认艾尔兰德给罗素发欢迎信，实际上，首相给罗素发了一封礼貌周到的电报。舍恩曼准备在报纸上公开道歉，我们决定从法官中选四名发言人，今后只有他们有权与媒体沟通。

内部会议非常频繁，在这十天里，每次公开开庭后都有内部会议，往往持续到深夜。我们有很多问题需要讨论：后续几天的日程，该如何回答问题，在不能达成一致的情况下，少数人的意见如何处置以及其他一些次要问题。

这些活动使我对团体心理学有了有趣的心得。法官们来自世界各地，都反对美帝国主义，但他们的观点差异很大。卡苏里和海尔南德斯代表了不发达国家的左派，他们的政府与美国缔了约；日本人的反美情绪来源于长崎和广岛以及至今被美军占领的冲绳，他们对亚洲国家被侵略特别关注；梅尔巴·海尔南德斯来自古巴，他们的革命胜利了，却始终处于美国的威胁之下——从情感上，弱小国家抵抗美国这个超级大国的斗争特别打动她；美国人则站在国内反对派的立场上发言；艾巴尔和巴索从纯粹法学的角度出发；萨特、施瓦茨和我属于非共产党的法国左翼；德迪日的立场与我们和皮特·魏斯的立场非常接近。一开始，我们相互之间存在某种不信任感，尤其是卡苏里和海尔南德斯，表现出对西方的敌意。此外，每个人的性格和喜好都不同。有人结成了同盟，有人反目相向，有隐忍的不满，也有突如其来的爆发。有时我也需强忍怒火，不过大多数时间，我对我们之间的分歧感到有趣，甚至好玩。

激烈冲突的起因大多是因为舍恩曼的古怪个性。但我认为如果没有他，罗素法庭不可能存在。他凭着令人惊异的坚韧，走遍全世界宣讲他的计划，物色法官，组建机构。他可以为了工作连续几天不合眼，困了在地板上睡一会儿，但他的优点同时也是缺点。他精力充沛、做事高效，下巴上留了一圈胡子，不像别人是为了掩饰软弱，而是为了遮住那一脸的傲慢和固执，这样的人我就认识他一个。他是想在罗素法庭建立真正的独裁——他是法庭的秘书长，还想担任罗素爵士的代表，所有人都反对他这样身兼数职。他怒火中烧，开庭第一天，他坐在法官席上，第二天大家一定要让他换位置。但他私下里声称自己掌管一切，拉大旗，作虎皮："罗素爵士不会同意……罗素爵士要求……"有一天，萨特终于受不了这一套了，对他说："别像戴高乐将军一样，他明明想说'我'，嘴上却说'法国'……"舍恩曼虽然能过苦行生活，却出于傲慢自负，花钱极其大手大脚，不断从斯德哥尔摩往伦敦或巴黎打没用的马拉松电话。他无视法庭的决定，继续对记者发言。他的固执蛮横经常惹施瓦茨、德迪日和萨特发火，但他坚定的信念和不达目的不罢休的性格还是博得了我们的赞赏。

周一，记者们都被召集到阶梯会议厅，被告知有关具体事项的决议。法庭真正开庭是周二。我们按姓氏开头字母排列顺序，坐在一张马蹄铁形状的桌子后面，三位主席坐在中间位置。每天早上，我们面前都会摆好一份媒体报道汇总，以及前一天的庭审报告。大厅里大约坐了两百人：全体秘书和技术人员、记者、瑞典电视台报道团队、美国电视台报道团队。摄影灯照得我们很不舒服。每人面前都有一个话筒。天花板下悬挂的一个笼子似的玻璃罩，是翻译员的工作间。每当有发言者情绪激动，半空中就会有一个响亮的声音让他冷静，德迪日就会拿起一个大长槌用力敲着桌子。越南民族解放阵线的代表何文洛和越南民主共和国的代表范文北作为嘉宾出席庭审。

1965年8月，罗素请美国派律师来法庭为他们辩护。对方没有回复。萨特给迪安·腊斯克[1]写了封同样内容的信。腊斯克没有直接回复，但对记者说他不打算"陪一个九十四岁的英国老头玩过家家"。萨特当众宣读了自己的回复：他说与罗素相比，腊斯克只是"美国国务院的一个庸吏"，还说法庭不接受任何对美国的非官方辩护，否则美国政府很容易对结果不予认可，甚至指责法庭是在做戏。

但法庭已经开始工作了。第一阶段的庭审——几个月后将进行下一阶段审理——主要关注北越。我们回答了以下两个问题：

---

[1] 二十世纪六十年代美国国务卿，在越战中担任重要角色。

1. 美国是否犯下了国际法定义的侵略罪行？

2. 是否发生过针对完全非军事目标的轰炸？如果有，轰炸的规模如何？

两名美国国际法专家提交的报告揭露了美国置日内瓦协议于不顾，人为炮制了一个南越。他们的报告有时枯燥乏味，但整体非常有价值；他们一点点拆解了美国政府那套让许多人上当的故弄玄虚的手法，得出了侵略的结论。法国历史学家谢诺、福尔曼和一个日本法学家也得出了同样的结论，他们都就发动战争的始末做出了令人信服的阐述。

许多报告论证了针对平民的袭击。法国物理学家维吉耶向我们展示了子母炸弹的样本和原理，用令人无可辩驳的方式证明了这种武器无法攻击军事目标：一袋沙土就足以让它无用武之地。这是些新型武器。一颗"母弹"里包含大约六百四十颗小炸弹，看上去像一只番石榴或菠萝；中空的金属外壳里面包着一些小圆球或针状物，爆炸时里面的武器飞散出来，造成的物质损失微不足道，然而如果投在集市或村庄里，就能造成大量人员伤亡。这些杀人武器是专为屠杀不发达地区的居民而设计的：茅草房的屋顶和墙壁在它们面前毫无招架之力。五角大楼否认这种说法，维吉耶于是重复了一遍他严谨的论证，辅以更多、更有说服力的细节。

一些去越南调查过的医生和记者提供数字和名单，证实了阿莱约·卡朋特的说法：麻风病院、医院和学校是美军的首要袭击目标，教堂也是。美国人也许是想挑动天主教反对河内，但阴谋彻底失败了。贝阿博士和两个日本人户津岛和久贝着重阐述了对堤坝的系统摧毁。吉赛尔·哈里米就她探访的两个省份做了翔实的报告：地名、数字、调查、统计，所有信息都非常准确。她在法庭上的应答也很出色。所有作报告的人都要接受审判员长时间的讯问。我们像过筛子一样仔细审查每一份报告，标出要点，避免有模糊不清的地方，否则会被对手借题发挥。

我们还收集到了其他证据：在许多远离军事目标的村庄、合作社里，成百居民死于子母弹、凝固汽油弹和磷弹的袭击。医生们描述了这些武器在人体上留下的可怖伤痕。曾长期侨居越南的记者马德莱娜·里福的报告尤其有价值。

幻灯片和电影——其中好几部是皮克[1]拍的——为这些报告提供了佐证。画面上有被烧焦的、残破不全的平民尸体，还有些活着的男女，身上带着可怖的伤口。最让人忍无可忍的是，有的孩子失去了胳膊，有的脸孔变了形，身体被汽油弹烧灼，目光狂乱。那些被汽油弹或磷弹烧过的人体，跟我们在广岛纪念馆里的照片中见到的一样。

两个北越平民来到法庭作证。第一位是个年轻的小学女教师，她来自人口稠密的农业小城广林，夜里被爆炸声惊醒，她急忙带着学生去掩体躲避，突然后颈遭了一击，浑身颤抖，过了一会儿失去了意识：集束炸弹里的一颗小球飞进了她的头颅。那东西取不出来，她只能忍受剧烈的头痛，眼睛几乎失明。她的证词非常简短，只讲了她个

---

[1] 法国记者、电影人。

人受伤的经历。接下来，一个十二岁的孩子脱下衣服，展示了他身上那些可怕的伤口。

越南民族解放阵线的负责人之一范东向法庭介绍了两个来自南部的平民重伤员，其中的一个虚弱到几乎不能讲话，双腿布满了疙瘩瘢痕，看着还像是新鲜的伤口；另一个人回答了法庭的提问，他由于家累没有上战场，但参加了修复堤坝和桥梁的工作。在坐着卡车去另一个村子的途中，他们遭到袭击，他被汽油弹烧伤，车上全部是平民。他的一只耳朵被烧化了，脸部烧伤，左臂粘连到身体上，背上全是伤疤。整个后背都肿起来了，一片紫红。医生们解释说，这类伤疤癌变的可能性很大。

除了这些惊心动魄的时刻，庭上也常有相当无聊的时候：有些人陈述得不好，或者没有什么新内容。由于不适应天天早起，我有时困得睁不开眼睛，这时我就喝水、抽烟或看着听众的面孔。我发现某些法官跟我一样，在努力保持清醒，不过他们不总是能做到。

斯德哥尔摩的民众一部分支持我们，另一部分则不然。有一天，我们在法庭旁边的一家餐厅与阿莱约·卡朋特吃午饭，一位男子走近我，递给我一枝花，邻座的一位男士也热情地称赞我们。不过另一天，一个男子从阶梯大厅上方冒出来，用瑞典语吼着："滚出这里！走开！"接着他就跑了。每天六点，几个年轻人风雨无阻地跑到人民宫前举着牌子，上面写着"绞死法庭庭长！美国万岁！布达佩斯又怎么说？"这些人也留着长发，神态安详。有一天，他们组织了反对法庭的游行示威。我们在街上碰到几个，举着横幅和旗帜。我们的支持者也以示威回应。两次示威都平安无事。

如果前一天下午的庭审特别枯燥，次日早上想到即将开始的这一天，我就不由得心生畏惧，因为一切都安排得严丝合缝，我既不会读到有趣的文字，也没法与萨特私下聊天。幸好还有些轻松时刻，比如我们在酒店餐厅吃早饭：一张大桌子上摆着热腾腾的咖啡，装在瓶子里的果汁，食物，餐具，客人自己取食物，找桌子坐下。通常我们跟德迪日坐在一起。用过晚餐，穿过城市去法庭的路上，我们继续交谈。晨雾中的斯德哥尔摩美得让人心颤。

再说，我总是能找到一点时间与萨特一起散步，有时与朗兹曼一起，他偶尔替代萨特几个小时。斯德哥尔摩中心建起了超级现代的商业区，有漂亮的玻璃幕墙的高楼大厦，不过我更喜欢在老城的小巷里溜达。那里狭窄安静，让人想起法国那些风俗保守的外省小城。然而，那里也有许多脱衣舞夜店和电影院，根据橱窗里的照片，放映的片子都相当露骨。我在一家书店门前停下脚步，有个橱窗里摆的全是关于植物和动物的书，另一个橱窗展示的是我从未见过的淫秽内容。透过模仿的锁孔，或者透过玻璃，能一览无余看到画面上一对对男女——无一例外全是一男一女，这是唯一的标准——以能想象得出的所有姿势交欢：图片都是彩色的，清晰得令人发指。

我深爱斯德哥尔摩的夜色，有时寒冷彻骨，甚至会下起雪来。许多建筑，特别是餐馆，被巨大的火把照亮，光焰飘忽不定。歌剧院的正面也点着火把，那是一座高大的建筑，旁边是有水晶灯的舞厅和装点着绿植的豪华餐厅；二层有家现代风格的酒吧，贾科梅蒂一定会喜欢那里的马赛克、垂花饰和半圆形饰。客人多是年轻人：女孩们穿着迷你裙，男孩留长发。我们常去那里吃烟熏三文鱼，喝阿夸维特烈性酒。我们到达的第一天晚上，皮特·魏斯和他太太就带我们去了那里。我喜欢他的剧本《马拉-萨德》，非常高兴认识他。他看上去不像五十岁，皮肤黝黑，戴着玳瑁眼镜，有一张精致的面孔，表情内敛，但一开口说话就生动起来。我们跟他聊的不仅是法庭，也聊戏剧、萨德，无话不谈。他太太是个金发美人，小巧的尖脸庞，看着非常年轻，虽然她与前夫生的儿子已经十七岁了。她做雕塑，搞舞美设计，主要是为她丈夫的剧目设计。她颇有才华，这点是我们去她家吃饭时发现的。她的工作间里装饰着美丽的瓷器和精巧的模型。他们还请了吉赛尔·哈里米、施瓦茨、德迪日、阿莱约·卡朋特。餐桌摆在宽敞的厨房里，我们喝着酒，吃了沙拉、冷肉、熏鱼。

这趟瑞典之行的乐趣之一，是再次见到曾经一见如故的几个人——阿莱约·卡朋特、斯洛伐克作家姆纳科，同时又结识了新朋友——德迪日、皮特·魏斯夫妇和巴索，后来我们常在罗马见巴索。

另外，尽管偶尔枯燥无聊，法庭的工作仍令我们十分投入。我们每天都有进展。推测变成了定论，定论随之被大量悲剧性的事实所证实。即便那些对越南问题最了解的人——比如德兰热——也说了解到了很多原先不知道的事情。放到全景中看，以前掌握的信息又有了新的价值。

当地媒体对法庭恶意中伤，散布谣言说法庭为了雇翻译都要破产了，其实翻译们分文未领；报纸非但不刊登那个全身烧伤的越南孩子的照片，反而在文章里说他只是"略有烧伤"。法国报纸对我们的会议只做了简短报道，《纽约时报》却对几次开庭做了长篇报道。特隆巴多里[1]在《团结报》上详尽报道每天的庭审，卢森堡和法国电台也定期播出法庭的消息。

法庭辩论往往持续很久。第一晚，我们九点钟在会议厅集合开始讨论，直到半夜一点半才散会。坐在台上，面对台下空无一人的旁听席，这感觉着实奇怪。我们成立了几个委员会，针对我们要回答的问题起草不同的报告。我没碰难以消化的三明治，也没喝咖啡，因为怕失眠，这可能是我不如别人那么有精神的原因吧！会开到最后，我头晕目眩，不知自己身在何方，所为何事。第二天上午十一点，我们再次开会，商议提问的具体措辞。经过投票，我们一致决定指控美国侵略、袭击平民。在美国的盟友应负的责任问题上，我们没能达成一致。下午开庭，巴索当众宣读了一份出色的综述报告。当晚九点半，我们在一间办公室继续内部辩论。这回我灌了好多咖啡，吞了不少科里德兰[2]。我们全体一致谴责澳大利亚、新西兰、韩国与美国沆瀣一气；差一票——卡苏里那一票——我们就全体一致谴责美国进攻（不是侵略）柬埔寨。但在各委员会起草的报告文本问题上，我们始终达不成一致。外面晨曦初现，空荡荡的城市上方，天色由深青转成蔚蓝。

---

1 意大利记者、政治家。
2 一种含安非他命的兴奋剂，二十世纪五十年代在欧洲流行，1971年起在法国禁售。

"光明正在升起，可我们这里却越发晦暗。"卡苏里说。凌晨四点，我们终于收工了。在黎明的寒意中，我们穿过斯德哥尔摩。我酣睡了四个小时，很多秘书通宵工作，译员们都筋疲力尽：这种辩论会上大家七嘴八舌同时开口，比正规的会议要累多了。有位女译员甚至去医院治疗了两个小时，处理喉咙问题。

十一点半，我们在大厅会合。萨特宣读了我们判决的"理由"以及相关问题和答复。全场掌声雷动，大家互相拥抱。古巴人激动得哭了起来，越南人也都眼含热泪。

我陪萨特、德迪日和德兰热去瑞典电视台做节目，他们都拒绝化妆。瑞典人提了很多阴险而愚蠢的问题，其实这些问题我们在法庭上都已经详细回答过。"难道你们从没去听过庭审吗？"萨特问。他们承认确实一次都没去过。德兰热说得特别好：他曾因反战坐牢，也组织过非暴力抗议活动；当他论证以反暴力来反对暴力的必要性时，显得尤为有说服力。

回到巴黎后，我一度对那段正在远去的日子有些怀念。与众人合作，日复一日地辛苦工作，远离自己的生活，这让我觉得似乎进了某种隐修营，同时又感到自己全身心投入工作中，心无旁骛，每一刻都无比充实。如今又可以随心所欲地安排自己的日常生活了，这反倒有点奇怪。

最后一次开庭定在秋天。1967年9月，我和萨特去布鲁塞尔参加预备会议。约定的开会地点本来是和平旅社，但先到的人被一批毛派分子劫走了，他们觉得自己那里比这个充满基督教色彩的场所更合适法庭开会。我们等了一会儿，一个女秘书把他们接了回来。开会的地方很狼狈：一间破破烂烂的大厅中间摆了张大桌子，上面有杯子和几瓶水，墙上挂着耶稣受难像，门板涂画得奇形怪状，银纸镶边，其中一扇门正对院落大开，没法关上，而天气又很冷。不久，君特·安德斯、斯塔特莱和另外一个英国人到了，接着哈里米、茹法和秘书处的成员也陆续到达。因为法庭将设在哥本哈根，一对丹麦夫妇也在场。我们谈到了最近在东京开的会，新近派去越南的调查团取证的结果以及各个委员会的工作进展。贝阿和德兰热下午才到。德兰热建议法庭开庭推到11月21日之后，因为从10月21日起，美国将爆发一系列大规模反战游行，他希望这些活动能促使某些美国反战人士下决心来法庭作证。

美国的示威如期举行了。10月21日，德兰热领导了大型和平示威集会，游行队伍的最后一站是五角大楼。

1967年11月19日，我们飞往哥本哈根。由于我们不想过度打扰瑞典，丹麦表示愿意接收我们，但哥本哈根没有合适的办公地点，我们就在离首都三十公里的罗斯基尔德镇找了一处工会驻地安顿下来。不过小城所有的旅馆都拒绝接待我们，我们只好住在哥本哈根。我宁愿这么安排，也不乐意日夜被圈在一个小镇上。

德迪日在机场等我们，他说舍恩曼还在美国，可能来不了丹麦了。这样更好，没有他我们的会能开得平和一些。法庭的人员构成与上次基本相同。不过多伊切尔在罗马心脏病发作去世了，海尔南德斯也没有来，福岛代替了坂田。当天，萨特和施瓦茨一起主持了媒体会。

法庭第二天就开始工作。一位可爱的丹麦女人尼尔森太太每天早上开车来酒店接我们。我们走高速，经过没什么风景的城郊和死气沉沉的乡村。一个土堆上面立着假风车，稍远处是一个大湖，水面和岸边密密麻麻地栖息着白色的鸟。不久就到了罗斯基尔德，镇子里的街道上装饰着花环和彩灯，圣诞节临近了。

罗斯基尔德是从前国王们加冕的地方，他们的墓地也在这里。镇中心矗立着一座优美的教堂，建成于十三世纪，是丹麦最古老的教堂，红砖结构，有两座高耸的钟楼，绿色屋顶。教堂里面空旷宽敞，寒气逼人，有几座墓葬，十分丑陋，锻铁栅栏却很美。教堂旁边就是王宫，用漂亮的黄色石头建造，风格简朴庄严。站在教堂前的广场远眺，能看见峡湾里的水，随着光线的变幻呈现出或灰或蓝的色调。无论艳阳高照，还是大雪纷飞，一进镇子就能看到那两座仿佛要一飞冲天的钟楼，让我心生欢喜。

离教堂几步之遥，就是工会之家的峡湾别墅。门口站着金发有须、臂戴红袖章的丹麦青年，检查每一个进门的人。走上二层，穿过宽敞的餐厅和兼作就餐区的过道，就进了每周六晚举办舞会的大厅：我们的法庭就设在这里。秘书处在上面一层。餐厅是个让人心旷神怡的地方，因为透过大玻璃窗能看见外面的天空、树木以及远处的大海。我们开会的大厅布置得很古怪，我们坐在舞台上，面前是一张黑色的长桌子。舞池被一圈挡板围着，阳台上的走廊通向三个方向。三组巨大的吊灯从天花板垂下来，我们正对的观众席上挂着两盏红色的灯。跟在斯德哥尔摩一样，我们按姓氏字母顺序就座，三位主席坐在中间。

第一天，工会之家的负责人用丹麦语说了几句相当冷淡的欢迎词，萨特再次以法庭的名义向美国政府发出邀请。那天上午和晚上的会议都不怎么有趣，后两天的议程也乏善可陈。我们重拾5月份已经讨论过的问题，我有种不快的感觉，似乎已经陷入僵局。另外，我们许多人——包括萨特和我——都忧心忡忡。这次会议探讨了三个问题：

1. 美军是否使用或实验过战争法禁止的新武器？

2. 越南战俘是否受到了战争法禁止的非人道对待？

3. 是否发生过类似大规模灭绝、从法律上可认定为种族屠杀的行为？

上述的第三个问题让我们伤透脑筋。假如答案是否定的，这个问题还不如不提。然而，与希特勒灭绝犹太人相比，我们对能否把越南战争视为种族灭绝还犹豫不决。会议之初，我们就这个问题私下讨论过，但没有得出结论。

起初那几天，媒体说我们停滞不前。其实不然。周四，一个日本人惊人地提出了一个新问题：落叶剂。借口保障部队行军安全，使游击队员无处藏身，让他们陷入饥饿，美国人把有毒物质喷洒在森林、稻田、甘蔗林和菜地里。行动的目的实为破坏植被，毒害百姓。这是直接而有效的种族灭绝。[1]

我们不再犹豫了。吉赛尔·哈里米去了美国，左翼人士提供了许多重要文件，她把内容都告诉了我们，有报纸、杂志，还有一本关于边蓄村的书，美国人在那里杀了人后，把剩下的全部村民抓走，整个村子被夷为平地。她用录音机录下了几个美国老兵的口述，这些资料是一份不容辩驳的控诉状。她还带回来三名证人，到法庭上作证。

第一位叫马丁森，是伯克利大学心理学系的学生，曾在特种部队服役，任务是训练越南政府军士兵使用酷刑，他自己也亲自动手。他二十三岁，相貌英俊，开始很激动，甚至有点紧张，然后慢慢放松下来。他给人的感觉似乎在演心理剧，讲话的过程能让他精神得到释放。"我是个普通的美国大学生，也是个战犯。"他用痛苦的语调说，他的陈述持续了整整一个下午。美国人说酷刑都是越南政府军干的，那都是"黄种人"自己的事，但那是"谎言和彻底的胡说"，他自己就毒打过囚犯，亲眼看见美国军官把竹签扎到犯人的指甲里。通常动手的是普通士兵，但总有一个中尉或上尉在场，而且高级军官们都是知情的。受刑的人常常被折磨致死。马丁森把他们用的刑讯手法列了一个单子，全场听得鸦雀无声。

---

[1] 1970年1月1日的《世界报》刊登了如下文字："部分美国学者请五角大楼停止使用导致畸胎的落叶剂。1969年11月1日的《新哈文报》援引某西贡记者的话说，南越政府企图向公众掩盖畸形新生儿增多的事实。美国政府新近禁止了某些危险落叶剂在本土使用，却继续在越南使用这些产品。白宫明明掌握有关科学研究的结果，却宁愿冒使越南儿童致残的风险。"——原注

第二名证人是个黑人青年，叫塔克。他本人没有用过刑，但目睹过刑讯和屠杀。在一个村子里，他奉军官的命令，杀了一个去广场上集合慢了的女人。如果他不执行命令，他会当场被杀。他描述了一些"审讯"的过程，亲眼见到囚犯被人从直升机上扔下来，还介绍了受伤的人如何被处死。"军官们认为，只有死了的越南人才是好越南人。""还有一件我们常做的事，"他说，"假如在某个村里有人对我们开枪，我们就报以'疯狂一分钟'：坦克和机关枪同时对着所有的东西疯狂扫射，不管对方是死是活。"当我们问他见过多少次这种"疯狂一分钟"时，他回答："太多了！简直司空见惯。"他也讲了美国人称作"战略村"的集中营的情况，"我看见的人都饿得奄奄一息，衣衫褴褛。"

接下来作证的是邓肯，一个"绿色贝雷帽"[1]，《新军团》一书的作者，他在书里揭露了美军的大量战争罪行。他在《堡垒》编辑部工作，这是一份积极反战的基督教杂志。他先介绍了训练新兵的方法：以帮助新兵学会应付酷刑为借口，给他们传授各种酷刑的使用方法。他证实说，在越美军抓到战俘时会把其中的军官送去"询问"，其余的全部杀死。军官随后被交给越南政府军，后者把他们关到集中营等死。他讲了很多"战略村"的事情，他把那里称为"垃圾沟"，没有床铺，没有水，也没有排污道，臭气冲天。越南南方有一半人都被关了进去，里面的人无所事事，女人和老人们昏沉度日，孩子们只能乞讨或

---

[1] 指美军特种部队。

从美军那里尽量偷点什么,年轻姑娘,甚至小姑娘都要靠卖淫才能挣到吃的。

这些陈述听得人极其痛苦:证人们描述的恐怖景象,都是他们亲眼所见,这使听者不幸有了身临其境之感。他们的证词在很多细节上是重复的、相似的,这让听者倍感疲惫,同时越发有一种令人痛苦的说服力。记者们也都被吸引住了,对这几次听证会做了详细报道。马丁森声名大噪。在一次记者会上,他非常具体地解释了自己来到罗斯基尔德的原因,大街小巷都张贴起他的照片。

法国记者巴多里尼也向法庭展示了"战略村"的地狱景象,他给我们放映了一部彩色电影:红色的大帐篷里,挤着老人、妇女和孩子。他们坐在帐篷口,晃着胳膊,神情茫然,目光狂乱。这些原本循规蹈矩的农民被连根拔起,脱离了自己的生活,不仅失去了自己的文化,也失去了道德传统。这是真正的精神谋杀。

两名曾被酷刑折磨的越南妇女讲述了自己的经历,其中一位是个"知识分子":她是西贡很有名的药剂师,受审后被判终身监禁,还有很多人根本不经审判就被处决了。也是多亏了她的名望,坐牢七年后终获释放。她穿着深蓝色丝绒的民族服装,美丽动人,说起话来既谦逊又庄重。她被残忍殴打,人们站在她的胸脯和肚子上用力踩,用大棒抽打她的脚掌,还让她"坐潜艇",那是一种用漏斗折磨人的中世纪酷刑的变种。她被拴住手腕,吊了起来,有一天半裸着被绑在一棵树上,树上爬满了蚂蚁,每叮一下都让她皮肤红肿,灼痛得无法忍受。她还讲了其他受害者,包括她的一个叔叔的经历,说得满眼泪水。她被关到著名的昆仑岛监狱,受到各种虐待,包括被当头泼了一盆脏东西,里面混合着脓血、结核病人的痰液、呕吐物和麻风病人用过的水。这段描述比任何其他酷刑都让我作呕:身体的疼痛有时想象不出来,但恶心却能感同身受。法官们问了她许多问题,她回答时字斟句酌,凡是没有亲眼看到的事情,她都拒绝确认,我们对这种态度非常欣赏。第二个证人是名共产党员,她被烙铁烧伤,饱受折磨,最后患上了癫痫。但她的证词不如另一位的有价值,因为她读的那份报告显然不是自己写的。

在所有证人的证词中,内容最丰富的是沃尔夫医生的证词,他来自顺化,在那里当过两年外科医生。他是西德人,三角形的脸庞,金发蓝眼,额头宽广,神情冷淡。1966年1月,他寄给《现代》一篇出色的文章,写美国人在越南的所作所为。他陈述了一个小时,对所有问题都给予了精确的回答,并描述了大量让人揪心的细节,先是从飞机上俯瞰越南大地的样貌:就像长满了天花的人体,处处红肿发炎,大片大片被化学药品摧残的土地,整个国家仿佛只剩下灰烬。他讲了美军的扫荡行动,越南青年被用直升机运到审讯点,被酷刑折磨,扔到监狱里等死,整个国家人去屋空,越南南部四百万人被"集中收容"。接着,他还描述了各色杀伤武器——集束炸弹、凝固汽油弹和磷弹——在平民身上留下的伤痕,他们有的被烧伤,有的肢体残缺,美军军官为了取悦女护士,带她们坐飞机或直升机去"打猎",即抓越南人:其实他们扫射的都是些农民。

这份报告的内容得到皮克拍的一部血腥电影的证实,那部电影很大一部分是美国兵自己的作品[1]。他在两块银幕上放映：一边是活动的影像，一边是静止的图片，两边都让人不忍直视。我们看到一所医院、一些被汽油弹烧化的成人和孩子的脸，唯一能看出人样的，是一双双充满恐惧的眼睛。成堆的尸体、推土机在毁掉整片森林。高大的美国兵嬉笑着猛踢民族解放阵线小兵的下体，冲他们的后颈开枪，或者为了取乐把子弹射进他们的肛门里。另一些则兴高采烈地放火烧茅草屋。

与在斯德哥尔摩一样，公开开庭与内部辩论交替举行。辩论会开得相当平和，因为舍恩曼没能来丹麦。有一天晚上，他已经坐飞机到了哥本哈根，但由于护照问题被遣返。他被送到阿姆斯特丹，从那里去了芬兰，在看守所过了一夜，然后到了斯德哥尔摩，在那里被捕。报纸上每天都报道他的曲折行踪，管他叫"荷兰飞人"。

我们继续思考种族灭绝的问题。有一次，我们在一个丹麦友人的别墅开会，君特·安德斯、德迪日和萨特就这个概念做了很有意思的分析；不过我们的意见仍未统一。萨特、我，以及另外几位法官，尽管确信美国人犯了战争罪行，却对能否认定他们有种族灭绝行为举棋不定。古巴的女代表和日本代表对我们的妥协感到气愤，他们认为这是政治问题，我们这些知识分子的顾虑在他们看来毫无意义，最后大家无果而散。

后来，特别是听取了关于"战略村"的陈述后，我们的想法清晰起

---

[1] 皮克在美国搜集到了许多照片和录像资料。——原注

来。根据1948年的公约，种族灭绝是指"对族群成员的身体及精神完整造成严重伤害——故意使族群面临导致其身体部分或全部被摧毁的生存条件——可能阻碍族群繁衍的措施——强制转移孩童"。事实上，把无数越南家庭整个迁到"战略村"，强迫他们过着行尸走肉的生活，强加给他们的令人发指的卫生条件，这一切行为正符合公约的定义。大规模伤亡惨重的轰炸，撒播有毒物质，也完全是种族灭绝行为。在越南北方，海防和河内人口稠密地区受到的轰炸，也同样暴露了种族灭绝的意图。博斯特被《新观察家》杂志派来报道庭审，他刚到时对我们说："千万别跟我说什么种族灭绝。"三天之后，他确信这就是种族灭绝。我们开始讨论时，萨特宣读了他就这个问题写的一篇文章，我们都觉得此文有决定性的意义。他阐述说，美国的灭绝行为是有意的、有预谋的，因为当整个民族奋起反抗压迫者，只能招致这样的报复。美国政府选择了战争，全面的、一边倒的、没有任何对等性的战争，也就选择了种族灭绝。他念完后，一直持保留态度的吉赛尔·哈里米和马塔拉索激动地对萨特说："您说服了我们。"

比起在斯德哥尔摩的时候，我更容易接受每天一成不变的安排。我的房间像别的旅馆房间一样，里面有一张餐桌、一张写字台、一张床，床是可折叠的，白天收在木架子后面。按德国人的习惯，一床大棉套替代了床单和被子。早上七点钟起床时，天还黑着，我带着浓浓的睡意，因为我从来没有在凌晨一点钟之前睡过觉。我喜欢看太阳慢慢升起、单调的公路往前延伸的景象。有时我一边开会一边抵抗睡意，也有些人就直接睡着了。有时，某人的陈述或某部影片会让我突然惊醒。头几天，我们在峡湾别墅吃午饭。不过饭菜很难吃，环境又很嘈杂。后来我们去旁边一家陈旧而安静的旅馆吃：那也是当初拒绝接待我们住宿的旅馆之一，但这并没妨碍老板请德迪日在他的贵宾簿上签名。饭后我们偶尔散个小步，走到峡湾那边，然后就回会场就座，再出来时已是夜里，我们都没注意到日落。尼尔森太太或她的儿子送我们回哥本哈根。她告诉我们几家不错的餐厅。朗兹曼来替萨特那几天，我们就和他一起去那些餐厅吃饭，有时候是跟博斯特，或施瓦茨、德迪日一起去，有时就我们俩单独去。有些餐馆布置得非常漂亮，比如"七国饭店"，有七间餐厅，各自依照一个国家的风格装饰，其中一间布置成爱斯基摩人的雪屋，不过饭菜全是丹麦式的。物价让我们吃惊：随便一瓶葡萄酒就要三十法郎，威士忌一百法郎一瓶，咖啡虽然难喝，却贵得要死，啤酒和阿夸维特酒也很贵，吃顿饭更是要天价。这是因为所有的奢侈品都要被征收很高的税：社会保障的资金就指望税收，靠税金来维持医院和养老院的运转。

丹麦风俗的某一面搞得我们很狼狈，因为著名的"哥本哈根博览会"[1]那时还未举行。我去罗斯基尔德的一家小书店买报纸，看见一摞书，内容比在斯德哥尔摩让我大吃一惊的那些东西更大胆。橱窗和店里到处是封面印着色情图片的书，图片都是彩色的，展示的场景五花八门，凡是能想象出来的应有尽有：有异性之间的，男同志或女同志的，还有三个或四个人的。书店里还有许多名字冠以"色情"的杂志和

---

[1] 指1969年10月在哥本哈根举办的性博览会。

广告。从书店门前走过的儿童对这些东西连看都不看一眼,对另一个橱窗里的儿童书和游戏书更感兴趣。博斯特出于好奇,买了一本色情周刊,他是在一个报刊亭买的,看摊的是一个很体面的老太太,她推荐了书摊里最大胆的出版物,而且还咨询了她的孙女,一个十八岁的漂亮姑娘,那女孩带着跟祖母一样漠然的表情替他选了一本。而博斯特翻看那本杂志的时候却惊得圆睁双眼。在色情周刊和其他类似的杂志里,个人或夫妇会登广告提供性服务或征求性伴侣。我问尼尔森太太,性在丹麦是否极受重视。她说并非如此,但人们不把性当作神秘的事情,一切都公开透明:这个解释没完全消除我的疑惑。

与在斯德哥尔摩一样,民众对我们的态度不一。有天晚上,在一家餐厅里,几个身材高大、穿迷你裙的女青年彬彬有礼地送给我们一瓶香槟。另一天下午,我接连听见两次爆炸声,透过通向楼道的门,只见玻璃后面两次红光闪过:有人扔了两个爆竹。就在那天晚上,有人扔了一块石板,砸碎了一个丹麦朋友家的玻璃窗,他前几天刚在家接待过我们。

我们还没看见哥本哈根是什么样子,因为我们住在城市的边上,每天坐车直奔罗斯基尔德。不过有个周末西尔薇来看我们,于是我请了个短假。我们租了辆车,买了本哥本哈根导游手册,在周六的早上,趁着蓝天白云的好天气,向市中心出发了。我们在一些小巷里散步,很多地方不许机动车进入:很多街道非常漂亮,两边是老房子,到处装点着圣诞树、灯笼和针茅草,营造出节日的气氛。在书店街,西尔薇惊奇地睁大了双眼。我们看到了许多宫殿、教堂和纪念碑,最美的是运河边的股票交易所,这是一座十八世纪的建筑,正面是长条形的没什么凸起的门窗,屋顶是绿色的,尖顶有三条蛇尾绞在一起。我又见到了1947年曾与萨特一起住过的英国饭店、两岸是彩色老房子的运河,还有晚上我们有时去喝一杯的水手酒吧。沿着运河码头仍然有很多酒吧,但也有很多店铺,里面有种闪光缎面的男衬衫,色彩鲜艳,看来是卖给丹麦的时髦青年的。据说一到晚上,这里的景象就让人想起巴黎的圣日耳曼德普雷大街,原来的水手酒吧都消失了。我们还看见一个美丽庄严的圆形广场,四周围绕着宫殿。我们参观了城堡,里面有十八世纪的兵营,房子是鲜红色的,屋顶高大,窗子很多,兵营显得寂寞荒凉,周围是填土筑成的高台,上面种满了树和草。

接着我们出城开了一刻钟,到了一个可爱的港口小镇,那里有石子铺成的狭窄街道和五颜六色的小房子,简直像迪士尼某部动画片里的美景。我们坐在一家旅馆的游廊里,面朝大海,吃了三文鱼加阿夸维特酒的午饭,邻座一对夫妇正在用英语聊"荷兰飞人"的事。然后我们去了赫尔辛格,我还清楚地记得那座临海而建的十八世纪城堡,建筑很优雅,然而看起来跟哈姆雷特[1]毫无关系。我们看了海港、大船、隔海相望的瑞典海岸,据说瑞典人和丹麦人最喜欢的消遣就是去对方国家买东西,这边买咖啡,那边买黄油。我们沿着美丽的海边公路回城,夜幕降临了,回酒店的路很远,一路上路灯明亮,我们仿佛始终在一座宫殿中行驶。

1　赫尔辛格的城堡是莎士比亚悲剧《哈姆雷特》的故事发生地。

星期天早上我们去海边，去我和萨特也曾在星期天散过步的地方，那时我们跟着被炎热弄得无精打采的人群，慢腾腾地拖着步子：现在天气冷了，海边空无一人，除了几个垂钓者，小人鱼公主[1]似乎也被冻僵了。城市冰冷、灰暗、空荡荡的。我们躲到古代雕塑展览馆里，里面有不少法国印象派作品，精美的伦勃朗的画，还有弗兰斯·哈尔斯的画，包括那幅著名的笛卡尔肖像，我见过它的许多复制品，一见它就认出来了。

法庭工作接近尾声的时候，我们在普林赛饭店吃了顿饭，在座的有德迪日、魏斯、萨特、我，还有斯托克里·卡麦克。卡麦克是个优雅、懒散、和蔼的人，他来北欧做一系列反对越战的讲座。他到得太迟，没能参加法庭投票，我们决定让他单独发表一份宣言。内部开会讨论宣言的措辞时，他微笑着说："我不会采取法学家的角度，因为我不相信法律。"艾巴尔跳起来说："只要参加法庭，就不能说法律是做戏。"那是我们最后一次开会。我们决定，罗素法庭以后仅以有限的形式存在，只作为越南问题的资料和联络中心。

这次辩论也持续了很久。辩论在罗斯基尔德的一家饭店举行，我们预订了一个大会议厅。哈里米和马塔拉索准备了一些问题，涉及日本、泰国和菲律宾犯下的罪行，对老挝的侵略，对战俘和平民的待遇，被禁用的武器和种族屠杀。仅仅就问题的表述方式，我们就讨论了整个下午，晚上在饭店的餐厅匆匆吃完饭，讨论继续。萨特以种族

---

[1] 哥本哈根海边的人鱼公主雕像。

灭绝为题的发言中有几个问题引起了大家的关注：是否该提到其他种族灭绝事件？具体是哪些事件？有人主张对陈述进行补充修改，有人坚决反对。找到折中方案时已经是次日凌晨五点钟。

下午，法庭最后一次公开审。大厅里挤得水泄不通。我们先放映了皮克的恐怖电影，全场死寂。萨特宣读了他的文章，施瓦茨读了哈里米和马塔拉索起草的法庭决议。我们一致认定，美国人使用了国际法禁用的武器，以非人道、违背战争法的手段对待战俘和平民，犯下了种族灭绝的罪行。我们也一致谴责了美国对老挝的侵略以及泰国与菲律宾的助纣为虐。三名法官认为日本帮助了美国，但在越战中并没有扮演美国同谋的角色。所有问题回答完毕后，大厅里和台阶上掌声雷动，人们相互拥抱。

这一季的法庭工作也给我留下了许多鲜活的记忆。像在斯德哥尔摩一样，我又一次体会到了集体协作、维护友谊的乐趣，这次我们比上次学到了更多的东西。遗憾的是，由于媒体的错误，法庭的工作虽然产生了一整套震撼人心的资料、证词和论述文字，最后能读到这些东西的人却少之又少。资料的要点最后收在伽利玛出版社的两本口袋书里，然而读者非常少。美国舆论被揭露出来的1968年3月的美莱村惨案震惊了。塔克在证词里提到过，美军士兵常常搞"疯狂一分钟"屠杀活动。美莱村的受难者人数——五百六十七人，其中一百七十名儿童——显然比日常的杀戮活动要多得多；然而这样的屠杀也是美军日常的一部分：村里有人对美军开枪，打死了一名美军士兵，于是美军大开杀戒，全村人无一幸免。也许是由于这种做法司空见惯,尼克松下令对美莱村屠杀的责任人不予起诉:既然战犯那么多,有什么理由选这一个而不是其他一个做替罪羊呢?

反战呼声日益高涨。考虑到即将到来的总统选举,许多政客宣布自己是和平主义者。人们欣慰地看到,一个小国顽强抵抗住了世界上最强大的国家,用英雄气概证明了金钱、炸弹和暴力不是万能的。然而,越南虽然赢得了战争,但将长期承受被战争摧残的后果。越南人民付出的代价太过沉重,我记忆里那些可怕的画面,让我一想到越南就感到无比揪心。

*

这些年,除了越南战争,我最关注的政治事件就是六日战争了。我之所以特别关注此事,也是因为《现代》当时准备推出关于以色列和阿拉伯人冲突的特辑,我借此机会与萨特去了趟以色列和埃及。我先讲这两次旅行,再谈我个人经历的六日战争。

我们从未踏足过埃及和以色列。二战后,我非常关注犹太人反抗英国人的战斗,而且《出埃及记》[1]的悲剧也令我激动。当纳粹集中营的幸存者们在以色列找到了避难所,我感到松了一口气,我以为那是个安全的地方,因为联合国承认了那个国家,虽然很大程度是在苏联

---

[1] 1947年,四千多名犹太人从欧洲乘船秘密前往英国控制的巴勒斯坦,遭到英国阻挠。

的压力下承认的,然而我并无特别想去以色列看看的愿望。埃及则不同,从童年起,那就是我梦想的地方——尼罗河、金字塔、门农巨像,虽然远隔万里,我心向往之,而在那个年龄脑子里留下的印象是不可磨灭的。但纳赛尔政权对共产党人的迫害阻止了我们去埃及。1967年,纳赛尔与左派和解,连从前的反对派都邀请我们去开罗。我们见了好几次鲁夫提·艾尔-科里,他四十多岁,在纳赛尔时代坐过很长时间牢。他与当局合作,但并未背离他的马克思主义理想。他领导一份左派杂志《先锋》,催着让我们去他的国家看看。另外,克洛德·朗兹曼为阿以冲突特刊搜集了大量文章,也唤醒了我们对埃及的好奇。我们决定两个国家都去,两边都同意我们也去另一个国家。就在动身去开罗前,我们得知,有十八个埃及青年被控试图重建共产党,仍然身陷囹圄。他们的家人联系了我们,不是请我们放弃计划,而是请我们试着与纳赛尔交涉。

我们接到了海克尔的邀请。他是《金字塔报》的主编,纳赛尔的好友和代言人。他也请了朗兹曼。埃及记者阿里·艾尔·萨曼当时在巴黎准备论文,他积极帮忙准备《现代》特刊关于阿拉伯的部分,特刊多亏了他才完成。他将陪同我们去开罗。2月25日,我们一行四人坐上了飞机。

我们在夜幕降临时落地。迎接我们的有海克尔,一个笑呵呵的敦实男人,皮肤黝黑,看上去精力充沛;还有老陶菲克·阿尔-哈基姆——他名字的意思是"智者的胜利"——《现代》十五年前刊登过他的一篇趣文《代理人的日记》。他主要写剧本,在埃及非常有名。他白头发上扣着一顶贝雷帽,据说他性格孤僻,不过他一直很乐意陪伴我们,只要不是太累。鲁夫提·艾尔-科里也在机场,还有他那年轻可爱的太太莉莲,旅游局的一个专员,她将是我们的导游兼翻译。人们还给我们引见了阿瓦德博士及他的夫人。简短的记者会之后,我们坐上了海克尔的车,被送到舍法尔饭店,从那里走几步路,就能看到尼罗河。尼罗河与其他河流并无两样,然而那是尼罗河,亲眼见到它,让我觉得无比神奇。

第二天我一睁眼就跑到窗边往外张望。尼罗河就在那里,静静地流着,河水是绿色的,但不是所谓的"尼罗绿"。河对岸有些挺难看的房子,还有棕榈树,桥上的旗帜在大风中飘扬。我们一行浩浩荡荡——有阿里、艾尔-科里夫妇和一群记者——去了开罗博物馆。之后我们又去了好几次,仍有许多藏品没有看到。与那里收藏的宝藏相比,博物馆实在太小了,照明、布展都很糟糕,珍宝胡乱堆在里面,没有体现出它们的价值,不过这并没妨碍我们一次次心醉神迷。公元前2778年到前2423年间的古埃及雕塑的美特别打动我们,那些雕塑的材质有板岩、闪长岩、砂岩,粉色、灰色或黑色花岗岩,也有木头,作品的风格既现实又魔幻,雕塑着国王、王后、僧侣、抄写员、夫妇,有时是一家人,栩栩如生,同时又有一种神圣感。有一组铜雕表现的是父与子,另一组——最奇特的一组——是一个侏儒和他的妻儿。也有动物、天神和上帝的形象。后世的雕塑就显得比较中规中矩了。所有法老都被雕塑成阿蒙神的样貌,其他人物也都是学院派的风格。占了整整一个大厅的法老阿肯那顿的塑像是个例外,这位改革派法老公元前1370年到前1352年在位，他放弃了原来阿蒙霍特普四世的名称，背弃先祖，离开了底比斯，撼动了原来的政治和宗教体制。他要求艺术家抛开陈旧的宫廷规矩，按照他本来的样子塑像，他的塑像都比真人要大得多，挺着大肚子，窄长的脸庞很怪异，一副先天智障的模样。他的家人和宫廷都模仿他的做法，这一时期的作品与之前的作品形成鲜明的对比。

我们只来得及粗粗浏览一遍浮雕作品，它们一般都在墓室，表现的是征战场面、宗教仪式或古埃及的日常生活细节。我们看了图坦卡蒙[1]的宝藏，欣赏了精心雕琢的金质灵柩，一具套一具，存放在陵墓里；有墓床、冥车、金子砌的墓穴，雪花石膏做的放内脏的罐子，历经几个世纪的时光完好无损，这是少数几个从未被盗过的陵墓之一。墓中发现了数千件小塑像、摆件和其他物件，如今都摆放在玻璃展柜里，以无比生动的形象展示着埃及文明。稍远一些，在一间小展厅里，放着法老和高官们的木乃伊，缠在一层层绷带里。我们在戴面具的木乃伊和古希腊罗马时代的棺材前流连。这些展品来自法尤姆、安提诺波利斯的绿洲和亚历山大城，灵柩上用蜡笔在木头或布料上画着肖像，这些系列作品的风格之现代令人惊叹。

因为已经在图片上端详过那么多次斯芬克斯像和金字塔，亲眼见到它们时，我觉得平淡无奇。我知道它们就在开罗郊区，但没想到尘土飞扬的村镇近在咫尺，还有那么多乱糟糟的游客，这让我心烦意

---

[1] 我前面说过，在巴黎展出的只是微不足道的一小部分。——原注

乱。一些巴勒斯坦人打扮的美国人骑着骆驼在游逛。阳光太刺眼，我又没法退后一些找个合适的观景点，结果除了一堆摞在一起的石头外，什么景致都没看到。

我们参观了最大的陵墓。要到里面，必须四脚着地爬过一条很陡的过道，墓内空气灼热稀薄，让人几乎窒息，我们差不多立刻原路返回了。后来深入沙漠时，我终于从远处欣赏到了金字塔的美景。特别是有一天，在从亚历山大回开罗的路上，金字塔攫住了我的目光。西斜的太阳从塔身侧面滑过，金字塔看上去小巧玲珑、晶莹剔透，成了一件精美的抽象派雕塑作品，接着又变大了，塔身赤裸冰冷，完全像一些几何图形。在一片平坦而光秃的地面上，它们的存在显得如此生硬突兀，让人想起超现实主义的某些绘画。

离开罗再远一些，在一片雄伟的神庙废墟中，矗立着萨卡拉金字塔，建造它的建筑师伊姆霍特普死后被奉为神。像大多数陵墓一样，这座金字塔也曾遭毁坏，被盗窃一空。建造者和僧侣们与盗贼串通一气，以便弄到法老的财宝。

到开罗的第一天我们就去游览市容了，后来也常去逛大街小巷。新城有不少漂亮的街道和奢华的商店，但缺乏魅力；老城则熙熙攘攘，充满活力。在人口稠密、店铺餐馆林立的穆罕默德·阿里街，我看到一些满是绣花红布支起的大帐篷，那是灵堂。死者的棺木摆放在里面，供亲朋好友悼念。这片城区的街道保留着中世纪的些许面貌，更像是大村子，而不是一个国家的首都。孩子们在鸡群鹅群旁嬉戏：复活节临近了，店铺门口拴着羊，等着被杀掉献祭。羊都是同一品种，肥大的尾巴垂在两腿间，好像得了象皮肿。时不时可以在街上碰到一群鸭子或一头奶牛。街道很狭窄，两旁房子的屋檐有时伸出很多，几乎要把街道的上空全部遮起来。市场里卖一些仿古首饰，模仿纳芙蒂蒂王后佩戴的式样：项链、耳环、胸针、金银手镯，有的镶着彩色珍珠。还有些好玩的方块布，上面绣着金字塔、骆驼、毛驴或棕榈树。我们去镜子咖啡馆喝了一杯，这家咖啡馆在开罗很有名，许多作家的书里都提到过。这家咖啡馆其实原本是一段老街道，上面加盖了屋顶，两头开门，摆上椅子和小桌，里面放满各种小摆件和金银线刺绣的织物，更多是破损或黯淡褪色的镜子，知识分子们喜欢到这里来坐坐。咖啡馆的老板整日躺在一张长沙发上睡大觉，他总是把自己藏在一堆毯子底下，谁都看不见，莉莲说她有一次直接坐在他身上了。之后我们登上了城堡，从那里尽览全城美景，眼前是数不清的清真寺尖塔。

从前的城墙只剩下几处带城楼的门，非常优美，然而开罗最美的建筑还是那些清真寺。我尤其喜欢哈桑苏丹的清真寺，它有带三条柱廊的尖塔，壮观的台阶直通一扇庄严大门，内部结构优美和谐，天花板上吊着七十座烛台灯。（这些灯都运到阿拉伯博物馆展出了。）在阿尔-阿扎尔清真寺，一群青年学生围坐在一起，听神学老师讲课，看到我们，他们都站起身来与萨特握手。

虽然阿瓦德博士解释说，埃及人不是阿拉伯人，与阿拉伯人的通婚对本地土著几乎没有影响，阿拉伯文化还是在开罗留下了包括清真寺在内的许多遗迹。在一个博物馆里，我们看到了许多木雕、嵌片、铜像、一系列瓷器、陶器、彩陶、织毯、灯和细密画。我们还参观了一处很美的宅邸，里面摆满了阿拉伯风格的家具、摆件、丝织品、玻璃和水晶制品，整个建筑也是典型的阿拉伯风格。女人们待在楼上的闺房里，透过遮窗槅栅，观看在楼下宽敞的客厅里举行的饮宴庆典。

"蜡烛城堡"又被叫作"基督教修道院"，是开罗最古老的地方，城堡四周围着高墙，两座塔楼之间有一个缝隙似的入口。城堡里的科普特博物馆展出基督教早期的艺术品，包括法尤姆的绘画和面具。城堡里几乎集中了开罗所有的科普特教堂。人们带我们看了圣塞尔日教堂的地下礼拜堂，指给我们据说是圣家族在逃亡埃及时曾躲避过的地方。我们也参观了近旁的本·埃兹拉犹太教堂，据说就建在摩西看见荆棘燃烧的地方。

在开罗，没有比死人城更让我觉得匪夷所思的地方了。那是个真正的城镇，通公共汽车，但所有的屋子都只有一个房间，死者的亲友都待在那里，死者则埋在小院里。由于这里的住房又少又昂贵，于是有些人家——主要是死者的亲戚或守墓人——就住在死人屋里。街道空旷寂静，时不时看到有人晾晒的衣物、一个孩子、一条狗或一只鸡。据说，某些夜晚这地方很吓人，夜里有一群群人来给死者守灵，在这里吃东西和祈祷，漆黑的夜里传来阵阵低语。

我们乘政府派给的小飞机去卢克索，底比斯古都遗址就在那里。一群黑压压的记者和摄影师跟着我们。我们的空中沙龙起飞后，我眼前终于出现了童年时无数次想象过的景色：无边无际的沙漠中，点缀着片片绿洲，还有尼罗河水浇灌的肥沃谷地。

我们下榻在一家现代化的宾馆，旁边就是老冬宫饭店，有一种老派的迷人调调，以前英国人到了冬天就来这里取暖。我们与尼罗河只隔着一条种满棕榈树的大道，道旁停着出租马车，一些大学生坐在树下的草地上读写。尼罗河水宽广平静，河面上帆影点点。对面是干裂崎岖的土地，向远方延伸。经过开罗的喧闹，这番和平景象让我感到惬意。艳阳高照，然而天气并不算炎热。

我们先去参观紧挨着宾馆的阿蒙霍特普二世神庙，非常美。日落时分，我们泛舟尼罗河上，看两岸波光闪闪。用过晚饭——像往常一样过分丰盛——我们得到特殊优待，一位考古学家带我们乘马车，趁着皎洁的月光去看卡纳克神庙。我首先被它的规模之大震撼了：两千年间，建筑师们不停地扩建，让它变得越发复杂。这是世界上最大的圆柱建筑，我们在柱子的森林中迷失了。突然，眼前出现了一座粉色花岗岩的方尖碑和一个巨大的雕像。莎草形状的柱头美丽得令人惊叹。我们穿过一层层院落和前厅，黑夜不时被月光穿透。我们坐上马车往回走，在温柔的夜里，路上的马蹄声让我心旷神怡。

第二天傍晚，我们又去了卡纳克。这次我们走的是神庙之前那条两旁是石雕公羊的路，这也是连接卡纳克和卢克索的道路的一部分。但每到新年，阿蒙神像是被隆重地用船从一个神庙运到另一个神庙的，卡纳克神庙里就有一处花岗岩建的祭坛，运送阿蒙神的圣船就放在那里，墙上的有些浮雕就刻着这些船的样子。前一天晚上，我们没有看到这些浮雕，这次我们欣赏了许久。浮雕详细描绘了塞提一世及其子拉美西斯二世征战和凯旋的场面。雕工非常细腻，与建筑本身的宏大、压迫感形成巧妙的对比，相得益彰。圆形和方形的柱子从上到下都画满了神像和象征符号。神庙内还有一个圣湖,湖边开了个咖啡馆,我们去那里喝了一杯。

早上我们乘船过河,船舱的座位包着一种"法老风格"的印花布。天气很热,萨特、朗兹曼、阿里和鲁夫提都戴着粗布帽子,看着像西部牛仔。一个戴墨镜和白色鸭舌帽的考古学家陪着我们,我们坐车来到了伟大的哈特谢普苏特女王建造的戴尔巴哈里修道院,女王把修道院敬献给自己及父亲的替身。修道院的台阶损毁厉害,且修复过度,但里面的装饰仍然很有意思,墙上常见女王的形象,但她总是以男子的样貌出现。她尤其崇拜母牛哈索尔[1],为哈索尔在修道院里建了一座祭坛。有一幅浮雕表现的是女王被母牛哺乳的景象,另一幅彩色浮雕表现女王远征蓬特之地,也就是索马里,那次远征显然是一场和平行动。其他浮雕作品反映的是她的青年时代及登基庆典。有一座保存完好的小礼拜堂供奉冥神阿努比斯,蓝色的天花板上点缀着星辰。我记得还有荷鲁斯神的雕像,被塑造成鸟的形象,让人联想到布朗库西[2]的某些作品。哈特谢普苏特女王是图特摩斯二世的妹妹和妻子,也是图特摩斯三世——她丈夫与另一个妻子所生的儿子——的摄政女王。图特摩斯三世继位后,就下令把女王的名字从修道院所有的地方都抹去了。

我们接着参观了山坡上的谢赫·阿布德·艾尔古纳墓地。从远处

---

[1] 哈索尔为埃及传说中的女神,主管爱、美和母性,以奶牛的形象出现。
[2] 罗马尼亚抽象派雕塑家。

看，地下坟墓里的人是黑色的，衬在岩壁上分外显眼。这里是埃及第十八王朝高官们的公墓，陵墓里的壁画和浮雕出人意料地丰富和精美，记录了死者生前的活动。我们走进康巴特的墓穴，他是替阿蒙霍特普三世管理谷仓的书记官。墓穴里有六尊雕像，死者、他的妻子和其他亲眷，墙上的他正在向国王呈递账目，另一面墙上画着乡间生活场景。美纳是同时代的另一名重要书记官，一些色彩鲜艳的壁画上，他正在向奥西里斯神敬献供品，另外的画表现的是田间劳动和他去视察收获的场景。在底比斯总督贝克马拉的墓中，壁画上有些样貌古怪、异国打扮的人在向他呈献贡品，画上还有他的生活场景以及葬礼宴席的景象，死者自己的木乃伊也在席上就座。在国王谷中，塞提一世的墓最有意思。我们下台阶进入陵墓，走过一条长廊，进入一间小室，内有一口井，这是为了迷惑盗贼挖的，往往通向墓室，而这里要经过一个精心掩藏的出口，走到另一个房间，然后穿过迷宫般的走廊和台阶，才能到另外的房间。陵墓里所有的天花板都画满了画，墙上则是浮雕、彩画和素描。太阳一共有七十五种不同的表现手法，其他形象有国王、奥西里斯、别的神以及大地上的居民和太阳船。仅这一座墓葬就称得上是一座真正的博物馆，图坦卡蒙的墓狭小得让我感到意外：打开墓穴的时候，人们发现后来在开罗博物馆展出的珍宝胡乱堆在一起。它们之所以能完好无损，是因为曾经有一伙觊觎此墓的盗贼受到了严厉打击，后来相邻陵墓倒塌的碎石又堵住了图坦卡蒙墓的入口。

仅一个早上，一个文明就这样走马灯似的展现在我眼前，令我目眩神迷：战争、宗教仪式、世俗庆典、劳作和日常生活。那些在葬礼上痛哭流涕的女人的脸，美丽的黑发里佩戴着香料角的女舞者和女乐手，仍历历在目。在某些时代，人物的描绘手法是学院派的，但大多数作品里的人物既庄严又生动，色彩率真而考究。这些杰作值得反复欣赏，仔细端详。在我们看来，它们的艺术价值超过了史料价值。

回程的路上，在一片放牧着牛羊的草地中间，我们看到了门农巨像。那是阿蒙霍特普三世的像，算上底座，巨像有六层楼高。其中一座在地震时断裂，每当太阳升起的时候就发出类似歌唱的声音。塞普迪米乌斯·塞维鲁[1]派人修好了它，之后它就沉默了。这些巨像的所在地原来是一座神庙的入口，神庙如今已经被毁。

第二天，我们坐飞机俯瞰尼罗河和老阿斯旺大坝。飞行员让我们到他的机舱里，以便看到新大坝的全貌。我们在新坝旁边降落，一群女人在机场迎接我们，她们穿着黑袍，蒙着黑色面纱，上面绣满了闪闪发亮的图案，向我们献上盛满椰枣和榛子的果篮。一位负责公共关系的专员立即带我们去参观工地，我们时而步行，时而乘车，他为我们讲解工程的情况。大坝尚未完全竣工，但已经靠它灌溉了一大片沙漠。喧嚣中，推土车、吊车、卡车和工人们热火朝天地忙碌着。晚上，我们在一部彩色新闻短片里看到了这项巨大工程的启用典礼盛况。我们知道美国人拒绝为大坝提供资金——这导致1956年苏伊士运河被收归国有——最后接手的是苏联。赫鲁晓夫与纳赛尔一同出席了启

---

[1] 二世纪末到三世纪初的罗马皇帝。

用仪式。两队工人，一队从左岸、一队从右岸修建大坝的主体。影片里能看见双方在河流中间会合，伸手相握，工人们和围观的民众爆发出胜利的欢呼。第二天，我们与工人们交流时，仍能感受到他们的喜悦。他们完成了伟大的工程，使国家走上了新的繁荣道路，为此无比自豪。他们都知道，被叫作纳赛尔湖的巨大水库灌溉了大片沙漠，并提供了工业发展所需的电力。

跟在卢克索一样，我们住了一家很现代的酒店，就在老瀑布酒店旁边，它建在一处俯瞰尼罗河的海角上，离城相当远。瀑布的水流沸腾翻滚，嶙峋的岩石从水中露出。瀑布上游风平浪静，有船在水面滑行，白色的帆被风吹得鼓起。艳阳高照，我们坐船沿着大象岛航行，来到一座叫基奇内的小岛，岛上是让人惬意的热带花园。我们看见了菲莱岛神庙的上半部分：从修建第一座大坝开始，神庙所在的岛屿就被水淹没了。

整个上努比亚谷地都被水淹没了。我们在彩色电影里看到一些美丽的村庄，房子是白泥建造的，粉刷得很是艳丽。那里的村民都被迁到了别处居住，村庄如今都在水平面以下。我知道在联合国教科文组织的动议下，许多国家的工程师参与了阿布辛贝勒神庙的保护工作，我很想去参观。游客去那里的交通方式通常是划艇，水路又远又疲劳。幸好文化部部长安排调用了工程师用的小飞机来接我们。飞机上除了飞行员正好能坐三人：萨特、朗兹曼和我。我们早上出发，整整一个小时，飞机下方都是沙漠，白色或淡黄的沙子里点缀着黑色的岩石：这让我想起了哈加尔高原[1]的某些地方。随后我们到了尼罗河上空，河水清澈碧蓝，像一望无际的大湖，飞机几乎掠到了河面，不时可见被淹的棕榈树的树顶。岸边还有些被弃的房屋，它们不久也将被水淹没，因为水库的水位还在继续上涨。

一位考古学家和主持保护工作的德国工程师霍柴夫在机场等我们。在1959年提交的保护方案中，瑞典的方案最终胜出，由一个国际团队执行，具体做法是把神庙分割成几部分，运到悬崖上方重建。我们先去看了神庙原来的位置和艰难的搬迁路线，拆下来的部件都沿着那条路搬到距原址五十米高的地方，每个部件都被仔细编了号，放在高原上巨大的露天仓库里。霍柴夫告诉我们，神庙重建将在两年后完成，最大的庙会像从前一样临水而建，因为那时水平面会升到与悬崖齐平。最大的神庙几乎已经完工，门口立着四座拉美西斯二世的巨像，周围是尺寸很小的雕塑，雕的是法老的母亲、妻子和女儿们。神庙正面的顶上坐着二十二只狒狒，大门的上方是巨大的鹰头太阳神像，一切都庄严而和谐。尽管殿内脚手架林立，我们还是欣赏到了墙上的壁画和浮雕，内容是拉美西斯二世征战的场面，包括他大胜赫梯人的那场战役。神庙背靠一座人造崖壁，这样一来就与原址一模一样了。

哈索尔神庙的门口立着六座巨型雕像，拉美西斯二世和他的王后尼斐尔泰丽，他们孩子的雕像较小。神庙里面也装饰着浮雕。

我们看了一眼工人住的营地，霍柴夫请我们去他那里喝一杯。我

---

[1] 阿尔及利亚南部，撒哈拉沙漠的一部分。

们坐在阳台上,他又给我们讲了工程的其他细节。看着脚下的尼罗河在悬崖峭壁间懒洋洋地流过,我真想就这样看它几小时,可我们得坐飞机回去了。返程看到的景致比来时更令人目不暇接,因为我们一直沿着河飞。

那是我们对古埃及的最后一次重要游览活动。我们在阿斯旺附近参观了一家化学工厂,从开罗乘汽车到赫勒万,那里建了一家大型钢铁公司。我们参观了金属熔炉和汽锤,看见机器抓住烧红的金属,把它们做成各种形状,再送到另外的机器上精加工,把多余的部分去掉。人们还在建造新厂房,比已有的厂房更大。这是埃及第一个大规模工业项目。目前制造成本仍然过高,公司还没有盈利。

朋友们想让我们看看沙漠水利工程在三角洲地区已取得的成果。他们开车带我们去了亚历山大。我们在海湾旁一家死气沉沉的酒店吃午餐,周围就是蒙塔拉公园,法鲁克王的旧王宫就在那里。那是一座三层建筑,豪华而丑陋,如今改成了博物馆。海边的大多数房子关着门,夏天才有人住。我们去了几个人流密集,但没什么特色的街区散步。在一座清真寺周围,本地居民正在庆祝什么节日,但没多少喜庆气氛。晚饭后我们去一家夜店看肚皮舞,邻座是几个金发蓝眼的高大男孩,茫然地看着周围的人,他们是联合国的士兵。两个女子表演了舞蹈,跳得很棒。现今的法律不允许裸露肚皮,所以她们蒙了一层透明的纱巾。她们的表演跟我以前看过的冒牌肚皮舞不一样,跟正宗的弗拉门戈舞一样抽象,其精髓在于技术。女舞者完美地控制自己的肌肉,能做到身体纹丝不动,只有肩膀或肚皮在抖动。这种舞蹈运动量很大，两个女舞者跳完后满头大汗，似乎筋疲力尽了。

第二天我们取道沙漠公路离开亚历山大，穿过杜莱尔[1]在《朱斯蒂娜》开头写过的沼泽地。（这是整本书我最喜欢的部分。）那里原来是一个湖，斯特拉波、维吉尔和贺拉斯[2]的著作里都提到过。后来湖水部分干涸了，但湖直到十九世纪初还在。湖原本被一座大坝围着，1801年，英国人出于战略考虑把大坝炸毁，湖水淹了周边大片土地。埃及政府多年来就想在这里垦荒，一位农业专家向我们介绍了他们改造土地的办法。沼泽那边的部分沙地被改造成了耕地，但成果最显著的是解放省。阿斯旺大坝使尼罗河河水的流量变得稳定，人们挖了运河网，引流了大量河水。在工程指挥中心，我们看了新灌溉系统的沙盘，还参观了其中一条主要的运河。接下来的行程由一位将军负责。我们坐上私人汽车，在笔直交叉的公路上走了几公里，道路两旁是大片大片绿油油的小麦和燕麦田：今年夏天就会有第一次收成。我们还看到了刚刚种下的漂亮果园。这里的土地是由军队耕种的，因为别处的农民不愿离开家乡，不过，人们还是希望等定居地建好后，他们能大量迁移过来，并计划在这里成立大规模的合作社，国有农场就更好了。道路两旁都安排了士兵，手中挥舞着埃及和法国国旗。这场视察开始非常有趣，后面变得千篇一律，就无聊起来。陪同的农业专家

---

[1] 英国作家、旅行家，《朱斯蒂娜》是他的《亚历山大四部曲》中的第一部。
[2] 斯特拉波为古罗马地理学家、历史学家；维吉尔为古罗马诗人，代表作有《农事诗》等；贺拉斯为古罗马诗人、批评家，代表作有《诗艺》等。

意识到了这一点,于是请司机掉头返回。将军勃然大怒,威胁说要跳车:很多人手里举着国旗,在数公里外等着我们呢!我们不能爽约。讨价还价了半天后,他同意缩短行程。我们被接着带到一个农技中心,工人们也排成两排,我们从中间走过。他们挥着旗子喊着:"萨特万岁!""西蒙娜万岁!"我们与四十多个人一起吃过午餐后,一位负责人向我们颁发了奖章,对萨特和我说:"请告诉全世界,我们正在做什么工作。"对朗兹曼他是这么说的:"告诉我们的敌人和朋友,我们正在做什么工作。"这在旅行中是第一次也是最后一次,朗兹曼被人暗示他的犹太人身份,他一向是受到与我们相同的礼遇的。

几天后,我们参观卡姆希村时,再次受到了有组织的欢迎——也更有诚意:该村以反封建斗争出名。纳赛尔的土地改革禁止地主拥有五十公顷以上的土地,但地主们把部分土地登记在家人、客户或仆人的名下,这种钻法律空子的办法很难对付。村里的一位小学教师,也是当地社会主义同盟的领袖,在同志们的支持下,与地主菲季家作斗争,揭发了他们的舞弊行为。他想征用菲季家的房屋,为村里的社会事业服务。一天夜里,他在街上被杀害了,他的遗孀为他申冤,继续丈夫未竟的事业。政府逮捕了菲季全家,成立了"反封建委员会",破获了多起地主杀害农民的案子,号召其他村庄向卡姆希村学习,掀起了反封建运动。我们去村里参观时,除了惯常的随从队伍,区长也一同前往。一大群人迎接我们,他们打着横幅,上面写着:"纳赛尔万岁!纳赛尔是农民的朋友!"他们高喊着:"萨特万岁!西蒙娜万岁!"一个小学女教师歇斯底里地教一群穿黑袍的温顺农妇喊："西蒙娜万岁！西蒙娜万岁！"我们引起了村民们的极大好奇心，保镖们不得不费力地在人群中为我们挤出一条道来。我们看了农民们新近用砖坯建的几处房屋，接着走进一个谷仓，谷仓只能容纳极少几个人，其余的人在外面拼命地想挤进来，里面的人费了好大劲才把门关上。小学教师的遗孀是一个皮肤黝黑的女人，脸上的表情既温柔又生动。她挨着我们坐在主席台上，台上坐着的还有区长和其他官员。她送给萨特一件带风帽的长袍，送给我一条项链。我们与群众交流了一下，谈话很无趣，然后区长夫妇就带我们去吃饭了。

这次参观没有让我们对农民的状况有更多的了解，在整个行程中我们都没能与他们接触，只注意到，去金字塔路上经过的那些村庄极端穷困。房屋是泥巴砌的，骆驼和牛瘦骨嶙峋，妇女在黑头巾下露出的面孔常常是俊俏的，但都很瘦削。要提高农村生活水平，埃及要面对的一个大问题就是人口过多。纳赛尔推行过节育运动，我见过一些医疗节育中心，这样的机构为数众多。但农妇如果不是已经生了五六个孩子，是绝对不肯控制生育的。农民把儿子当成自己最大的财富，当他年老力衰时——农民老得很快，儿子能耕种土地。尽管大片的沙漠被改造成了良田，但需要养活的人口不断增加，结果，农民的生活并得不到改善。

另一个完全没解决的问题，是女性的地位。1962年被纳赛尔尊为立国之本的宪章主张两性平等，但传统与之相悖，并至今占上风。初到埃及时，我见了几个女权主义者，有医生、律师和记者，她们之中有一位年事已高，但仍在抗争。这是一战之前第一位向面纱宣战[1]的埃及妇女。她们给我提供了详细的信息。埃及女性的社会、公民和经济权利与男性完全不能同日而语。父亲去世后，女儿获得的遗产比她的兄弟们少得多。女人要离婚难于上青天，而男人却能任意休妻，不需要任何手续。在社会生活中两性之间的鸿沟更深。走出家庭去工作的女性少之又少，获得的待遇也不如男人。女人很少抛头露面。我在开罗咖啡馆的露天座位上从没见过一个女性。几位女权主义者对这种性别歧视愤愤不平。我在亚历山大大学与学生们座谈时提到了这个问题，我说，根据宪章的精神，如果女性不能与男性平等，就没有社会主义；"那得在宗教允许的范围内！"一些男人的声音喊道。我在开罗演讲时，就这个问题也谈了很多，我批评埃及人对待女人的态度跟封建分子、殖民主义者和种族主义者如出一辙。我分析说，他们用来为自己辩解的理由，就是殖民者对被殖民者说的那一套。我以他们当年争取独立的斗争为由，谴责他们对女性的态度。在座有很多女性，都对我的话报以狂热的掌声。许多男人不高兴了，一位老先生在门口跟我搭话，他手里拿着自己写的一份论文："女人与男人不平等，这可是宗教啊，夫人，这可是经里写着的。"我由他去跟那位前女记者、女权主义先锋去辩论，许多女人过来对我表示感谢，其中一些是背着丈夫来的。

不过我们认识一对夫妇，他们之间似乎完全平等，两人也是两性平等的倡导者：鲁夫提和莉莲·艾尔-科里。莉莲是那些真正解放了

---

[1] 众所周知，这场战争胜利了。——原注

的女性的典型代表，这部分女性在埃及非常少。她漂亮优雅，非常有"女人味"，照料孩子和家庭，但也有自己的职业。她是科普特人，是基督徒，十四岁那年，去圣墓教堂[1]朝圣时失去了信仰。一位修女给她指着放十字架的那个洞，正当她虔诚地把手伸进去的时候，修女忽然想起来："您是罗马天主教徒还是东正教徒呢？""东正教。""那您是那个洞。"修女于是指给她另外一个洞。从那一刻起，莉莲动摇了，不久后就不再相信上帝。她刻苦用功学习，想去巴黎考哲学教师资格，但父亲不允许，因为在巴黎，人们在大街上就接吻，但她仍然精通了法语和法国文学。

我们参与了许多关于埃及现状的讨论，会见了《先锋》杂志社的编辑、文化部部长、社会主义联盟的主席阿里·萨布里，这是埃及唯一的党派，所有埃及人都是党员。我们还见了一些马克思主义者和其他人士。在我们面前，没有人质疑过一党制、工会在社会生活中缺席或计划经济，大家关心的都是与封建分子斗争、人口过多等问题，尤其是"新阶级"的出现。这个阶级取代了以往的资产阶级，但仍由特权人士组成。企业大多都国有化了，国家需要大批干部和技术人员，而且不得不向这些人支付高额薪金，才能让他们好好服务。国家越发展，这些捞好处的人就越多，还必须容忍他们，因为国家需要他们。这些人就是以前的那些小资产阶级，信奉个人主义，是些反动派。

行程接近尾声的时候，纳赛尔在他位于赫利奥波利斯的家里接

---

[1] 位于耶路撒冷，是耶稣基督遇难、安葬和复活的地方，基督教圣地。

见了我们,朗兹曼、阿里和海克尔陪同我们。会见在一间宽敞的客厅里举行,持续了三个小时,我们喝了果汁。纳赛尔完全不像某些照片恶意展示的那样,"露出白牙"狞笑,他的声音和表情非常温和,近乎忧郁。据说他与海克尔交好是因为两人天性截然相反,海克尔总是乐呵呵的,纳赛尔却内向,容易焦虑,听别人说话时非常专注,开口时不紧不慢,字斟句酌。我问他关于埃及妇女的地位问题,他本人是女权主义者,他的一个女儿受过高等教育,他也一直鼓励她。谈到宪章主张两性平等时,有人问他:"一个女人也能有四个丈夫吗?"他回答说,他希望多妻制消失,并说,他是相信上帝的,但宗教在许多领域都成了他的绊脚石。萨特提到还在坐牢的十八个年轻人,问能否加快诉讼程序。纳赛尔显然是通过海克尔知道了这件事,微笑着说:"诉讼当然可以,但他们可能会被判十年监禁。我们其实是想再关他们一阵,然后悄悄地放掉。""当然了,这是最好的方案。"萨特说。会谈最后,萨特提到了巴勒斯坦问题。"阿拉伯国家不可能接收难民,"纳赛尔说,"如果以色列接收他们,你们会承认以色列吗?""加上一百二十万巴勒斯坦人,以色列就不是以色列了,它会爆炸的。他们不可能接收。""那怎么办呢?""怎么办?"纳赛尔情绪复杂地说,"打仗?那可太艰难了!"他完全不像是准备冒战争之险的样子。

埃及之行一开始,我们就确定了要去参观加沙难民营。与陪同人员一起,我们再次上了飞机,飞越沙漠。在我们下方,穿越沙漠的唯一沥青公路,笔直伸向远方。飞机低低地掠过伊斯梅里亚、苏伊士运河、运河两岸、轮船和咸水湖。不巧起了大风,飞机被吹得摇摇晃晃,鲁夫提脸都绿了,在阿里什降落的时候我只想吐。一对久居黎巴嫩的巴勒斯坦夫妇开车带我们穿过美丽的沙漠。路边的岩石中间时不时散落着贝都因人的帐篷,能看见贝都因女子穿着黑袍子,全身披金戴银。汽车在加沙边境停了下来,重新出发前,人们塞给我们几面"巴勒斯坦解放组织"的旗子。

我们在加沙参观的营地其实是个村子,破败不堪。与我们一起的除了埃及的朋友们,还有巴勒斯坦领导人,这样前呼后拥地在街上走,让我觉得很尴尬。他们带我们进了几个旧军营,每个都塞了好几个难民家庭。其他住处也同样狭小,没有任何设施。大家都向我们诉说,他们多么想重返巴勒斯坦被占的家园,回到自己的土地上去。我们问了街上的几个孩子,他们将来想干什么:一个想当医生,一个想当兵。我们的向导们忙不迭地对难民的可怕境地表示怜悯,可他们不也有责任吗?他们用最合理有效的方式使用近东救济工程处[1]配发的援救物资了吗?这里并不缺地,为什么不鼓励难民们像卡姆希村村民那样自己盖房呢?在管理加沙的埃及将军胡斯尼设的宴席上,我一直在想这些问题。座中宾客有上百人,为何要这样大摆宴席?想到这里,我什么胃口都没有了。

我们坐车到了边境,老远就看见以色列国旗和两国之间无人区的

---

[1] 联合国近东巴勒斯坦难民救济和工程处,成立于1949年,该机构的大部分资金来自美国。——原注

蓝盔士兵。我们参观了一个学校、一家绣坊，还有一家收养在对以战争中捐躯的巴勒斯坦人遗孤的机构。孩子们都穿着军装，在小号的伴奏下唱了一支军歌，表达渴望回归祖国的心情。加沙很多咖啡馆都叫"回归咖啡馆"。

晚餐时客人比中午更多，食物也更丰盛。莉莲鄙夷地小声说："别人都要饿死了，这儿却在大吃大喝！"饭后，众人都聚集到一个大厅里，萨特开始与巴勒斯坦领导人讨论，问他们，假如阿拉伯人打败以色列人，情况会怎样。好办！犹太人将被送回"他们的"国家，只有从阿拉伯国家来的犹太人有权留下。舒凯里[1]的一位副手回答说，纳粹灭绝犹太人是一桩罪行，但不能用"更大的"罪行来弥补。他还补充道，如有必要，会不惜发动世界大战来寻求公正。他没有意识到自己前后矛盾。气氛很紧张，萨特试图找到两全之策，同时维护巴勒斯坦人回家的权利和以色列国存在的权利，比如可以让难民在几年内分批返乡。然而巴勒斯坦人坚持要把犹太人从被占的领土上赶走，他们的愤怒和仇恨也许是真诚的，但用夸张做作的句式说出来，就显得虚假了。萨特最后总结道："我会把在这里听到的观点忠实地转达给巴黎。""这不够，"我们的对话者之一气愤地说，"我们本来希望您赞同我们的观点。"

巴勒斯坦领导人粗暴不讲理的态度和浮夸的风格让莉莲和鲁夫提不快。与我们一样，他们也觉得加沙的气氛令人压抑。我们都明白

---

[1] 巴勒斯坦政治家，巴勒斯坦解放组织第一任主席。

了现实的复杂和问题的严重性。但整整一天针对我们的强势宣传,却让我们不堪其扰。领导人过度奢靡、隆重地接待我们,他们似乎生活在一个辞藻搭建的虚假世界里,离贫穷的大众无比遥远。[1]

次日早上,我们乘车在加沙转了一圈,商业街和市场处处透着贫穷。转完海边后,司机建议带我们去一个人多的居民区看看,那其实也是个难民营,但看上去比第一个情况好得多。人行道边堆着很多橙子,我们下了车,莉莲拦住一个女人,攀谈起来,她跟我们一样,想跟一个没有被施压的人自由交流。难民们憎恨以色列是一定的,但他们对自己的领导人又怎么想呢?领导人给了他们什么帮助?难民们每天的生活是什么样的?她们刚交谈了几句话,我们就瞥见两个官员向这边飞奔过来,说,这个女人回答不了问题,她说的都不能算。我们没有跟他们争执,但越发感到不愉快了。我们感到,前一天人们似乎是刻意展示难民的苦难,迎合我们的想象,难民们的抱怨和呻吟都是刻意安排的。其实大可不必这样,难民问题仍然存在,即便难民们能吃到橙子,即便不是所有人都对命运不满。在回去的飞机上,我们与莉莲谈了谈,这次访问也让她感到沮丧。埃及太穷,负担不了这些难民。她说得很对。不过,她也说战后犹太人应该待在"他们的"国家里,这说明她对欧洲的犹太人问题并不特别了解。

在开罗,海克尔告诉我们,纳赛尔把萨特提过的那十八个囚犯释

---

[1] "六日战争"后,这些领导人与舒凯里同时失去了威信。新的领导人是完全不同的风格。——原注

放了,也许他早就有这个打算。无论如何,这个举动非常漂亮。

埃及之行结束了。这是一次愉快而有趣的旅行。唯一的不便就是走到哪儿都有成群的记者跟着我们。但我们与固定的几位陪同者相处非常愉快:机灵快活的阿里、激情澎湃的鲁夫提、殷勤体贴而又有文化的莉莲。我们与海克尔在一起的时间比较少,但他的活力和乐观令人欣赏。我们遇到的所有埃及人几乎都能讲法语。当然,他们特意选了懂法语的人做我们的陪同,不过许多埃及人确实不满英语的统治地位,宁愿让孩子学习法语。

海克尔、艾尔-科里夫妇和文化部部长都曾用丰盛的宴席款待我们。我们都用小桌子吃饭,这样在席间就可以交换座位和谈话对象。冷热各半的自助餐总是很丰盛,我记得菜式中有一只巨大的火鸡、一整只羊,都提前切好,重新摆成完整的样子。有一天晚上,海克尔请我们在一艘停泊在尼罗河边的船上餐厅吃饭。河水拍打着岸边,发出汩汩的声音,透过舷窗能看到远处的开罗万家灯火。他请来了一名出色的女舞者,我又一次欣赏到了正宗的肚皮舞。老陶菲克·阿尔-哈基姆请我们和我们的陪同者在金字塔附近的一家餐厅吃饭。餐厅是他几个朋友开的,他们从前都是地主,他其实想看看他们是如何适应新生活的。但他失望了,因为那些人都没来,不过我们玩得很尽兴。餐厅布置得很舒适,全都包着红色的垫衬,照明用的是褶皱灯罩的灯,柔和的音乐回荡在每个角落。大家一个劲儿地拿陶菲克打趣:他结婚二十年了,从来没人见过他妻子。他解释说,他写的剧本对女性充满了敌意了,记者们难免对他的婚姻冷嘲热讽。他让妻子发誓,永远不陪他出现在任何公共场合。有个客人威胁说，总有一天要不请自去，跑到他家去看他妻子，一探究竟。这把他吓坏了。我们也曾在一些拥挤的餐馆里吃鹰嘴豆做的团子和烤肉串。有一次，在市中心的咖啡馆，萨特和朗兹曼试着吸水烟，但没成功，只好看着鲁夫提和阿里有模有样地吞云吐雾。

最后一晚的告别宴安排在十六世纪的一所阿拉伯风格建筑里——艺术之家，里面摆放着漂亮的阿拉伯家具，还有精美的彩绘天花板。凡是我们接触过的人几乎都来了，大家围坐在低矮的大圆桌旁，桌上摆满了铜质餐盘，席间伴有精彩演出：肚皮舞、杂耍、萨玛舞，其中一名男舞者尤其出色。人们送了我们两个法尤姆的葬礼面具。

埃及与以色列之间没有空中航线。第二天晚上，我们乘飞机飞往雅典，雅典机场没人接机，我们一下子不习惯了，同时又感到很自在。我们在吕卡维多斯和雅典卫城消磨了一上午，然后飞往特拉维夫。朗兹曼与我们同行，不过只陪我们三天。

想到又要应付欢迎仪式，熟悉新面孔，重新适应在公众眼前生活，我们不由得感到一丝惧怕，不过我们渴望看看以色列。向我们发出邀请的是一个接待委员会，成员有政界人士、大学教授和作家。我们在巴黎见过的统一工人党党员弗拉帕筹备了我们的行程，他也在机场接机的人当中。朗兹曼给我们介绍了莫妮克·霍华德，一个褐色皮肤、很和善的年轻女子，她给我们当翻译。有个金褐色头发的青年自告奋勇给我们当向导，免得讨厌鬼们骚扰我们，我当时觉得他自己就是个讨厌鬼。他叫艾利·本-加尔，很快成了我们的好朋友。萨特在炎热和嘈杂中跟记者们交谈了一会儿，然后俄裔老作家史隆斯基开车把我们送到了海边的丹纳饭店。

早上推开窗户，大海美极了。这是特拉维夫唯一的魅力。城市很热闹，但笔直的马路没有任何特色。最豪华的迪森高夫街，与开罗的几条繁华大道相比逊色多了。商店很多，但橱窗里的衣服和其他东西质量不算上乘，咖啡馆和餐厅让人想起巴黎拉丁区学生们爱去的地方。

我们参观了雅法古城，就在特拉维夫的城门口。我们喜欢那里的旧城墙、破败的城堡、古老的房屋和宽宽的台阶，在跳蚤市场也闲逛得很开心。

我们在以色列到处游走。弗拉帕打前站，安排我们在各地的行程。他法语说得不好，怕惹我们厌烦，所以很少露面。真想不到他这样周到而低调。

我知道基布兹[1]成员只占全国人口的百分之四，他们中的大部分人也不再垦荒，以色列这个资本主义社会只是表面上保存着这种组织形式，但基布兹的尝试曾那样激动人心，我很想亲眼看看。我们在几个基布兹社区待了挺长时间。在梅拉利亚，统一工人党的主席梅尔·亚利接待了我们，他与萨特交谈了许久，我则跟一群妇女聊天。德加尼亚·B社区是全国第一个基布兹，被尊为"基布兹之母"，我们在那里受到了以色列议长卡迪什·鲁兹的接见。我们在公共餐厅跟他吃了午

---

[1] 希伯来语，指以色列内部建立在生产资料公有制基础上的农业公社。

饭，去他的住处喝咖啡。他妻子激动地回忆了社区诞生的经过，那时没有一棵树、一座房子，公路也不存在，他们从一无所有起步，用自己的汗水建造了一切，女人们跟男人一样艰苦地劳动。边境基布兹社区拉瓦特·哈巴山坐落在山脚下，晚上能看见山上叙利亚哨所的灯光。叙利亚人用大炮轰掉了基布兹的餐厅，幸好当时里面没人。饭后我们聚集到地下俱乐部，那里兼做防空洞。我们还参观了他们的壕沟，挖得很深，布置得很规整，拉警报时可以做避难所。

我最感兴趣的两个问题，一是女性的地位，二是年轻人的态度。关于第一个问题，我在特拉维夫与一群自由职业女性探讨过。其中有一位六十岁的前基布兹社员，她解释说，以前她们的口号是"不介意"：超越一切差异，女人跟男人一样的作风。现在不是了，几个年轻一些的女人（一个演员，一个建筑师）说，现在她们接受了男女分工不同，认为无论是从事"女性职业"还是与男人们竞争，都是为以色列服务，这才是最重要的。她们因此认为，女权问题在以色列并不存在。

在基布兹，人们明确地告诉我，女人们厌倦了繁重的体力劳动。但也有例外：艾利·本－加尔的妻子坚持要像男人一样开拖拉机。失败两次后，她终于通过考试，成了拖拉机手，但大家并不太欣赏她的固执。在德加尼亚·B社区，女人们抱怨生活过得没有意思，她们可以当老师，照顾幼儿园、托儿所，在厨房和养鸡场干活，但不直接参加生产。拉瓦特·哈巴山的女社员们也这样认为，她们觉得自己在政治上比较羞怯，不如男人活跃。不过她们认为自己承担着最重要的社会责任，说："男人们与土地打交道，我们与社区打交道。"在她们看来，上一辈的女人牺牲了太多的女性特质，这是不对的：这一代的女人要求有娱乐和关心自己的权利。在梅拉利亚，我听到了一些不太一样的说法。年轻女社员对自己在集体中的角色不满意，希望在家庭中能发扬自己的个性。她们不赞同将孩子集体抚养，父母一天只能见他们几个小时。一个小个子的褐发女人说，她宁愿完全自己照顾孩子：把孩子交给集体抚养让她感到受了伤害。一个漂亮的金发姑娘告诉我，她自己因为没能跟父母生活，心理受到困扰，现在她自己是护士，认为婴儿不能睡在母亲身旁，而只能交给每周都换人的保姆是非常不好的。

贝特海姆在他讲基布兹教育问题的著作《梦想之子》中质疑了这种观点。在他看来，其他孩子的存在能很好地弥补母亲的缺席。[1]另外，他的研究也证实了我自己不无遗憾地得出的结论：基布兹社区的女人接受传统的劳动分工，生产收益低的家务劳动被轻视。男人从来不会进洗衣房一步，即便偶尔去食堂或厨房帮忙，也把这种劳动当成副业，他们真正的生活在别处。而女人们除了日复一日地例行劳作，没有其他出路。

年轻人的真正想法很难了解到，对他们来说，基布兹已经没有冒险色彩了。"我们觉得自己被过度保护了。"有些人告诉我们。在拉瓦特·哈巴山社区，年轻人对我们说："如果有胆量的话，好多人都会离开。"只不过，他们觉得整个社区都盯着他们，他们害怕被责备。然

---

[1] 贝特海姆论证说，应对同龄人的经验构成了与家庭教育不同的另一种教育，也导致不同的结果。限于篇幅我就不在此介绍此书的内容了，感兴趣的读者可以自行了解。——原注

而，还是有许多人走了，去内盖夫沙漠开创新的基布兹社区，或者去特拉维夫定居。在德加尼亚·B社区，卡迪什·鲁兹的三个孩子只有一个留下来，当了老师，还有一个孩子在美国。他的女儿涂着指甲油，看起来比社区的女人们漂亮优雅得多，在特拉维夫大学学哲学。我们问她为什么决定离开基布兹，她不愿当着父母的面说这件事，她父亲笑着说："她去学哲学，就为了给自己找理由。"

艾利解释说，基布兹与基布兹之间差别很大。有"好的"基布兹，社员相处和谐，社区蒸蒸日上；在"坏的"社区，产量不足，士气低下。社区里基本是集体生活，社员有多少旅行、用车和消费的自由，视社区而定。艾利的社区靠近黎巴嫩边境，社员都很年轻激进，那里实行严格的平均主义，拿艾利的话来说，那是个出色的基布兹社区。

除了基布兹外，以色列还有"莫沙维姆"[1]，那些村庄里不实行集体生活。这两类社区老远就能分辨得出来，第一类总有显眼的大型建筑，供集体活动使用；第二类则没有这样的建筑。我们参观了一个"莫沙维姆"，那里全是讲英语的印第安人和北非移民，我们和后者聊了聊。他们以前都是小商人或职员，起初难以适应他们的新职业：种植花卉。但他们很快就学会了希伯来文和种地技术，现在都对自己的生活表示满意。他们住在舒适的小楼里，家具陈设都很小资。女人们照顾孩子，做家务。

统一工人党的成员帕提什开车带我们去参观一家金属管道工厂。

---

[1] 希伯来语，指多家私人农场联合组成的农业合作社。

大多数工人来自北非,部分来自也门。来自东方的犹太人里,也门来的最能适应这里的生活。我们观摩他们工作,跟他们一起喝了杯咖啡,聊了聊。说起阿拉伯人,他们都很愤怒,说阿拉伯人搞得他们无法与在突尼斯或阿尔及利亚的家人通信。假如爆发战争,他们都愿意上前线(这是我此行听到的唯一好战言论[1])。大家都表示对工作和薪水很满意。这话应该属实,因为他们的工厂归以色列劳动者联合会所有,该组织给工人的待遇特别优厚。

　　劳动者联合会的宗旨是保护劳动者的利益。社会保险体系也掌握在联合会手里,不入会就不能享受社保,所以大多数劳动者都是联合会的成员,但不能把该组织等同于工会。联合会是五十多年前成立的,它的组织基础不是某个阶级,而是整个民族,目的是建立某种经济体系,以发展有以色列特色的资本主义。联合会是全国最大的雇主:全国产量的四分之一有赖于它。它是全世界唯一章程里包含政治纲领的"工会"。联合会的选举按党派,而不是按行业进行。它既不主张革命,也不倡导改革,正相反,它是既有秩序最有力的维护者,在政治、经济、社会层面扮演重要的角色,支持政府纲领。联合会对劳动者施压,防止发生罢工。如果以色列发生阶级斗争,那一定非联合会所愿,也违背联合会的宗旨。

　　在特拉维夫一座大楼的最高层,我们与联合会的领导人进行了交

---

[1] 维达尔·纳盖在发表于1970年4月底的《新观察家》的报道中说,只有来自阿拉伯国家的以色列人会在他面前表现出对阿拉伯人的绝对敌意。——原注

流。在场有好几个部门负责人，但他们都没机会开口，因为秘书长始终滔滔不绝。此人是劳动党成员，他与其说在向我们介绍情况，不如说在宣传。在我的追问下，一个女负责人，也是劳动党成员，终于承认男女在就业市场上的待遇迥异。职业女性人数很少，她们得到的是最无趣的工作，人们有各种规避办法不遵守同工同酬的原则。

我们与劳动党成员，而且与所有以色列右翼人士基本上都无法相处。在埃及就完全不是这样，埃及只有一个政党，没有人会对政府说三道四。由于萨特是应纳赛尔的发言人邀请前去的，除了加沙的巴勒斯坦人，所有人都向他示好。以色列是民主国家，有好几个政党，每个党内部又有不同派别。右翼自然对萨特抱有敌意，只有一个例外：伊戈尔·阿隆，时任劳动部部长，属于劳动者联盟。他战功赫赫，是整个以色列右翼及部分青年人的偶像。我们当然完全不赞同他的政治理念，但跟他吃过一次晚饭，整个晚上都聊得非常轻松愉快，他开放的态度赢得了我们的好感。我们在以色列会见的几乎都是左派人士：两个共产主义政党的成员，尤里·阿夫内里，阿莫斯·凯南，几个统一工人党的左翼成员，还有历史学家布洛赫和一个大胡子年轻人列维，两人都是反对越战委员会的成员。他们两人组织了一次集会，萨特在会上发了言，摩西·达扬将军也出席了集会。

我们很喜欢莫妮克·霍华德，她几年前从法国来到这里，决定以翻译为生。她嫁给了特拉维夫的一个音乐家，过着岁月静好的城市生活。艾利·本-加尔的经历就比较特别，他是里昂一个工业家的儿子，战争期间与父母一起在尚邦-苏尔里农避难。祖父母都死于流放，但他年纪太小，没什么感觉。在村里，大家对他们一家都很友善，面包房的女老板不要定量卡就卖给他们面包。战争结束了，他们对她表达谢意，她说："嗨！这很正常啊！虽说你们是犹太人，可不管怎么说吧……"他当时只有九岁，却记住了这句话。后来的那几年，他彻底看明白了，法国人并不把他当自己人，于是决定移民。他先去了巴西，在那里结了婚，然后与同为犹太人的妻子一起来到了以色列，在加利利的一个基布兹定居下来。我们认识他的时候他负责放羊，把羊群赶到黎巴嫩边境吃草。他懂一些阿拉伯语，可以与黎巴嫩牧人聊天，他们还互相交换面包和奶酪。然而某天，其中一个黎巴嫩人情绪激动地对他说："总有一天，我们会把犹太人都扔到海里去。"艾利问："连我也扔吗？"对方犹豫了一下说："你也扔。"此后，艾利出发放羊的时候带着长枪，因为遭到攻击的可能性还是有的。他也会带上一本书，小说不行：那会让他把羊群忘了，他得防止羊儿们睡觉，必须不停地让它们走动。哲学书就很合适，看两三页停一下，边思考边照看羊群。他就这样读完了柏拉图的书和萨特的《辩证理性批判》。他在统一工人党内属于左派，希望以色列能接收难民；在国内，他主张维护少数族裔阿拉伯人的权益。

我们最关注的是阿拉伯问题，以色列人为我们了解情况提供了一切便利。在致力于促进犹太—阿拉伯关系的吉瓦·哈维瓦高等研究中心的研讨会上，我们见到了穆罕默德·瓦塔德，他是统一工人党阿拉伯文机关报《哨所报》的编辑。会后，他请我们去他家喝咖啡。瓦塔德很年轻，他有个儿子，名叫卡斯特罗。那是我在以色列见到的第一个阿拉伯村子，看上去跟那些农场合作社完全不一样。犹太人的村子一般修建得整齐划一，没有一点特色；眼前这个阿拉伯村子却像是从地里自然生长出来的：一幢幢看上去颇有历史感的房子之间，是建在弯曲坡道上的小巷，穿着鲜艳民族服装的妇女们上上下下。瓦塔德喝着咖啡，告诉我们说，以色列三十万阿拉伯人的处境极其艰难，人们用不信任的眼光看待他们，把他们当"第五纵队"。在阿拉伯国家，他们又被视为通敌的叛徒。他有两个兄弟住在边境线的另一边，因此家庭不可能进行任何聚会，然而家庭对穆斯林何其重要，他告诉我们："我母亲住在这边，这对她来说太痛苦了。"政府方面几乎没有做任何努力来改善少数族裔的处境。歧视不可避免，犹太人不愿意让阿拉伯人持有武器，而阿拉伯人也必定拒绝向自己的兄弟开火，结果就是阿拉伯人不服兵役。不公平的情况比比皆是：全体以色列人都有同等的政治权利，但阿拉伯人太少，没法形成政治力量。议员中也有阿拉伯人，可数量微不足道，阿拉伯人实际上没有途径有所作为。他们得不到任何培训，只能干粗活累活，一有裁员就首当其冲。我们到特拉维夫那天，碰上了大游行：八千多名建筑工人失业了，几乎都是阿拉伯人。

几天后，我们亲耳听到了其他阿拉伯人的"诉苦"，言辞比瓦塔德激烈得多。在克法拉玛村的一间教室里，我们受到了由以色列统一工人党掌握的村委会的正式接待；在克法拉欣村，也是在一间教室，我们会见了一半统一工人党、一半共产党的村委会。在场的某些阿拉伯人义愤填膺地控诉了他们受到的刁难。国家以维护公共利益为借口，没收了部分阿拉伯人的土地，农民被赶出家门，只得到一点可笑的补偿金，被安置在村子边缘的贫民窟里：这些事情是一个满怀愤怒的被"安置"者讲给我们听的。其他人也在抱怨，说自己只能干最吃力不讨好的工作，永远是经济衰退时最先受影响的人。还有人诉苦说，他们莫名其妙就上了黑名单，要出门就得申请特别通行证。从前是军队监视他们，如今换成了警察，但还是一样严苛。第二天，特拉维夫的几家报纸说这都是谎言，但我们的朋友们却说，那些事千真万确。我们在拿撒勒一天的见闻也证实了这一点。

拿撒勒城住的几乎都是阿拉伯人。我们在城门口遇见了市长的一个助理阿布杜-阿齐兹-祖阿比以及其他几个阿拉伯要人。他们开车带我们到了市中心，我们在那儿下了车。那里正举行"自发的"大游行，我不知道组织方是谁。游行者全是男人，举着标语牌，上面写着许多诉求，人群一阵阵呼喊欢呼。我们被围得动弹不得，放弃了去老城区散步的计划，只得坐上车，原路返回。这时人们又开始叫喊，发出阵阵嘘声，游行者想让我们去一个特别贫困的居民区看看。祖阿比承诺说回头带我们去。那天傍晚，我们在老拿撒勒迅速地转了一圈后，看到一片空地上散落着一些木头或铁皮搭的棚屋，数量不多。不过整体而言，拿撒勒城看起来相当贫穷。

那天下午我们待在旅馆里，萨特在房间里见了几个不同派别的阿拉伯代表团。加沙的巴勒斯坦人曾预言，有几位人士以色列人是不会让我们见的，他们还给出了那几个人的名字，结果我们还是见到了他们。

不久，在与《新瞭望》[1]编辑团队会面时，萨特说出了他的印象："我没见过一个对以色列的生活环境感到满意的阿拉伯人。我也没见过一个说自己与以色列公民享有平等权利的阿拉伯人。"没收土地的做法一年前就停止了，这在一定程度上归功于统一工人党的努力，但失地的人们没有得到赔偿，也没有被妥善安置。我们继续听到以前听过的那些抱怨，而且又佐以新的证据。

我们与阿拉伯族裔的最后一次接触是在耶路撒冷。阿莫斯·凯南是犹太人，多年来为保护阿拉伯人的权益奔走，还为此坐过牢。他带着弟弟和两个阿拉伯大学生，到旅馆来见我们。两个学生都来自贫困乡村，他们愤愤不平，因为他们不被允许成立阿拉伯学生会——当局怕他们搞颠覆活动。当然了，他们可以加入学生会，可人数太少，在学生会里不可能形成任何势力。我们见过不少关心这个问题的以色列犹太人，他们都努力打破孤立少数族裔的壁垒，但个别人的努力不足以改变整个局势，除非政府主动放弃歧视的做法。

我们在聊天、讨论、了解情况的同时，也饱览了以色列的自然和城市风光。加利利、塔沃尔山、约旦河、八福山和提比利亚湖：这些我孩提时代满怀热忱梦想过的圣地，如今看起来平淡无奇，完全不是我想象中的样子。郁郁葱葱的原野里，再也看不见耶稣赤足踏过的干旱山丘。约旦河看起来枯瘦干涸，只有提比利亚湖有传说中的风姿。从我们旅馆的阳台上看去，湖面一览无余，能看见对面叙利亚境内的丘

---

[1] 弗拉帕领导的杂志。——原注

陵。我们去湖边参观了保存完好的迦百农神庙遗址,去托法小教堂欣赏了拜占庭时期的马赛克画,最为动人的是一群鸭子吮吸花朵的画。

我们也曾在采法特古城徜徉,那是卡巴拉[1]的诞生地。十六世纪,土耳其人占领了巴勒斯坦,犹太人遂来此避难,他们根据原籍分区聚居。古城是羊毛织染业中心,转口贸易重镇,也是著名的神学研究中心,数百名醉心神秘主义的学者和拉比从西班牙、葡萄牙、西西里聚集到这里。古城建在山坡上,加利利山和迦南山的美景尽收眼底。在犹太教堂门口,萨特和艾利必须戴上人们给他们准备的纸折小圆帽方能入内。我们一路聊着,沿着小街往下走,爬上一层层台阶,逛着古香古色的店铺。艾利给我们讲了四个开了天眼的拉比的传说。第一个再也不信神了,一到周六就骑着马闲逛;第二个是他的弟子,在后面跑步跟着他,那是个善良而富有同情心的好人,看到真理的真面目时疯了。又过了两百年,另一位拉比得到了同样的启示:他为之一命呜呼。只有第四位开了天眼的拉比成了一个伟大的智者,直到今天还受到人们的景仰。

离开采法特,沿着一条风景优美的道路,穿过一座座橄榄园,我们下山到了阿卡城:在犹太人由于十字军无法进入耶路撒冷的两百年间,这里是犹太民族最大的聚居地,他们建造的城墙和高塔矗立至今。参观完遗址后,我们去海边在艳阳下吃午饭。城里的居民多是阿拉伯人,我们参观了清真寺,在有点脏但非常热闹的市场逛了逛。我们

---

[1] 希伯来语,意为"接受""传承"。卡巴拉是一种犹太哲学思想。

夜宿海法，在卡梅尔山顶过夜。在那里，我们与两位"新共产党员"，即以色列共产党的成员共进晚餐，该党的党员多数是阿拉伯人。接着，海曼教授和太太开车带我们夜游。海法城一片死寂。第二天清晨，港口和近旁的街道熙熙攘攘，热闹非凡。就是在这里，几年以前，莫妮克和艾利下船登岸，两人都带着激动的心情想："简直太棒了！这儿全是犹太人！"这样的心情其他犹太人也都曾有过。他们碰见的其他人好像都不觉得这有什么惊奇的，这让两人感到很奇怪：他们怎么不互相紧紧拥抱呢？

几个小时后，我们又到了恺撒利亚。港口由腓尼基人始建，大希律王进行了扩建，并把城市命名为恺撒利亚，以向恺撒致敬。他还在城里兴建了宫殿，罗马派来的总督从此都住在那里。城门和城墙建于中世纪。古代的废墟延伸到海边。艳阳高照，碧蓝的大海边，红砖像火焰一般夺目。

在耶路撒冷，我们住在著名的大卫王饭店。托管[1]时期，这里曾是当局及军方总部所在地。1946年，一个犹太恐怖组织发动袭击，炸掉了大楼的一侧，事件在全世界引起了轩然大波。我们参观了位于新城的一栋新大楼里的议会厅，大厅里的讨论不怎么吸引人，听众寥寥无几。我们注意到，墙上并没有如一个巴勒斯坦人说的那样，挂着什么"大以色列"的地图。卫生部部长巴尔齐莱在他的办公室接待了我

---

[1] 一战后期的1917年，英军攻占了耶路撒冷。1922年国际联盟批准英国托管整个巴勒斯坦。

们。他是统一工人党的党员，为人热情，态度很开放。他理解难民问题的严重性，认为必须找到解决方案。他谴责1956年的战争，但提醒我们，苏联随后是出于什么立场召回了驻以色列大使，却没有召回驻巴黎和伦敦的大使。

在饭店附近的一个高坡上，我们匆匆瞥了一眼阿拉伯人的耶路撒冷，那里古老的城墙和建筑都看得很清楚。铁丝网的另一边，离我们只有几步之遥，几个约旦士兵在放哨，他们躲在墙或沙堆后面，或隐蔽在屋顶。

在大学与几个教授共进午餐后，我们去百门区散步，那里基本是东正教犹太人的聚居地。虽然多次听人描述过这里的景象，我还是大感新奇：男人们穿着长长的黑罩袍，使用卷发纸，戴着圆顶帽子；女人们一律穿着黑色，假发上系着头巾；孩子们也顶着卷发纸和黑帽子，样子很粗鲁。一位像姑娘一样俊俏的少年，穿着显然让他大受束缚的男礼服，一脸不情愿地走在母亲身边。那女人身形沉重，迈着女王一般的步子，这一幕只让我觉得阴森。这个区的犹太人对以色列国满是敌意，在他们看来，弥赛亚重新降临之前，犹太民族不可能复兴。他们认为在世俗场合讲希伯来语是亵渎：他们讲意第绪语。我们到特拉维夫那天，他们举行了激烈的示威活动，抗议尸体解剖。所有的墙上都是招贴画和涂鸦，宣称解剖是对死者的冒犯，也间接构成对上帝的侮辱。女人们照顾家庭和孩子，男人们的时间都用来祈祷或讨论宗教问题：他们的生计靠从美国寄来的钱维持。他们对安息日很狂热：周六不许汽车上街。曾经有个摩托车手死于拦街的铁链。有些人到了这天甚至会把手帕系在自己的袖子上,因为把它从口袋里掏出来也算工作。莫妮克见过有人在这天进教堂时把祈祷用的方巾搭在肩膀上,因为用手拿着它也算是违背安息日的戒律。

我们在商业区和市场闲逛了一圈。在沙莱姆教授家度过了一个愉快的夜晚。他有个宽敞的书房,里面全是关于犹太哲学思想的藏书。在场的有另外几位大学教授和作家克洛德·维吉,我们讨论了神秘主义和犹太文化传统。接下来那几天,我和萨特各办了一场讲座。我们拿出一整个下午,去参观几个纪念"最终解决方案"[1]的地点。先去了展示受害者血衣的教堂,部分死难者的名字刻在石碑上;接着去了"纪念山",走过了那条两旁种满树的小道,每棵树是由一位"犹太人救星"种下的。这些人曾帮助犹太人过境,或帮他们躲藏避难。纪念馆庄严的大厅里恰好在举行仪式,欢迎一位瑞士人。他站在纪念火炬旁边,身后站了一大群犹太人,多亏了他这群犹太人才保全性命。在场的人全体合唱宗教歌曲。地面一些石板上,用大写字母刻着那些与犹太人命运联系在一起的名字:特雷布林卡、达绍,还有很多其他名字。连成一串的几个小些的厅堂里,展出了许多照片。我又看到了那张曾让我触目惊心的照片:几个头发剃光的孩子,簇拥着一个个子矮小、眼神悲伤的小提琴教师;另一张照片上,是载着他们尸体的推车。展览指出了按国家给出的死难者的人数,一共六百万人。

---

[1] 指纳粹德国灭绝欧洲犹太人的计划,希特勒称之为解决犹太人问题的"最终解决方案"。

还有一次参观对我触动很深，那是在"封闭区战士合作社"，那里住的是华沙犹太区的幸存者。社员们在俱乐部接待了我们。一位女士简短地介绍了社区的情况，告诉我们社区的成员是如何艰难地重新适应了正常生活。她曾经是犹太人起义的指挥官，二十多年前她来到这里时，连续讲了十二个小时华沙犹太人封闭区的生活，以及他们起义的经过。自那以后，她再也没有提起过那段经历。她讲话时声调单调，半闭着双眼，一些女人哭了起来。另一个社员给我们展示了华沙犹太区的沙盘，简要地介绍了起义发动的过程，并用一根小棍子在沙盘上指出关键事件发生的地点。接着我们走进一间博物馆，里面有大量的图片：有些犹太人被挂在带电铁丝网上，另一些躺在地上，瘦得皮包骨头，瞪着疯狂的双眼；一些嬉笑着的德国士兵在殴打老人，另一些德国人在看着"最后一个犹太人"死去。

为了丰富我们的以色列之行，莫妮克和艾利安排了一次南方之旅。原计划乘直升机飞越马萨达古堡，可是风雨交加，我们只好改乘汽车上路。不一会儿，太阳出来了。我们中途在一间孤零零的旅馆吃午餐，远远望见死海在我们下方。饭后我们一路下行，经过了海平面的标志牌，继续向下。在阳光照射下，湖水变换着色彩，一会儿翠绿，一会儿碧蓝，周围是约旦境内光秃秃的山峦。我们先沿着湖边走，后来离开湖岸，深入内陆腹地，直到"古堡"脚下：在一处高大的悬崖上，希律王修建了宏伟的宫殿。在反叛罗马帝国时期，犹太人一度占领了这座城堡。那次反叛导致了耶路撒冷圣殿的被毁。犹太人尽管人少，却在这里坚守了两年之久。当城堡眼看要落入罗马人之手,守城的九百六十名犹太士兵全部自杀,只有五个女人和三个孩子活了下来。悬崖上还留着宫殿的遗址,但从下面没法上去。我对没有直升机并不感到遗憾,因为周围的景致已足够震撼:色彩热烈的石头底座和柱子,建筑风格和泛出的光彩都让我想起多彩的科罗拉多沙漠。我们又走上了海边公路,本来想去看看恩戈地喷泉——一位天使为拯救以色列让那里的地面流出了泉水——但大雨把一条窄窄的小溪变成了挟带着泥沙的激流,车子开不过去:蓝色的大海中仿佛汇入了一道牛奶咖啡色的水流。水流两边的汽车纷纷停了下来。我们掉头往回走,狂风呼啸着,卷起颜色令人不安的大浪,一只正方形的镀锡铁盒子被吹到海面上,立刻弹跳了起来,好似被扔到沥青路面上一样。我们把手伸到海水里,再拿出来时黏糊糊的。我们继续沿着海边走。索多玛城原址现在成了一座工厂,几块大石头大概就是罗得那变成盐柱的妻子了。一条弯弯曲曲的路把我们带到了贝尔谢巴。

我们在一家冰冷的旅馆过了夜。这是个丑陋的城市,每个区的建筑风格都不同——能感觉到建筑师在努力,却没达到预期效果。有些街道看着非常贫困。第二天,迅速游览市容后,我们一大早就上路,前往内盖夫沙漠。我们穿过一片辽阔的盆地——大摩尔提盆地——下车步行了一段,去俯瞰崎岖谷底的恩纳-阿福达特泉。沙漠的地势变得越发多变,一会儿是盆地,一会儿是高原,散布着尖峰和锯齿样的山脉。太阳一会儿被云层遮住,一会儿直射大地,变幻着它暴烈的色彩。时不时可见年轻人建立的新基布兹。我们沿着一条小路,到了所罗门王的宝矿[1]。那里有形状粗犷的石柱和城堡一样的崖壁，就像一个有点疯癫的蛮族巨人把它们染成了红色、粉色、赭石色和金黄色。

在埃拉特，示巴女王饭店与大海之间隔着一处工地，到处是吊车和推土机。这座小城位置尴尬，夹在埃及、沙特和约旦之间，海湾周围的山脉分属于这几个国家。西边约旦的小海港看得很清楚，岸边停泊着一艘以色列船，一艘约旦船。我们在海边参观了一个水族馆，里面有些外形奇异、颜色也很少见的鱼类，最古怪的一种鱼像一个黑色的圆球，身上扎满了刺，身体完全是闭合的，只在表皮上有两个发亮的点，那是它的眼睛。我们在港口一家惬意的餐厅吃饭，里面装饰着渔网和大型的鱼类标本。

尽管我们拒绝了参观以色列军队的邀请，军方还是很有风度地派了一架军用小飞机，送我们回特拉维夫。我们让司机自行离开，他是个土生土长的以色列犹太人，三十多岁，反对革命，还是个沙文主义者，经常不听莫妮克指挥，莫妮克得跟他要心眼才能达到自己的目的。当我们让他走边境公路时，他表示抗议；我们参观城市里的贫民区时，他也不高兴。特别是我们在农村跟阿拉伯人交谈的时候，他气疯了，我们开完会出来，他就说阿拉伯人都是骗子。

我们坐上了飞机。艾利坐在副驾驶的位置，我、萨特和莫妮克坐在后面。机舱的罩子是玻璃的，无论从哪一边往外看，视线都没有任何阻挡。地平线黑黢黢的，有那么一会儿，视线里扭曲的沙漠让我有

---

[1] 古代传说中所罗门王拥有的金矿。

点害怕，但我们没有丝毫晃动的感觉就飞上了云霄。我们飞得不高，能认出地面上前一天开车经过的景致。飞行员在阿福达特古城上空兜了一圈，我们清楚地看见了亭台楼阁的遗址。飞出沙漠，我们看见了加沙。飞越农田时，大片的橘园一览无余，甚至能看见刚采摘的橘子堆成了堆。田野、基布兹和村庄的分界历历在目。我们又飞过了新近在特拉维夫南边建的阿什托德港，港口的样子有些奇怪，光秃秃的地面上画着道路、转盘，但只是些线条，没有任何实物。因为城市还没有完全建成，先规划了交通干道，还未建造房屋。我们认出了雅法，然后在城边上的一个军用机场着了陆。

在以色列的最后一天，艾希科尔[1]接见了我们。萨特召开了记者见面会。《新瞭望》杂志召集了会议，整个以色列之行和我们友好相待过的人几乎都来了。萨特在以色列一直跟人谈巴勒斯坦和阿拉伯族裔的问题，最后几次交流中他再次谈到了这些问题。

在以色列的旅行经历与在埃及非常不一样。以色列的领导人生活没那么奢靡，接待我们的也不是领导人。虽然让我们住的都是最好的酒店，但我们的日常起居旅行条件都比较简朴，这我们一点也不觉得不妥。没有私人飞机，也没有盛大的宴会。陪着我们的只有莫妮克和艾利，没有一个记者随行。在特拉维夫的酒店里，除了柚子和牛油果让我大快朵颐之外，饭菜乏善可陈（为了迎合美国来的犹太游客，酒店的餐饮严守宗教戒律，比如一顿饭不能同时供应肉和奶酪）。我们

---

1 时任以色列总理。

最常吃饭的地方是也门区或雅法城阿拉伯区那些舒适的小餐厅，而那里的菜单上也很少有太多的选择。

坐在飞往雅典的飞机上，我们还是相当乐观的。埃及和以色列各自的诉求在对方看来都是不可接受的。埃及拒绝承认以色列国，以色列人不想接收一百万巴勒斯坦难民。然而战争的威胁似乎离我们很遥远。"战争？战争太难了。"纳赛尔是这样说的，而以色列人也都说："我们希望和平。"埃及需要长期的和平，以完成国内的建设事业：工业化、沙漠灌溉。以色列对战争也没有任何期待。

于是我们在雅典舒舒服服地过了两天。我们在普尼克斯或卫城找个地方坐下来，一言不发，享受着久违的寂静。整整一个月里，我们看到的一切都是别人引导、由别人解释的，一切都通过言语进行，一切都须遵循精确的日程安排。现在我们可以不受任何限制地随意消磨时间了，真是无比惬意。

叙以边境是个大小冲突不断的地方，我们回巴黎没几天，那里就出了大事。我们住在提比利亚湖边旅馆的时候，艾利·本-加尔曾指给我们看湖的对面，叙利亚大山的脚下，有一长条属于以色列的土地，因形状相像，被称为"戴高乐的鼻子"。4月7日，基布兹的一个成员想去耕那里的地。叙利亚军队向拖拉机开火，以色列立即出动七十架战机轰炸敌人的目标，但受到叙利亚米格战斗机的攻击，三架米格飞机被击落，燃起熊熊大火，坠落在湖里。四个小时之后，叙利亚向位于边境的一处以色列基布兹开火，以色列空军则炸毁了对方基地，击落三架米格飞机，其中一架是在大马士革上方被命中的。纳赛尔没有做出反应，这使我们更加确信，他更关心的是改善自己人民的生活，维护和平。

然而，一个月后，他的态度就变了。中情局4月21日到22日的夜里在希腊策动的政变使他认为，美国旨在利用以色列先推翻叙利亚政府，下一个要颠覆的就是他的政权。而且，他作为阿拉伯世界的领袖，不得不诉诸武力而不是以和解来应对冲突。或许他还有其他动机，总之，事实是他开始在西奈半岛集结军队。为避免被外界当作挑衅，5月15日，以色列在耶路撒冷的传统阅兵仪式举办得格外低调。然而纳赛尔仍然觉得，这证实了他的猜想，因此他请求联合国撤掉埃以边境上的维和部队。令所有人吃惊的是，吴丹[1]不仅同意了这一要求，而且一并撤走了沙姆沙伊赫的维和部队，埃及军队立刻进驻。艾希科尔回应不力，他的温和更鼓励了纳赛尔，后者一举封锁了阿卡巴湾。那是5月23日，从那天起，战争眼看就不可避免了。埃及人承担战争的责任。5月26日，纳赛尔的发言人海克尔写道："现在已经不再是阿卡巴湾的问题了，而是更重要的问题：以色列的安全观。这就是为什么我说以色列一定会进攻。"同一天，纳赛尔发表讲话："占领沙姆沙伊赫意味着与以色列发生冲突，也意味着我们随时准备与以色列全面开战。"

局势尚有几天喘息时间。艾巴·伊班[2]巡访西方世界各国首都，寻

---

1 缅甸政治家，时任联合国秘书长。
2 当时的以色列外交部部长。

求和平解决冲突的途径。然而5月30日，侯赛因[1]来到开罗，表示对纳赛尔的支持，任何和平的希望都化为了泡影。我们几个人，洛朗·施瓦茨、朗兹曼、萨特和我联名写了一封信，请以色列与阿拉伯双方避免挑起争端，然而我们对此举的效果并不抱幻想。

我在焦虑不安中度日。我刚刚访问了以色列和埃及，对这两个国家都怀着情谊，尽管原因不尽相同。一想到两个国家的军队将互相残杀，城市被对方轰炸，我就感到无法接受。以色列的前途尤其让我担忧，冲突给双方带来的后果是不可同日而语的。埃及即便战败，也会继续存在下去；而以色列如果战败，就算不是全部国民都被扔到海里，以色列国家也将不复存在。

许多人对我说，以色列一定会打赢这场战争，但冲突发生之前，没有一个人说过这种话，停火之后才开始有这种说法。得有多么奇特的洞察力才能一开始就看出以色列能赢。所有的阿拉伯人都确信以色列必败无疑，而几乎所有的以色列人，除了几个将军，也都怀着这样的恐惧。不久，听说以色列政府在特拉维夫郊区挖好了几千个坟墓。国家四面楚歌，它与约旦的国境线长达六百公里，而侯赛因国王的军团是阿拉伯世界最可怕的军队。埃及的港口每天都有苏联来的船只卸下大批武器。埃及将领们在民众的怂恿下，言必称圣战。阿拉伯世界的电台高喊杀敌口号。舒凯里声称要杀死全部以色列人，无论是犹太人还是阿拉伯人。约旦电台提出了一个问题：最后时刻到来的时

---

[1] 指当时的约旦国王。

候，我们该怎么处置犹太复国分子呢？片刻寂静过后，人们听到机关枪的扫射声，伴着哄堂大笑。（后来，阿拉伯人和他们的朋友试图弱化这些言论的后果。但海克尔7月1日承认说："我们总是会犯下许多错误。我们经常言过其实，说的并不是心中所想，也不是真想做的，所以我们的电台才会发出灭绝、毁灭以色列的号召。"）我们的犹太朋友全都震惊了。

要想得到救赎，看来只能指望大国的干涉了。朗兹曼就是在这种形势下，说出了那句招来众人猛烈抨击的话："我们会被迫高呼'约翰逊[1]万岁'吗？"这句话的句式本身，加上当时的背景，说明他本人为美国干涉的可能性感到愤慨。但同时，在他看来，以色列面临生死存亡，却没有人愿意动动手指头来拯救它，这同样是令人愤慨的。

接下来的几天里，我每天早上翻开报纸都战战兢兢。6月5日周一，我在去国家图书馆的出租车里，听到电台广播说，以色列轰炸开罗了，顿时目瞪口呆。我想象眼前是被开膛破肚的房屋、火光冲天的城市、横尸街头的人们。以色列是被什么样的疯狂驱使，犯下这样的罪行？他们要付出多大的代价才能偿还？我再也无心阅读了。到了中午，别的消息来了，《法兰西晚报》的标题是"埃及进攻以色列"。更新的消息只是：战争爆发。开罗好像并未被轰炸。

晚上得到消息，以色列以破竹之势摧毁了埃及空中力量，约旦军队轰炸了耶路撒冷，突尼斯城有犹太教堂被焚烧。第二天，以色列军

---

1 当时的美国总统。

队包围加沙，曾经招待过我们的埃及将军弃械投降。以色列军队乘胜进军，已然胜券在握。让我痛心的是，在巴黎某些区域，以色列的胜利成了针对阿拉伯人的种族仇视的借口，人们再次听到了当年声援法国维持对阿尔及利亚的殖民统治的口号声和汽车喇叭声，震耳欲聋。埃及军队在沙漠的溃败令我揪心，停火宣布时，我庆幸以色列最终躲过了死劫。

周五下午，纳赛尔提出辞呈。跟所有朋友一样，我感到惊愕而难过。他是在一连串不幸事件的胁迫下发起这场战争的，无疑没有料到吴丹的反应，结果陷入骑虎难下的境地。显然，他并非好战之人。他努力提高国内的生活水准，摧毁封建残余。他这一下台，上台的很可能是军人或右翼分子。幸运的是，在人民的强烈呼吁下，他收回了辞职的决定。

几天后，我们和莉莲、鲁夫提·艾尔－科里一起吃午饭。他们刚刚在巴黎度过了地狱般的两周。没有家人和朋友的任何消息，他们只好任焦虑啃噬。他们目睹了反阿拉伯示威，自己也被人敌视："如果是埃及打赢了，我们岂不要被砍死。"莉莲说。他们两人也处在愤怒焦躁的情绪中，对法国媒体的话一个字也不信。他们确信，英美阴谋推翻大马士革和开罗的政府，信誓旦旦地说，以色列空军背后有美国空军的大力支持：这正是纳赛尔原本一心想让大家相信的。可苏联不支持这个说法，人人都知道这是无稽之谈。艾尔－科里夫妇受不了我们的质疑，激烈地指责我们没有站在埃及一边，旗帜鲜明地反对以色列。那次，我们话不投机。第二次见面时，他们带来了另一位埃及朋友，人比较温和，是个前共产党员，我们在开罗时与他很投缘，那次见面的气氛比较放松。他们承认，阿拉伯国家大肆叫嚣消灭以色列是犯了严重的外交错误。后来我们听说，两人一回到埃及，鲁夫提就被当作敌对分子逮捕坐了牢。他在一次谈话中批评纳赛尔，结果谈话被警察录了音。[1]

那一年的8月，我们在罗马见到了莫妮克·霍华德。她很消瘦，脸都变长了——她刚从医院出来。战争对她影响很大，她的心脏没能受得了，又得了严重的肺部感染。她在双工电报[2]房工作，从早到晚耳边都是阿拉伯电台对以色列的死亡威胁。隔开一段距离，或者事后再看，很容易明白这些都是性情暴躁的阿拉伯民族嘴上说的过头话。莫妮克说，当时，那些言语里透着的仇恨却能让听的人浑身发凉。战争爆发前夕，以色列国内并没有慌作一团，但人人都很焦虑。市面上一有囤积商品的迹象，政府就下令打开所有面粉、油、糖的仓库，主妇们立刻就放了心。全国妇女都学习了初级伤员护理课程，公墓也扩建了，能容纳六万名死者。人们怕埃及使用秘密武器：如西奈半岛军火库里囤积的火箭或致命的毒气。莫妮克还说，胜利并没有给以色列人带来欢乐。死人确实不多，但在这个小国里，大家彼此都认识，几乎所有家庭都失去了某个亲戚或朋友，莫妮克也有人要悼念。让她难过的还有欧洲左翼的态度，以色列被当作帝国主义，阿拉伯世界则被当作社会

---

1 纳赛尔死后他被释放，继续政治活动。——原注
2 指在同一条电报线上双向即时通信。——原注

主义。她不明白欧洲人怎么错得这么离谱。

苏联为埃及提供了武器，也在联合国支持埃及。在苏联电视上，柯西金在联合国发言反对以色列时，以色列代表的回应被掐断了。东方阵营只能听莫斯科号令，波兰部分犹太人为以色列的胜利欢欣鼓舞，结果波兰三万名犹太人被当作犹太复国分子告发。布拉格政府要求知识分子发表反以声明。只有罗马尼亚独树一帜，但与其说他们同情以色列，不如说是出于对苏联的厌恶。

法国国内舆论严重分化，有人甚至说这是新的德雷福斯事件，直闹到家人反目，友人断义。在右翼，戴高乐派跟在领袖后面亦步亦趋，发声反对以色列。但也有些右翼人士的反阿拉伯情绪比反犹情绪更严重。共产党自然要站在苏联一边。在非共产党的左派中，态度就非常不一了，很多人先后态度大反转：假如以色列被灭国，或付出沉重的代价才生存下来，他们肯定为以色列抱屈。但以色列的胜利，意想不到地改变了犹太人传统的受害者形象，同情转向了阿拉伯人。从托洛茨基派到马克思主义者，所有左派都开始支持阿拉伯人，更确切地说是支持巴勒斯坦人的事业。

犹太家庭产生了代际分歧，父母们——无论左派右派——都同情以色列，孩子们却反对犹太复国主义。

我的意见跟任何朋友都不完全一致，甚至跟某些人完全相左。我不把以色列看作侵略者，因为根据国际法，埃及关闭阿卡巴湾已构成了开战理由，纳赛尔自己也承认这一点。我也不认为以色列是殖民主义国家，它没有剥削当地劳工，也没有掠夺原材料运到宗主国，宗主国再以昂贵的价格把制成品卖给殖民地：宗主国并不存在。我也不把以色列当作帝国主义的桥头堡：美国帮助他们生存，但在以色列没有任何基地，也不搜刮财富，反而在那些有石油可采的阿拉伯国家，美国有军事基地，并且给予可观的经济援助。说以色列的存在妨碍阿拉伯国家的经济发展，这也是不符合事实的：以色列没有阻拦阿尔及利亚争取独立，也没有妨碍纳赛尔修阿斯旺大坝，更没有耽误利比亚革命。至于说以色列是阿拉伯世界统一的绊脚石，这更不对：恰恰多亏了以色列，阿拉伯世界才达到了某种程度的统一。无论是不相往来还是互相敌视的阿拉伯国家，唯一的共同点就是仇恨以色列。诚然，这是个资本主义国家，犯过不止一个错误：这样的国家不止一个，其他国家并没有因此就遭遇生存危机。对我来说，让以色列从世界地图上消失，这种念头是可憎的。在联合国——特别是在苏联和东方国家的支持下，人们用自己的双手建造了这个国家，在那里成家立业，生根发芽。要让他们失去这一切是极其不公平的。更不用说在欧洲，反犹主义依然甚嚣尘上，以色列是犹太人能躲开这些威胁的唯一可靠的避难所。

中东之行使我彻底了解了巴勒斯坦问题的重要性。我理解阿拉法特的民族主义诉求，但不像很多左派人士那样，认为法塔赫运动是社会主义的希望。只有一小部分以色列左派愿意与巴勒斯坦谈判，我觉得很遗憾。阿拉伯领导人先是怂恿巴勒斯坦人往前冲，后来却待之以冷漠或敌意，甚至残杀他们，这让人无比气愤。应该提出他们能够接受的解决方案，然而他们的领导人选择的方案，实际上[1]是消灭以色列国，这是我不能苟同的。

这不意味着我赞同以色列的政策。我希望它不要一意孤行地坚持直接谈判，而是立即承诺归还占领土地，拿出与打赢战争同样的决心来争取和平。

我在中东问题上的态度，使我始终与左翼人士有些格格不入。我全心全意支持黑豹党的斗争，非常欣赏克莱沃的书《冰上的灵魂》[2]，但他在《现代》刊登的采访中攻击犹太人，这让我伤心。我痛感左翼运动已变得僵化，左派就必须支持尼日利亚反对比亚法拉[3]，支持巴勒斯坦反对以色列。我不会向这些条条框框屈服，然而这并不妨碍我在与他们直接相关的问题上，即他们在法国的斗争，与左派走得很近。

在写我与自己国家的关系之前，我想先阐述我在最近十年间以及今天采取什么样的立场看待世界的其他国家。但我得先说明一件事：我对每个国家的关注度并不一样。有一个国家，而且是最重要的国家之一，我从来也没想过亲眼去看看，那就是印度。我读过相关的论文或报道，那里面描述的苦难生活在我看来是无法接受的。印度的政治

---

1 我说"实际上"，是因为巴勒斯坦在针对法国左翼的宣传中用了迂回的说法掩盖真正的意图。——原注
2 克莱沃是美国黑豹党的重要人物，黑人领袖，《冰上的灵魂》(*Soul on Ice*)是他的随笔集。
3 比亚法拉共和国（1967—1970）是尼日利亚东南部一个由分裂主义者建立的短命国家。

经济问题复杂得让我望而却步。当然，我对孟加拉国的悲剧并非无动于衷，巴基斯坦压迫者的失败令我欣喜，但这些事件在法国引起的反响很小，而我与相关国家又没有什么直接的联系，我对那里发生的事情虽然关心，但还是觉得很远。在此，我只说说由于这样那样的原因对我有所触动的国家。

我已经讲过自己如何与苏联分道扬镳，布拉格的悲剧又如何牵动我的心。在我看来，欧洲社会主义国家发生的事情没有一点能让人欣慰。我与罗马尼亚和保加利亚没有任何交集，那里的政权独裁，人民生活水平很低。匈牙利的气氛没有那么令人窒息，生活水准也高一些，但文学仍然被严厉的审查制度控制。除了在巴黎看过该国很美的几部电影之外，我对匈牙利一无所知。但我有一些波兰朋友，1962年我还去过波兰，我也喜欢许多波兰作家的作品。1956年萌芽的希望破灭了，这让我伤感。哥穆尔卡在所有领域实行独裁，对知识分子尤其如此。知识分子给他写信，要求多一点自由。作为回应，他发起了一场批判他们的运动，把大批出版物列为禁书。不久，两名年轻的党员知识分子因为写公开信批评官僚式的社会主义而被捕入狱。1966年10月，哲学家科拉科沃斯基[1]发文揭露波兰十年来的社会倒退：经济增长放缓、社会流动性降低、不平等现象增多，以及随之而来的蔓延全国的不安全感和受挫感。他被赶出大学，并被开除出党，此事引发了知识界对他的广泛同情。

---

1 他写了很多作品，其中《没有教堂的基督徒》尤为出色。——原注

哥穆尔卡的政府始终是反知识分子的。从1967年开始，该政府疯狂反犹。战前波兰有三百万犹太人，战后只剩三十五万。鉴于过去的恐怖经历和对现实的惧怕，他们大多数都移民国外了，尤其是1946年波兰法西斯在凯尔采血腥屠杀犹太人事件之后。1967年，国内只剩下三万犹太人。然而内政部长莫克扎尔仍然策划了反犹运动，运动自1967年开始，政府打算剥夺犹太人的所有职务，进而向知识界开刀。1967年6月19日，"六日战争"的次日，哥穆尔卡在工会代表大会上指控犹太人搞"第五纵队"。在接下来的几个月里，报纸、电台、电视台和所有公众集会的发言人，众口一词认定犹太复国主义者是波兰最大的敌人：只要是犹太人，就有复国主义的嫌疑。犹太人被"清理"出军队和新闻界。人们不仅猛烈攻击以色列，而且宣布犹太人要为希特勒灭绝他们的同胞负责。

1968年1月30日，密茨凯维奇的戏剧《先人祭》被禁演。大学生在剧院门前示威，许多学生被捕。3月8日，华沙大学再次举行示威，抗议关押学生，警察再次强硬回应，又有大批学生入狱。雅利安人随后被释放，犹太人继续被羁押。莫克扎尔把犹太人分为三等，允许对他们任意处置：第一等是复国主义者，这些人必须离开波兰；第二等是觉得自己既是犹太人又是波兰人的人；第三等是觉得自己首先是波兰人其次才是犹太人的人。

1968年夏天到1971年夏天，有两万犹太人离开了波兰。剩下的人也想步其后尘，但当局一方面驱赶他们，另一方面对他们愈加刁难，离开波兰变得越发困难重重了，他们只能去以色列。一旦提交出国申请，他们立刻失去公民权，无法再工作。每人须交纳五千兹罗提，相当于两个月的高薪。他们必须以"新房状态"退回住房，这就要花一大笔钱，还得偿还子女的教育费用，离开时分文不许带走。随身行李要提供极其详尽的物品清单，出关时要忍受长时间、侮辱性的搜查。我们在巴黎遇到的所有波兰朋友，不管是不是犹太人，都对犹太人受到的这种对待极其反感。[1]

波兰的局势从整体上没有好转。1970年12月，西里西亚的工人起义被血腥镇压后，盖莱克取代哥穆尔卡执掌大权。苏联好像早就想把盖莱克换上去，暴动似乎也是刻意挑起的，更不用说起义者还有正当的理由：物价上涨。盖莱克毫无民主思想，根本不能指望他带来什么有利的变化。

直到1972年以前，南斯拉夫还是社会主义国家里最自由的，不同倾向的报纸百花齐放，有些甚至能严厉批判现政权，知识分子什么都可以讨论。克罗地亚事件后，一切都变了样。克罗地亚是南斯拉夫国内工业化程度最高、出口产品最多、挣外汇最多的地区。根据铁托本人赞同的一项法律规定，加盟共和国有权支配自己赚取的外汇，但实际上外汇却被联盟政府集中使用，其中一大部分都浪费在华而不实的工程上，多瑙河上的大坝就是一项。然而，尽管工业化程度高，克罗

---

[1] 《现代》1970年刊登过一篇出色的小说《西方》，作者是一个非犹太作家，讲了一个犹太家庭离开波兰的故事；还登过一个流亡海外的波兰女作家写的报道《赶尽杀绝》。"红色乐队"的领袖特雷波被禁止移民以色列。他因提出移民申请而被开除出波兰共产党，长期被警察监视。——原注

地亚并不富裕，七十万工人在自己的国家找不到工作，只好去联邦德国打工。大学生的生活条件极差，宿舍简陋，只能一个挨一个睡在地上。11月份，学生举行示威，要求按法律允许克罗地亚把自己赚来的外汇用在自己身上。克罗地亚有民族沙文主义反动势力，得到地下恐怖组织乌斯塔沙[1]的秘密支持。但学生们受激进的社会主义者影响，并不想把克罗地亚从南斯拉夫分裂出去，只要求一定的自决权。铁托出动了塞尔维亚警察部队，用大棒残忍地殴打学生。坦克包围了萨格勒布，克罗地亚知识分子都被捕了，贝尔格莱德也有一批人被抓。新闻言论遭到钳制，中央政府的权力进一步加强。我遇到一些克罗地亚人，是有二十多年党龄的共产党员，如今只好流亡海外。他们说，未来几年内，情况只会越来越严峻。

对我们来说，有个国家一度是社会主义的希望所在：古巴。后来它也不再是自由之地，开始迫害同性恋者，人的外表有一点不合常规就会招致怀疑。但总的来说，古巴仍然要比苏联自由。1968年在哈瓦那召开的文化界代表大会批判了"僵化的假马克思主义教条"，这是卡斯特罗本人的说法，他还向"新先锋"发出了号召。人们在会上的讨论非常自由，一些画家展出了抽象派艺术作品。去开过会的朋友们回来后都赞不绝口。

然而赞歌很快就唱不下去了。也是在这一年，卡斯特罗的态度转

---

1 活跃于二战前后的法西斯组织，其目标是让克罗地亚从南斯拉夫独立。

向自我封闭,他不再支持拉美其他国家的卡斯特罗主义者。5月,为了不得罪莫斯科,同时避免鼓励国内的异见,他没有向法国学生发出任何表示支持的信息。7月,他没有发声同情被警察杀害的墨西哥学生,并派团参加了墨西哥城的奥运会。他在苏军进入捷克斯洛伐克后发表的讲话表明,他无条件地支持苏联的政治立场。从那以后,他的态度再也没有变过。古巴依赖莫斯科,尤其是在石油供应上,这种结果可能是无法避免的。令人惋惜的是,古巴的经济日益衰败,莫斯科迫使这个岛国只发展单一农业,而古巴本来可以出产丰富的粮食作物。半饥荒状态使人民日益不满,人民的不满又导致了更多的压制措施。

在这样的政治气候下,知识分子不再有任何自由。现代艺术博物馆1968年就关了,拨给文化事业的预算压缩到了最低。五百个青年被逮捕,就因为留长头发。1971年1月,卡斯特罗颁布了一项法律,效仿苏联实施的、导致布罗茨基和阿马尔里克被判刑的反"游手好闲"法。一旦被指控为"不劳而获的寄生虫",就可以被任意处罚、判刑。4月,诗人帕蒂拉被揭发是反革命,随即被关押。他写了一封胡说八道的自我批评信后被释放:他居然说勒内·杜蒙[1]和卡罗尔是中央情报局的间谍!如果这是真的,卡斯特罗本人也要被关起来,因为这两人都曾蒙他盛情款待,还与他攀谈了很久。卡斯特罗还严厉警告了其他反对革命的知识分子。当初让我们万分动心的"革命的蜜月"彻底结束了。

---

[1] 法国环保主义农艺家,致力于不发达国家的乡村发展。

另一件让我失望的事是阿尔及利亚的革命。自然，不能指望阿尔及利亚出现奇迹，在短期内建成社会主义，实现繁荣发展。在那里一百多万人死于战争，最优秀的干部参加游击队丧了命，加上一百万控制整个国家运转的土生法国人离开，国家经济状况晦暗不明。阿尔及利亚获得独立时，全国百分之八十五的成年人是文盲，重整经济必然艰难。殖民者预言的灾难并没有发生，但男性劳动力三分之一处于半失业状态，三分之一完全失业，五十万劳动者移民国外。情况本已不利于建立社会主义，领导阶层又没有为之做任何努力。他们建立的是国家资本主义体制，除了名称，与社会主义没有任何关系。在农业领域，他们没有采取措施鼓励土地集体化；在工业方面，他们也没有促使工人自治。他们非但不尝试提高民众的政治觉悟，反而鼓励他们回归落后的价值观。与突尼斯和埃及不同，政府没有采取任何措施抑制人口出生率的急速攀升，结果人口增长远远超出了资源的承受力。女性的地位更悲惨，一位阿尔及利亚女作者勇敢地写了一本书来阐述这个问题。国家以尊重传统为借口，让女性受教育的机会少而又少，女性必须戴面纱，必须待在父亲或被强加给她的丈夫的房子里。法农曾预言，阿尔及利亚女性凭自己在战争中的表现，将会摆脱男性的压迫，然而他错了。阿尔及利亚推行"进步"的外交政策：反对殖民主义，反对帝国主义。对内政策则是民族主义和反动的。没有任何迹象表明，情况会在短期内有所改变。

那么中国又在发生什么呢？这是个我很希望能够回答的问题。我在1955年曾去中国访问，回来后写了一本书。后来我也尽量努力搜集关于"百花齐放，百家争鸣""大跃进"以及人民公社时期的情况。如果说苏联提供的是富裕的社会主义发展模式，并主张不发达国家耐心等待，中国给出的模式则是贫穷的社会主义发展模式，并鼓励受压迫民族进行暴力革命：我们是赞同中国的。我说过萨特在赫尔辛基支持了中国的观点。然而当"文化大革命"爆发的时候，却没有一个人能用令人信服的方式给我们解释明白，这些字眼意味着什么样的现实。苏联和法国报纸的报道支离破碎，互相矛盾：毛泽东在长江游泳，年轻的红卫兵剪掉姑娘们的辫子，把红绿灯中红灯和绿灯的含义倒过来，挑战军队。内战爆发了，哦，不是内战，斗殴而已。他们带着看热闹似的嘲弄态度讲了些奇闻逸事，也不交代背景，只能拿来一笑。我们对这些自带恶意的报道是不信任的，但对北京在期刊上用英文和法文发表的宣传文章，我们也同样持怀疑态度。

研究中国问题的专家给出的解释比较有意思，但还是费猜测。一个说，这是经济利益的冲突；另一个说，是政治较量；第三个说，这是一场反对官僚主义的斗争。这些解释都可能部分属实，但没有一个是完全可靠的，没有一个切中要点，能让我们透过混乱的回响，搞明白中国发生的事情。

我们认识的人里去过中国的，回来后都如堕云雾，他们看到的只是"文化大革命"最表层的东西，什么也没搞明白。1966年12月，阿来霍·卡彭提[1]从河内回国，中途去了趟北京。他跟我们一样，1955年就去过北京，那次看到的一切他都喜欢。他告诉我们说，现在的北京变样了，中国变样了，成了一个可怕的世界。在飞机上，空姐们挥舞着法国人刚刚知道的"小红书"，每隔半小时，她们就对乘客宣布："现在请听毛泽东语录。"在北京，出租车司机边开车边背诵毛泽东语录，译员翻译给他听。他在机场待了四个小时，政治教员们把旅客排成两队，一直给他们念毛主席语录。全国印刷了三千五百万张毛泽东的肖像，每家每户都必须挂一张，还发放小册子，解释要在什么位置、如何安置肖像。卡彭提问一个出版社的编辑，年内准备出哪些书，答复是："只有三千五百万套毛主席著作。""可是，也得出技术书籍吧？课本什么的？""我说了，只有毛主席著作。"他在中国的短短几天里，目睹了一场颂扬淘粪工人的运动，那些人被认为是最纯粹的无产阶级。人们选了一个最有代表性的淘粪工人，请他去大学给教授讲课。[2]电影院和剧院都关了门，尽管满大街都是年轻人，卡彭提却觉得北京死气沉沉。

大概一年后我们见到了卡戴布·亚辛，1967年秋天他在北京住了一个月。他住在阿尔及利亚使馆，无论是他还是使馆的外交官，没有一个人能看明白中国发生的事。与卡彭提一样，他听到高音喇叭传出

---

[1] 古巴伟大的作家。——原注
[2] 现在我们理解了这场运动的意图：提高体力劳动的地位，拒绝过分尊崇脑力劳动。——原注

口号声，空乘和出租车司机挥舞着"小红书"。不过，街道上每天从早到晚热热闹闹，这给他一种大家都喜气洋洋的印象。"中国人可能都很高兴吧！"他说。但外国人都生活在恐惧中：一点儿小事就能让他们倒霉（政府请来的贵客当然例外，那些人走到哪儿都有中国人陪着）。阿尔及利亚大使是红头发，都不敢出门了。卡戴布晚上偶尔会出门，但也是非常谨慎。保加利亚大使跟司机一起去商场买东西，一个店员想卖给他一幅毛泽东的肖像，司机拒绝了，这可就犯了错误。更可怕的是，肖像居然掉到了地上。他们差点就被群众暴打，警察救了他们，但当天晚上使馆就着了火，火烧了三天。

我饶有兴趣地读过毛泽东的部分著作，可是"小红书"实在让我看不下去。里面的语录原本都有后文论述的，在"小红书"里被删掉了，剩下的都是些显而易见的真理，乏味得让人失望。据说，这是为了教育仍被迷信思想影响的人民，教给他们实用而理性的思想。中国人如此重视这本小册子，一定是不无道理的，但时至今日——1971年5月——我还是不明白为什么。

1967年去中国大使馆做客的经历也没有让我更明白些。我们与布尔岱夫妇、魏格尔夫妇一起被邀请参加晚宴。这次没有像以往那样上威士忌：几天前，一群年轻中国学生在使馆门前示威，抗议大使奢侈腐化。我们吃饭时喝了葡萄酒和白酒。长篇大论几个小时，其实什么也没说，这种艺术我领教过多次，比如1955年在中国，还有苏联的官方宴请。但那天晚上，这门艺术被发挥到了登峰造极的地步。文化参赞和新闻参赞都没开口，为了让黄镇大使放松一点，伊达·布尔岱跟他讲俄语，可他好像没听懂的样子。他通过翻译解释说，在北京，人们并没有焚烧贝多芬或莎士比亚的作品，而是试图让这些旧文化适应新时代。虽然北京的剧场都关了，大使夫人却向我夸耀现在上演的新京剧有多美。饭后我们喝了绿茶，为了避免交谈，大使给我们看了他在长征期间制作的画册。看来他是不好直接取消几个星期前给我们的晚餐邀请，只好违心地接待了我们。他很不安，其他中国人也是。第二天我们就听说，新华社的领导在北京被免职了。在那之后不久，大使就被召回国了。[1]

直到七十年代，我才从一些书籍和文章里找到了令我满意的对"文化大革命"的诠释：我发现这段历史真是值得深究。与苏联相反，毛泽东明智地考虑到，社会主义有其自身的矛盾，光把生产资料收归国有是不能保证工人和农民确实掌权的。而刘少奇对党的看法是斯大林式的，认为党是人民群众唯一的表达途径，毛泽东却想揭示党内的对立与矛盾以及党与群众之间的矛盾。通过鼓励张贴大字报[2]的方式，他给了人民发言权。他发动红卫兵与官僚主义精英、经济学家及改良派作斗争。他依靠军队，但并没把军队用作暴力惩戒的工具，因为军队在林彪的领导下，已经成了最高级的革命宣传机器。斗争引发的动乱，非但完全不是政权虚弱的表现，反而几乎是有意为之

---

[1] 黄镇后来重返巴黎，他是为数不多的在"文革"后恢复旧职的外交官之一。——原注

[2] 用大号字体写的海报，用以表达个人的意见或揭发人民的敌人。——原注

的，动乱的蔓延发展也是被默许的。在党、革命委员会和红卫兵起冲突时，必须有一个最高的权威：这就是那个时期树立"个人崇拜"的原因。面对那些"打着红旗反红旗"的人，只有毛泽东自己才能确定，谁是真正的毛泽东思想者。

1969年4月，党的九大在北京召开，对"文化大革命"做了总结，运动结束了。但毛泽东认为，群众与官僚之间的斗争仍将持续数十年。他发出了"继续革命"的号召，由于矛盾不断产生，因此要在革命过程中继续革命。不过革命似乎已经取得了许多成果。在医疗、教育、商业单位管理等许多领域，人们切实地在努力把基层权力下放给群众。人们也努力消除体力劳动者与脑力劳动者之间的距离，把理论教育与具体实践结合起来，把实践放在比学习书本知识更重要的位置。人们努力培养"新人"，即类似马克思曾经希望看到的那种人。

防止形成新的特权阶级，赋予群众真正的权力，让每个人全面发展，这样的纲领我怎能不赞同？然而，如果说苏联当年曾让那么多人无条件地信任，而今我却不会盲目信任中国。中国给西方看的那些宣传杂志充斥着天真的教条，这让我惊诧。如果有人跟我说，工人明明有三周的假期，可是他由于满怀社会主义热情而牺牲了假期，我的结论是，工人不能休假：热情是不能当制度的。说中国是天堂就更荒谬了，毛泽东自己都承认，革命没有完成。用不着为了赞同中国而把中国变成神话。

我们一度梦想过，第三世界的解放会给人类开拓崭新的前景。非洲人誓言重塑文化，"给彩虹增添新色彩"。如今这些希望已成泡影，"撒哈拉沙漠以南的非洲一开始就输了"，杜蒙做出这个论断距今已经数年。他的话不幸被现实证实。首先，非洲没有真正得到解放。南非继续实行种族隔离，并且得到好几个非洲国家的支持。在几内亚、安哥拉和莫桑比克，葡萄牙人的统治虽然摇摇欲坠，可仍在维持。摆脱殖民统治的人民获得了新的政治地位，但经济上仍然受着剥削。五十年代末，前殖民地独立的时候，农村人口占全部人口的百分之八十到九十。最近十年间，人口增长的速度远远超过经济发展速度，结果人民日益贫困。为了摆脱剥削，治理贫穷，某些非洲领导人试图改变殖民者留给他们的制度，但遭到攻击，被孤立起来。今天，几乎所有真正进步的政权都被推翻了。"黑色大陆"不幸地仍处在不发达状态，陷入内部纷争，而这些内斗往往为资本主义强国所鼓励，因为他们有利可图。

比亚法拉为争取独立与尼日利亚进行的三十个月的战争就是如此。亦博族1945年起就要求独立：他们是全非洲文化最先进，也最富裕的民族，不能忍受英国人支持的北方封建地主的统治，但他们在1960年犯了严重的错误，当时尼日利亚刚刚独立，控制北方的封建势力——豪萨人——取得了政权；亦博人没有与以阿沃罗沃为首的、南部第二大民族约鲁巴人结盟，反而任由领导层瓦解了阿沃罗沃的党派。亦博人为这个错误付出了昂贵的代价。1966年，一群年轻的亦博族军官发动政变，让伊鲁斯将军担任国家首脑，约鲁巴人随即与豪萨人和解。结果，伊鲁斯、所有亦博族领导人、两百名军官、三万平民（男人、女人和孩子）被屠杀，数十万人被残酷折磨。两百万人逃到东部,那里被亦博族人傲朱库控制,此人在群情激奋下拥兵自立。1967年5月他宣布一千四百万人口的比亚法拉独立,得到非洲真正的革命者坦桑尼亚领导人尼雷尔和赞比亚总统卡翁达的承认。中国本来在1968年也要承认比亚法拉,但比亚法拉有丰富的石油,资本主义列强闻风而动。英国妄图让尼日利亚维持新殖民地状态,支持拉各斯的政府,向其提供炸弹和飞机。为了抢风头,苏联和埃及也效仿英国。政府军入侵比亚法拉,八百万人受困于孤岛,与世界失去联系。拉各斯不许红十字会向他们提供药物和食品。两百万人死于饥荒和轰炸。1970年1月,尽管比亚法拉已经投降,尼日利亚政府仍以民族自尊为借口,拒绝外国红十字会的援助,判了数万名儿童的死刑。比亚法拉失败前后,我见了很多从那里回来的医生和记者,他们谈起当时的恐怖情形都脸色大变。萨特和我与几个左派人士共同发表了一篇文章,写道:"比亚法拉的希望被谋杀后,流氓政治的统治已经蔓延到了全世界……杀人凶手和听命于他们的理论家们可以庆功了:他们统治了全世界。"

拉各斯的宣传家们想让我相信,要实现社会主义,就必须维持当年英国人为殖民而划的边界线。法国左派大多数亦步亦趋,跟着苏联,赞同马琳斯特拉斯[1]在《现代》发表的文章里的说法,即"顺应历史的种族屠杀"。然而,亦博是一个民族,左翼既然认为被压迫者的民族主义斗争是走向国际主义最可靠的途径,就应该承认亦博人有

---

[1] 法国历史学家。

民族自决的权利。他们即便觉得拉各斯的政治诉求更为正当，也不该心甘情愿地接受整个文化的灭绝和对两百万人的屠杀，更不用说整整一代儿童也在罹难之列。这种冷漠的态度不禁使人怀疑，他们对越战中残害儿童的行为表现出的愤慨是否真诚。那次屠杀之残忍、规模之大给我的厌恶之感是这些年来少有的，而法国和全世界的"进步人士"几乎都宽容地接受甚至鼓励着这些恶行。

多年以来，他们同样是沉默地任由苏丹政府屠杀尼罗河流域的人民。直到尼迈里野蛮镇压1971年1月企图起义推翻他的军官和工会分子——酷刑，用残忍手段大批处决、抓捕共产党员——他们才开始着急。

拉美的状况也不是很乐观。古巴革命的奇迹不可能发生第二次。我认识委内瑞拉、玻利维亚和哥伦比亚的一些革命者，这几个国家的左派阵营都四分五裂，游击队难以掌控，革命者遭到严厉压制，几乎没有成功的可能。但听到几乎到处都有力量起来反对美国支持的政府，这仍让人感到欣慰，我不止一次地为图帕玛洛斯[1]的成就感到欢喜。另一方面，阿连德在智利的当选也是左派的一大胜利，虽然这胜利也许并没有未来。

1　全称是"民族解放运动——图帕玛洛斯"，二十世纪六七十年代活跃在乌拉圭的极左派游击组织。

我和萨特1960年重返巴西时都认为,这个国家在很长一段时间里都不可能发生社会主义革命。巴西著名共产党人普莱斯泰却做出了相反的断言,另一位著名的托派经济学家也做出了相同的分析:两人都用抽象的马克思主义理论推演出社会主义必将胜利。实际上,根据我们的观察,巴西无产阶级的状况与农民相比要好得多,他们并不希望发生革命。东北部的农民有革命的条件,却全无革命的力量。但我们对1964年的政变完全没有思想准备。巴西朋友们曾告诉我们,由于众多原因,军队软弱无力,没有能力夺取政权。然而军人推翻了古拉特,把政权交给了加斯泰洛·布朗克。这场在美国怂恿下的政变,把整个国家的经济命脉交到了美国人手中。在反社会主义的浪潮中,人民失去了一切自由:恐怖笼罩了工会和农村,薪资全面下降,《人身保护法》停止实施,大批民主人士和知识分子流亡海外。抵抗力量在行动,然而人们都知道政府的镇压手段多么残忍:关押、酷刑折磨、有组织暗杀。我在巴黎见过一些反对派人士,他们有的自己受过酷刑折磨,有的家人被关押、毒打甚至失踪。全国弥漫着一股互相猜疑的气氛,去牢里探监的人假装互不相识,生怕被哪个邻居牵连。哪怕一点颠覆的念头都没有,学生们也不敢告诉同学自己的观点。在恐怖的气氛下,要组织反对力量变得十分困难。

我的一些巴西朋友还详细介绍了多年来巴西用来灭绝印第安人的办法。他们对这种有组织的谋杀完全无能为力,唯有绝望。今天此事虽已众所周知,但任何抗议都无济于事,我在这里也就没必要再说什么了。

最近——1972年1月——我听说，阿根廷又在大肆抓人。反对派和那些被怀疑是反对派的人都被逮捕入狱，受到可怕的酷刑折磨。一位朋友给我来信，说她儿子在监狱里长期受电刑折磨。这引发了抗议，政府回应说，是犯人们自己以头撞墙，"我们总不能把牢房都包上软垫吧。"

美国要为巴西的政变负责。在西班牙，美国支持的佛朗哥政权实行警察专制，这一点在布尔戈斯事件[1]中体现得淋漓尽致。他们在希腊扶持的也是残酷的警察独裁政权。1967年4月21日，在美国的煽动下，希腊军人在雅典发动政变夺权。当时由于国内普遍存在不满情绪，寡头集团认为继续搞议会民主很危险。经济控制在大的垄断集团手中，只为他们服务，无视人民利益。工人、农民、小资产者及部分中产阶级开始结成同盟，民主力量以压倒多数的优势赢得选举指日可待。为了对抗民主，军队启动了所有北约国家都必须实施的"反颠覆计划"，金融寡头又一次镇压了民众，政党和议会都不复存在，人民再也无法表达政治观点。政府实行了愚民政策，培训干部以供实用，但思想和创造都受到压制。祖先崇拜的观念和中世纪的宗教教条沉渣泛起。乡村民不聊生，大批农民进城却只能失业。同时，任何反对力量都遭到野蛮镇压。希腊原来就存在警察专制，如今更是有过之无不及。任何公民，只要被怀疑同情共产党、同情民主，就会被关押、酷刑

---

[1] 1970年在西班牙布尔戈斯，十六名巴斯克民族组织"埃塔"的成员被审判。

折磨或流放。部分人流亡到巴黎，艰难度日。

美国一旦觉得某个民族或人民运动威胁到他们的利益，就要出手镇压。为了能让自己舒舒服服地掠夺第三世界的财富，美国人让数百万人过着非人的生活。然而，荒谬至极而又令人气愤的是，经济学家们告诉我们，这掠夺来的数十亿美元并没有让美国人民过得好一些：大多数的美国人——尤其是黑人——生活贫困，有的甚至极度贫困。政府把巨额收益投入了战争工业，结果，美国在疯狂开发地球中取得的最大成就，就是让自己具备了毁灭地球的能力。

我在第一次赴美时就对美国国内黑人的状况感到愤怒，近几年越发令人发指，这导致非裔美国人之间的暴力事件增多，随之而来的是政府进一步的强压。黑豹党成员纷纷被抓捕、收监、暗杀。警方似乎成功地瓦解、削弱了大批民间运动组织，其中包括推崇恐怖手段的白人革命组织"气象人"。然而，我与之交谈过的多数美国人都认为，政权已摇摇欲坠：国内暴力事件频发，失业严重，大批人口靠救济金生活，经济即将崩溃；在技术层面上也存在着无法解决的矛盾。"崩溃是一定的，因为无法持续下去了。"许多朋友这样说。这场崩溃会引发全球革命吗？我不知道自己能否活着看到那一天，不过这种前景使我感到欣慰。

第八章
别无他求

1962年到1968年，我几乎没关注过法国的事情。右翼团结一致，对执掌大权心满意足，除了保住权力别无他想；左翼四分五裂，徒劳无功地试图制定各派认可的共同纲领。左右翼的对抗没有任何让人振奋的结果。1965年总统大选时，戴高乐没有取得半数投票，这令我略感欣慰；但对他最重要的对手密特朗，我并无什么好感：我对他的政见和他代表的集团都很陌生。我不再像阿尔及利亚战争期间那样，在惴惴不安中度日，但也不为自己的国家感到自豪。法国与佛朗哥统治下的西班牙恢复了关系，尽管佛朗哥杀害了格里姆[1]。不承认

---

[1] 西班牙共产党领导人。

马提尼克是法国省份的十三个马提尼克人被捕入狱；本·巴尔喀[1]事件令法国蒙羞：第三共和国和第四共和国没有一桩丑闻比政府刻意掩盖的这一阴谋更卑鄙了。我也关心共产党内的冲突和一些群众运动——农民骚动、煤矿破产引起的工人罢工等，但没有一件事让我觉得直接与己相关。

因为曾经当过老师，对年轻人又有好感，我对校园里开始出现的问题非常关注。1964年2月，法国全国学生联合会的主席克拉维茨给《现代》写了篇文章，抨击教授主讲课[2]制度，要求重塑文化和自由的观念，改革学生与教师的关系。学联要破除一切上下级关系，提出了"索邦[3]属于大学生"的口号。1965年，《现代》就这个问题组织了辩论，克拉维茨和一些同学批判了大学生受技术官僚钳制的现象。编辑部有些成员不认同这些观点，萨特和我认为他们说得对：应该想新的方式传递知识了。

其他国家也出现了类似的动向，并带有政治诉求。1964年12月，美国伯克利发生了学生示威，与公民权利有关。在德国，大学生在美国使馆门前集会，抗议越南战争，往使馆墙上扔鸡蛋。一年后，他们又拒绝接受考试改革条例，占领了校园。风潮渐渐演变成一场对资本主义社会的全面质疑，社会民主党的学生组织S.D.S.散发革命传单。

---

1 摩洛哥泛非主义、社会主义政治家，反对国王哈桑二世。1965年10月在巴黎被绑架，始终下落不明，法国与摩洛哥政府是否参与此事没有定论。
2 指大学里主要由老师讲，而不是学生参与或实践的课。
3 指索邦大学。

1967年4月，该组织举行了反对汉弗莱[1]的示威；1月份组织示威反对伊朗的沙阿[2]：警察开枪打死一名学生，又引发了大规模的学生运动。尽管政府逐渐加大镇压力度，学生们还是组成了几个行动委员会，成立了一所"批判大学"。运动席卷了全德，他们反对越南战争，在国内则反对斯普林格报业托拉斯。在英国、荷兰、斯堪的纳维亚、意大利甚至西班牙，都发生了激烈的学生运动。

在法国，报纸上对此类事件的报道就远没有那么引人注目。1967年米索夫[3]去南泰尔[4]为游泳池剪彩，受到当时无名小辈科恩–本迪特[5]的攻击。也是在南泰尔大学，学生们抗议不许进入女生宿舍（男生宿舍则随意出入），高喊"反对性别禁闭"的口号。1968年2月，学生们占领了女宿舍区，还抗议学习条件简陋。报纸上对这些诉求报道很少，我也没有注意到事态有多严重。

跟大家一样，到了3月份，我开始感到事情闹大了。3月17日到18日夜里塑料炸弹袭击事件后，抓了四个中学生，都是反越战委员会的成员。3月22日，在科恩–本迪特的提议下，南泰尔大学的学生们占领了行政楼；他们起草了行动纲领，反越战，反对自己受到的压迫。在接下来的日子里，他们散发传单，扰乱上课及考试。周末，校长格拉潘关闭

---

[1] 休伯特·汉弗莱，1965年至1969年任美国副总统。
[2] 伊朗国王的称号。
[3] 时任法国青年与体育部部长。
[4] 位于巴黎郊区，南泰尔大学所在地，一般代指南泰尔大学。
[5] 德国裔，后来从政。

了南泰尔大学校门，学生们就跑到索邦大学的阶梯教室开会。4月12日，他们在拉丁区组织示威，声援鲁迪·达斯科，他是S.D.S.的领袖，前一天被一个德国法西斯袭击受重伤。

后面的事情我们都知道了：格拉潘关闭南泰尔大学，试图安抚"疯子们"，后者占领索邦大学，罗什校长叫来了警察。学生们撤出索邦大学[1]，一大批人在门口被抓。中高等教师联合会呼吁教师全面罢课，学联准备5月6日举行大游行，科恩-本迪特和其他几个学生领袖在那天要接受校纪委员会的处理。

5月6日，在拉丁区，学生和警察的冲突持续了一整天，整个圣米歇尔大街都弥漫着催泪瓦斯的味道，这味道后来成了家常便饭。当天晚上，我一反常态地打开了收音机，一听就听了四个小时。欧洲一台和卢森堡电台一秒不漏地详细报道了圣日耳曼大街上的战斗：透过记者有点气喘吁吁的话，能听到背景中人群的喊声和时不时爆炸的声音。非同寻常的情况出现了：示威者筑起了街垒，用石块击退了防暴警察，甚至逼退了向他们冲去的消防车。第二天才听说，警察野蛮地用大棒殴打学生，把他们一直追到居民楼里都不放过。学生们在警察局被拳打脚踢，被囚车运到博荣的更是如此。但这些刚刚释放出来的新生力量会被镇压下去吗？我和朋友们都希望，运动能对政权有所撼动，甚至削弱：暴动很快变成了起义。

第二天，近五万名示威者高唱《国际歌》，举着红黑两色的旗帜

---

[1] 通常指巴黎一大，又称索邦大学。

从丹佛-罗什罗广场向星星广场进发。索邦大学被警察团团围住，无法进入，但校纪委员会处理科恩-本迪特和他的同志们的事情不了了之。

5月10日那个惊心动魄的夜晚后来被一遍遍讲述：盖吕萨科街竖起了街垒，许多汽车被烧，警察们争先恐后地对付学生，街区的中产阶级居民们先是被无节制的暴力场面吓坏了，然后自己也成了受害者——无辜的路人遭到殴打——居民们开始尽力救助学生。舆论一时鼎沸。

共产党一开始是抨击学生的，他们在《人道报》上撰文，谴责"德国无政府主义者科恩-本迪特"等。8日，法国总工会、民主工联与教师学生联合会举行了磋商。10日，也就是巷战出现之前，两大工会组织，即教育界联合会和全国学联发出了无限期罢工和示威的命令，抗议当局的镇压。5月13日，尽管从阿富汗回来的蓬皮杜下令重新开放索邦大学，但当天下午，从共和国广场到丹佛-罗什罗广场又爆发了大规模游行，参加的有学生、工人代表和左翼领袖。队伍共计有五十万到六十万人，索瓦若、盖斯马尔和科恩-本迪特领头——总工会试图把他们排挤出去但未果。示威者高喊横幅上的口号："学生、教师、劳动者团结一致""十年，我们受够了""人民政府"。然而，工人们被总工会牢牢控制着，与学生的接触受到限制。在丹佛-罗什罗广场，总工会用扩音器和架在卡车上的高音喇叭喊话，下令会员们解散。数万名学生，连同部分工人来到战神广场举行集会，然而双方话不投机，无法对话。但对南泰尔大学的"疯子"们而言，能够在十天之内成功地动员了工会，已是巨大的胜利。运动愈加深入人心。

许多教师对学生表示支持，包括洛朗·施瓦茨，他在不久前还因为信奉自然选择被南泰尔大学的学生们起哄。卡斯特勒、贾科布和莫诺布等教授都对学生施以援手，在巷战之夜站在学生一边。我们虽不是老师，却感到不能袖手旁观。5月9日我们发表声明，表示对异见者的支持，赞扬他们"努力通过一切手段摆脱被异化的命运"。声明里又说，我们希望他们能够保持"拒绝的力量"，因为那是通向未来的途径。5月12日，萨特在卢森堡电台说，学生们对待大学唯一有意义的做法，就是砸碎大学，因此学生必须走向街头。他的话被印在传单上，在拉丁区散发。

索邦大学的大门一打开，学生们就占领了校园。无论在我勤勉的青年时代，还是1968年初，我都从未想象过这种过节一般的景象。红旗在教堂顶伟人的塑像上迎风招展，墙上涂满了几个星期前南泰尔大学的学生们刚想出来的精彩口号。走廊里时不时出现新的标语、传单、宣传海报和漫画，台阶上、院子里到处是热烈讨论的场面。每个政治派别都有自己的宣传台，散发传单和报纸。声援巴勒斯坦的台子旁边，就是"左翼犹太复国主义者"的位子。年轻的和不那么年轻的人们，争先恐后地往阶梯报告厅跑：谁都可以上台发言，讲述自己的经历，阐述观点，提出建议。听众给予回应，或赞同或批评。教室变成了新闻办公室，阁楼里设了托儿所。很多学生在学校过夜，钻到睡袋里睡觉。同情学生的人们送来果汁、三明治和热腾腾的餐食。

我时常与朋友一起来学校，在楼道里或院子里随便走走。我总能碰到认识的人。我们散步、聊天、听人辩论：很多人都在讨论以阿冲突和巴勒斯坦问题。5月15日起，奥德翁广场也成了节日的一部分：学生们占领了歌剧院，楼顶上飘扬起了黑旗。那里也出现了热烈讨论、踊跃发言的场面。乐队演奏着爵士乐和舞曲，男女老少亲如兄弟。

然而学生们明白，如果想推翻政权，就需要工人阶级的支持。学生们点燃了革命的怒火，然而仅凭自己却无法完成革命。5月17日，他们高举索邦大学的红旗来到比扬古，打着横幅，上面写着："工人阶级从学生孱弱的手中接过斗争的旗帜"。南特爆发了罢工，随后蔓延到全国。接下来的几天，巴黎变了样。18日，公共交通停运。香烟几乎买不到了，银行关门停业，到处都没有现金。开始出现油荒，少有的几家还开着的加油站前排着长长的车队：到了21日，加油站全部关门了。清洁工人罢工了：垃圾桶满得溢了出来，人行道和马路上全是垃圾。到了24日，参与罢工的人数到了九百万到一千万。罢工者提出的诉求远远超出了提高薪金的范围；他们占领工厂，遍插红旗。他们高喊口号："十年，我们受够了——工厂属于工人——权力属于劳动者"。学生们试图与罢工工人联系，他们成群结队前往工厂，却发现工会把门封住了。教育界联合会的罢教行动在持续：这是一场无期限的罢工，教师们把它延长到了一个月，打破了惯例。

5月20日晚上，几个作家受邀来到索邦大学与学生们座谈。晚上十点，我和萨特以及几个陪同的朋友，在巴扎尔酒吧前见到了一个学生代表，他惴惴不安地对我们说："今天完全不是传统形式的座谈，有可能会很激烈。"演讲者得坐在大厅里的人群中间，没有话筒，人们可能听不清他讲话。萨特可能多多少少会被人起哄，有些人不喜欢他，而且大厅里有很多爱挑事的人，我们甚至可能要应付斗殴。我上楼的时候心里略有不安，"文化风暴中心"里已经坐着玛格丽特·杜拉斯、杜维尼、克洛德·鲁瓦、另外几个作家、活动的组织者以及社会学家拉帕萨德。后者是中心的主任，他明确告诉我们，场面会相当激烈，我们可能都进不去阶梯报告厅，因为大厅通常能容纳四千人，今晚却挤进了七千人，他建议我们到院子里去，在那里讲话，大家马上就往外面走，但我们拒绝了。再说了，我们怎么才能走出这个大厅呢？楼道里也挤满了人。我们在原地踌躇时，萨特突然被带到了广播室。他通过话筒从窗户向挤在院子里的学生们讲话。接着，有人说他不见了，我正着急，就听说人们终于让他进了阶梯报告厅。他还能出得来吗？那里会发生什么呢？过一会儿，一个学生过来告诉我们，讨论已经开始，一切正常。有几个作家不满地唠叨，为自己白跑一趟生气。"这么追捧名人我可是受够了。"玛格丽特·杜拉斯说。

　　我和朋友们去巴扎尔酒吧等萨特。一个小时以后他来了，后面跟着一堆学生、记者和摄影师。他说，刚进报告厅的时候，现场嘈杂，不过他说了几句话之后众人就安静下来。他告诉听众，自己对他们发起的"让所有现存机构都不安的野蛮的民主运动"寄予厚望。整整一个小时的时间里，他回答了大家的问题，结束时全场给他热烈鼓掌。其他几个朋友过来与我们会合，他们八点钟就坐进报告厅了，后来人越来越多，到九点钟厅里已经水泄不通，几个学生爬到笛卡尔雕像的胳膊上，还有的坐在黎世留像的肩膀上去了。奇怪的是，这些人明明是冲着萨特来的，但由于害怕被当作"名人崇拜"，谁都不提萨特的名字。

后来我们与学生运动始终保持着联系，与盖斯马尔多次会面，萨特为《新观察家》写了采访科恩-本迪特的文章。我们周围的年轻人加入了行动委员会，他们叫卖《行动报》，散发传单，参加每一次的游行示威。

为了抗议科恩-本迪特被驱逐出境，学生们在23日到24日夜里再次筑起了街垒，与当局发生了激烈冲突。24日，全国总工会组织了两次示威，声援罢工者，示威井然有序，没有发生任何冲突。当天晚上，大批学生聚集在里昂火车站前，听着收音机里戴高乐宣布举行全面公投的讲话，发出一片嘘声。大群学生在盖斯马尔的带领下赶到股票交易所，点燃了大火。"维持秩序"的警察大打出手：殴打、强奸，很可能还有谋杀，只不过被用交通事故掩盖了。5月27日，在夏莱提体育场召开大会，孟戴斯-弗朗斯[1]与密特朗达成和解，尽管总工会不在场，这次会议似乎带来了很多希望。两天后，总工会举行示威。左派或许能从此结成联盟，提出反对资本主义的纲领，成立过渡政府。

实际上，从那天起，革命开始退潮了。戴高乐在巴登-巴登与军队秘密会商后返回巴黎，宣布解散议会。5月30日，戴高乐派在香榭丽舍大街游行。汽油恢复供应，巴黎人成群结队开车出去度周末。塞吉[2]吹嘘工会取得了"辉煌的胜利"，决定停止罢工，指责支持罢工的学生是

---

1 法国犹太裔政治家。
2 当时法国总工会的秘书长。

"挑衅者"。大批学生仍然来到弗兰[1], 抗议警察进驻雷诺工厂。学生中的吉尔·托丁在躲避"维持秩序力量"的抓捕时溺水身亡。第二天, 警察又在索肖杀死了两名工人。当天晚上, 全法学联召集学生在巴黎东站集会, 抗议镇压, 警察严密封锁了周围地区。拉丁区发生暴力冲突, 游行人群攻击汽车, 冲击警察局, 砍倒大树, 焚烧汽车, 砸碎橱窗, 四百多名示威者受伤。但他们的暴力行为吓坏了居民, 人们不再对示威者表示同情。警察使用了新的技术手段, 人们无法再召集大规模集会。游行示威被禁止, 人群被驱散。雪铁龙厂的罢工继续, 九百名领月薪的工人被解雇。法国广播电视局也发生了罢工, 所有参与的人员一律被停职。

我最后一次去索邦大学是6月10日, 碰见了拉帕萨德, 他非常激动。"这儿正在发生可怕的事,"他说,"我带您去看。"地窖里全是老鼠, 他说这会引起严重的瘟疫。"其实瘟疫只有一种,"一个年轻医生说,"阴虱。"两人都说风气越来越糜烂了, 一到夜里, 校园里就全是颓废青年、妓女和流浪汉。无论几点, 楼道里都有毒品贩子, 阶梯报告厅里弥漫着大麻和迷幻药的味道。我们上楼去"民间"医务室, 医生说有人整瓶整瓶地偷正规医务室的吗啡。拉帕萨德说那里的人贩毒, 还堕胎。他叫开一扇从里面反锁的门: 是个小房间, 里面有一个柜子和一张床。他夸张地介绍了我, 并问是谁在这个地方胡闹。"我们给疲倦的作家们做护理。"一个年轻姑娘说, 同时无礼地打量着我:

---

[1] 巴黎附近, 雷诺工厂所在地。

我确实像是在多管闲事。从楼梯往下走的时候，医生说他要去雷恩做宣传工作，从那儿带土豆回来给罢工的人。至于索邦大学，他可是受够了。拉帕萨德指着那些戴头盔、手持铁棒的"加丹加派"[1]，他们保卫索邦大学不受"西方党"[2]的攻击，在与警察冲突时表现得十分强硬。但拉帕萨德觉得学生们被这些雇佣兵控制是很危险的事，这些人没有什么政治信仰，其中有些确实曾在非洲军队中当过雇佣兵。拉帕萨德很想带我去地窖里看看老鼠，可我拒绝了，我还拒绝如他所愿写文章批判"索邦大学的腐烂"。我不认同他的观点，再说也不该由我来批评大学生。最后，他想要的文章6月12日发表在《世界报》上，作者是基洛德·德·赖安。

不久，索邦大学和奥德翁剧院被清场，警察再次进驻拉丁区。几个学生从屋顶扔了几个莫洛托夫燃烧瓶，然后一切归于平静：死一般的平静。街道上重铺了沥青。工人们踩着梯子，颇有章法地刮掉墙上的标语，撕掉招贴画。人们起初同情革命，或至少对革命采取宽容态度，如今大家都害怕了，渴望秩序。戴高乐派在选举中大胜，革命流产了。

学生里最清醒的那部分人从来就没指望这次革命成功。他们几乎都是声援越南委员会的成员，深受越南抵抗运动的影响。越南人证明，只要有坚定信念，人少也可以战胜强敌。这是他们甘当革命火种的原因。但他们知道，自己发动的伟大运动不可能马上就推翻政府：

---

1 加丹加是刚果（金）的一个省份，二十世纪六十年代曾闹过独立。
2 二十世纪六十年代法国成立的极右政党，信奉新法西斯主义，反犹、反共。

"革命不可能一天就成功,学生与工人的联盟也不是一天就能建成的。"科恩-本迪特说。他们承认自己失败了,但仍保持希望:"这只是开始。我们继续斗争。"

萨特在好几次采访中谈到了在他眼中"五月风暴"的独特所在。以往革命的动力是满足需求,而这次大学生们提出了全新的诉求:主权。在技术官僚社会里,权力比财产更重要。学生们想要的就是权力:把命运掌握在自己手中的权力。他们看明白了,在这个非人的世界里,人是由自己生产的物品或自己的作用来定义的:他们反抗这种现实,要求自行决定自己的角色。青年工人们效仿了学生的做法,起来反抗无产阶级的生存状况,这是个全新的现象,非常重要。

现有秩序的维护者们只想以浪漫主义的青春爆发来解释"五月风暴",然而这是整个社会的危机,不是某一代人的危机。学生人数越来越多,他们看不到任何前景,新资本主义矛盾就在他们这个环节爆发了,把整个体系牵扯了进来,无产阶级首当其冲。这就是近千万劳动者投入罢工的原因。三十五年来,第一次在一个发达资本主义国家发生了革命,发生了向社会主义过渡的可能性。"五月风暴"表明,通过斗争是可以让工人阶级掌权的,群众发挥创造精神也是必需的。运动还指出,社会主义斗争想取得成效,就必须成立有能力在发达资本主义国家成功进行革命的先锋队。

"五月风暴"间接地导致了1969年4月27日戴高乐的失败,我们为之欣慰。当权者的惊慌让我们感到可笑。在一次电台演讲中,拉玛莱纳[1]惊慌失措,竟把瓦尔代克-罗舍[2]叫成巴尔泰克-瓦舍。这些先生宣称将会发生"骚乱",然而一切正常。当然,博舍和蓬皮杜谁能当选,我们并不感兴趣,对这种换汤不换药的选举我们一点都不在意。与很多法国人一样,我们放弃了投票。

我们希望跟左派保持联系。他们能不能在《现代》开固定专栏,表达自己的观点呢?1969年夏天,我们在罗马见了科恩-本迪特兄弟、克拉维茨、弗朗索瓦·乔治和他们的几个同志。他们刚从意大利某个海滨度假回来,看上去很紧张,互相之间有些敌意。他们怀念五月的运动,每人都强调自己的作用,指责对方思想陈旧。让人尤为震惊的是,他们都觉得自己失败了。五月的节日结束了,他们两手空空,指责《现代》杂志社,说我们变成了官僚机构,我们联合左翼派别的想法于是成了泡影。

不过萨特还是时不时与左派分子见面。1970年4月,左翼无产阶级党感到备受孤立,有亡党的危险,于是跟萨特联系。他们的机关报《人民事业报》时不时被查封,两任社长勒邓戴克和勒布里先后被捕。自1881年以来,只有在二战期间法国才有报社社长被抓捕这种事。面对这种毫无顾忌的压制,我们能做什么呢?考虑了种种方案后,萨特决定自己担任《人民事业报》的社长。他声明自己并不是对该党的所有观点都能认同,尤其不能接受左翼无产阶级党把自己的行动

---

[1] 法国右翼政治家。
[2] 当时法共总书记。

比作抵抗运动，把法共当作法奸，声称法国被资产阶级"占领"，宣布要"解放"法国。他认为这些说法既站不住脚又十分笨拙。不过他其实是同情毛派的，赞同他们唤醒革命暴力，而不是像其他左派政党和工会那样让革命的力量沉睡。被当局允许的行动——请愿、集会——都是无意义的，必须采取非法行动。他决定正式接管《人民事业报》，为报纸上发表的所有文字负责。他本该立即遭到逮捕，然而并没有，当又一期报纸被查获的时候，当局只是发起了法庭调查。

5月底的一天，我陪他出庭。出庭的还有勒邓戴克和勒布里。法院周围全是警车，法庭里座无虚席。我身后坐了两排便衣警察，其他警察穿着警服站在大厅四周。我看见观众席上坐了许多我认识的人，其中有吉赛尔·哈里米。萨特要到傍晚才会被传唤上庭作证，中午时，我们去旁边的餐馆吃饭。那天早上，当局宣布了左翼无产阶级党解散令，几个记者过来请萨特就此事发表看法，但我们对此事并不知情。过了一会儿，吉赛尔·哈里米来找我们，说，庭上宣读《人民事业报》上那些获罪的文章时，在座的律师和实习生——人数很多——都吓得发抖："这种东西怎么能印在纸上！"

我们回去就座时，一个前煤矿工人正被传唤，他的父亲死于矽肺。他描述了煤矿工人的生存条件，指责社会任由他们陷入绝望；他赞扬《人民事业报》给劳动者说话的机会，而资产阶级的报纸却压制他们的声音。接下来，一个留长发的技工作证，说左翼无产阶级党搞了大量地铁票发给工人使用，另一个工人控诉了警察在弗兰使用暴力。一个方济各会修士说自己也被控有罪，因为他办了一家与《人民事业报》持同样观点的报纸。著名的多明我会的卡波奈尔神甫引述教皇通谕，指责富人们行盗窃之实。这些证人的发言都感情充沛，极具说服力，然而都像是对牛弹琴，判决早就预先定好了。

萨特指出，他自己站在证人席，而另两位社长却在被告席上，这是卑鄙的。他并不是要让自己也被捕，而是要求释放勒邓戴克和勒布里。律师问他，他如何解释左翼无产阶级党恰好在开庭同一天被解散的事，但庭长不许他回答这个问题。

检察官要求法庭永久取缔《人民事业报》，但被驳回，报纸得以继续合法存在。

大学生组织了集会，巴黎三大桑西耶校区的自然科学学院，警察和学生在街垒两旁对峙，拉丁区和圣日耳曼大道也筑起了街垒，凌晨三点人们才散去。第二天，法庭宣布勒邓戴克入狱一年，勒布里八个月。判决一下来，小股抗议分子采取暴力行动，警察骑着摩托车追捕他们。盖斯马尔被控在集会中言语煽动"打砸分子"，当局对他发出逮捕令。警察开始到处抓他。

几天后，警察包围了承印《人民事业报》的西蒙·布吕蒙塔尔的印刷车间，幸好印好的七万五千份报纸已经转移到妥善的地方。警察想把布吕蒙塔尔带走"羁押"，受到了工人们的阻拦。第二天，我家召开了记者会，揭露这些粗暴行径：布吕蒙塔尔完全有权印刷一份合法的报纸；刁难骚扰他的合法业务，这才是非法行为。卢森堡电台和好几家报纸，包括《世界报》，都报道了这次记者会。

我们成立了"《人民事业报》之友"协会，米歇尔·莱利斯和我担任主席。警察总局拒绝为我们注册，我们发起了诉讼，开始被驳回，后来我们赢了。萨特与达维齐斯、狄戎、哈尔巴赫及许多人一起，加入了帮助受迫害者的"红色救援"组织，希望借此把不同派别的左翼人士联合在一起。

三十个人因为售卖《人民事业报》，被指控试图重建"左翼无产阶级党"被捕入狱，《人民事业报》之友协会的几个成员决定上街自行散发报纸。我们并非如迪托尔德[1]先生或《时刻周刊》[2]说的那样，是故意让自己被逮捕，而是明知政府不会抓我们。这样当局就陷入了自相矛盾，虽然我们只有十几个人，可是后面跟了一大群记者和摄影师，结果闹得动静很大。在我再熟悉不过的达盖尔街，就在我每天都去采购的一家店铺门前，我们从汽车里取出几大袋报纸和传单，每人分到一部分。刚到早上五点半，许多人在早市上买东西。我们在一片熙熙攘攘中，一边分发报纸一边放声高喊："读《人民事业报》，维护新闻自由！"我们上了勒克莱克将军大道，那里人流更多。有人带着责怪的口气不要我们的报纸，一个男人说："这已经被取缔了！"有些人漠不关心，有些人主动向我们要。一个卖鱼的女商贩坐在摊位前，问我："人们把有毒的药卖给我们，你们的报纸讲这事吗？""所有对你们做的错事我们都讲。""那给我一份。"人群开始聚集，一个年轻警察叫住萨特，从他手上拿走了一摞报纸，抓住了他的手臂。摄影师们立刻对

---

[1] 法国著名作家，坚定的戴高乐派。
[2] 极右杂志。

着他们拍个不停。我们向警察局走去，路上有人喊："你们抓了个诺奖作家！"警察放开了萨特，但萨特还跟着他，协会的人们高喊："抓小偷！"警察的步子越来越快，几乎要跑起来了，我们这才放过他，回来接着发我们的报纸。人们觉得又好玩又好奇，开始争抢报纸。我们走到阿莱西亚街时，手上都已经空了。我们找了个安静的地方坐下来，起草了一份新闻通稿，发给各报。卢森堡电台已经播出了事件的报道，我们听到电台传出了刚才的喊声"读《人民事业报》"以及萨特边走路边解释我们的行动：《人民事业报》未被取缔，所以那些因为卖报纸而被捕的人受到了非法对待。我们的报道持续了三十五分钟。《世界报》在6月22日对这次行动做了全面报道。

26日周五，我们再次出动。这次人数比上次多得多。我们在莱克斯餐厅门口（就在《人道报》对面）集合，向斯特拉斯堡－圣德尼区进发，后面跟着记者和摄影师。我们把报纸散发给行人和坐在露天咖啡座的人。人们看我们的眼神有冷漠，有敌意，也有赞许，很多人冲我们微笑。一刻钟后，我们穿过马路，顺着人行道的另一边返回。四五个警察走近我们，然后又离开了。他们开着囚车回来，对我们说："这不是逮捕，只是带你们去警局查验身份。"汽车开到警局门口，他们让我们所有人都进去，除了萨特。警察对他说："萨特先生，您可以走了。"里面已经有我们十多个同志，我们一共二十多个人。警察正在检查我们的证件，萨特进来了。他一个人站在街上，手上还抱着一摞报纸，于是发起报纸来，警察就让他进来了。

警察开始给我们建档："除了萨特先生，还有其他名人吗？贝特朗·德·波伏瓦,这不是那个作家吗……"我们齐声回答:"我们全都是名人。""可我一个都不认识你们。""您不知道,不是我们的错。我们可都是名人。""好吧,那我也是名人。"警察一脸受够了的神气说。警察们让我和萨特去另一间办公室:他们打算把我们俩放了,留下其他人。我们拒绝了。警察们忙乱起来,他们对着电话说了很长时间,其中一个人大声说:"这事真是胡闹!""这话可是您自己说的!"我们中的一个人说。我们都觉得好玩极了,他们显然是接到命令,必须释放我和萨特,但要把其他人留下,可我们的态度让他们无计可施。一小时后,来了一群便衣,还有一个穿着银线饰带制服的警官。他私下里向萨特保证说:半小时后你们就全都自由了。可以,但我和萨特要最后走,我们说。最后,我们被几个几个地放走了。萨特走了两分钟后,我走出警局,在街角看见他身边围了一堆记者,他正对着话筒接受采访。我也讲了话。萨特再次解释说,他的目的不是要让自己被捕,而是要让当局自相矛盾,这个目的已经完全达到了,有警察的惊慌失措为证。这些声明和事件经过都传给了在卢森堡电台主持节目的特吕弗,通过他报告给了听众。行动产生了很好的广告效应,当晚电视台也做了报道,给予了很全面的评价。瑞士、德国、意大利和英国的电视台也做了报道。这又使得法国报纸拿出了大量篇幅评论此事:《战斗报》出了一整版,《世界报》和《费加罗报》都刊登了长文。《法兰西晚报》登了一幅萨特和我正从囚车的窗栏往外看的照片。只有《巴黎新闻报》恶毒地说,萨特因为被释放而大发雷霆。

在巴黎或者夏天在罗马,萨特继续与左派人士保持联络。他接受了《国际白痴报》的采访,当时我已同意担任这家杂志社的社长,但对该杂志的观点有保留意见,正如萨特对《人民事业报》的看法一样。回到巴黎后,萨特又接受了另两家左派报纸的采访,《一切报》和《人民之声报》,还为"红色救援"出了很多力,该组织已经在法国不少城市有了分部。

政府继续没收《人民事业报》,然而这阻挡不了报纸广泛发行。1970年秋天,我们又搞了一次宣传活动。第三十七期出版的时候,报纸之友们去印厂集合,其中一位骑摩托来告诉我:"您家的街角上有一辆警车。"虽然明知萨特一直受警察监视,我还是感到难以置信。但我们的车一发动,警车就在我们后面跟着。我们在萨特家楼下停车时,警察也停了。我们的司机利索地把警车甩掉。那天秋高气爽,天空湛蓝,树叶金黄,驱车穿过巴黎是一桩赏心乐事。车间里,机器轰鸣着把印好的报纸折起来。没到十二点就已经聚集了一大群人,报纸和电视台都来了很多记者。马斯佩罗[1]、布吕蒙塔尔和萨特都接受了记者的采访。我们运了三千份报纸到马斯佩罗家里:先前甩掉的便衣警察又跟上了我们,但没有采取行动。我们把部分报纸存放在"悦读"书店,然后上街散发。一辆警车停在离我们几步远的地方,但没有干涉我们,但去圣米歇尔大街发报纸的三个年轻人被抓了,戈达尔、戴芬·塞利格和玛丽-佛朗斯·皮西艾自愿跟他们一起上了警车。我们全体来到先贤祠广场警察局,就在门口接受记者和外国电视台的采访,

---

[1] 作家、记者,法共党员。

直到六个同志走出了警局大门。跟踪我们的警车一直在那里,一个警察从警局二楼的窗户那里对着我们每个人拍了大量照片。警车一直跟着我们到我们吃午饭的餐厅。这样浪费纳税人的钱何其荒谬,我简直不敢相信自己的眼睛。

更重要的一次行动是"红色救援"12月在朗斯搞的。1970年2月,在艾南-列塔德发生瓦斯事故,十六个矿工丧生,多人受伤。事故明显要由煤矿当局负责,几个年轻人为泄愤向矿长办公室扔燃烧瓶,造成了火灾。在毫无证据的情况下,警察逮捕了四个毛派和两个惯犯,后者承认自己纵火,说那四个毛派是他们的同伙。"纵火犯"案件预定于12月14日开庭审理,"红色救援"12日在朗斯市政府的大厅里召集了人民法庭。为了准备这次行动,萨特亲自去朗斯调查,他就在矿工宿舍过夜。

朗斯是座煤城,黑乎乎的,十分丑陋。临近圣诞,街上挂着彩带和灯笼。市政厅在主广场上,是一座高大的现代建筑,下午四点,大厅里挤满了人。到场的有七八百人,墙上挂着死难矿工的大幅照片。充当主席台的舞台上挂着横幅,上面写着:"煤矿是凶手"。萨特坐在台上的一张小桌子后面,身边是一位长着红头发、胡须浓密的教授,他是"红色救援"北方区负责人。他一瘸一拐,脸上有瘀斑,因为两天前两个陌生人跑到他车里打了他。陪审团坐在一张大桌子后面,成员有年迈的康凡太太,她脸颊瘦削,眼睛几乎瞎了,她的丈夫和儿子都是矿工,二战期间参加抵抗运动被德国人枪杀;还有一个工程师,一个医生,一个前矿工。工程师念了印在纸上的资方声明,另一个工程师抓过话筒，把这份声明批驳得体无完肤，其他证人纷纷支持他的控诉。煤矿当局的错误是显而易见的。事故当天，矿上拆掉了一台风扇，要换上一台功率更大的。就在等着安装新风扇的时候，矿道里的瓦斯浓度开始上升，但矿上继续让工人下井。煤矿当局本来该在休息日更换风扇，或者在更换期间让工人停工，然而他们又一次把利益放在了安全前面。一个小小的火光引起了爆炸，伤亡惨重。其他证人的证词也表明，事故的原因并不是资方为自己开脱而抛出的"偶然"，而是他们对劳动者会遇到的危险一贯漠视：有"大人物"下井的时候就从来不会有事故，因为一切预防措施都会做到位。

接着，几名医生对矽肺病做了令人揪心的阐述：每年死于该病的矿工有九百人，另一些矿工不到四十岁就成了半残疾或病入膏肓。他们揭露说，大多数医生为了谋利为虎作伥：为了避免让煤矿当局支付住院费，即便病人已经病得很重，医生也不给诊断为矽肺病，还让病人重返矿井。如果人死了，只有在死者肺部矽化百分之五十以上时，他的遗孀才能拿到抚恤金，而且遗孀会被要求必须亲眼见证尸体解剖，这样做是逼她放弃抚恤金。从前的一些矿工也讲述了自己的经历，气愤地揭露了他们工作中面临的危险、一旦出事肢体残破的惨境和左右着他们能否拿到抚恤金的医生们丧尽天良的行为。他们还指责工会没有支持他们。萨特在诉状里罗列了对煤矿当局，即国家提出的所有控诉。他驳斥了资方"是工人们自己忽视了安全措施"的说法：因为矿工如果要保证自己的安全，就会减少自己的产量，拿到的报酬就会减少。国家应为事故和职业病负责，工人却被迫自己为自己的安全买单。发布安全须知的人高高在上，明知工人们不可能照做，否则薪水就会低到可怜的地步。一个矿工说："如果你保证自己的安全，你的孩子就永远吃不上肉。"

有人指责萨特"自封为法官"，实际上他只是起诉，没有裁定，判决是在场的人全体做出的。"这又有什么用呢？反正没法惩罚煤矿当局。"有人提意见说。但这样的谴责还是有效果的，这是对资方的严厉警告，也警醒公众舆论。谴责的声音越大，以利润的名义进行的谋杀就越难以实施。

周一，六名纵火嫌疑人被宣告无罪，包括两个已经认罪并诬告毛派的人。这件事里，警察显然做了手脚，所以他们宁愿把所有人都放了，息事宁人。[1]

1月底，我参加了《人民事业报》之友协会在保险大楼组织的集会。协会正式注册成功，政府也烦了，不再没收我们的报纸：我们想向公众通报这些胜利。会议由米歇尔·莱利斯主持，萨特没有出席。我讲了所谓合法政府的不合法性，讲到我们为散发报纸与警察进行各种周旋的时候，全场乐不可支。

其他讲话的人着重介绍了狱中的政治犯为改善条件进行的绝食斗争。盖斯马尔（警察最终还是把他抓住了）虽然比较受优待，仍然支持了狱友的行动。他们要求给予自己以及全体在押人员更好的待遇，

---

[1] 揭发真正罪犯的人自然该被释放。但污蔑无辜者的人也被释放，这事此前还从来没有过。——原注

比如让他们有书可读，可以被亲友探视。

有几名左翼人士决定绝食，声援狱中的行动。圣伯纳德教堂（就在蒙帕纳斯火车站地下）的主事神甫愿意给他们提供地方。米歇尔·维昂[1]也参加了绝食，我常去看他们。绝食营地设在宽敞的客房里，就在神甫办公室旁边。墙上被他们贴满了海报、漫画、标语口号和宣言，解释他们行动的宗旨。教堂走廊和火车站的墙上也是。他们每天只喝一升半的矿泉水，吃五块方糖。但是（这与通常的绝食不一样）他们没有躺着，而是互相讨论问题，接待记者和来访者，售卖左派的报纸。报纸就摞在一起，放在一张桌子上。他们还不时更新墙上的宣传内容、写文章、编新口号，每天下午都会出去放风。

一天夜里，快到午夜时分，我家门铃响了：是米歇尔和另一位女绝食者，两人惊慌失措。一伙法西斯分子冲进教堂，赶走了所有参加绝食的女人，她们不知道剩下的同伴们正在经历什么，便给神甫打电话，过了一会儿他就来接她们了。绝食者幸好躲进了神甫的办公室，从那里打电话报警。暴徒砸碎了一些瓶子，包括花瓶，撤掉了墙上的海报后就走了。后来这伙人又来了一次，但绝食者们已经有了警卫，他们没能进来。我们始终没搞明白，这些人到底是西方党的党徒还是故意挑事的警察，我觉得更像是后者。不久，资产阶级报纸也站到了绝食者一边，普利文[2]投降了，他答应了绝食犯人提出的条件。他成

---

1 女诗人、作家鲍里斯·维昂的前妻，与萨特交好。
2 当时的法国司法部部长。

立了一个委员会，负责改善犯人待遇[1]，确定什么样的罪行属于政治罪。圣伯纳德教堂的绝食者们坚持了二十一天。他们都瘦了，但状态很好。

在这期间（2月6日），应《我控诉》报纸的邀请，我去梅吕做调查报道。那里发生了"劳动事故"，非常惨烈。1967年5月11日，罗谢尔工厂（业务是处理供生产杀虫剂和美容产品使用的气体）发生了爆炸。目击者惊恐地看见一些人形火炬从车间里冲出来，那是些年轻姑娘，半裸着身体，在地上翻滚号叫。当时在岗的八十七名工人，多数是年轻姑娘，五十七名被救护车送到医院急救，三人死亡，其余的人忍受了数月（很多人的治疗长达十八个月）极其痛苦的治疗。所有伤者都或多或少留下了残疾。

媒体众口一词说，这是命运的悲剧。然而，厂长贝利荣先生的责任显而易见，法庭不得不认为他犯了"不可原谅的错误"，判定他过失杀人，但给予他的刑罚只是一年监禁（缓期执行）及两万法郎罚金。（贝利荣先生后来被特赦，又去另外一家企业当领导，生意兴旺。）根据我向工人及车间主任P先生取证的结果，贝利荣先生绝对称得上是个杀人凶手。P先生出于义愤，已在1967年2月辞职。

罗谢尔工厂使用易燃气体进行生产，被列为高危单位。工厂的库存气体二十七吨，超过了十五吨的法定存量。除了设备状况不佳、检查不到位之外，气体还经常泄漏到地面上，因为管道都安装在没有通

---

[1] 到1971年5月1日，已经过去了两个月，此事毫无进展。——原注

风设备的沟里，丙烷和丁烷罐的阀门也常常关闭不严，已经好几次险些发生火灾。每天早上七点负责开门、检查设备的是一个年轻工人，才十五岁！叫马克·维奈。1967年5月11日这天，他到岗时，发现一切正常。但到八点十五分左右，他看见生产机器里冒出一股厚厚的气体。（一个女工告诉我："我们看见有气体泄漏出来，一接触到空气就变成了白色的结晶。"一个女伴抱怨说："我背上都冷冰冰的。"另一个女工说："有一层气体，我们都能看见，是白色的，不，更像是灰色，像雾气一样。"）他叫人通知了领班，领班关掉了闸门，叫他开动标签机[1]。他不肯，说："这会爆炸的！""不会的，快去，这是命令！"领班说。马克服从了。突然，爆出一个火花，气体变成了一团火球。大家都往外跑，走廊黑漆漆的，许多门都被纸箱子堵住了。按规定，门应该推开，但实际上那都是滑轨推拉门。吊顶的天花板是尼龙材质的，立刻着了火，垮塌下来。工厂规定女工们必须穿的聚乙烯工作服见火就着，车间成了一片火海。

　　火星是哪儿来的？问题的答案就能定贝利荣的罪。按规定，电力设备必须绝缘，电机要有防爆装置。可是，为了省下两千五百法郎，他买的是普通的标签机（就是引起爆炸的机器）。电力设备破烂不堪，贝利荣只想找人勉强修修，因为当地没有一家公司愿意接他的活。工厂本来该停工数天，电力系统需要全部重做。那年厂里已经发生了好几次短路，贝利荣并非不知。1966年5月，蒸汽和电力机械协会来检查

---

[1] 往产品上贴标签的机器。——原注

后，要求更换多台不合规的安全装置的设备。当地社保局的事故预防部门也多次向贝利荣提意见，但他对所有这些警告置若罔闻。P先生告诉我，当他提醒贝利荣注意安全时，后者回答说："别犯傻。让他们好好干活，别的不用你管。"

劳动监察员不管吗？"我们从没见过他。反正他们也不会进车间。"女工们告诉我。亚眠法院也谴责了劳动监察部门的懒政。事实上，本该保障劳动安全的监察员与老板沆瀣一气，全国皆然。他们放任不管的态度还得到了上层的默许，法国百分之八十的工厂不符合劳动法的安全规定，如果监察员们追究这些违规做法，就会导致生产效率和利润下跌。

这件事里还有一个令人气愤的地方：司法部门的态度。灾难发生两年后才开庭审理此案。贝利荣全身而退，下令开动标签机的那个领班也没有受到任何处罚。

社保部门的做法也令人气愤。伤残级别低于百分之五十的时候，工伤者只能拿到应得抚恤金的一半，就是说，如果伤残程度百分之十四，他只能拿到工资的百分之七。社保部门的医疗顾问为利益代言，而不为伤者说话。在梅吕，大多数工伤人员得到的伤残鉴定在百分之十四到百分之二十，拿到的抚恤金在每季度四百法郎左右，并且只有重新开始工作才能得到这笔钱，否则会被指责靠国家养活。

那他们为什么不起诉社保部门，提高抚恤金数额呢？这是因为，一旦败诉，他们自己要承担所有费用！

当地一位医生告诉我，最可怕的是，社保部门只补偿（非常微薄）

使人失去劳动能力的工伤，但实际上工伤会带来其他问题。长达数月的痛苦给很多年轻姑娘留下了精神创伤，她们变得抑郁，在恐惧中度日。如果伤者是年轻女子，外表损伤的后果是很严重的：她们会为自己的面孔和身体感到耻辱。许多人对未来忧心忡忡，可能会有血液循环问题，甚至罹患癌症。

这件事与朗斯煤矿事件有相同之处。资方夺人性命，不受惩罚。劳动监察、医生和法院姑息养奸。两件事都不是特例，都很典型。法国百分之八十的工厂为利润牺牲安全，工人们随时都有生命危险。

我之所以在事故发生四年后应邀来到梅吕，是因为受害者们在尝试组织起来，要求提高抚恤金。我庆幸自己接受了这个邀请，首先是因为我认为，这样的丑闻应予揭露，警醒公众；另外，梅吕之行使我了解到许多事情。我见到了很多年轻女工，走进了她们的家，目睹了她们的生活状况，听到了她们的心声，与她们的家人攀谈。这些体验诚然是有限的，因为梅吕地区是乡村，工厂规模都很小，女工们大多是农家女儿，但我对她们的生活有了比书上的分析更为具体的认识。

我也体会到，尽管被政府迫害，左翼媒体为什么必须存在：因为没有其他任何地方能详细、真实地披露劳动者的生存状态，还有他们日复一日的生活和斗争。左派报纸让工人们了解本阶级发生的事情，而资产阶级报纸对此却缄口不言或极尽歪曲。

尽管有些保留，我仍然同情毛派。他们认为自己是社会主义革命派，反对苏联的修正主义以及托洛茨基派的新官僚。我认同他们的反抗，但没有天真到相信他们明天就会闹革命的地步，他们中某些人的"胜利主义"在我看来很幼稚。但传统左派接受现存的政权,把自己定位为一个与右派轮流坐庄的温顺反对派时,毛派却坚定地反对现政权。整个国家都变得僵化顺从、昏昏欲睡的时候,他们搅起动荡、唤醒舆论,努力召集"新力量"加入无产阶级阵营:青年、女性、外国人、外省小企业的工人,与大企业里的工人相比,这些人与工会的联系没有那么紧密。他们鼓励,有时甚至煽动新模式的行动:无组织罢工、绑架。他们把是否应存在激进革命派的问题提了出来。如果国家的状况继续恶化,政权的矛盾越来越显现,激进派就要发挥作用。无论如何,不管未来怎样,我愿意为他们尽微薄之力,帮助年轻人斗争,而不愿眼睁睁看他们陷入绝望,甚至用可怕的方式自杀。

1970年末,妇女解放运动的几个成员联系我,想跟我谈谈即将在议会审议的堕胎法。她们觉得新法过于保守,打算发起运动,呼吁自由堕胎。为了引起舆论注意,她们想找一些女性,有名的或无名的,公开宣布自己堕过胎。我觉得这想法不错。二十年前我在《第二性》里就抗议过堕胎禁令,揭露过因此导致的悲剧后果。于是我在后来被称为《三百四十三人宣言》的文件上签了名,宣言登在1971年春天的《新观察家》杂志上。这样做的目的,并不像某些人不怀好意地假装以为的那样,要在法国推广堕胎,更不是鼓励女人们堕胎,而是考虑到这样做的人实际非常之多(法国每年有近百万例人工流产),想让她们能在尽量好的身体和精神条件下进行这项手术,而目前这只是某个阶层的特权。采取避孕措施当然更好,但在避孕方法被广泛了解并被采用之前（只有百分之七的育龄女性避孕），对不想要孩子的女人来说，人工流产是唯一的出路。事实上，她们堕胎时要克服很多困难，忍受侮辱，冒生命危险。人们指责说这份声明只是女名人签的，事实并非如此：名人人数很少，大多数签名的人是女秘书、女职员和家庭妇女。

为了把这场运动进行下去，也为了呼应当天世界各地发生的女权示威，11月20日那天，妇女解放运动在巴黎举行了游行，要求生育、避孕和堕胎自由。我参加了游行，我们举着写有口号的牌子，从共和国广场走到民族广场，整条马路都被游行人群占据了[1]。一些积极分子举着拖把、铁丝，上面挂了脏衣服、纸做的娃娃和气球，其中一人给大家分发香芹（堕胎的象征），有些人还把香芹插在自己的头发里。我们大约有四千人，多数是女人，也有男人，他们大都长发有须。人们放飞气球、唱歌、喊着口号："想要的孩子才有爱。生育自由。"一些父母带着孩子一起来游行，六岁的孩子跟着大人一起喊："我们想要孩子才生孩子。"在湛蓝冷冽的天空下，这欢腾的场面充满奇幻感。有趣的是，游行者与路边的妇女们交谈时，她们大多都表示完全支持我们，并对我们报以掌声。队伍经过圣安东教堂，一个穿白色婚纱的新娘正从台阶往上走。我们大喊："新娘跟我们走！解放新娘！"队伍的前阵离开马路，走进教堂。游行者们与神甫交谈了一会儿之后，重新向民族广场进发了。

---

[1] 这次游行得到了当局批准。——原注

快到目的地的时候，我们遇到一伙拒服兵役的人，举着反对穷兵黩武的牌子。他们的示威申请被驳回了，有些人想加入我们。于是我们的队伍高喊："不让孩子当炮灰。德勃雷[1]是大混蛋，女人们就要你好看！"全体高唱《国际歌》。在民族广场，一些女人爬上了塑像的底座，焚烧了拖布——那是女人状况的象征。我们又开始唱歌、跳舞，广场充满了欢乐友爱的节日气氛。

我参与的另一次行动与普莱西-罗宾孙的中等技校有关。从1970年秋起，人们就向我通报那里的情况。学校开办于1944年，接受十二到十八岁第一次怀孕的单身女孩。她们都是从公立学校被赶走，或退学后被社会工作机构送到这所技校来的，每届招收三十五人，每年大约有两百个未来的母亲来普莱西受教育：家境贫困或兄弟姐妹众多的女生免费就读。三四名教师负责把学生们培养成合作社雇员或办公室文员，或帮她们准备考试，获得技术教育证书，但教师只教她们一年的课，二年级和三年级的学生完全是在浪费时间，学习条件也很差：一共八台打字机，数学课在洗衣房上。有些孩子原本是优秀的中学生，这下前途尽毁。没有图书馆。在探视和请假外出方面，女生们被像罪犯一样对待。计划生育组织提议免费给她们上节育知识课，校长拒绝了。学生们想抗议，要求与要来拜访校长的一个单身母亲代表团会面，校长却下了禁令。12月16日，周四，她们决定罢课绝食。校长给家长们发了一封电报，措辞简短而粗暴："速来接回女儿。"接着宣

---

[1] 当时的法国国防部部长。

布学校关门。一些父母来接孩子了，一个父亲打了女儿，把她推倒在地上，扯着头发拖拽，没有一个人伸手阻拦。一个女教师给妇女解放运动组织打电话求救。周日早上，我去学校与妇女组织的人会合：学校在一座难看的城堡里，周围荒无人烟。尽管校长派的一个女代表和教育部督察在场，我们还是与女学生们进行了交流。妇女组织的几个人在学校待了一天一夜。在大家的压力下，督察给校长打电话约谈，后者同意第二天会面。我陪着女教师和几个学生一起去了校长室，几个"红色救援"的成员，其中包括哈尔巴赫和查理-安德烈·于连也赶了过来。人们请未来的母亲之一，吕西安娜发言。她说，她们要求得到解放，希望得到帮助，能让她们抚养自己的孩子。确实，十五岁的姑娘只要结了婚就有了自由，可单身母亲即便过了十七岁还要听父母的号令：父母决定她留下孩子还是必须扔掉他。父母往往选择抛弃婴儿，因为社会迫使他们不得不这样做。社会认为婴孩属于产妇的母亲，然而又非但不多给母亲一份补贴，反而会以生了孩子的女儿不再上学为理由，取消母亲原有的家庭补贴！这项政策如此不公，让我瞠目结舌，后来我讲给别人听时，大家也都感到匪夷所思。吕西安娜的诉求完全是正当的，但校长听了以后仍然跳了起来："您想要特殊待遇，就凭您犯了，噢，我不想说是犯了错误，我不喜欢这个词，就凭您做了错事吗？"我反驳说："您依据哪一条规定说十三岁发生性关系是错呢？"他无言以对，但我能感觉到，他周围的人都像听到丑闻一样气得发抖，我们的社会是不接受少年性行为的。一个神甫对吕西安娜说："您声称人十三岁就有性本能，这我不同意。"吕西安娜和同学们也提出，怀孕的初中生或高中生不应该理所当然地被赶出校门。校长说："可这是为了你们好啊，家长们会要求开除你们的啊。"这是自然的，为了否认少女有性本能，只好把屈服于性冲动的少女说成有病。当家长的不愿给孩子，尤其是女儿任何性教育，这样的教育会让女孩失去懵懂，而他们只想让她们保持纯洁。那大学为什么也屈从于家长的压力呢？我向校长提出这个问题，查理-安德烈·于连举了桑格尔[1]的例子：有些学生家长不愿意让黑人给自己的儿子当老师，然而桑格尔还是保留了教职。事实是，大学认同那些品德高尚的家长的偏见，把怀孕的少女当作罪犯。而这件事里真正的罪犯是学生家长和社会。如今法国有四千多十三岁到十八岁的少女怀孕：如果她们有必要的性知识，大多数人就会更谨慎。可当怀孕的少女抱怨人们没有告诉她避孕知识的时候，有关部门只会冷嘲热讽："现在可有点晚了！"而且人们似乎认为，如果她重蹈覆辙，就要再次受惩罚："不找节育专家，而是找教士。"女教师说。督察说："您这话大错特错，不过也算说到点子上了。"接着他长篇大论地解释，为什么非得由学生家长来决定学校是否应该开节育知识讲座。"普莱西-罗宾孙技校有家长协会吗？""没有。""那么校长只能以他自己的名义决定。"校长抱怨说，女学生想让别人把她们当成年人，自己决定怎么对待自己的孩子，可她们同时又像未成年人一样被别人养着。我提醒说，这种矛盾的身份是社会强加给她们的。如果当她们是孩子，就不能用针对成年人的法律来要求

---

[1] 塞内加尔开国总统，著名文学家，法兰西学院院士。

她们，考虑到她们的特殊情况，就该允许她们堕胎。如果把她们当成年人，就该给她们自由，并帮助她们。最后，校长泛泛地承诺，会改善学习条件，在探视和外出问题上给予更好的待遇。他也答应1月底接待另一个代表团来校。总而言之，学校里肯定一切照旧。我在《人民事业报》上写了一篇文章，揭露了所谓的好人们道德上的虚伪，家长们滥施淫威和我们社会强加给年轻人的悲惨命运。

我参加游行示威，加入女权运动，是因为我对女性地位的看法有所改变。在理论问题上我的立场没变，但在实践和战术上，我的观点变了。

从理论层面来看，如我所说[1]，假如今天再写《第二性》，我会用唯物主义而非唯心主义的基础来阐释"同一"与"他者"之间的对立。我会认为对"他者"的排斥和压制，并非来自意识的对抗，而是因为经济基础薄弱。我也说了，这并不会改变书的逻辑走向：所有男性意识形态的目的，仍是为压迫女性正名；女性受制于社会，结果只有屈服。

"女人并非生为女人，而是变成了女人。"如今我仍要说这句话，它是《第二性》的主旨思想之一。诚然，人类的男性与女性之间存在基因、内分泌、解剖学意义上的差异，然而这些差异不足以界定女性特质。女性特质是一种文化构造，而不是自然的产物。李拉尔夫人[2]的

---

1 见《事物的力量》。——原注
2 比利时著名女作家。

那些含糊其词的科学主义说辞并不能动摇我的想法。恰恰相反，近几年越来越深入的儿童问题的研究越发证实了我的论断。一切都表明，我的说法是正确的，只是有待补充："男人不是生为男人，而是成为男人。"男性特质也不是天生的。

弗洛伊德只关注儿童三四岁以后的发展，他认为那时儿童开始有了俄狄浦斯情结。但许多著作，如布鲁诺·贝特海姆[1]的《空城堡》表明，生命最初的几个月对一个人的未来至关重要。耶路撒冷希伯来大学在以色列进行的研究也证实了这一点。一个心理学家和一名医生研究了几组三岁儿童，孩子们一部分来自富裕有教养的德国犹太家庭，一部分来自贫穷的西班牙犹太家庭，后者居住条件极差，终日劳作。第一组孩子活泼，有想象力，爱交流，懂得保卫自己的领地和玩具；第二组迟钝、自闭，不会跟大家一起玩耍，也不懂保护自己拥有的东西，对自己的存在意识非常薄弱，能在照片上认出同伴，却认不出自己。人们让两组孩子在两年的时间里接受强化教育。一开始，有缺陷的孩子渐渐发挥出自己的能力，有了进步；但那些一开始就占上风的孩子，从老师的授课中得益更多，两年后，他们的优势更加明显。"融合"的努力没有奏效，落后的孩子们还是只在自己的小圈子里玩。三岁时，考虑机会平等已为时过晚。根据美国神经学家本杰明·布鲁姆及欧洲学者的研究，人的发展潜能和自我实现的能力有百分之五十在四岁时已定型：如果四岁前孩子没有受到足够刺激，发展自己的能力，他各项能力的发

---

[1] 奥地利裔美国心理学家。

展与协调日后不会令人太满意。因此，只要父母不给男婴与女婴相同的"刺激"，从三四岁起，男孩与女孩就已经表现出很大的差异。

另一组试验得出了类似的结论，表明教育者的角色无比重要：那就是罗森塔尔及其合作者进行的试验。罗森塔尔在哈佛大学领导对小白鼠进行实验时，发现了一些奇怪的现象。[1] 实验的结果似乎取决于研究者的态度（英文原文为 bias，意为"倾向""偏好"）：研究者得到的结果总是符合自己内心的期许。为了证实这一猜想，他把老鼠随意分为两组，并告诉实验员，A组老鼠是专门训练来走迷宫的；B组老鼠比较蠢笨。结果A组老鼠表现优异，B组则一败涂地：实验员的乐观和悲观显然影响了他们进行实验的方式。罗森塔尔又与一些教师一起做了类似的实验。[2] 他找来一些学生，列了两个名单，每个名单上学生的平均智商相当。然后他宣布，第一张单子上的学生富有天赋，第二张单子上的学生则天资平平或较差。教师们给两组学生出了新测试题，结果第一组显示智商很高，第二组的成绩则相当糟糕。所有教育家都懂得，想让一个孩子成功，就要给他信任。假如人们怀疑他的能力，他就会自暴自弃，最后失败。罗森塔尔的实验——他还做了许多其他实验，都得出了相同的结论——以无可辩驳的方式证明，在学习

---

[1] 见《行为实验效果的研究》，罗森塔尔著，1966年，纽约出版；《教室里的皮格马利翁》，罗森塔尔与雅各布森合著，1968年，纽约出版。——原注

[2] 《实验倾向对白鼠表现的影响》，罗森塔尔与K.L.富勒合著，1967年；《对实验倾向对白鼠实验结果影响的纵向研究》，罗森塔尔与R.罗逊合著。——原注

中，施教者对受教者的态度有决定性的作用：教师期待什么，就会得到什么结果。从摇篮时代起，当然以后更加如此，家长对女儿与对儿子的期待便有所不同。当然，这种期待不是简单的想法而已，而会通过行为表现出来。

母亲会"用不同的方式操纵、抚摸或拥抱男孩或女孩"。美国精神分析学家罗伯特·J.斯塔勒说。他专门研究过男性变性癖，坚决否定"男性特质和女性特质都是人生之初在生物学层面已经确定"这种不可信的说法[1]，指出，"诸多实际经验表明，人一出生就开始学习，而性别认同大多是由学习的结果决定的。"他宣布："婴儿并非天生就知道自己是雄性，会变成男人。父母教他成为男人，当然父母也能很容易地教给他其他东西……给孩子起名字，衣服的颜色和样式，抱孩子的方式，与孩子的亲密或保持距离，游戏的类别——所有这些，以及许多其他方方面面，都从出生就开始了。"

母亲尤其不会以同样的方式对待男孩的生殖器和女孩的生殖器。不是所有母亲都会像卡冈都亚[2]的乳母或路易十三的乳母那样令人愉快地玩弄乳儿的阴茎。但母亲们都为之自豪，会给它起可爱的外号，时不时夸它。女孩完全没有这样的待遇，她的生殖器要藏起来。这才是（而不是神秘的本能）男孩女孩从两岁开始行为就呈现差异的

1　1971年秋，在《新精神分析杂志》第四期，他详细阐述了自己的观点。——原注
2　拉伯雷的《巨人传》里的人物。

原因。在幼儿园工作的一位年轻女子告诉我，这个现象让她吃惊：男孩去厕所时很乐意露出自己的性器官，而女孩已经学会"藏起它来"；女孩们羞怯，感到羞耻；男孩子偷看女孩洗漱、上厕所；女孩却不会偷看男孩。认为女孩的羞耻感来自荷尔蒙分泌，这是荒谬的：那是被人教会、习得的，正如后来许多被称作女人味的特质一样。在《第二性》里，我试着详细展示这种训练是如何进行的。给孩子某种玩具也就给了他某种角色，女孩接受了母亲的角色，男孩接受了父亲的角色。父母在任何领域都鼓励这种差异，因为他们最怕的，就是儿子变成同性恋，女儿变成假小子。

我们知道，对弗洛伊德而言，男人与女人的区别全在于身体构造；小女孩羡慕男孩的阴茎，终其一生努力补偿这种自卑。我在《第二性》里拒绝接受这种解释。很多小女孩并不了解男孩的身体构造，她们第一次看见阴茎时往往表现出漠不关心，甚至厌恶。凯特·米莱[1]在《性别政治学》中谈到过这个问题，她发问道：为什么小女孩会觉得某种东西因为比较大，就比另一种东西高级呢？弗洛伊德认为，那是因为女孩发现阴茎比阴蒂更方便手淫，但小女孩根本不知道阴茎可以用来自渎，她可能连自己有阴蒂都不知道吧？弗洛伊德对女性的了解仅限于临床案例，他的女病人们为性禁忌所折磨，对自己的生活不满意。他用第一件事解释第二件事，然而卑下的地位却是社会强加给女人的。另外，弗洛伊德在去世前承认，自己从来没搞懂女人。受时代和

---

[1] 美国女权主义作家。

生活环境的影响,他带着"大男子主义"的偏见,把女人当成一个不完整的男人,这个观点如今被许多精神分析专家否定,却曾被他的门徒们滥用:如果一个女人"不守妇道",他们马上给她贴上"男性情结"的标签。

自《第二性》面世以来,法国和美国都涌现了一大批文学作品,孜孜不倦地劝诫女人们接受自己的"特殊使命",声称要"揭开女权主义的真面目",实则在愚弄女性。他们说女权主义过时了,不时髦了。在一个被"现代化"统治的时代,这种论调真让人无言以对。他们还说,女性自己都反对女权主义,她们在职场上只会失意,所以宁愿待在家里。当两个阵营对峙的时候,境遇最差的那些人里,总有一部分出于个人利益考虑,与地位最优越者结盟[1]。那些遵循保守原则进行的社会调查,其可信度也是可疑的[2],提出问题的方式往往决定了答案的内容。而且,在目前的社会中,兼顾职场与家庭的女性得不到与男性相同的奖赏与感恩:社会不给她们这些,而且动用一切手段打击她们。而家庭妇女通常也不像她们表现出来的那么满意,母亲对自己的命运不满,也不愿意让自己的女儿更幸运,因此变本加厉地要求女儿循规蹈矩,女孩越发痛苦。至于男人们,他们顽固地维护自己的特权。法国男性的大男子主义思想根深蒂固,有些人甚至拿自己站着撒

---

[1] "女人是经由男性视角确定自身在自己眼中以及在男性眼中的价值的。"出自G.德克西艾的《女性与社会调查》,刊登于《现代》杂志,1965年12月1日。——原注

[2] 同上。

尿说事。沙邦-戴尔马[1]先生热情讴歌"新社会",强调男女平等,但当然是差异中的平等。而所谓的差异,似乎体现在女人的主要任务就是擦洗——擦洗婴儿、病人、老人,这就是德勃雷先生分配给女性的"社会职责"。最近十年来,法国女性的地位几乎没有变化,夫妻财产制度做了些对女性有利的调整,允许采取避孕措施。但我已经说过,只有百分之七的育龄妇女采用避孕措施。堕胎仍被严格禁止,繁重的家务全靠女性承担。职业女性的诉求被压制。

美国妇女意识到自己所受的压迫,奋起反抗。1963年,贝蒂·弗里丹出了一本出色的书《女性的奥秘》,反响很大。书里写了人们不敢正视的一种痛苦:主妇的痛苦。她展示了资本主义如何一步步操纵女性,把她变成一个购物狂:销售额的增长有利于工商业;人们如何利用弗洛伊德主义和后弗洛伊德精神分析,让女人们相信自己的命运生来注定要持家和生孩子。三年后的1966年,贝蒂·弗里丹成立"全美妇女组织",一个自由主义的改革派女权运动组织,但很快就被更年轻、更激进的组织取代。1968年,《人渣宣言》发表:那是"阉割男人协会"[2]的宣言,这篇文章并不是什么严肃的政治纲领,只是个讽刺小册子,类似斯威夫特[3]风格,只不过用荒谬的方式表达对男权的反感而已。1968年秋天成立的"妇女解放"组织更重要,它把多个女

---

[1] 时任法国总理,戴高乐派政治家,倡导"新社会"。
[2] 该协会名称为SCUM,英文意为"渣滓""废物",同时又是"阉割男人协会"的缩写。——原注
[3] 指十八世纪爱尔兰讽刺作家乔纳森·斯威夫特,著有《格列佛游记》等。

权组织集合在旗下。还有其他一些组织成立了。世人通过一些惊世骇俗的示威活动以及丰富的文学作品了解到这场新女权运动,著名的作品有凯特·米莱的《性政治》、舒拉米斯·费尔斯通的《性的辩证法》、罗宾·摩根的研究报告集《强大姐妹情》、杰梅茵·格里尔的《女太监》。这些女性要求的不是表面上的解放,而是"去殖民化",因为她们感到自己的内在世界像殖民地一样被奴役。作为主妇,社会强迫她们无偿地承担家务,她们在就业市场上又遭受歧视,没有与男性同等的就业机会,也不享受同工同酬。运动的浪潮席卷美国,也蔓延到了其他国家,主要是法国和意大利,从1970年起,那里也兴起了妇女解放运动。

为什么会爆发这种运动呢?有两个主要原因。第一,在发达资本主义社会里,妇女的地位——对男性而言经济上太优越了——以妇女自身的眼光来看,是充满矛盾的。因为社会建立在商品生产的基础之上,家务劳动不被当作真正的劳动,除非把家务劳动换算成公共生产量。在一个技术官僚的社会里,家务劳动即便是有机器协助完成,也是一个格格不入的现象,因为其他劳动都已经采取严格的规范化管理。第二,更为重要的是,妇女们发现,左翼运动和社会主义都没有解决她们的问题。生产关系的改变不足以改变人与人之间的关系,任何国家都没能实现男女平等。美国妇女解放组织与法国妇女解放运动的许多成员都有亲身体会:即使在最革命的组织内部,女性也会被分派去做最吃力不讨好的工作,领导者大多是男性。当少数女性在万森举起反抗大旗时,一些左派冲进大厅高喊:"有阴茎就有权力。"美国女性也有过类似的经历。

从战术和行动上，今日美国的女权运动受到了嬉皮、雅痞运动，尤其是黑豹党的影响；在法国，主要是1968年"五月风暴"的影响。不同于传统左派，女权运动主张的是另一种形式的革命，并发明了新的革命方式。

我读过美国女权主义文学作品，与女权运动的积极分子通过信，见过她们之中的几个，我非常欣慰地得知，美国的新女权运动把《第二性》当作自己的旗帜：1969年一年，光口袋书就在美国出版了七十五万册。女性是文化的产物，而不是生物学上说的先天注定，没有一个美国女权主义者质疑这个观点。她们与我书中观点的分歧主要在实践层面：她们拒绝寄希望于未来，宁愿今天就把自己的命运抓在手里。而我的思想变化也在这点上：现在我认为她们是对的。

《第二性》或许对女权战士有用，但这并不是一本号召斗争的书。我本来认为，女性的地位会随着社会变革而变化。我在书里写道："总的来说，我们赢了一局。如今对我们来说，许多问题比那些只涉及我们的问题更为重要。"在《事物的力量》中，谈及女性地位时，我写道："女性的地位取决于劳动在未来世界里的状况。只有生产发生重大的变化，女性地位才能真正改变。所以，我不愿把自己局限于女权运动的视角。"之后不久，在一次接受让松的采访[1]时，我说，要准确阐述我的思想，就要以最彻底的方式把它与女权主义联系起来。但

---

[1] 见弗朗西斯·让松的《西蒙娜·德·波伏瓦：生活是一项事业》。——原注

这些观点当时仅限于理论：我坚决否认女人天性的存在。现在，我认为女权主义就是要为实现女性特有的诉求而斗争，这种斗争与阶级斗争并行，我认为自己是女权主义者。不，我们并没有赢得这一局：实际上，自1950年以来，我们一次也没有赢。仅靠社会革命解决不了我们的问题。这些问题涉及一半以上的人类：如今我认为这些是关键问题。我惊讶于人们竟如此轻易地接受对女性的剥削。如果回顾深深根植于平等思想的旧式民主，我们很难意识到，奴隶总是以为自己理所当然是奴隶，因为我们以为奴隶能轻而易举地看到其中的矛盾。或许有一天，后世会同样惊愕，不理解资产阶级民主或人民民主制度，怎么会如此厚颜无耻地维持两性之间的不平等。尽管我清楚地看到背后的原因，也不免时常感到惊异。简言之，从前我以为阶级斗争优先于性别斗争，如今我认为这两项斗争应并行不悖。

朱丽叶·米切尔在她那本出色的小书《女性状况》[1]里，很好地描述了激进女权主义与抽象社会主义的分歧。

激进女权主义	抽象社会主义
男人是压迫者	压迫人的是制度
所有人类社会都给男人优先地位	资本主义压迫女性
两性为权力进行心理斗争，男人得胜了	私有财产是背后的原因
社会主义给不了女性任何东西	要在社会主义制度下审视我们的关系

---

[1] 出版于1971年，书中重释并补充了此前发表的一篇有意思的文章，即几年前英国《新左派杂志》上刊登的《最漫长的革命》。——原注

几年前，我必定完全认同抽象社会主义的理论，现在却赞同朱丽叶·米切尔的观点。两套体系中的任何一套都不能单独成立，而是互为补充。制度压迫了男性和女性，又促使前者压迫后者。然而每个男人都接受了这一套，并内化为自觉的行为。即便社会制度变了，男性也保留着偏见和自负。正如1968年仅凭年轻人的反叛不能完成革命一样，仅靠女性的反抗也不能动摇生产制度。但另一方面，事实证明社会主义——目前建立的社会主义——并没有使女性得到解放。那么，真正平等的社会主义能做到这点吗？这暂时还是想象中的乌托邦，然而女性状况却是现实。

女权主义者之间也有很多分歧。比如关于家庭的未来，她们意见不一。一部分人，包括舒拉米斯·费尔斯通，认为家庭必须解体，否则女性、孩子和青少年就没有自由。虽然那些试图取代家长角色的机构都失败了，但这说明不了什么：那就像社会边缘的垃圾场，而整个社会都需要彻底重新构建。这种观点是对的，我觉得费尔斯通对家庭的批判也是对的。女性通过孩子以及在孩子身上滥施威权，被置于受奴役的境地，这使我哀叹。父母把孩子带入施虐受虐的游戏当中，把自己的意淫、执念和神经症投射在孩子身上，这种状况极其不健康。父母本应平衡分担父母的任务，尽可能避免把孩子一味地扔给家长，限制家长的权力，并严格监督家长行使权威。如果能做到这些，家庭是否还有用呢？在某些团体中，孩子由全体成人抚养，而且取得了很好的结果。但这样的事例太少了，不足以作为解决问题的方案。与许多女权人士一样，我希望消灭家庭，但我对用什么方案取代家庭，没有明确的办法。

另一个问题是男女关系。所有女权主义者都同意,应该重新定义爱与性。但有些人否认男性在女性生活中,特别是性生活中的作用。而另一些人则愿意在生活中,在床上给男人留个位子。我是赞同后一种观点的,我尤其反感把女性封闭在女儿国里的主张。

有些女权主义者依据马斯特和约翰逊的实验室研究结果,宣称阴道高潮是个神话,只有阴蒂高潮才是真实的,认为女人要体验性快感,完全不需要男人,这与弗洛伊德的理论相左。毫无疑问,弗洛伊德在这个问题上的态度,来自他用来看待两性关系的父权视角:不让女性性自主,把她置于对男性的依赖当中。他甚至写下了以下文字:"阴蒂手淫是男性的活动,消除阴蒂快感是发展女性特质的必要条件。"第一句话荒谬至极,阴蒂明明是个女性器官。那种认为选择阴蒂快感的女性——同性恋或手淫——不如其他女性正常的说法,纯属偏见。另外,消除阴蒂快感的主张是错误的。阴蒂与阴道密切相连,也许是这种联系才让阴道高潮成为可能。尽管如此,在性行为中,阴道插入带来的快感是特别的,这一点不容否认,许多女性认为这种快感更加丰富,更令人满足。实验室研究表明,如果排除阴道内壁对性行为一系列反应的敏感度,其结果就说明不了什么。性交不是两架生殖机器间的关系,甚至也不是两具躯体间的关系,而是两个人的关系，好的性高潮是一种心身现象[1]。

我也不赞同把性交等同于强奸。我甚至觉得自己在《第二性》里的说法言过其实了："第一次插入总是一种强奸。"当时我所指的主要是传统的新婚之夜，懵懂的处女总是以或多或少笨拙的方式被破处的。而且在所有社会阶层中，男人"要"女人的时候，通常不征求她的意见，甚至用强迫的办法。如果女人没有意愿，性交就是强奸。但性交也可能是双方自愿的一种交流，因此，把插入等同于强奸，无异于落入了男性神话的俗套，把雄性器官看作犁铧或刀剑，总之是用来征服的武器。

对男性的仇恨使某些女性否认一切男性认同的价值观，反对所有她们称之为"男性模式"的东西。这我不赞同，因为我不认为这世上有什么品质、价值观或生活方式是纯属女性的，那等于承认女人是天性，而这是男人发明出来的说法，目的是让女性永远处于被压迫的地位。女性追求的不是成为女人，而是成为完整的人。拒绝所谓的"男性模式"是没有意义的。事实上，文化、科学、艺术和技术都是由男人发明的，因为从前他们代表着一切。正如无产阶级用自己的方式继承过去的遗产，女性也要夺过男性锻造的工具，用它们争

---

[1] 吉拉尔·茨万格在其著作《女人的性》中，非常详细地解释了阴道快感发生的条件和过程（第125—129页）。他指出阴道自渎的行为是很常见的；如果阴道没有感觉，那安第斯山居民使用"格斯盖尔"（一种性玩具）的方法，波利尼西亚人以及许多其他民族装饰男性性器的方式，都将是无意义的。也参见玛丽·简·希尔·法伊的《女性性感的天性及演化》，1972年纽约出版。——原注

取自己的利益。确实，男性创造并发扬的文化反映出他们的大男子主义，他们使用的词语也透着同样的倾向。我们从他们手上得到财富的同时，要保持警惕，分辨哪些是普世适用的，哪些带着男性的偏见。"黑""白"这种字眼我们同样可以接受，但"男子气"这个词则不行。我觉得女性可以放心地学习数学和化学，生物学就比较可疑，心理学和精神分析就更不用说了。我认为对这些知识重新修订是必要的，但不能全盘否定。

我见过许多与我观点相同的女权人士或读过她们的文字。正如我上面所说的那样，我因此得以参加她们的某些行动，与她们的运动保持联系。我非常乐意继续。

有一个问题我的立场始终如一，在此我要谈一谈：我的无神论观念。许多好人感叹，我遭遇厄运，"丧失了信仰"。在一些文章以及写给我的信里，我经常读到这样的话："哎！假如她跟真正的基督徒一起生活过该多好啊！""如果您读过真正的《福音书》，而不是赝品，那该多好！""如果她遇到过聪明的神甫就好了！"这些言辞真正想说的是："如果她遇到的是我，就会以我为榜样成长，被我的论证折服。"实际上，我的宗教教育程度是很高的，我能背诵《福音书》里大段的文字。我从少年时以及以后的岁月里都遇到过很多聪明的基督徒，正因为确实聪明，他们才从来不夸口说凭自己的影响就能拯救我的灵魂，而是认为信仰有赖于上帝，取决于他的意图和恩惠。实际上，把上帝的在与不在解释为偶然或纯粹自然原因，恰恰是与神学逻辑相悖的。

既然不相信有天堂，我就从社会和心理层面上，研究信教的基督徒的行为态度。大多数情况下，他们只是重复别人传授的、周围人遵守的行为。就像特里迪尼昂在《慕德家一夜》中扮演的人物所说的那样："我原来是天主教徒，所以现在还是。"信仰，往往像童年时连同一整套资产阶级玩意儿一起得到的一件配饰，后来就一直和其他东西一起留着，从来不会去质疑什么，即便心里有一丝怀疑，也会因为情感原因放到一边：怀旧、笃爱亲友、害怕孤独、害怕因为格格不入而受排斥。扎扎就是个有批判精神的人，她所信宗教的许多方面也令她迷惑。她没有放弃信仰，原因是她对母亲无条件的、痛苦的爱：她不愿意从精神上与她分离。她缺乏自信，精神饱受折磨，需要一个能信任的君王。对大多数人来说，还要考虑意识形态方面的问题。我们得到了某些思维习惯、某种参照系和价值体系，并成了它们的囚徒；神甫无法接受与过去决裂的想法，即便他的思考结果把他引向那个方向。物质利益也是个因素：丹尼尔-罗布斯或莫里亚克是不可能质疑自己坚定不移的信仰的，那会毁了他们的事业。

据说有些人开始不信神，然后，忽然有一天，他们见到了上帝："他走进我的房间，在花园里与我说话……他真的存在：我见到了。"一般情况下——西蒙娜·韦伊的经历让人震撼——当事人彼时正经历危机。他的世界观崩塌了，对自己的认知也破碎了。相信上帝使他得以为自己重建世界和自我。在惊慌失措之际，突然发现一条出路，突如其来的喜悦迷惑了他，他把激动当成了神启。信徒们都喜欢强调自己生活艰难，我却观察到他们从中得到许多好处。人间的不幸和不公正是神的意图，他们在另一个世界里将得到补偿，因此不足为惧。上帝宽恕他们的错误，赞赏他们的行为，因为正是他们让上帝开口的。例外也是有的：我在里约热内卢的一个贫民窟碰见的修女瑞内就认为，上帝不是推诿的借口，而是要求：上帝命她与苦难、剥削，与人类犯的罪斗争。无论在哪里，都有一些神甫和无神论者进行着同样的斗争，但这样的人不是很多。

我经常问信徒们，如何能证明他们的信仰。有些人用陈旧的哲学大道理回答我："世界不是从虚无中来的……世界的产生不是偶然的。"另一些人则真诚地感叹说："死了之后总得有点什么……没了上帝，生存的意义在哪里？那可就太令人绝望了……"还有人说有过我上面写过的那类经验，一位神学家告诉我："做按手礼那天，我感到上帝是存在的，就像我眼下知道您存在一样确定：这个感觉我永生难忘。"问题是，此人为什么一生执着于童年时的一个印象。还有很多人对我说："信仰？这无须解释。"

我知道孩子的信仰是怎么回事：对他来说，信上帝，就是信跟他谈论上帝的大人。当他不再相信大人的时候，信仰就成了模棱两可的权宜之计，姑且就认为那是信仰吧！十五岁时，我由于太诚实，不能接受这种状态。后来学了哲学，我明白了，同时以自在和自为的方式存在是不可能实现的。我从来没有想过——将来也永远不会——再回到人生初年诱惑过我的那些寓言世界中去。

有些读者从《事物的力量》结尾部分看到了失败，他们之中许多人连忙把这归咎于我不信神。如果不是这点小小的信念，让花甲之年的我还能在巴黎的酒吧里度过那么多欢乐的夜晚，也许我会为生命的暮年仍未能超越自己、找到上帝而惶恐万分。某些傲慢的基督徒会向他们关上天堂之门，假如不幸真有天堂的话。假如一个不信教者身心安泰，他们就指责他对人类生存的奥秘和悲剧一无所知。奥梅先生[1]就是如此，基督徒们鄙视他那些平庸乏味的思想。如果他能体会死亡、神秘和悲怆，这也会变成攻击他的武器，或者告诉他，哪个无神论者不曾听过此话呢？其实在内心深处，他是相信上帝的。他的焦虑、反抗也会被当成他错误的证据。虚无让我眩晕：那好，我们就永生不死吧！

这种奇怪的逻辑揭示了宗教在大多数情况下的作用：逃避。无神论者必须真诚地面对困境，而宗教信仰却让人逃避。最厉害的是，信教的人竟从这种怯懦中生出了优越感，高高在上地向我们伸出一只仁慈的手："我确信，总有一天你们会听到上帝的声音。"如果我们回答他说："我只希望您有一天能停止对自己胡说八道。"他一定会勃然大怒。

那么我生活其中的这个没有上帝的世界，在我眼中是什么色彩的呢？许多读者写信来说，他们喜欢我书里对幸福、对生活的那种热爱：我是乐观的。但也有一些读者，特别是关于我最新出的《老年》，认为我太悲观。这两个标签都太简单了。我说过，童年给了我乐观的

---

[1] 福楼拜小说《包法利夫人》中的人物，药剂师，信奉科学但一知半解。

天性。我几乎总是自得其乐，相信自己是幸运的。我对未来简直乐观到了愚蠢的地步：战争爆发之前，我都不相信会有战争。自那以后，我变得比较谨慎了，然而很多希望最后还是落了空：我对社会主义的期望——苏联、古巴、阿尔及利亚——未能实现。写《第二性》的时候，我过早地相信女性事业即将胜利。即便提前有所觉察，像比亚法拉、孟加拉国事件的恐怖还是超越了我的想象，令我无比惊讶。我显然不擅长把事情往最糟糕的方向设想。不过，我愿意直面现实，不加粉饰地讨论它：谁敢说现实让人乐观？《老年》面世后，我收到的老人来信说明，他们的生活比我在书里写的还要悲惨。正因为我讨厌不幸，也很少预想不幸，每当我遇到不幸，我总是震惊而愤怒：我需要把自己的感受表达出来。要消除不幸，先要揭露它，拿掉用来遮掩不幸、避免面对它的那些故弄玄虚的东西。我拒绝逃避与谎言，所以人们说我悲观。但我的拒绝会产生希望：事实对这种希望有利。比起冷漠、无知或假装，这种态度更为乐观。

驱散故弄玄虚的迷雾，说出真相，这是我在写作时最为坚持的宗旨之一。我的这种固执在童年时就初露端倪，我痛恨我和妹妹称之为"蠢事"的那些做法：以偏见、常规、矫饰或空洞的规矩为理由，扼杀生命的活力与欢乐。我不想承受这样的压迫，发誓要揭露它。为了让自己不受压迫，我很早就懂得求助于我的自我意识。自我意识的神秘出现、它那既显而易见又值得质疑的主权、它注定灰飞烟灭的未来，这些问题自幼就萦绕我心，在我的作品中占有重要的位置。快十四岁时，我自比路易莎·阿尔科塔笔下的乔伊和乔治·艾略特书中的玛吉，并渴望也能拥有令读者赞叹的想象力。正是那样的想象力，让小说里的女主角以及把自己投射在这些人物身上的作者，在我眼中变得那么光彩动人。刚开始写作时，我没有学着写小说，因为二三十岁时我对自己的过去不感兴趣。但后来我开始尝试讲述自己的生活，把亲身体验当作一种必然。

有一天萨特对我说，他觉得自己写的书，并不是十二岁时想写的那些。"可是话说回来，为什么要特别重视十二岁孩子的想法呢？"他又说。我的情况与他不同。自然，很难用一个泛泛的、没有边际的想法来衡量已完成的、定型的作品。但是，在促使我写书的那些想法和我实际完成的书之间，我没有感到有什么脱节。我在写作上没有高超的技巧，不像弗吉尼亚·伍尔芙、普鲁斯特或乔伊斯那样，用文字激荡读者的感官，捕捉外部的世界。我无意于此，只想用最直接的方式向他人传达我对生活的感悟，让自己在他人心中存在——这个目的我差不多达到了。我确实给自己树了些劲敌，但也在读者中交到了许多朋友。我别无他求。

这次我不打算在书里下什么结论了。就让读者自己评判吧。